Die Vorteilsausgleichung

beim

Schadensersatzanspruch

im römischen und deutschen bürgerlichen Recht.

Von

Dr. Paul Oertmann,

o. ö. Professor der Rechte in Erlangen.

Berlin 1901.

J. Guttentag, Verlagsbuchhandlung,

G. m. b. H.

Ernst Zitelmann

in herzlicher Verehrung

zugeeignet.

Inhalt.

Anhang: Der Anspruch des Gläubigers auf vollen Schadensersatz gegen Herausgabe der bloß entwerteten Gegenstände.

Einleitung. (§ 1.)

Die Frage nach der sogenannten compensatio lucri cum damno gehört zu den interessantesten und, wie die zahlreichen mit ihr zusammenhängenden Entscheidungen darthun, praktisch wichtigsten aus der Lehre vom Schadensersatz. Und doch hat sich die moderne Wissenschaft wenigstens bis vor Kurzem auffallend wenig mit ihr abgegeben; wir finden darüber fast nur die pflichtschuldigen knappen Bemerkungen der Lehrbücher, dazu einzelne Sätze in den Sonderdarstellungen des Schadensersatz- und Enteignungsrechtes, aber aus der Zeit vor der Emanation des deutschen bürgerlichen Gesetzbuches keine einzige noch so bescheidene selbständige Bearbeitung.

Dementsprechend hat auch die Gesetzgebungskunst eine Regelung der Frage teils unabsichtlich, teils mit einer gewissen bewußten Scheu umgangen oder doch nur, wie in Österreich, in einzelnen besonderen Anwendungsfällen in Angriff genommen. Noch die Motive zu unserer modernen deutschen Kodifikation bemerken dazu (Bd. II S. 19):

> „Der Versuch einer Entscheidung der Frage durch einen Ausspruch im Gesetze wäre insbesondere für Deliktsfälle bedenklich. Ihre Lösung hängt wesentlich mit der Feststellung des Schadensbegriffs zusammen, welche ohnedies nicht für alle Fälle nach allen möglichen auch sonst zweifelhaften Seiten hin durch das Gesetz erfolgen kann. Der Versuch müßte zu einer weitgehenden Kasuistik führen, von welcher keine befriedigenden Resultate zu erwarten wären. Die Praxis wird, uneingeengt durch eine gesetzliche Vorschrift, auch fernerhin im Einzelfalle sich zurechtfinden."

Man mag diese Enthaltsamkeit der Gesetzgebung beklagen — für die Wissenschaft jedenfalls wird die Bahn dadurch vollkommen frei;

sie kann und muß umsomehr den Versuch machen, das Problem in einer allgemeineren, nicht durch die zufälligen Verschiedenheiten der einzelnen Rechtsordnungen gehemmten, Weise zu untersuchen.

Und so ist es denn wohl kein Zufall, daß gerade seit der Abfassung des B.G.B. die Aufmerksamkeit der Theorie sich in gesteigertem Maße unserem Problem zuzuwenden beginnt. Gleich i. J. 1896 erschien die (Göttinger) Dissertation von Larenz,[1]) die eine nicht üble Zusammenstellung des einschlägigen Quellenmaterials enthält, sachlich aber nicht viel Neues bietet. Bedeutsamer sind zwei Arbeiten von Eichhoff.[2]) Die erste stellt gleichfalls eine Dissertation dar; sie behandelt nicht das ganze Thema, sondern nur die Fälle, bei denen Nachteil und Vorteil aus verschiedenen Thatsachen entstanden sind. Die zweite sollte den ersten Teil einer umfassenden Gesamtdarstellung bilden; was davon vorliegt, enthält gerade die in der Dissertation nicht dargestellten Fälle der von Eichhoff sogenannten „Vorteilsimputation“, wo die dem Beschädigten erwachsenen Vorteile „durch die schädigende Thatsache bedingt sind“. Beide Arbeiten, insbesondere die neuere, sind als Erstlingsschriften anerkennenswert und fördern das Problem in manchen Punkten. Aber eine vollbefriedigende Lösung kann ich darin um so weniger finden, als die Endergebnisse des Verfassers mir nur zum kleineren Teile beifallswert erscheinen. Auch sind beide Schriften der Aufmerksamkeit weiterer wissenschaftlicher Kreise entgangen — die eine als Dissertation, die andere, weil der Verfasser sich leider veranlaßt gesehen hat, dieselbe aus dem Buchhandel zurückzuziehen.

Hinzugekommen ist in den letzten Monaten noch eine weitere (Rostocker) Dissertation von Walsmann.[3]) Auch sie bringt manches Förderliche und Beifallswerte, kann aber nach Umfang und selbständiger Bedeutung als erschöpfende Gesamtdarstellung des schwierigen Themas nicht erachtet werden.

Neben diesen selbständigen Schriften ist die Frage in einem

---

[1]) Ref. J. Larenz, Compensatio lucri cum damno. Dissertation. Göttingen, Kaestner, 1896.

[2]) Ref. Ernst Eichhoff, Über die compensatio lucri cum damno. Kieler Inaugural-Dissertation. Elberfeld, Baedeker, 1898. — Derselbe, Die Lehre von der compensatio lucri cum damno. Kiel, Lipsius & Tischer, 1898 (334 Seiten!).

[3]) Ref. H. Walsmann, Compensatio lucri cum damno. Inauguraldissertation. Rostock. Boldt. 1900.

Zeitschriftenartikel durch den Schreiber dieser Zeilen behandelt worden.[1]) Wenn ich nun auch an den Ergebnissen dieses — zeitlich zwischen Larenz und Eichhoffs Arbeiten fallenden — Aufsatzes im großen und ganzen festhalte, so war er doch zu skizzenhaft und unvollständig, um dem Thema vollauf gerecht zu werden. Zudem hat er, in einer im Reiche wenig verbreiteten österreichischen Zeitschrift erschienen, den erwünschten Einfluß nicht erringen können.

Die Notwendigkeit einer ausgiebigen Bearbeitung des reizvollen Problems hat sich mir daher immer mehr aufgedrängt, und die im gleichen Sinne gehaltene Bemerkung eines der hervorragendsten modernen Schriftsteller über Schadensersatzrecht, M. Rümelin, in seiner neuesten Schrift [2]) mußte diese Überzeugung bestärken. Indem ich das Ergebnis meiner Studien hiermit vorlege, bitte ich, den früheren Aufsatz fortan nur noch als eine Vorarbeit betrachten zu wollen.

Mit der Erörterung der compensatio lucri cum damno ist das Thema der jetzigen Arbeit nicht erschöpft. Meine Studien führten mich darüber hinaus zu einem anderen, gleichfalls noch nicht gebührend bearbeiteten Problem: der Abtretungspflicht der dem Ersatzberechtigten gegen Dritte zustehenden Ansprüche nach § 255 B.G.B. Ob das einen Anwendungsfall der compensatio lucri bilde, sich von ihr etwa nur dadurch abhebe, daß es dabei zur Abtretung statt zur Anrechnung komme, oder ob andere, grundsätzliche Unterschiede zwischen beiden bestehen — das ist eine bisher kaum gestellte und dabei für die richtige Erfassung meines Themas ungemein wichtige Frage. War sie aber einmal in Angriff genommen, so ergab sich der Versuch einer vollständigen Untersuchung der in § 255 anerkannten Gerechtsame in einem zweiten Teil der Arbeit gewissermaßen von selbst.

Daß ich überall das neue bürgerliche Recht auf ausgiebiger römischrechtlicher Grundlage behandle, kann einem begründeten Einwand nicht begegnen. Wenn irgendwo, so gilt es im Obligationenrecht, die überreichen Schätze des bisherigen Rechts und seiner Judikatur der Erforschung des neuen dienstbar zu machen, zumal da, wo das letztere besondere, von jenem abweichende Bestimmungen nicht

---

[1]) Prof. Dr. P. Oertmann, Compensatio lucri cum damno, in Gellers (Österreichischem) Centralblatt f. d. juristische Praxis, Bd. 15 (1897) Heft 9, S. 689—719; hier nach dem Separatabdruck citiert.

[2]) Prof. Dr. Max Rümelin, Die Verwendung der Kausalbegriffe im Straf- und Civilrecht. Separatabdruck aus dem Archiv für die civilistische Praxis Bd. 90 (S. 171—344).

darbietet. Daß uns das Corpus Juris nicht mehr formell bindet, kann seinen wissenschaftlichen Wert für das Verständnis von Problemen der hier behandelten Art nur wenig beeinträchtigen. Wollten wir es anders halten, so würden wir das Gesetz der historischen Kontinuität gröblich verletzen und die Kunde des neuen Rechts zu jener öden Buchstaben- und Paragraphenjurisprudenz herabwürdigen, aus deren Fesseln dereinst die Doktrinen des Preußischen und Österreichischen Rechts emporgehoben zu haben man stets als glänzendes Verdienst hie eines Förster und Dernburg, hie eines Unger gefeiert hat.

Erster Teil.

Die Vorteilsausgleichung (compensatio lucri cum damno).

Kapitel I.

Allgemeines.

§ 2. Der Begriff des Schadens und des Vorteils.

Will man sich über die Anrechnung der dem Beschädigten erwachsenen Vorteile auf den ihm zu ersetzenden Schaden klar werden, so ist zuvor eine grundsätzliche Feststellung der Begriffe des Schadens einerseits, des Vorteils andererseits erforderlich.

1. Eine vollständige Bearbeitung der Lehre vom Schaden und vom Schadensersatz liegt freilich nicht im Plane.[1]) Sie erübrigt sich für mein Thema insoweit, als die so oder so vollzogene Definition, Abgrenzung und Einteilung des Schadens für die Behandlung des Problemes gleichgültig ist. Das gilt insbesondere sowohl von der, an sich hochinteressanten, Unterscheidung zwischen Sachwert und Interesse, als von der zwischen „positivem Schaden" (damnum emergens) und „entgangenem Gewinn" (lucrum cessans). Wir können uns mit der gemeinhin, z. B. von Dernburg,[2]) vertretenen Bestimmung des Schadens begnügen, wonach darunter alle „Nachteile, welche uns treffen", zu verstehen sind, „wenn sie nach dem gewöhnlichen Lauf der Dinge entweder überhaupt nicht, oder wenigstens noch nicht zu erwarten waren"; einerlei, ob sich die Nachteile auf das Vermögen oder auf andere Güter beziehen.

Nur in einer Richtung fordert der Schadensbegriff hier eine weitere Untersuchung — wir müssen zwischen den in ihrem Gegensatz gemeinhin nicht genügend klar erkannten, erst neuestens von Wals-

---

[1]) Scharfsinnig, wennschon nicht immer überzeugend, handelt über diese Begriffe Degenkolb im Archiv f. d. civ. Praxis Bd. 76 S. 1 fg.

[2]) Pandekten II § 44 a. A.

mann (S. 10 fg.) in dankenswerter Schärfe gegenübergestellten beiden Betrachtungsweisen des Schadens, der abstrakten und der konkreten, die Entscheidung treffen.

a) Jene faßt den Schaden als einen rein rechnerischen Begriff; sie stellt den Betrag des Vermögens des Beschädigten fest, wie er einerseits ohne Dazwischentreten des schädigenden Ereignisses sein würde, und wie er andererseits unter dem Einfluß dieses Ereignisses derzeit thatsächlich ist. Die Differenz zwischen beiden Größen bildet den eingetretenen Schaden.

Diese Auffassung liegt, mehr oder minder klar erkannt und offen ausgesprochen, den allermeisten Untersuchungen über Schadensersatz zu Grunde. Zu ihren Bekennern sind wohl alle diejenigen zu rechnen, die, statt von Schaden und Schadensersatz, von Interesse und Interesseersatz reden, wie Fr. Mommsen in seiner Monographie[1]) und seine zahlreichen Nachfolger. Denn der Schaden in diesem abstrakten Sinne ist eben dasselbe, wie das Interesse, als welches die Differenz ist zwischen dem Betrage des Vermögens einer Person in einem gegebenen Zeitpunkte, und dem Betrage, den es ohne Dazwischenkunft eines bestimmten schädigenden Ereignisses haben würde, Mommsen S. 3. Besonders deutlich tritt diese Identifizierung bei Windscheid (Pandekten II § 257) zu Tage. Zur Leistung des Interesses verpflichtet sein, heißt nach ihm „zum Ersatze des Nachteils verpflichtet sein, welcher in der Vermögenslage einer Person infolge einer positiven oder negativen Thatsache eingetreten ist". Dazu Anm. 2: „Andere sprechen, statt von Nachteil, von Schaden."

Am schärfsten ist die abstrakte Schadensauffassung in neuerer Zeit bei Degenkolb (a. a. O.) hervorgetreten. Er zieht daraus eine Konsequenz, welche die herrschende Lehre im übrigen zwar meist ablehnt, der sie sich aber folgerecht nicht entziehen könnte. Ist Schaden Wertdifferenz, so kann seine Ausgleichung auch nicht wohl anders, als in der Erstattung des entsprechenden Geldbetrages, vollzogen werden. Die sogenannte Naturalrestitution gehört nicht sowohl zum Schadensersatz, als es tritt vielmehr dieser erst dann ein, wenn sie nicht möglich oder nicht am Platze ist.

b) Die konkrete Betrachtungsweise dagegen sieht im Schaden, nach Walsmanns Formel, „die Einbuße selbst, welche das Rechtssubjekt in Gestalt der Entziehung oder Beschädigung eines Vermögensbestand-

[1]) Fr. Mommsen, Beiträge zum Obligationenrecht. Abt. II: zur Lehre von dem Interesse. Braunschweig 1855.

teiles am Vermögen erlitten hat."[1]) Der Schaden liegt also schon in der Entziehung oder Entwertung eines Vermögensstückes selbst, möglicherweise auch, was die nur an den Vermögensschaden denkende Formulierung Walsmanns nicht beachtet, in der nachteiligen Einwirkung auf die Person des Beschädigten. Diese Auffassung ist neuestens von Walsmann mit Nachdruck und Geschick zur Geltung gebracht, wenn auch keineswegs zuerst neu aufgestellt worden.

Zu ihrer richtigen Würdigung ist freilich ein Punkt, den ich bei Walsmann wiederum vermisse, nicht außer acht zu lassen. Versteht man unter „konkret" nur das „anschaulich Vorgestellte", so würde der Ausdruck für den hier besprochenen Schadensbegriff nicht überall passen. Denn es ist unschwer einzusehen, daß der Schaden sich keineswegs auf die Fälle der körperlichen Einwirkung beschränkt. Mich schädigt nicht nur, wer benachteiligend auf meine Person oder ein zu meinem Vermögen gehöriges körperliches Gut einwirkt, sondern nicht minder, wer durch sein rechtswidriges Verhalten, etwa durch Betrug oder Bedrohung, mir ein Recht entzieht oder verkümmert; ebenso, wer mir mein Vermögen (rechtswidrig) durch Belastung mit einem negativen Posten (einer Schuld) verringert. Da nun Rechte lediglich Gedankendinge ohne sinnliche Existenz sind, so kann in Fällen dieser Art von einem in der Sinnenwelt wahrnehmbaren, also in diesem Sinne „konkreten", Schaden (damnum corpori datum) nicht die Rede sein.

Wenn ich trotzdem den gewählten Ausdruck beibehalte, so geschieht es, weil ein anderer passender fehlen dürfte, und weil nach dem Gesagten Mißverständnisse kaum zu befürchten sind. Auch sonst hält man sich beim Ausdrucke „konkret" nicht immer streng an den ursprünglichen Sinn.

Mit dieser Maßgabe muß der „konkreten" Auffassung grundsätzlich der Vorzug gegeben werden. Dies vor allem vom Standpunkt derjenigen Rechtsordnungen, die, wie wahrscheinlich das römisch-gemeine und sicher das neue deutsche bürgerliche Recht, die Wiederherstellung des früheren Zustandes zum Schadensersatz rechnen, in ihr wohl gar (s. den klaren Wortlaut der §§ 249 und 251 B.G.B.) dessen Normalfall sehen.

Die abstrakte Auffassung kann sich ferner nur auf Vermögensschäden beziehen. Denn die Differenz, mit der sie den Schaden iden-

---

[1]) Walsmann S. 10.

tifiziert, ist voraussetzungsgemäß eine solche im Vermögensbestande des Geschädigten. Eine solche begriffliche Beschränkung auf den Fall des Vermögensschadens aber widerspricht nicht nur dem Sprachgebrauch des Lebens, sondern auch der Auffassung der Gesetze, insbesondere des deutschen B.G.B. Freilich läßt dasselbe nach § 253 „wegen eines Schadens, der nicht Vermögensschaden ist", eine Entschädigung in Geld nur „in den durch das Gesetz bestimmten Fällen" gefordert werden. Aber diese Bestimmung leugnet so wenig den Begriff des nicht vermögensrechtlichen Schadens (dommage moral), daß sie ihn vielmehr als gegeben voraussetzt. Nur seine Erstattungsfähigkeit unterwirft sie Beschränkungen, indem sie zwar der — hier freilich nur recht selten möglichen — Naturalherstellung keine Schranken setzt, aber die Entschädigungspflicht in Geld auf die besonders anerkannten Ausnahmefälle beschränkt.

Für die herrschende Lehre bildet schon das bloße Vorhandensein solcher Ausnahmefälle — man pflegt als die wichtigsten die der §§ 847 und 1300 anzuführen — ein schwer zu überwindendes Hindernis. Denn von der nach ihr den Schaden ausmachenden Vermögensdifferenz kann beim „moralischen Schaden" solange nicht die Rede sein, als nicht in Wahrheit ein verdeckter Vermögensschaden dahinter steckt. Der Begriff des Interesse, der dem Gesetzbuche zur Feststellung des Schadensersatzes zwar nicht dem Namen, aber der Sache nach angehört, ist für derartige Fälle schlechthin unverwertbar. Das Gesetz legt daher denn auch dem nach §§ 847, 1300 Haftpflichtigen nicht einen Ersatz nach den gewöhnlichen Grundsätzen auf, sondern „eine billige Entschädigung in Geld".

Des konkreten Schadensbegriffes benötigen wir ferner aus prozessualen Gründen. Wäre der Schaden begrifflich gleich einer Differenz, einem „Interesse", so würde er seine ziffermäßige Bestimmtheit notwendig voraussetzen, ohne sie keinerlei Existenz aufweisen können. Der Kläger müßte eine bestimmte Höhe seines Schadens folgerecht behaupten und beweisen,[1]) ja, im Falle unseres Themas, streng genommen wegen der unterstellten Einheitlichkeit des Schadensbegriffes das Nichtvorhandensein der aufzurechnenden Vorteile darthun, zum mindesten wenn der Beklagte deren Eintritt behauptet hat.

Ein solch strenges Erfordernis aber ist unserem Prozeßrecht fremd, fremd trotz des bedenklichen Wortlautes in § 253 (früher:

[1]) S. auch Walsmann S. 14. Anders Eichhoff S. 154.

230) Nr. 2 der C.P.O. Unter fast einmütiger Zustimmung der Litteratur (s. statt aller die Angaben bei Struckmann-Koch zu § 253 Nr. 6) hat das Reichsgericht in dem Beschluß der vereinigten Civilsenate vom 28. VI. 1888 (Entsch. Bd. 21 Nr. 75 S. 387) den Grundsatz aufgestellt, daß der Klagantrag nicht notwendig „auf Zuerkennung einer bestimmten, ziffermäßig angegebenen Summe" gerichtet sein müsse; daß es vielmehr genüge, „wenn nach dem Antrage in Verbindung mit den über den Gegenstand und Grund des Anspruches gemachten Angaben der erhobene Anspruch in der Art individualisiert ist, daß über dessen Identität ein Zweifel nicht besteht, und daß der Betrag durch richterliches Ermessen, nötigenfalls mit Hilfe von Sachverständigen, festgestellt werden kann."

Mit gutem Grunde! Das „Interesse" ist ebensowenig, wie der „Wert", das „Recht" und ähnliche Begriffe etwas in der realen Welt der sinnlich wahrnehmbaren Dinge oder Geschehnisse Vorfindliches; um es festzustellen, bedarf man einer Gedankenoperation. Diese zu vollziehen, ist aber Sache des Richters, nicht der Partei, als welche vielmehr nur gehalten ist, dem Richter die thatsächlichen Unterlagen ihres Klagbegehrens vorzutragen und nötigenfalls zu beweisen („dabis mihi factum, dabo tibi ius"). So wenigstens nach der Substantiierungstheorie, die trotz aller Anfeindungen noch immer als die herrschende zu bezeichnen ist und das auch, von der überwiegenden Gunst der Praxis getragen, vermutlich stets bleiben wird. Was insbesondere Brodmann[1]) neuerdings zu ihrer Unterstützung mit Geist und Scharfsinn vorbrachte, haben die Gegner meines Wissens ernstlich zu widerlegen nicht einmal versucht, sich auch von dem Vorwurf, den Gegensatz des konkreten Geschehens und der abstrakten Begriffe nicht genügend beachtet zu haben, nicht freimachen können.

Dürfte somit erwiesen sein, daß der konkrete Schadensbegriff vor dem abstrakten den Vorzug verdient, so ist damit noch nichts gegen die Zulässigkeit einer Verwertung des letzteren neben jenem entschieden.

[1]) Erich Brodmann im zweiten Teil seiner Doppelabhandlung: „Vom Stoffe des Rechts und seiner Struktur. Das Recht im Prozeß," Berlin 1897, S. 63 fg. Nam. S. 66: „Ein Rechtsverhältnis ist keineswegs ein an sich existierendes Ding, es führt nur ein begriffliches Dasein, und zu seiner Feststellung können wir nur dadurch gelangen, daß wir auf bestimmte Thatsachen und Ereignisse die Regeln des bestehenden Rechts anwenden. Die Rechtsanwendung ist aber im Prozeß eben nicht Sache der Parteien, sondern ausschließlich des Gerichts: „iura novit curia."

Der Begriff des Interesses muß auch nach der hier vertretenen Auffassung beibehalten und in seiner Wichtigkeit gewürdigt werden. Nur ist er nicht identisch mit dem des (konkreten) Schadens, bedeutet vielmehr das auf Grund einer rechnerischen Gedankenoperation gewonnene ökonomische Ergebnis der Schädigung. Das Verhältnis des Interesses zum Schaden läßt sich somit etwa mit demjenigen des Wertes zu dem bewerteten Gegenstande vergleichen.

2. Die im Bisherigen vollzogene Stellungnahme zum Schadensbegriff ist für die zum Vorteilsbegriff präjudiziell. Denn derselbe stellt das einfache Kehrbild des Schadens dar. Ist dieser die nachteilige, so ist jener die fördernde Affizierung der Person oder eines Vermögensstückes der Person. Auch dabei handelt es sich entweder um sinnlich wahrnehmbare Erscheinungen an körperlichen Objekten — nur nicht, wie oben, schädlicher, sondern nützlicher Art („lucrum corpori datum"); oder aber um die Vermehrung des Vermögens durch Hinzufügung neuer positiver Bestandteile unsinnlicher Natur oder Beseitigung negativer (Lasten). Wie der Schaden, kann auch der Vorteil bestehen sowohl in einer körperlichen Einwirkung auf den Träger des Vermögens oder dessen Objekte, als in einer solchen auf die nur eine gedankliche Existenz aufweisenden Bestandteile des Vermögens positiven oder negativen Inhalts: Rechte oder Pflichten.

Unter Beachtung dieses Unterschiedes ist hier wieder der „konkreten" Auffassung der Vorzug zu geben. Daneben findet sich natürlich wiederum eine abstrakte, bei der sich der Vorteil ebenso, wie oben der Schaden, als eine rein rechnerische Größe erweist — eine Differenz, nur eine solche mit umgekehrtem Vorzeichen. Zu dem Vermögensbestande, wie er ohne die fraglichen Ereignisse sein würde, tritt hier nicht ein — x, sondern ein + x hinzu.

Wäre die rein rechnerische Auffassung vom Schaden und vom Vorteil allein richtig, so würde die Existenzberechtigung unserer Rechtsfigur „compensatio lucri cum damno" ernstlichen Bedenken unterworfen sein. Schaden wäre danach ja erst das rechnerische Endergebnis des einwirkenden Ereignisses; man müßte also alle dem Vermögen abträglichen wie zuträglichen Einwirkungen ins Auge fassen, um zu dem rechnerisch notwendig einheitlichen Endergebnis zu gelangen.[1]) Anders nach der „konkreten" Auffassung, bei der die beiden Einwirkungs-

[1]) So in der That z. B. Kisch, Unmöglichkeit der Erfüllung S. 129: es handelt sich bei der sog. c. l. c. d. nur darum, inwieweit ein Schaden überhaupt entstanden ist.

komplexe einander zunächst selbständig gegenüberstehen, um erst bei der endgültigen Feststellung des zu ersetzenden „Interesses“ gegen einander verrechnet zu werden.

Es könnte freilich scheinen, als ob die beiden genannten Auffassungsweisen sachlich miteinander übereinstimmten. Denn, ob die Feststellung des Schadens von vornherein auf den eingetretenen Vorteil Rücksicht zu nehmen hat, oder ob dem zunächst für sich zu berechnenden Schaden der Vorteil als etwas begrifflich Selbständiges entgegengestellt und bei der Festsetzung des zu erstattenden Interesses als Subtrahendus in Abzug gebracht wird, möchte scheinbar auf dasselbe herauskommen. Indes würde solche Erwägung höchstens da zutreffen, wo die Schadloshaltung in einer Geldsumme besteht. Anders in den Fällen der Naturalherstellung: die gegnerische Lehre könnte eine solche streng genommen überall da nicht zulassen, wo das Nachteil bringende Ereignis zugleich einen Vorteil herbeigeführt hat. Der Geschädigte würde mit ihr ja mehr begehren, als den Ersatz seines Schadens!

Nun kann es aber nach dem Wortlaut wie dem Sinne unseres Gesetzbuches nicht ernstlich bestritten werden, daß dem Anspruch aus § 249 der Umstand nicht entgegensteht, daß das schädigende Ereignis zugleich einen Vorteil im Gefolge gehabt hat. Freilich muß der die Naturalherstellung Begehrende dem Gegner diesen Vorteil, je nach der Eigenart desselben, herausgeben oder abtreten (s. das Nähere in Kapitel V). Aber immerhin zeigt dieser Fall, daß die nachteiligen und vorteilhaften Einwirkungen des Ereignisses nicht nur Rechnungsposten für den einheitlich festzustellenden Schaden sind, sondern wenigstens möglicherweise den Gegenstand selbständiger Ansprüche und Gegenansprüche bilden.

In den regelmäßigen Fällen, wo sich die Schadensausgleichung durch Ersatz des Interesses in Geld vollzieht, ist das allerdings anders. Aber eben nur deshalb, weil das Interesse nicht mit dem eigentlichen Schaden identisch ist, sondern das rechnerische Endergebnis der Einwirkung des die Haftung begründenden Ereignisses auf das Vermögen des Betroffenen darstellt.

Die Herausgabepflicht der commoda, wie wir sie später des Näheren im Kap. 5 und im Anhang kennen lernen werden, ist nach der abstrakten Schadenstheorie schwer erklärlich, zum mindesten von der eigentlichen compensatio lucri in ihrem innersten Wesen vollständig verschieden, während wir beides als auf derselben Grundidee beruhend ansehen, als nicht im Zweck, sondern nur in den seiner Befriedigung dienenden Mitteln verschieden.

Die Duplizität des Schadensbegriffes als „konkreter" (eigentlicher) Schaden und „abstrakter" Schaden oder Interesse erinnert offenbar an die wesentlich gleichliegende Verschiedenheit des Vermögensbegriffes. Auch dieses ist zunächst die Gesamtheit einerseits der dem Träger zustehenden Rechte, andererseits der ihm obliegenden Pflichten. Zum andern aber versteht man darunter auch das rein abstrakte, rechnerische Endergebnis, das sich aus der Abschätzung der positiven und negativen Vermögensbestandteile ergiebt. So, wenn das Vermögen, etwa zum Zwecke einer Feststellung der „Ergänzungssteuer", abgeschätzt wird. In solcher rechnerischen Größe verschwindet der Gegensatz der positiven und negativen Vermögensbestandteile, genau wie im abstrakten Interessebegriff derjenige vom Nachteil und Vorteil. Aber wer wollte darum die Berechtigung einer begrifflichen Scheidung beider Arten der Vermögensbestandteile leugnen?

§ 3. Begriff und Bezeichnung des zu behandelnden Problems.

Die letzten Erörterungen des vorigen Paragraphen führten uns bereits in das Gebiet unseres nächsten Themas, der compensatio lucri cum damno. Man versteht darunter die dem Ersatzpflichtigen unter gewissen Voraussetzungen zugebilligte Anrechnungsbefugnis des von ihm dem Beschädigten verschafften Gewinnes auf den zu ersetzenden Schaden.

Es wird indes später der Nachweis erbracht werden (s. Kap. V), daß die Berücksichtigung der dem Verletzten erwachsenen Vorteile sich keineswegs immer in Form einer Anrechnung, sondern möglicherweise statt dessen in der einer Abtretung oder Herausgabe vollzieht. Die eigentliche comp. lucri also umfaßt in ihrer Eigenart nicht alle Fälle des Themas, sondern höchstens diejenigen davon, wo der Schadensersatz durch Ersatz des Interesses in Geld stattfindet. Denn nur alsdann kann es zu einer Anrechnung kommen. Will man einen für alle Fälle passenden Namen haben, so muß man somit den Terminus comp. lucri oder Vorteilsanrechnung als zu eng ablehnen; ich habe ihn deshalb schon im Titel der Arbeit durch den umfassenderen Ausdruck „Vorteilsausgleichung" ersetzt.

Immerhin bildet die Vorteilsanrechnung den weitaus wichtigsten Fall der Vorteilsausgleichung. Und indem ich hier und im folgenden mich vornämlich mit ihm beschäftige, steht insoweit einer Beibehaltung des Namens „compensatio lucri cum damno“ nichts entgegen.

Diese gemeinrechtlich allgemein übliche Bezeichnung ist nicht erst von den Neueren geprägt. Sie kommt vielmehr, wenn auch nicht in der substantivischen Form, in den römischen Quellen wiederholt vor, so in l. 10 (11) D. de neg. gestis III, 5: „absens pensare lucrum cum damno debet“; l. 23 § 1 D. pro socio XVII, 2: „nec compensandum commodum cum damno“; l. 42 D. de actionibus emti venditi XIX, 1: „rectius est lucrum cum damno compensari“, s. auch l. 26 D. t. cit. XVII, 2: „non compensatur compendium cum neglegentia“.

Ähnlich, aber in etwas anderer Bedeutung, heißt es in § 2 i. f. Inst. de societate III, 25: „ut, si in aliqua re lucrum, in aliqua damnum allatum sit, compensatione facta solum quod superest intellegatur lucri esse“. Auch hier finden wir eine Anrechnung, aber nicht in einem Schadensersatzanspruch, sondern zwecks Berechnung des dem socius mitzuteilenden Gewinnes. Dieser soll im Sinne des Nettoüberschusses aus der gesamten Geschäftsführung verstanden werden, indem vom lucrum der einen das damnum der anderen Einzelgeschäfte abgezogen wird.

Nicht auf den Fall des Themas bezieht sich auch der Passus in l. 1 § 23 D. de aqua XXXIX, 3:

> „si tamen lex non sit agro dicta, agri naturam esse servandam et semper inferiorem superiori servire atque hoc incommodum naturaliter pati inferiorem agrum a superiore compensareque debere cum alio commodo“.

Nicht die Anrechnung auf einen übrigens stattfindenden Ersatzanspruch, sondern die völlige Negation eines solchen wird hier ausgesprochen, und auch dies nicht wegen eines im konkreten Fall erweislich vorliegenden Vorteils, sondern wegen der abstrakten Möglichkeit eines solchen. Die Vorstellung des möglichen commodum ist der rechtspolitische Grund der Regel, nicht sein Vorhandensein die Voraussetzung für die Abrechnung im Einzelfalle.[1])

Vereinzelt findet sich die Variation, daß man statt comp. lucri

---

[1]) Nicht befriedigend handelt von dieser Stelle Eichhoff S. 6 No. 14; nach seiner Darstellung möchte es scheinen, als ob die Stelle eine in concreto nachweisbare „pinguitudo terrae ad eum decurrens“ verlangte. Richtig ist nur, daß, wenn solcher Vorteil eintritt, er auf dieselbe Thatsache, wie der mit der Vorflut verbundene Nachteil, zurückzuführen ist.

cum damno von einer „c. damni cum lucro“ spricht, so gelegentlich Regelsberger.[1]) Mir scheint das weniger empfehlenswert. In den citierten Stellen ist der Sprachgebrauch ein anderer — das mit der Präposition „cum“ versehene Wort bezeichnet dort wie auch sonst nicht das, womit, sondern das, wogegen aufgerechnet bezw. worauf angerechnet wird. In l. 1 § 23 cit. ist das freilich umgekehrt, aber sie kann, von ihrer Vereinzelung abgesehen, schon deshalb die anderen Stellen nicht aufwiegen, weil sie gar nicht unseren besonderen Fall betrifft. Es liegt also insofern kein Grund vor, von der üblichen Bezeichnung abzuweichen.

Man hat aber mehrfach entschieden bestritten, daß der Ausdruck „compensatio“ für die zum Thema gehörigen Fälle unterschiedslos angemessen sei, so v. Vangerow, Cohnfeldt und Schelcher,[2]) nicht minder neuestens Eichhoff.[3]) Gerade in den wichtigsten Anwendungsfällen der Vorteilsanrechnung, wenn nämlich der mit dem Schaden zu „compensierende“ Gewinn aus einer und derselben Thatsache, wie jener, entstanden sei, soll der Ausdruck nicht passen. Denn eine und dieselbe Thatsache könne nur ein einheitliches Gesamtergebnis haben, aber keinen zunächst für sich bestehenden Schaden oder Gewinn.

Ähnlich will Eichhoff von einer eigentlichen „compensatio lucri cum damno“ nur da geredet wissen, wo die anzurechnenden Vorteile von der schädigenden Thatsache unabhängig sind; nur für diese seltenen Fälle sei der Ausdruck in den Quellen verwendet. Ganz verschieden davon seien die einer „Subtraktion der durch die schädigende Thatsache bedingten Vorteile“; ihre — regelmäßig stattfindende — Abrechnung ergebe sich aus dem Begriff des Interesses, während die Fälle der ersteren Art eine nur ausnahmsweise anerkannte „Beschränkung des Schadensersatzes“ im Widerspruch zu seinem allgemeinen Begriff bedeuteten. Im Gegensatz zu ihnen nennt E. die Aufwiegung eines Nachteils durch einen von der schädigenden Thatsache abhängigen Vorteil: „Vorteilsimputation“ oder „Vorteilszurechnung“, behält aber demungeachtet in seinem, diese Fälle allein behandelnden, Buch die herkömmliche Bezeichnung bei.

---

[1]) In Iherings Jahrbüchern Bd. 41 S. 286. Ebenso Enneccerus, Bürgerliches Recht S. 371.

[2]) v. Vangerow, Lehrbuch III § 571 Anm. 1; Cohnfeldt, Lehre vom Interesse, S. 168 fg.; Schelcher, Enteignung, S. 426.

[3]) Eichhoff S. 4 fg.; so auch schon in der vorhergehenden Dissertation S. 18.

Schwerlich dürfte solche Polemik gegen die letztere das Richtige treffen. Gegen Eichhoff sprechen nicht so sehr die Quellen — obwohl einige der citierten Stellen, wie die l. 10 (11) und l. 42 citt., wie wir noch sehen werden, wenigstens möglicherweise von einer „Kompensation" der Folgen eines die Verantwortlichkeit begründenden einheitlichen Thatbestandes zu verstehen sind — als vielmehr allgemeinere Erwägungen. Nur ist das Gebiet der compensatio lucri, um den Einwürfen der Gegner zu entgehen, scharf abzugrenzen.

Wenn ich allerdings einen Gegenstand, z. B. ein Pferd, durch schuldhafte Beschädigung lediglich minderwertig mache, so ist das Ergebnis meines Thuns ein einheitliches. Nur ein Vermögensgut ist — nachteilig — affiziert, und der Unterschied von der völligen Vernichtung liegt ausschließlich darin, daß die Einwirkung das Gut nicht hat völlig verschwinden lassen, sondern bloß in seinem Werte verringert hat.[1])

Ähnlich liegt die Sache auch im Falle der Tötung des Tieres. Allerdings habe ich früher (Aufsatz S. 2) das Gegenteil angenommen, weil hier eine völlige Vernichtung des bisherigen Objektes unter Eintritt eines neuen, des Kadavers, in das Vermögen des Eigentümers stattfinde. „Denn der Kadaver stellt ein völliges aliud, eine nova species gegenüber dem lebenden Tiere dar." Angesichts des von Eichhoff S. 5 erhobenen Widerspruchs möchte ich das nicht mehr aufrecht erhalten. Allerdings ist der Kadaver eine andere Sache als das lebende Tier und als solche Objekt eines neuen Eigentums. Aber wirtschaftlich betrachtet stellt er jenem gegenüber weniger ein aliud, als vielmehr ein minus vor; man muß mit Walsmann[2]) sagen, „daß schon in dem lebenden Tier alle die Vorteile, die der Kadaver bietet, bereits enthalten und diese Vorteile bei der Tötung als Überrest anzusehen sind". Die Tötung ist offenbar nur Wertvernichtung, nicht daneben auch Wertschaffung.

Anders aber, wo durch das Ereignis nicht lediglich ein Gegenstand vernichtet, sondern zugleich mit oder nach der Vernichtung des einen ein anderer neu geschaffen wird. Die bekannten römischen Regeln über Spezifikation können uns auch für die Abgrenzung unseres Problems gute Fingerzeige geben. Wer nur destruktiv wirkt, der

---

[1]) Entsprechendes gilt von dem Fall bei Walsmann S. 41: ein Testament, in dem der ab intestato zur Hälfte Erbberechtigte allein eingesetzt werden sollte, ist durch Schuld des instrumentierenden Notars fehlerhaft abgefaßt.

[2]) S. 80.

Sache lediglich die alte Form nimmt, ohne ihr eine neue zu geben (z. B. bei Einschmelzung von Silbergerät), wird nicht als Spezifikant erachtet; als solcher gilt vielmehr nur, wer konstruktiv an Stelle der alten eine neue Form schafft. Ähnlich verlangt § 950 B.G.B. die Herstellung einer neuen Sache durch Verarbeitung oder Umbildung.

Im Falle einer, die Verantwortlichkeit des Handelnden begründenden, Spezifikation wird also allerdings von einer compensatio lucri geredet werden dürfen; wir erblicken dabei ja zwei verschiedene Güter, die nicht einfach im Verhältnis des minus zum maius stehen. Dasselbe dürfte auch in dem vom Reichsgericht (Entsch. Bd. 30 Nr. 85 S. 295) erwähnten Fall anzunehmen sein, wenn infolge einer Enteignung die bisherige Benutzungsart eines Grundstückes wegfällt, dafür aber eine andere an ihre Stelle tritt. Zwar sind die alte und die neue Benutzungsmöglichkeit nicht verschiedene Sachen, aber immerhin verschiedene, von einander unabhängige Faktoren für die Bewertung einer Sache.

Ebenso würde ich im Gegensatz zu Walsmann (S. 91) den Fall zur comp. lucri rechnen, wenn jemand auf Ersatz des entgangenen Gewinnes klagt und sich dabei den Abzug der zur Erzielung dieses Gewinnes notwendig gewesenen Unkosten gefallen lassen muß. So wenigstens vom Standpunkte der „konkreten" Schadensauffassung, die Walsmann für diesen Fall inkonsequenter Weise aufgiebt. Der „entgangene Gewinn" zeigt sich doch zumeist im Nichterwerb eines besonderen Rechtsgutes, das man ohne den Einfluß des schädigenden Ereignisses erlangt haben würde. Sofern ich nun infolge desselben Ereignisses von einer mich andernfalls treffenden Belastung oder sonstigen Vermögensminderung verschont geblieben bin, ist für eine wahre compensatio lucri Raum. So, wenn mich jemand durch Drohungen oder betrügerische Vorspiegelungen zur Ablehnung eines mir von dritter Seite gemachten Kauf- oder Verkaufantrages bestimmt hat. Das damnum besteht darin, daß ich ersterenfalls den gebotenen Preis, letzterenfalls die angebotene Ware nicht erhalte. Dagegen habe ich unter diesen Umständen meine Sache nicht aufzuopfern bezw. den geforderten Preis nicht zu versprechen brauchen. Das ist das in Anrechnung zu bringende lucrum. Daß dieses begrifflich vom damnum zunächst zu sondern ist und erst infolge einer Verrechnung in ihm äußerlich aufgehen kann, zeigt sich deutlich, wenn der Beschädigte Naturalherstellung des ihm entgangenen Vermögenspostens verlangt. Freilich wird es zu einer solchen wegen lucrum cessans noch viel seltener, als wegen damnum emergens, kommen. Aber nichts hindert uns, ihre begriffliche Möglichkeit auch dort anzuerkennen, ja angesichts des allgemeinen Wortlautes im § 249 sind wir m. E. zu solcher Anerkennung geradezu verpflichtet. Begehre ich vom Schädiger die nachträgliche Verschaffung des mir angebotenen und nur infolge seines rechtswidrigen Verhaltens entgangenen Gegenstandes, so will dieses Begehren doch nichts anderes, als „den Zustand herstellen, der bestehen würde, wenn der zum Ersatze verpflichtende Umstand nicht eingetreten wäre". Die Selbständigkeit des lucrum — des ersparten Preises — gegenüber dem damnum tritt hier deutlich zu Tage; daß es in solchem Falle nicht anzurechnen, sondern zu erstatten ist, kann daran wahrlich nichts ändern: der Fall bleibt immer ein solcher der Vorteilsausgleichung. Nur äußerlich verschwindet die Selbständigkeit, wie sonst, so auch in dem hier unterstellten Falle dadurch, daß der Beschädigte statt Naturalherstellung Interesseersatz verlangt.

Dagegen ist von einer „Anrechnung der Vorteile" dann natürlich keine Rede, wenn der „Vorteil" in nichts anderem besteht, als in der Beseitigung oder im Verschwinden des zunächst eingetretenen Schadens.[1]) Hier stehen sich nicht zwei selbständige Größen d und l gegenüber, sondern das allein vorhandene d ist wieder weggefallen und erscheint somit — von etwaigen Aufwendungen und entgangenen Gewinnsten abgesehen — als nie vorhanden gewesen.

S. l. 16 D. de aedilicio edicto XXI, 1: „quod ita sanatum est, ut in pristinum statum restitueretur, perinde habendum est, quasi numquam morbosum esset". [2])

Dem Fall, daß der Schaden wieder verschwunden, steht derjenige gleich, daß er inzwischen — sei es freiwillig, sei es auf Grund einer bestehenden Verpflichtung — anderweit ersetzt ist. Darum ist es keine compensatio lucri cum damno, wenn der eine von zwei solidarisch zum Ersatz verpflichteten Schädigern sich auf die vom andern bereits vollzogene Leistung beruft. Die Zahlung eines Solidarschuldners befreit nach bekannten Grundsätzen alle, und zwar direkt, nicht erst auf dem Umwege einer Vorteilsanrechnung. Es wäre eine verkünstelte Konstruktion, zur Gewinnung des einfachen Ergebnisses solche erst zu Hilfe zu rufen.

Gegen sie spricht auch entscheidend, daß in diesen Fällen jedwede

---

[1]) So auch Walsmann S. 49.

[2]) S. auch Eichhoff B. 125.

Selbständigkeit des angeblichen „lucrum“ gegenüber dem damnum fehlt. Der Schadensersatz bemißt sich nach Art und Umfang eben genau nach dem eingetretenen Schaden; beide sind nach dem ökonomischen Ergebnis gleiche Größen, nur mit umgekehrten Vorzeichen; ja in dem wennschon nicht praktisch, so doch begrifflich normalen Fall des Schadensersatzes durch Naturalherstellung wird nicht nur ein ökonomisch gleicher, sondern sogar der identische Zustand wiederhergestellt. Es fehlt also an zwei zunächst selbständigen, mit einander zu vergleichenden und nur in Höhe des sich deckenden Betrages zur Aufwiegung zu bringenden Faktoren.

Gilt das aber vom geleisteten Schadensersatz, so muß es auch von einem noch nicht getilgten anderweiten Ersatzanspruch gelten. Es ist ein Hauptfehler in Eichhoffs in mancher Beziehung so wertvoller Arbeit, daß er im Bestehen eines anderweiten Schadensersatzanspruches bereits ein, behufs Berechnung des Interesses abzuziehendes, lucrum erblickt (s. S. 19 und öfter).

Diese Auffassung ruft neben ihrer theoretischen Verschrobenheit auch wichtige praktische Bedenken wach, die uns im weiteren Verlauf der Arbeit noch öfters entgegentreten werden. Sie müßte, wenn man damit Ernst machte, schließlich dahin führen, daß der jeweils zuerst in Anspruch genommene Ersatzpflichtige den Gläubiger auf den zweiten verweisen könnte, dieser auf den ersten und so fort — denn jedem wird aus dem im Anspruch gegen den andern liegenden „lucrum“ eine Einrede zustehen.

Dieses Resultat aber ist unmöglich und verstößt gegen die bekannte Regel des positiven Rechts, wonach zwei für denselben Schaden Ersatzpflichtige Solidarschuldner sind, die der Gläubiger, von den seltenen Ausnahmefällen eines beneficium excussionis abgesehen, nach freier Wahl bis zur vollen Befriedigung seines Interesses in Anspruch nehmen kann.

Noch unerträglicher ist die von Eichhoff S. 280 aus seiner Prämisse gezogene Folgerung: schädigt jemand einen Versicherten, so wird mit der Leistung des Versicherers an ihn nicht etwa nur „eine bestehende Schadensersatzforderung gegen den Thäter getilgt, sondern die Entstehung einer solchen verhindert.“ Der Versicherte wird dadurch doch geradezu dem noch so brutalen Angriff eines Dritten gegenüber in aller Form für vogelfrei erklärt! Über und gegen diese Lehre Näheres s. unten in §§ 14—15.

Die Beantwortung der hier erörterten Frage ist entscheidend für das Verhältnis der compensatio lucri zur Abtretungspflicht der Ansprüche aus § 255 B.G.B., die im Teil II behandelt wird.

Keine Vorteilsanrechnung bedeutet ferner der Fall, wenn der wegen Verletzung seiner Vertragspflichten Verantwortliche zunächst die versprochene Konventionalstrafe gezahlt hat und dann auf das Interesse in Anspruch genommen wird. Er braucht dann nur die durch den Betrag der poena nicht gedeckte Differenz zu leisten, s. l. 42 D. XVII, 2, B.G.B. § 340 a. E. Mit Unrecht findet Eichhoff S. 260 fg. darin eine c. l. c. d. Denn es handelt sich bei der Konventional-(Vertrags-)Strafe, wenn schon nicht allein — sie ist auch Pressionsmittel für den Schuldner —, so doch vorwiegend um Interesseersatz. Ist sie versprochen, so kann der Berechtigte auch ohne einen besonderen, ihm vielleicht unmöglichen, Beweis „die verwirkte Strafe als Mindestbetrag des Schadens verlangen", B.G.B. a. a. O.

Die vollzogene Leistung ist also Ersatzleistung — völlige, wenn kein oder kein höherer Schaden nachweisbar ist, teilweise, wenn sich ein höheres Interesse darthun läßt. Der Gläubiger kann alsdann die Differenz als Rest des ihm übrigens schon ersetzten Schadens einklagen — des Umweges über eine c. l. c. d. bedarf man zur Gewinnung des einfachen, ja selbstverständlichen Ergebnisses in keiner Weise! Was Eichhoff gegen diese von der herrschenden Lehre (s. seine eigenen Angaben S. 261; neuestens treffend Pergament, Konventionalstrafe und Interesse, 1896, S. 38 fg.) stets vertretene Auffassung vom Wesen der Vertragsstrafe vermerkt, ist ohne Belang. Daraus, daß die V.-Str. auch ohne besonderen Nachweis des Interesses zu zahlen ist, kann unmöglich der Schluß gezogen werden, daß sie auch da, wo ein erweislicher Schaden entstanden ist — und nur dann steht natürlich die Nachforderung in Frage — mit „dem Schadensersatz nichts zu schaffen habe"!

Mit Recht heißt es in der mit Eichhoffs Meinung schwer vereinbaren l. 28 D. XIX, 1:

> „si ex stipulatu poenam consecutus fueris, ipso iure ex vendito agere non poteris nisi in id, quod pluris eius interfuerit id fieri."

Nicht zur comp. lucri gehört auch der Fall, daß der Schädiger die Einrede erhebt, der Kläger sei durch sein Thun von einer ihm sonst obliegenden Herausgabepflicht der beschädigten Sache an einen dritten frei geworden. Denn angenommen, eine solche Einrede sei statthaft (s. darüber Crome, Partiarische Rechtsgeschäfte, S. 305 fg.,

Hellwig, Verträge auf Leistung an Dritte, S. 82 fg.), besagt sie jedenfalls nicht, daß dem Schaden ein Vorteil gegenübersteht, vielmehr, daß ein Schaden des Klägers infolge der, nun weggefallenen, Herausgabepflicht von vornherein nicht vorhanden gewesen sei.

---

§ 4. Stellung im System; Verhältnis zur gewöhnlichen Aufrechnung.

1. Der Ausdruck „compensatio lucri cum damno" könnte bei oberflächlicher Betrachtung den Glauben erwecken, als wenn dabei nur ein Sonderfall der gewöhnlichen compensatio, der Aufrechnung von Forderung und Gegenforderung, in Frage stände. In der That haben sich ältere wie neuere Schriftsteller nicht immer von einer Verwechselung beider Begriffe freigehalten; auch in der Judikatur wird hie und da unser Fall direkt mit dem Namen: „Kompensationseinrede" bezeichnet, so im Erkenntnis bei Seuffert VII Nr. 166, anders daselbst X, 257.

Zu welch argen Verwirrungen solche Vermischung bisweilen geführt hat, davon geben manche Erörterungen über die Frage der Vorteilsanrechnung bei der Enteignung ein wenig erfreuliches Bild. So verwirft der Kommissionsbericht des Preußischen Abgeordnetenhauses von 1873 (citiert bei Bähr-Langerhans, Kommentar zum Pr. Enteignungsgesetz von 1874 S. 47) dieselbe um deswillen, weil „jede Kompensation zwei gegenüberstehende Forderungen voraussetze". Die Annahme einer Forderung des Exproprianten aber gegen den Enteigneten widerspreche allgemeinen Rechtsgrundsätzen, sei „eine Verirrung des Rechtsgefühls".

Gerade umgekehrt folgert Eger (Kommentar zum genannten Gesetz I S. 205) daraus, daß die Kompensation nur Gleichartigkeit der Forderungen voraussetze, eine Aufrechenbarkeit des dem Restgrundstücke zugefügten Mehrwertes selbst dann, wenn diese nicht auf demselben Umstande wie die Werterhöhung beruhe.

Im allgemeinen aber ist man sich über den grundsätzlichen Unterschied klar.[1]) Die technische „Kompensation" vollzieht sich zwischen zwei selbständigen Forderungen, deren jede ihren besonderen Entstehungsgrund hat oder doch haben kann. Sie vernichten sich nicht durch ihr bloßes Gegenüberstehen, sondern es bedarf dazu noch einer besonderen Aufrechnungserklärung oder gar, wie nach der herrschenden

---

[1]) Ausführlich handelt davon Larenz S. 10 fg.

Lehre des gemeinen Rechtes, eines richterlichen Aktes auf die erhobene Kompensationseinrede hin. Von Amtswegen darf der Richter niemals kompensieren.

Anders in unserem Fall. Wo der Beschädigte das Interesse beansprucht, kommt der in Anrechnung zu bringende Vorteil nur als „Faktor bei der Interesseberechnung“ in Betracht. Soweit er reicht, mindert sich der Anspruch des Klägers ipso iure; der Richter muß also gegebenen Falls auch von Amtswegen darauf Rücksicht nehmen. Endlich, da es an einem selbständigen Gegenanspruch fehlt, kann die compensatio lucri nicht, wie die gewöhnliche compensatio, einen Restbetrag zu Gunsten des Beklagten übrig lassen; sie führt äußerstenfalls zur Reduktion des klägerischen Anspruches auf Null. [1])

Das Gesagte gilt allerdings nur in dem Falle, daß der Geschädigte Ersatz seines Interesses in Geld begehrt. Verlangt er Naturalherstellung, so sind unleugbar zwei selbständige Ansprüche vorhanden, indem der zu jener angehaltene Schädiger Abtretung oder Herausgabe des lucrum verlangen kann. Aber von einer Kompensation ist auch hier keine Rede, sondern nur von einer Retention. Allenfalls mag man dem Ersatzpflichtigen nach vollzogener Leistung eine Klage auf die Abtretung der dem Berechtigten gegen Dritte zustehenden Ansprüche gewähren: von vornherein, bis zur Zeit seiner Inanspruchnahme, stand ihm ein Anspruch darauf keinesfalls zu. Ich habe allerdings oben versucht, die begriffliche Selbständigkeit des damnum gegenüber dem lucrum nachzuweisen. Aber aus

---

[1]) S. die treffenden Bemerkungen des R.O.H.G., Entsch. Bd. 20 Nr. 61 S. 224:

> „Die Vertragsleistung des das Interesse fordernden Kontrahenten kommt daher nicht mehr als diesem noch obliegende oder auch nur als Kompensationsobjekt, sondern nur als ein Faktor bei der Interesseberechnung in Betracht. Ergiebt sich bei dieser Berechnung, gleichviel ob der nicht-säumige Käufer sich die Ware anderweitig beschafft hat oder nicht, daß ein Vermögensnachteil nicht vorliegt, so zerfällt damit der Schadensanspruch in gedachter Richtung. Da aber der säumige Kontrahent nicht erfüllt hat, der nicht-säumige Käufer zu einer Anschaffung für Rechnung des Säumigen nicht verpflichtet ist, so fehlt es an jedem Rechtsgrunde für eine dem Säumigen zu leistende Differenzvergütung.“

Es handelte sich in dem dort entschiedenen Fall um einen Deckungskauf in Wertpapieren, den der Käufer auf Grund eines Leistungsverzuges seines Verkäufers vollzogen hatte. Da der Deckungskauf zu einem geringeren Preise abgeschlossen war, als das erste Geschäft, hatte der erste Verkäufer die Differenz gefordert. Mit Recht wies das R.O.H.G. mit der mitgeteilten Begründung die Klage ab.

dieser folgt nicht, daß Schaden und Vorteile Gegenstand verschiedener Ansprüche sein müßten; sie sind vielmehr wenigstens da, wo der Schaden in Form des Geldinteresses ersetzt wird, nur zwei verschiedene Faktoren für die Berechnung des schließlich in einer einheitlichen Geldsumme ausgedrückten Interesses.

Insoweit kann den Ausführungen von Walsmann (S. 37) nicht vollständig beigestimmt werden, wenn er aus der „Ausgleichungspflicht" auch für den zum Schadensersatz Verpflichteten einen Anspruch entstehen läßt — „nur daß dieser Anspruch nicht selbständig, sondern nur in der Ausgleichung selbst geltend gemacht werden kann". . . . . „Wenn die Ansprüche auf Gleichartiges, auf Geld gerichtet sind, so treten sie einander gegenüber, und es findet ebenso (!) Kompensation statt, wie es sonst bei gegenüber stehenden Forderungen geschieht."

Diese Auffassung vernachlässigt die oben angeführten, allgemein anerkannten Verschiedenheiten in der Behandlung der Vorteilsanrechnung und der wahren Aufrechnung; sie kann die Berücksichtigung des lucrum von Amtswegen nimmermehr erklären.

Man möchte unter diesen Umständen fast zweifeln, ob der Ausdruck compensatio als für unseren Fall angemessene Bezeichnung zu erachten wäre. Indes empfiehlt es sich nicht, den überall eingebürgerten und quellenmäßig belegten um der Möglichkeit eines leicht zu vermeidenden Mißverständnisses halber aufzugeben. Die Quellen gebrauchen die Ausdrücke „compensare" und „pensare" auch sonst bekanntlich nicht selten in einem dem speziellen Kompensationsbegriff gegenüber weiteren, untechnischen Sinne; s. über die verschiedenen Bedeutungen des Wortes Dernburg, Die Kompensation, Aufl. 2, S. 10—11, ferner G. Kretschmar, Secum pensare, S. 1 fg., der in dieser Festschrift auf die Fälle der sogen. „Erwerbskompensationen" aufmerksam macht, wo es an einem „invicem deberi" fehlt, vielmehr lediglich „eine Vermögensvermehrung, welche jemand erhält, in quantum auf eine Forderung oder auf einen Anspruch, welchen er in anderer Eigenschaft erlangt hat, angerechnet werden muß".

Der Ausdruck compensatio lucri cum damno ist um so ungefährlicher, als man dabei ja gar nicht von einer comp. zweier Ansprüche, sondern von einer solchen des Nachteils und des Vorteils spricht. Insofern ist er auch durchaus korrekt. Denn Nachteil und Vorteil sind zwei, inhaltlich einander entgegengesetzte, Faktoren der Interesseberechnung, die gegeneinander aufgerechnet werden müssen, damit sich das Interesse als rechnerische Einheit feststellen läßt. So hat denn auch selbst Eichhoff, ungeachtet seiner oben (§ 3) gewürdigten Auffassung, gegen den Ausdruck „compensatio“ „nicht das Geringste einzuwenden“ (S. 5); nur die Beifügung „lucri cum damno“ scheint ihm unpassend.

2. Ist die Vorteilsanrechnung kein Fall der Kompensation im technischen Sinne, so gehört sie auch systematisch nicht zu ihr. Ihren Platz findet sie überhaupt nicht in der Lehre von der Tilgung der Obligation, sondern einfach in der Lehre vom Schadensersatz. Hier aber wird ihr am besten eine besondere Nummer gewidmet; die bloße Erwähnung des Falles unter den für die Interesseberechnung bedeutsamen Faktoren wird seiner Bedeutung nicht voll gerecht, zumal nicht da, wo der Schaden statt durch Interesseersatz durch Naturalherstellung beseitigt wird, überhaupt wo die Vorteilsausgleichung sich in einer der anderen Formen — Abtretung oder Herausgabe — vollzieht.[1])

§ 5. Das Verhältnis des ausgleichungspflichtigen Vorteils zum eingetretenen Nachteil.

Natürlich kann nicht jeder Vorteil, den der zum Schadensersatz Verpflichtete dem Beschädigten irgendwie und irgendwann verschafft, eine compensatio lucri cum damno begründen. Wer durch Nachlässigkeit den Verlust oder die Beschädigung meiner Sache herbeigeführt hat, kann sich selbstverständlich zur Minderung seiner Ersatzpflicht nicht darauf berufen, daß er mein Vermögen in früherer Zeit, etwa schenkweise oder mittels einer Geschäftsführung ohne Auftrag, vorteilhaft beeinflußt habe. Aber auch ein nach der Schadenszufügung dem Beschädigten durch den Schädiger verschafftes lucrum ist solange auf den Ersatzanspruch ohne Einfluß, als es nicht nachweislich, als Zahlung oder Hingabe an Zahlungsstatt, zur Tilgung desselben verwendet werden sollte. Höchstens kraft einer vielfach naheliegenden

[1]) In einen ganz anderen Zusammenhang will Stammler (Recht der Schuldverhältnisse S. 228) andeutungsweise das Problem verweisen: in die Lehre von der Einrede aus dem Recht eines Dritten. Aber dieser Gesichtspunkt ist in seiner Berechtigung nicht einzusehen und würde bestenfalls auf einen Teil der hierhergehörigen Fälle — wenn nämlich das lucrum im Erwerb einer Forderung gegen einen Dritten bestand, und dieser seine Schuld getilgt hat — passen. In seiner selbständigen Studie über „die Einrede aus dem Rechte eines Dritten“ (1900) weist Stammler daher nunmehr mit Recht die Frage nach der comp. lucri „aus dem Zusammenhange“ seines Themas weg, S. 59, wenngleich er als Beispiele solcher Einrede unter § 1 und § 2, Nr. 2 und 6 einige besser zur comp. lucri zu zählende Thatbestände aufführt.

praesumtio facti wäre die Unterstellung berechtigt, daß die Leistung des Ersatzpflichtigen an den Berechtigten solvendi, nicht donandi causa geschehen sei.[1]) Aber auch in solchen Fällen wird der Anspruch natürlich nicht durch compensatio lucri cum damno, sondern durch einfache solutio beseitigt.

Es ist sonach eine engere Verknüpfung von Nachteil und Vorteil nötig, um eine Aufrechnung zu rechtfertigen.

Zur Gewinnung einer Abgrenzung ergeben sich von vornherein zwei Möglichkeiten:

a) Der dem Beschädigten zugeflossene Vorteil ist durch dasselbe Ereignis, das den Schaden herbeigeführt hat, entstanden.

b) Schaden und Vorteil sind Folge verschiedener Ereignisse.

Offenbar sind beide Fälle in Bezug auf unser Problem recht weit getrennt. Die Statthaftigkeit der Anrechnung liegt im ersten viel näher als im zweiten, ja sie steht dort so gut wie völlig außer Zweifel, während sie hier von den Meisten überhaupt nicht anerkannt wird und in der That, wie wir noch sehen werden, nicht, oder doch höchstens ausnahmsweise, zugelassen werden kann.

Es empfiehlt sich danach, im Folgenden diese beiden verschiedenen Gruppen von Fällen gesondert zu behandeln. Zuvor benötigen wir noch einer Abgrenzung beider. Um sie richtig vorzunehmen, darf der Begriff „dasselbe Ereignis", „derselbe Umstand" nicht in formalistischer Weise eingeengt werden. Nicht das mechanische, sondern das teleologische Moment ist, wie sonst in der rechtlichen Betrachtung, auch für unsere Frage maßgebend. Eine nähere Entwickelung des sich hier erhebenden schwierigen und weit über mein Thema hinausführenden Problems ist nicht am Platze; wertvolle Winke kann insbesondere die strafrechtliche Wissenschaft geben mit ihrer Abgrenzung von Handlungseinheit und -mehrheit. Man wird im Allgemeinen eine durch die Einheit des Zweckes zusammengehaltene Mehrheit physisch selbständiger Körperbewegungen als eine Handlung anzusehen haben; dagegen kann die von vielen Kriminalisten (s. v. Liszt, Lehrbuch § 55) urgierte „Einheit des Erfolges" hier schon deshalb nicht fördern, weil in unserem Thema gerade eine Mehrheit der Folgen einer Handlung in Frage steht. Schießt jemand in einheitlicher Ver-

[1]) So z. B. in der Entscheidung des R.G. bei Bolze Bd. XXI Nr. 210. Der Fiskus haftet für Hochwasserschäden, weil er durch Anlage eines Bahndammes die Gefahr herbeigeführt hatte. Er kann auf seine Schuld das angerechnet verlangen, was er den in Notlage geratenen Eigentümern als Beihilfe geleistet hat.

anstaltung und Absicht mehrmals hintereinander auf des Nachbarn Tauben und tötet mit dem ersten Schuß eine davon, mit dem andern eine fremde, die sich darunter gemengt hatte und im Begriffe war, den Nachbar durch Verzehren des hingestreuten Futters zu schädigen, so muß in diesem Thun ein und derselbe Umstand gefunden werden, der den Nachbar teils geschädigt, teils vor anderweitem Schaden bewahrt hat.

Nach dem Gesagten würde auch eine Einheit des schädigenden und nützenden Ereignisses dann anzunehmen sein, wenn jemand Bäume fällt oder Getreide mäht und dann das Abgetrennte entwendet, ein in der l. 27 § 5 D. IX, 2 erwähnter Fall. Das Abmähen als solches gewährt dem Eigentümer, falls das Getreide schon reif war, nur Vorteile (nulla enim iniuria est, cum tibi etiam impensas donaverit, quae in collectionem huiusmodi fructuum impenduntur) und begründet daher keinen Ersatzanspruch; Nachteil bringt ihm vielmehr erst die nachfolgende Entwendung. Indem das Abmähen und Entwenden physisch selbständige Handlungen sind, von denen die eine dem Betroffenen nur Vorteil, die andere nur Nachteil verschafft, ist die Statthaftigkeit der compensatio lucri in Frage gestellt.

Ich glaube indes, man würde durch eine solch isolierende Betrachtungsweise dem zu einheitlichem Zweck unternommenen Thun nicht gerecht werden.

Die Stelle entscheidet die Frage nicht unmittelbar; sie läßt sich zwar nicht für, aber auch nicht gegen die Anrechnung verwerten; das cum impensas donaverit beweist nur, daß der Thäter wegen des Abmähens keinen selbständigen Anspruch gegen den Eigentümer habe, keineswegs aber, daß die dadurch vermittelte Ersparnis nicht auf des letzteren Ersatzanspruch als deducendum in Ansatz zu bringen sei.

Kapitel II.

Nachteil und Vorteil sind auf einen und denselben Umstand zurückzuführen.

§ 6. Allgemeines; der Stand der Frage.

Daß in dem Falle der Kapitelüberschrift der Ersatzberechtigte sich die Anrechnung der Vorteile gefallen lassen muß, wird so gut wie allgemein zugegeben. Aber nicht nur stimmen die von den einzelnen Schriftstellern gewählten Formulierungen keineswegs überein, sondern auch der damit verbundene Sinn ist vielfach verschieden, oder doch aus der gewählten Formel nicht immer mit der wünschenswerten Bestimmtheit und Unzweideutigkeit zu entnehmen.

1. Meist läßt man die Anrechnung dann eintreten, wenn „dasselbe schädigende Ereignis Nachteil und Vorteil gebracht hat"; „wenn Nachteil und Vorteil Folgen derselben verletzenden Thatsache sind," oder wie die sachlich übereinstimmenden Formeln sonst lauten. Dagegen ist der Vorteil nicht anzurechnen, wenn er in anderen, selbständigen Ereignissen seinen Grund findet. Somit erscheint gerade die Kombination, welche v. Vangerow, Cohnfeldt und Eichhoff vom Begriff der compensatio lucri ausschließen wollen (s. oben § 3), im Sinne der herrschenden Meinung als deren typischer, ja einziger Anwendungsfall.

Eine vollständige Aufzählung der dieser Lehre folgenden Autoren wäre ohne Wert. Ich nenne nur beispielsweise: Windscheid, Pandekten II § 258 No. 4 und in der Heidelberger kritischen Zeitschrift II S. 548 fg.; Holzschuher, Theorie und Kasuistik III § 218 No. 10; Hasenöhrl, Österreichisches Obligationenrecht I, Aufl. 2, S. 274—5; ferner von den Bearbeitern des neuen deutschen Schuldrechts: Cosack, Lehrbuch I § 91 No. 10 („oft bringt ein und dasselbe Ereignis einer Person zugleich Schaden und Gewinn"); Endemann, Lehrbuch I § 128, I, 2 und No. 9; Enneccerus, Bürgerliches Recht, S. 371; Schollmeyer Kommentar zu § 252 No. 6. Auch Kisch (Unmöglichkeit der Erfüllung, S. 129) redet nur von der Anrechnung der Vorteile, „welche mit dem schädigenden Ereignisse unmittelbar und innerlich zusammenhängen."

Daß in dem vorausgesetzten Fall eine Anrechnung der Vorteile stattfinde, nehmen außer den Genannten natürlich auch die unten zu b) zu Erwähnenden an; erst recht diejenigen, die, wie v. Vangerow, Cohnfeldt, Larenz, Eichhoff, die compensatio lucri über den Fall der Einheit des Schaden und Nutzen bringenden Ereignisses hinaus erstreckt wissen wollen. Sie lehnen nur die von der ersten Autorengruppe gewählte Formel als zu eng ab und lassen die Anrechnung sowohl in den durch sie getroffenen, wie daneben in gewissen anderen Fällen zu.

Nur ganz vereinzelte Autoren verhalten sich gegen die Vorteilsanrechnung selbst in dem von der herrschenden Lehre gewiesenen bescheidenen Anwendungskreise skeptisch.

Dazu gehört nicht, trotz der mißverständlichen Behauptung, die compensatio lucri cum damno „sei in der Regel nicht zulässig", Dernburg,[1]) denn er fügt erläuternd hinzu:

„Doch unter Umständen ergiebt erst das Gesamtergebnis, ob in der That ein Schaden vorhanden ist, dann müssen beide Faktoren verglichen werden, so daß man von einer Aufrechnung des Vorteiles auf den Schaden reden kann."

Die etwas kautschukartige Formel „unter Umständen" soll sich, wie die erläuternde Note 12 erweist, vorwiegend auf die Fälle beziehen, „wenn Schaden und Gewinn aus einer und derselben Handlung hervorgingen." Alsdann soll, so ist die Note offenbar zu verstehen, die Anrechnung in der Regel stattfinden, und dies nur dann eine Ausnahme erleiden, wenn ein „rechtlicher Zusammenhang" zwischen Schaden und Vorteil fehlt. Noch deutlicher formuliert D. diese seine Meinung im „Bürgerlichen Recht" (II § 31 Nr. 3):

„Hat aber dasselbe Ereignis Schaden und Vorteil gebracht und steht beides in einem inneren Zusammenhang, so findet Aufrechnung statt."

Ein solcher „innerer Zusammenhang" aber fehlt insbesondere nach D.s Ansicht dann,[2]) wenn die Vorteile „nur mittelbar aus der schadenbringenden Handlung hervorgegangen sind"; ähnlich „Bürgerliches Recht" a. a. O. Nr. 4 a. E. — Somit werden die im Sinne der herrschenden Lehre zur Anrechnung führenden Fälle im allgemeinen durch D.s Bedenken nicht getroffen.

Dagegen scheinen sich zwei Kommentatoren des B.G.B., Kuhlenbeck und Scherer, grundsätzlich gegen eine Anrechnung der Vorteile zu erklären. Jener[3]) verweist gegenüber der von ihm wiedergegebenen Formel der herrschenden Lehre (man beachte das „allein") auf die Entscheidung des R.G. Bd. X S. 50 und die l. 23 § 1 D. XVII,2. Und Scherer sagt:[4])

„Nach meiner Ansicht hat derjenige, welcher einen anderen widerrechtlich beschädigt, kein Recht auf Aufrechnung einer durch

[1]) Dernburg, Pandekten Bd. II § 45 Nr. 4; derselbe, das bürgerliche Recht Bd. II § 31; s. auch „Preußisches Privatrecht" Bd. II § 76 Nr. 5.

[2]) Privatrecht a. a. O.

[3]) Kommentar zu § 252 Nr. 3.

[4]) Kommentar zu § 252 Nr. 3.

seine Handlung angeblich veranlaßten Bereicherung des Beschädigten. Sonst müßte derjenige, welcher z. B. einen hoch versicherten Trunkenbold tötet, von dessen Frau noch eine Gratifikation erhalten."

Diese Anzweifelungen können von vornherein nicht recht ernst genommen werden. Die l. 23 redet von verschiedenen teils nützlichen, teils schädlichen Handlungen. Daß aber die Versicherungsforderung nicht angerechnet wird, beruht auf einem später näher zu erörternden besonderen Grunde, der eine allgemeine Ablehnung der comp. lucri nicht rechtfertigt. Man kann über einen so schlecht begründeten Widerspruch ruhig zur Tagesordnung übergehen.

Sonst ist die Statthaftigkeit der Anrechnung unter der erwähnten Voraussetzung, soviel ich sehe, niemals bestritten worden; auch nicht in der Praxis. Von den zahlreichen einschlägigen Erkenntnissen gehen viele über die Formel der herrschenden Lehre hinaus; aber nicht eine bleibt dahinter zurück. Auch und gerade in denen, die eine Berücksichtigung der Versicherungsgelder ablehnen, wird die Anrechnung überall grundsätzlich anerkannt.

Eine die Frage direkt entscheidende, ausreichende quellenmäßige Begründung hat man freilich nicht auffinden können. Das B.G.B., wie schon erwähnt, schweigt sich darüber ganz aus, und auch das römische Recht enthält nur wenige sie ex professo behandelnde Stellen:

a) Allenfalls könnte man die — in diesem Zusammenhang noch nicht verwertete — l. 8 D. locati XIX, 2 dafür anrufen. Hindert der locator den conductor am Benutzen der Mietsache, so wird dieser bekanntlich von der Pflicht zur Zahlung des Mietzinses selbst dann befreit, wenn der Vermieter zu seinem Verhalten — etwa wegen Baufälligkeit des Hauses („si vitiatum aedificium necessario demolitus esset", l. 30 D. t. c.) — einen rechtfertigenden Grund hatte. That er es aber ohne solchen, so haftet er auf Schadensersatz, so auch insbesondere nach ll. 7, 8, 30 t. c., wenn er einen Untermieter nicht zuließ. Er muß dann dem Mieter den aus der Untervermietung erhofften, nunmehr entgangenen Gewinn ersetzen, darf aber davon den vereinbarten Mietzins abziehen:

> „et tamen primus locator reputationem habebit quinquaginta quae ab illo perciperet, si dominus insulae habitare novissimum conductorem non vetuisset. quo iure utimur."

Eine gewöhnliche Kompensation ist das nicht, denn der Mieter ist ja seiner Pflicht, wie zum Überfluß aus dem Wortlaut der Stelle unzweideutig hervorgeht (perciperet, si . . . non vetuisset), ledig geworden. Derselbe Vertragsbruch hat somit den Mieter einerseits um eine Gewinnaussicht gebracht, andererseits von seiner Vertragspflicht befreit: also ist in der von Tryphonin zugelassenen „reputatio“ eine echte compensatio lucri cum damno enthalten.

b) Zum andern ist auf die l. 16 D. mand. XVII, 1 hinzuweisen. Jemand giebt „hospiti suo medico“ den Auftrag, in seinen ravennatischen Gärten gewisse Anlagen zu errichten, die der Gesundheit des dort öfters weilenden Auftraggebers zu dienen bestimmt waren. Ulpian wirft die — wohl durch die Unklagbarkeit des mandatum tua gratia nahegelegte — Frage auf, ob daraus dem Arzt auf Ersatz der Auslagen eine actio mandati contraria zustehe, und bejaht sie:

> „deducto igitur, quanto sua aedificia pretiosiora fecisset, quod amplius impendisset posse eum mandati iudicio persequi.“

Derselbe Umstand — die Errichtung der Anlagen — hat einerseits dem Mandatar-Unkosten verursacht, andererseits den Wert seiner Gärten erhöht. Auf den ihm wegen jener zustehenden Anspruch muß er den Betrag dieser Wertsteigerung in Abzug bringen.

Darin läge eine wahre comp. lucri, wenn wir den Regreß-Anspruch des Mandatars auf Ersatz seiner Auslagen als wahren Schadensersatzanspruch ansehen dürften. Das ist nun freilich nicht der Fall, indem nach v. Tuhrs beifallswerter Untersuchung (actio de in rem verso S. 33 fg.) zwischen Regreß und Ersatz ein erheblicher Unterschied besteht. Aber indem dieser mehr in der Ursache als im Ziel der Haftung liegt, und auch der Regreß „die Ausgleichung einer Vermögensverminderung“ (v. Tuhr S. 34) bezweckt, ist gerade in dem hier interessierenden Punkt ein Gegensatz zwischen ihnen nicht aufzustellen. Nichts hindert also, die l. 16 auch für unsere Lehre, mindestens im Wege der Analogie, zu verwerten.

c) Möglicherweise lassen sich noch einzelne weitere Stellen verwerten. So vornehmlich die — später näher zu erörternde — l. 2 § 44 D. XXXVIII, 17. Das Mündel soll sich auf seinen Ersatzanspruch gegen den Munizipalmagistrat, der ihm keinen Vormund bestellt hat, den Betrag des ihm unter der Bedingung „si tutores non habuerit“ zugewendeten Vermächtnisses anrechnen lassen. Dies, obwohl der mit dem schädigenden Verhalten verbundene Vorteil hier nur in Auslösung einer Bedingung für das, als bedingtes schon früher vorhandene, Recht bestand, also offenbar zu jenem eine viel weniger feste innere Beziehung hatte, als wenn er durch dasselbe ausschließlich verursacht wäre.

Inwieweit auch die l. 19 §§ 9, 10 D. XIX, 2 im gleichen Sinne in Betracht komme, kann erst später untersucht werden.

Aus der Spärlichkeit der Quellenbelege darf keinerlei Bedenken hergeleitet werden. Gerade der Thatbestand, in dem nach der üblichen Formel die Anrechnung stattfindet, ist so einfach, seine Entscheidung so, ich möchte sagen, selbstverständlich, daß die seltene Erwähnung in den, vorzugsweise praktischen Fragen zugewendeten, Schriften der römischen Juristen kaum Wunder nehmen kann. Und weiter: wenn die compensatio oder etwas ihr ähnliches in gewissen, unten zu besprechenden Fällen zugelassen wird trotz mangelnder Einheit des schädigenden und nützlichen Ereignisses — so in l. 10 (11) D. III, 5 — so kann für den Fall solcher Einheit das Schweigen der Quellen unmöglich anders, denn im Sinne einer als selbstverständlich unterstellten Anrechnungspflicht, verstanden werden.

d) Allerdings findet sich andererseits eine — gemeinhin ungebührlich vernachlässigte[1]) — Stelle, die eine compensatio lucri trotz Einheit des schädigenden und nützenden Ereignisses auf den ersten Blick abzulehnen scheint; es ist die aus Papiniani responsa entnommene l. 39 § 14 D. XXVI, 7:

> „neglegentiae tutorum periculo nominum, quae pater usuris maioribus fecit, adscripto pupilla quidem actionem calendarii praestare cogitur, exactas autem usuras tutelae tempore citra ullam compensationem retinet.“

Haben die Vormünder das vom Vater des Mündels zu höherem Zinssatz ausgeliehene Geld beim Schuldner nachlässigerweise stehen lassen und dadurch den Posten bei eingetretener Insolvenz des Schuldners gefährdet, so haften sie auf Ersatz, ohne daß der in dem höheren Zinsgenuß für das Mündel liegende Vorteil angerechnet würde. Und doch ist es — was den die Schwierigkeit unterschätzenden Erklärungsversuch Eichhoffs S. 95 als ungenügend erscheinen läßt — wenigstens anscheinend derselbe Umstand: die Unterlassung rechtzeitiger Kündigung und Rücknahme des Kapitals, der einerseits den Nachteil, andererseits den Vorteil (die maiores usurae) im Gefolge hatte. Denn wenn Eichhoff behauptet, der Genuß der höheren Zinsen sei nicht sowohl Folge der Nichtrücknahme, als vielmehr der

---

[1]) Eine Ausnahme macht Eichhoff, Dissertation S. 92 fg.

Ausleihung des Kapitals, so trifft das offenbar nicht rücksichtlich derjenigen Zinsen zu, die erst auf die Zeit der Vormundschaft entfielen — sie hätten bei rechtzeitig vollzogener Kündigung nie verfallen können! Gerade an diese Zinsen aber scheint die Stelle zu denken (exactas usuras tutelae tempore).

Trotzdem ist sie nicht hoffnungslos. Denn sie sagt nur, daß die Zinsen zur Zeit der Tutel, also von den Vormündern, eingetrieben, nicht, daß sie erst damals aufgelaufen seien. Nichts hindert die Annahme, daß dabei an nachträgliche Eintreibung von bereits vor dem Tode des Vaters fällig gewordenen Zinsen gedacht sei. Diese Annahme befreit uns allein von der höchst mißlichen Annahme eines Widerspruches zwischen unserer Stelle mit anderen, im selben Titel (s. namentlich l. 16 t. c.) befindlichen, welche einer Berücksichtigung des lucrum in besonders weitem Umfange günstig sind. Sie wird außerdem durch folgende Erwägung nahegelegt: stellt die Nichtrücknahme des Kapitals eine Nachlässigkeit der Vormünder dar, wie Papinian ausdrücklich sagt, so muß die bedenkliche Lage des Schuldners ihnen erkennbar gewesen sein. Woraus aber sollten sie dieselbe besser haben erkennen können, als durch die überall den „faulen“ Schuldner kennzeichnende Unpünktlichkeit der Zinszahlung?

Doch mag man die Stelle auffassen, wie man will — sie ist in ihrer schlimmstenfalls zweifelhaften Bedeutung ungeeignet, die aus den schon erwähnten oder später zu erwähnenden anderen Fragmenten nicht minder, wie aus der Natur der Sache, sich ergebende Statthaftigkeit der compensatio lucri irgendwie in Frage zu stellen.

2. An Stelle der bisher mitgeteilten, gewöhnlichen Formel findet sich bisweilen eine andere, äußerlich ähnliche, die möglicherweise einen erheblichen sachlichen Unterschied von jener bedeutet. Es soll nämlich nach einzelnen Autoren, denen sich verschiedene Entscheidungen insoweit wörtlich anschließen, nicht auf die Identität der schädigenden, sondern auf die der zum Schadensersatze verpflichtenden Thatsache mit der den Vorteil herbeiführenden ankommen. Ich finde diese Formulierung zuerst bei Mommsen, Lehre vom Interesse, S. 193. Doch ist zum mindesten stark zu bezweifeln, ob er sich ihres Gegensatzes von der sonst üblichen, die er weder bekämpft noch auch nur erwähnt, bewußt gewesen sei. Allerdings wird von Mommsens Kritiker Windscheid und im Anschluß an ihn von Cohnfeldt der Unterschied zwischen der schädigenden und der zum Schadensersatz verpflichtenden Thatsache ziemlich scharf hervorgehoben,

aber in der neuesten Litteratur verschwindet er wieder, und es ist nicht nachweisbar oder nur wahrscheinlich, daß er bei denjenigen Späteren, die Mommsens Formel adoptieren, bestimmend eingewirkt hätte.

Zu diesen Schriftstellern zählen: Burchard, Recht der Spedition S. 304; ferner von den Kommentatoren des neuen bürgerlichen Rechts Planck (zu § 252 No. 3) und v. Staudinger (zu § 252 No. 5). Ähnlich bemerken auch die Motive zum B.G.B. (Bd. II S. 19), daß, wenn aus einer und derselben Maßregel oder aus einem Komplex von Maßregeln, für welche dieselbe Person einzustehen hat, schädliche und nützliche Folgen entstanden seien, diese nicht von einander getrennt werden dürfen, vielmehr auf das Gesamtresultat gesehen werden müsse.

In welchem Verhältnis steht aber sachlich diese zweite Formulierung zu der unter 1. mitgeteilten ersten? Um diese — keineswegs zweifelsfreie — Frage beantworten zu können, hat man Folgendes zu beachten:

Es ist ein bekannter, hier nicht erst zu erweisender Satz des Schadensersatzrechtes, daß der Thäter — einen entsprechenden Grad seines Verschuldens vorausgesetzt — nicht nur für die näheren, unmittelbaren, sondern auch für die ferneren, mittelbaren Folgen seines rechtswidrigen Thuns zu haften hat. Dieser Satz ergiebt sich unmittelbar aus dem Kausalitätsbegriff. Wer im Sinne der herrschenden strafrechtlichen Lehre das Setzen einer einzigen Bedingung mit dem Verursachen identifiziert, muß das ohne weiteres anerkennen. Aber auch wer zwischen Bedingung und Verursachung nach diesen oder jenen Gesichtspunkten unterschieden wissen will, braucht darum die Kausalität nicht auf den Fall des unmittelbaren Verursachens (Bewirkens) zu beschränken. Selbst für Birkmeyers Lehre muß es genügen, wenn jemand die entscheidende Bedingung setzt, die ihrerseits wieder eine weitere, den Schaden unmittelbar mit sich bringende Bedingung zur Folge hat; z. B. ich stoße jemanden zu Boden, und er zerschmettert im Fallen eine Scheibe.

Was aber für den Schaden gilt, muß folgerecht für den Vorteil entsprechend gelten. Auch bei ihm brauchen wir den Begriff der „Ursache" nicht auf dasjenige Geschehen zu beschränken, das ihn unmittelbar hervorrief.

Nun kann offenbar jedwedes Verhalten zugleich eine Mehrheit von Folgen mit sich bringen, die ihrerseits wieder weitere Folgen erzeugen. Insofern wir ferner berechtigt sind, alle diese einzelnen

Folgen auf jenes erste Verhalten als ihre gemeinsame (mittelbare) Ursache zu beziehen, und insofern diese Folgen sich möglicherweise als teils für das Vermögen des Betroffenen ungünstig, teils günstig darstellen, ergiebt sich die Möglichkeit und innere Berechtigung ihrer Zusammenrechnung im Sinne des Schadensersatzrechtes. Zu ihr führt in der That unsere zweite Formel für den Anwendungsbereich der compensatio lucri. Sie umfaßt nicht nur den Fall, wo das „zum Schadensersatz verpflichtende Verhalten“ den Nachteil wie den Vorteil unmittelbar hervorbrachte, sondern auch den andern, wo das eine oder andere sich erst als mittelbare Folge daraus ergab.

Ob die erste Formel, wonach die Vorteilsanrechnung nur bei Identität des schädigenden Ereignisses mit dem Nutzen bringenden eintreten soll, überall zu demselben Ergebnis führe, ist zweifelhaft. In meinem früheren Aufsatz habe ich es bestreiten zu müssen geglaubt und deshalb die Formel der herrschenden Lehre abgelehnt. Zwar hat sich Eichhoff (S. 42 fg.) gegen mich erklärt und dargelegt, daß „der Kausalitätsfrage selbstverständlich immer diejenige der schädigenden Thatsachen zu Grunde zu legen sei, welche die zum Schadensersatz verpflichtende ist“. Aber er hat nicht erwiesen, daß solch weite Auffassung des Begriffes „schädigende Thatsache“ mit dem Sinn harmoniert, den die andern Vertreter der ersten Formel damit verbinden. Die mühsame Art, mit der sich die Judikatur mehrfach mit dem Erfordernisse der Identität des schädigenden und des Nutzen bringenden Ereignisses abquält, stimmt wenig zu Eichhoffs Auslegung der Formel. Nicht nur der Sprachgebrauch der Laien ferner weist eine unerkennbare Neigung auf, den Begriff des „Schaden (oder Nutzen)bringens“ auf das unmittelbare Bewirken einzuschränken, sondern auch bei den Juristen finden wir vielfach eine ähnliche Auffassung. So unterscheiden Windscheid und Cohnfeldt an den von Eichhoff selbst angeführten Stellen (s. S. 44; Cohnfeldt S. 87—88, Windscheid, Kritische Zeitschr. II S. 540—541) in freilich voneinander abweichender Weise zwischen der beschädigenden und der (zum Schadensersatz) verpflichtenden Handlung.[1])

So ist die Formel der herrschenden Lehre mindestens einer Doppeldeutung fähig. Sie deckt zugleich zwei ganz verschiedene Auf-

[1]) Cohnfeldt S. 87: „Wenn z. B. ein Stein von einem Wagen herabfällt und dadurch etwas zerbrochen wird, so ist die schadende Thatsache offenbar das Herabfallen des Steins; die zum Ersatz verpflichtende kann aber darin liegen, daß der Führer des Wagens die Steine schlecht aufgeladen hatte. Ebenso liegt

fassungen, wonach es für die Statthaftigkeit der Vorteilsanrechnung ankommen kann: a) entweder auf die Einheit des unmittelbaren Geschehens, b) oder auf die Einheit der Kausalität — in dem Sinne, daß es genügt, wenn die zunächst ganz verschiedenen Geschehnisse sich auf denselben Umstand als ihre gemeinsame, wennschon bloß mittelbare, Ursache zurückführen lassen.

Ob die Anrechnung in Wahrheit nur im ersten, nicht auch im zweiten Fall stattfinde, ist erst später zu untersuchen. Soviel aber dürfte schon feststehen, daß ihr nach der Auffassung zu a) ein viel bescheideneres Anwendungsgebiet zugewiesen wird, als nach der zu b) — Grund genug, um die gebräuchliche Formel als allzu unbestimmt zu verwerfen.[1]) Zweifellos scheint mir dabei, daß die weitaus größere Zahl ihrer Bekenner von der ersten, engeren Annahme ausgehen und zur Anrechnung eine Einheit des unmittelbaren Geschehens erfordern.

---

§ 7. Anwendungsgebiet.

Eine Anrechnung des Vorteils auf den Nachteil steht offenbar nur da in Frage, wo jemand zum Ersatze des eingetretenen Schadens verpflichtet ist. Ob dabei kontraktliche, ob deliktische oder sonstige außerkontraktliche Schadensersatzansprüche zu Grunde liegen; ob der Ersatzpflichtige für eigenes, ob für fremdes Verschulden, oder ohne daß überhaupt ein Verschulden im Spiele wäre, zu haften hat, macht dabei natürlich keinen Unterschied.

Die Beschränkung unseres Rechtsphänomens auf die Fälle der Schadensersatzansprüche scheint einfach und selbstverständlich. Und

---

bei einem Maultiere, welches sich von einem zu seiner Lenkung gemieteten Sklaven losmacht und sich beim Durchgehen beschädigt, die schadende Thatsache offenbar darin, daß das Tier sich von dem Sklaven losgerissen hatte. Dagegen kann hier der Vermieter des Sklaven aus dem davon ganz verschiedenen Grunde zum Ersatz verpflichtet sein, daß er statt eines tauglichen Sklaven einen zum Treiben des Maultieres ganz untüchtigen Sklaven vermietet hatte."

[1]) Ein später noch näher zu würdigendes Beispiel aus der Praxis mag den Gegensatz illustrieren: Ein Spediteur hatte auftragswidrig statt des teureren Landweges für den Transport der Waren den billigeren Seeweg gewählt. Auf diesem wurden die Waren beraubt. Auf Ersatz belangt, beansprucht er Anrechnung der ersparten Frachtdifferenz. Er kann das offenbar nach der Auffassung b) (Einheit der Kausalität). Dagegen liegt eine Einheit des unmittelbaren Geschehens nicht vor, indem die Beraubung, das unmittelbar schädigende Ereignis, mit dem die Ersparung herbeiführenden nicht identisch ist.

doch ergiebt sich hier eine nicht zu unterschätzende Schwierigkeit um deswillen, weil der Charakter vieler Ansprüche, ob Schadensersatzanspruch oder was sonst, recht problematisch ist. Nicht überall da, wo die Gesetze auf einen Anspruch ein „lucrum“ zur Anrechnung bringen, liegt notwendig eine echte compensatio lucri cum damno vor, sondern nur da, wo der zu kürzende Anspruch auch gerade ein solcher auf Ersatz eines damnum ist.

1. Schon die römischen Quellen bestimmen in der bekannten l. 19 §§ 9—10 D. XIX, 2 loc. cond. von Ulpian, daß der Dienstpflichtige, dessen Dienste vom Berechtigten aus einem in dessen Person liegenden Umstand nicht angenommen werden können, seinen Anspruch auf den bedungenen Lohn geltend machen darf, aber unter Anrechnung auf das in der freigewordenen Zeit anderweit Verdiente.

§ 9: „Cum quidam exceptor operas suas locasset, deinde is qui eas conduxerat decessisset, imperator Antoninus cum divo Severo recripsit ad libellum exceptoris in haec verba: „Cum per te non stetisse proponas, quo minus locatas operas Antonio Aquilae solveres, si eodem anno mercedes ab alio non accepisti, fidem contractus impleri aequum est.“ § 10: Papinianus quoque libro quarto responsorum scripsit diem functo legato Caesaris salarium comitibus residui temporis praestandum, modo si non postea comites cum aliis eodem tempore fuerunt.“

Mit Fug hat man diese Anrechnung auch auf den Werkvertrag sowie auf die Fälle ausgedehnt, wenn der Gegner grundlos das Verhältnis gekündigt oder die Dienste nicht angenommen hat.

Ob dabei aber ein Schadensersatzanspruch oder ein trotz Wegfall der Pflichten des Arbeiters bestehen bleibender gewöhnlicher Vertragsanspruch auf die Gegenleistung anzunehmen sei, war in der Theorie und Praxis des gemeinen Rechts von jeher streitig,[1]) und dieser

---

[1]) S. die Angaben bei Eichhoff S. 211 und W. Kisch, die Wirkungen der nachträglichen Unmöglichkeit der Erfüllung bei gegenseit. Verträgen, Jena 1900, S. 83 No. 4.

Für einen Ersatzanspruch entscheiden sich Mommsen S. 356, Larenz S. 23 und mit besonderer Energie Eichhoff a. a. O. unter Berufung auf Iherings (in seinen Jahrbüchern Bd. III S. 465 fg.) Auffassung von der Schadensersatzfunktion der Kaufpreisforderung nach Untergang der Kaufsache. Anders z. B. Windscheid, Heidelberger Kritische Zeitsch. Bd. II S. 138. Das Reichsgericht (Entsch. vom 22. XI. 1879 Seuffert XXXV, Nr. 256 S. 375) stellt beide Auffassungen als möglich neben einander.

Streit setzt sich im Gebiet des Preußischen Landrechts für die entsprechenden Fälle fort.

Eine Reihe ähnlicher Anrechnungsfälle hat bekanntlich auch das Bürgerliche Gesetzbuch.

So zunächst in dem allgemeinen von den gegenseitigen Verträgen handelnden § 324:

> § 324: „Wird die aus einem gegenseitigen Vertrage dem einen Theile obliegende Leistung in Folge eines Umstandes, den der andere Theil zu vertreten hat, unmöglich, so behält er den Anspruch auf die Gegenleistung. Er muß sich jedoch dasjenige anrechnen lassen, was er in Folge der Befreiung von der Leistung erspart oder durch anderweitige Verwendung seiner Arbeitskraft erwirbt oder zu erwerben böswillig unterläßt.
>
> Das Gleiche gilt, wenn die dem einen Theile obliegende Leistung in Folge eines von ihm nicht zu vertretenden Umstandes zu einer Zeit unmöglich wird, zu welcher der andere Theil im Verzuge der Annahme ist."

Sonderbestimmungen dieser Richtung finden sich daneben im Rechte des Dienst- und Werkvertrages; es sind die §§ 615, 642, 649.

> § 615: „Kommt der Dienstberechtigte mit der Annahme der Dienste in Verzug, so kann der Verpflichtete für die in Folge des Verzugs nicht geleisteten Dienste die vereinbarte Vergütung verlangen, ohne zur Nachleistung verpflichtet zu sein. Er muß sich jedoch den Werth desjenigen anrechnen lassen, was er in Folge des Unterbleibens der Dienstleistung erspart oder durch anderweitige Verwendung seiner Dienste erwirbt oder zu erwerben böswillig unterläßt."
>
> § 642: „Ist bei der Herstellung des Werkes eine Handlung des Bestellers erforderlich, so kann der Unternehmer, wenn der Besteller durch das Unterlassen der Handlung in Verzug der Annahme kommt, eine angemessene Entschädigung verlangen.
>
> Die Höhe der Entschädigung bestimmt sich einerseits nach der Dauer des Verzugs und der Höhe der vereinbarten Vergütung, andererseits nach demjenigen, was der Unternehmer in Folge des Verzugs an Aufwendungen erspart oder durch anderweitige Verwendung seiner Arbeitskraft erwerben kann."
>
> § 649: „Der Besteller kann bis zur Vollendung des Werkes jederzeit den Vertrag kündigen. Kündigt der Besteller, so ist der Unternehmer berechtigt, die vereinbarte Vergütung zu verlangen; er muß sich jedoch dasjenige anrechnen lassen, was er in Folge der

Aufhebung des Vertrages an Anwendungen erspart oder durch anderweitige Verwendung seiner Arbeitskraft erwirbt oder zu erwerben böswillig unterläßt."

Sind das überall Ersatz-, oder sind es gewöhnliche Vertragsansprüche? Einzelne, wie Endemann (Lehrbuch I § 128 No. 9) lassen dabei „eine einheitliche Feststellung des Schadens unter Gegenrechnung des Vorteils oder der Ersparnisse" anbefohlen sein, nehmen also Ersatzansprüche an; nach der Ansicht der Meisten dagegen handelt es sich einfach um die vertragsmäßige Gegenleistung, so nach Walsmann S. 69, Kisch S. 82 fg., im allgemeinen auch Crome[1]), der nur im Falle des § 642 im Gegensatz zu den andern Bestimmungen einen Schadensersatzanspruch annimmt.[2])

Die herrschende Ansicht dürfte zweifellos vorzuziehen sein, und zwar sowohl für das gemeine wie für das bürgerliche Recht.

Aus der l. 19 §§ 9/10 cit. zunächst wird eine unbefangene Auslegung nichts anderes herauslesen, als daß die Ansprüche des Dienstpflichtigen durch Ereignisse in der Person des Berechtigten nicht berührt werden sollen. Dieser wie seine Erben müssen trotz Nichtannahme der Dienste ihrer Kontraktspflicht genügen: „fidem contractus impleri aequum est," „salarium residuum praestandum". Der Vertrag bleibt insofern bestehen, ähnlich, wie der Kauf trotz Unterganges der Sache nach dem Satze „emtoris est periculum." Beim Dienstvertrag trifft die Gefahr solcher Zufälle, die sich in seiner Person oder „Sphäre" ereignen, den Dienstherrn.

Der verbleibende Lohnanspruch ist umsoweniger als Schädensersatzanspruch anzusehen, als der Dienstherr ja nicht schuldhaft oder willkürlich die Annahme der Dienste weigert, sondern nur durch seinen Tod daran gehindert wird. Ihm oder seinem Erben dafür eine Ersatzpflicht aufzubürden, würde dem im römischen Schadensersatzrecht fast ausnahmslos festgehaltenen Verschuldungsprinzip wenig entsprechen.

Aber auch für das neue Recht komme ich zu demselben Ergebnis. Müssen wir uns schon im allgemeinen, eingedenk der beredten Meinung Degenkolbs,[3]) vor jener nur allzu häufigen Vermengung von Schadensersatz- und Erfüllungsklage in acht nehmen, so trifft das besonders in den hier besprochenen Fällen zu.

[1]) Partiarische Rechtsgeschichte S. 197 fg., 346 fg.

[2]) Ähnliche Gesichtspunkte finden sich in meinem Kommentar zum Recht der Schuldverhältnisse, s. namentlich Nr. 2 zu § 642, andererseits Nr. 1 zu § 649.

[3]) civ. Archiv Bd. 76 S. 1 fg., nam. 18 fg., 28.

Dafür spricht, was insbesondere den § 324 angeht, der Wortlaut: der Schuldner, dessen Leistung durch einen vom Gläubiger zu vertretenden Umstand unmöglich gemacht wird, „erhält“ nicht einen neuen Anspruch, sondern „behält“ den — offenbar vertragsmäßigen — Anspruch auf die Gegenleistung. In §§ 615 und 649 weicht zwar der Wortlaut ab, aber der in beiden gewählte Ausdruck: „... kann (ist berechtigt), die vereinbarte Vergütung (zu) verlangen,“ deutet wiederum mit großer Bestimmtheit auf das Bestehenbleiben des Vertragsanspruches hin. Dies umsomehr angesichts des peinlich genauen Sprachgebrauches im Gesetzbuch, und weil in dem, einen ähnlichen, aber anders konstruierten Fall behandelnden, § 642 (s. unten) geflissentlich ein anderer Ausdruck: „... kann eine angemessene Entschädigung verlangen“, gewählt ist. Hätte dem Anspruch aus § 649 gleichfalls der Charakter eines Entschädigungsanspruches verliehen werden sollen, so müßte die Verschiedenheit der Bezeichnung als ganz unerklärlich und arg irreführend getadelt werden.

Für unsere Auffassung spricht gerade im Sinne der §§ 615 und 649 auch der Umstand, daß sie keinerlei Verschulden der Gegenpartei, wie es doch auch nach dem B.G.B. regelmäßig die Voraussetzung eines Ersatzanspruches bildet, erfordern. Die „Kündigung“ des Bestellers (§ 649) mag von seinem Standpunkt aus durch eine alles Verschulden ausschließende iusta causa gerechtfertigt sein, und der in § 615 allerdings erforderte Annahmeverzug setzt bekanntlich nach dem B.G.B. keinerlei Verschulden voraus, wie er ja auch den Gläubiger nicht geradezu zum Schadensersatz, sondern nur zum Ersatz der Mehraufwendungen (§ 304) verpflichtet.

Auch die sachliche Gestaltung unserer Ansprüche spricht gegen die bekämpfte Lehre. Vom § 642 wiederum abgesehen, soll auf den Anspruch überall nur das angerechnet werden, was der Schuldner erspart bezw. erworben hat, „oder zu erwerben böswillig unterläßt.“ Daraus und aus der abweichenden Lesart in § 642 („oder durch anderweite Vermerkung seiner Arbeitskraft erwerben kann“) ist mittels argumentum a contrario zu folgern, daß der mögliche, aber durch — leichtes oder selbst grobes — Verschulden des Anspruchsberechtigten unterbliebene Erwerb nicht zur Anrechnung gelangt.[1])

Eine derartige Beschränkung der Anrechnung würde aber zu

---

[1]) S. auch unten § 32.

einem Entschädigungsanspruch außerordentlich schlecht passen. Denn ein solcher wird ja gemäß § 254 ausgeschlossen, wenn bei der Entstehung des Schadens ein ihn „vorwiegend verursachendes" Verschulden der Beschädigten mitgewirkt hat. Kann demnach die „compensatio culpae" sogar unter Umständen eine völlige Beseitigung des Ersatzanspruches bewirken, so muß sie erst recht — und Absatz 2 des § 254 weist noch besonders darauf hin — geeignetenfalls zu einer bloßen Beschränkung des an sich bestehen bleibenden führen können. Wenn nun in den Fällen der §§ 324, 615, 649 der Anspruch einerseits ein Verschulden des Gegners nicht notwendig voraussetzt, andererseits selbst durch ein grobfahrlässiges Benehmen des Berechtigten nicht gemindert wird, so würde das, seinen Charakter als Ersatzanspruch vorausgesetzt, einen schreienden, unausgleichlichen Widerspruch zum allgemeinen Ersatzprinzip des Gesetzbuches bedeuten, ohne daß sich der mindeste Grund für eine so widerspruchsvolle Regelung erraten ließe.[1])

Damit ist die Liste der Gründe noch nicht erschöpft. Der Anspruch der genannten §§ geht auf die „Gegenleistung" (§ 324), die „vereinbarte Vergütung" (615, 649). Die Gegenleistung braucht aber natürlich nicht in Geld zu bestehen (man denke an Tausch, Vergleich u. s. w.), und auch bei der Vergütung im Dienst- oder Werkvertrage ist das Geld zwar der häufigste, aber nach modernem Recht keineswegs der einzig mögliche Gegenstand. Die Ansprüche aus den drei Paragraphen gehen aber stets auf die ursprünglich vereinbarte Leistung; auf Geld mithin nur, wenn diese selbst zufällig in Geld bestand.

Auch hierin zeigt sich wieder ein beachtenswerter Unterschied gegenüber den Ersatzansprüchen, als welche zwar zunächst auf Naturalherstellung, soweit diese aber nicht möglich oder zur Entschädigung des Gläubigers nicht genügend ist, nach Ablauf der vom Gläubiger bestimmten Herstellungsfrist auch ohnedies, auf Geld gerichtet sind.

In unseren Fällen dagegen ist weder von einer Naturalherstellung die Rede — diese könnte vernünftiger Weise nur in der Neubegründung des vor dem Unmöglichwerden der Leistung, der Kündigung u. s. w. bestehenden ursprünglichen, zweiseitigen Vertragsverhältnisses bestehen, als der „Wiederherstellung des Zustandes, der bestehen würde, wenn der zum Ersatze verpflichtete Umstand nicht eingetreten wäre" — noch kommt es anstatt dessen zum Geldersatz. Beide Wege also, die dem

---

[1]) S. auch die kurze, mit dem hier Gesagten übereinstimmende Anmerkung bei Kisch S. 83 No. 3.

Gesetzbuch zur Herstellung des Schadensersatzes sonst bekannt sind, erweisen sich hier ungangbar.

Noch weiter! Im Gesetz finden sich noch zwei andere Fälle, in denen der Anspruch der einen Partei, nur beschränkt durch eine der bisher erwähnten ähnliche Anrechnungspflicht, bestehen bleibt, obwohl der Gegner nicht in den vollen Genuß der ihm gebührenden Leistung gelangt. Und in diesen Fällen — es sind die der §§ 552 und 616 — kann von einem Schadensersatzanspruch nicht im entferntesten die Rede sein:

> § 552: „Der Miether wird von der Entrichtung des Miethzinses nicht dadurch befreit, daß er durch einen in seiner Person liegenden Grund an der Ausübung des ihm zustehenden Gebrauchsrechts verhindert wird. Der Vermiether muß sich jedoch den Werth der ersparten Aufwendungen sowie derjenigen Vortheile anrechnen lassen, welche er aus einer anderweitigen Verwerthung des Gebrauchs erlangt. Solange der Vermiether in Folge der Ueberlassung des Gebrauchs an einen Dritten außer Stande ist, dem Miether den Gebrauch zu gewähren, ist der Miether zur Entrichtung des Miethzinses nicht verpflichtet."
>
> § 616: „Der zur Dienstleistung Verpflichtete wird des Anspruchs auf die Vergütung nicht dadurch verlustig, daß er für eine verhältnißmäßig nicht erhebliche Zeit durch einen in seiner Person liegenden Grund ohne sein Verschulden an der Dienstleistung verhindert wird. Er muß sich jedoch den Betrag anrechnen lassen, welcher ihm für die Zeit der Verhinderung aus einer auf Grund gesetzlicher Verpflichtung bestehenden Kranken- oder Unfallversicherung zukommt."

Daß § 552 nicht einen Ersatzanspruch gewähren kann, ist selbstverständlich, indem dem Mieter die Gebrauchsmöglichkeit lediglich durch Ereignisse in seiner eigenen Person, nicht durch den sich durchaus vertragsgemäß verhaltenden Vermieter, entzogen wird. Und in § 616 vollends ist es ja gerade der Dienstpflichtige selbst, der „durch einen in seiner Person liegenden Grund" an der vollständigen Erfüllung seiner Vertragspflichten gehindert wird.

Nach alledem unterliegt es keinem Zweifel, daß wir es in den besprochenen Fällen nicht mit Ersatzansprüchen zu thun haben. Ich stimme durchaus Kischs Worten S. 82 zu:

> „Das Recht des Schuldners beruht unmittelbar auf dem Vertrag. Es stellt sich begrifflich nicht dar als eine Entschädigung

für den verlorenen Anspruch auf die Gegenleistung, sondern es ist mit diesem Anspruch identisch. Es will also nicht einen dem Schuldner zugefügten Schaden ausgleichen, sondern es hindert die Entstehung eines solchen."

In der That — durch das Unmöglichmachen der ihm gebührenden Leistung, durch die Nichtannahme der Dienste, durch die Kündigung des Werkvertrages schädigt der eine Kontrahent den andern an sich durchaus nicht, da er nur auf dessen Pflichten, nicht auch Rechte, modifizierend einwirkt. Nur dann würde eine Schädigung eintreten, wenn mit dem Erlöschen der einen Seite des Schuldverhältnisses die andere ohne weiteres betroffen würde — eine solche Wirkung wird aber gerade durch die besprochenen Bestimmungen hintangehalten, so daß es einer Beseitigung derselben nicht erst bedarf.

Anders ist die Gestaltung im Falle des schon öfters angezogenen § 642. Daß hier in der That ein Entschädigungsanspruch vorliege, hat Crome (a. a. O. S. 346 fg.) m. E. so zweifelsfrei erwiesen, daß ich mich auf seine Gründe einfach beziehen kann. Es folgt aus der Verschiedenheit des Wortlautes, indem hier nicht, wie in den §§ 615 und 649, von der „vereinbarten Vergütung", sondern von einer „angemessenen Entschädigung" die Rede ist, für deren Betrag „die Höhe der vereinbarten Vergütung" lediglich einen von mehreren Berechnungsmaßstäben bildet.[1]) Es folgt nicht minder aus der schon oben gewürdigten Verschiedenheit der in Anrechnung zu bringenden Beträge: nicht nur das, was er wirklich erworben oder zu erwerben böswillig unterlassen hat, sondern alles, was er hätte erwerben können, muß sich der Berechtigte in Abzug bringen lassen; eine Anrechnungsmethode, die offenbar den das Schadensersatzrecht beherrschenden Gesichtspunkten viel angemessener ist, als die in den §§ 324, 615 und 649 befolgte.

Gegen die Konstruktion als Vertragsanspruch kommt ferner in Betracht, daß neben dem Anspruch aus § 642 die aus dem Vertrage entspringenden Rechte und Pflichten noch solange bestehen bleiben, als die Herstellung des Werkes nicht unmöglich wird oder die Kündigung aus § 643 erfolgt ist. Es liegt vielmehr eine Erweiterung der

---

[1]) Noch die früheren Entwürfe (s. § 578) und die Motive sprachen von der „Gegenleistung" oder der „Vergütung"; erst in den späteren Stadien der Beratung hat sich der anfängliche Vergütungs- allmählich in einen Entschädigungsanspruch umgewandelt, Crome a. a. O.

Wirkungen des Annahmeverzuges vor, der hier ausnahmsweise über den begrenzten Satz des § 304 hinaus den Gläubiger ersatzpflichtig macht.

Erblicken wir somit in den besprochenen Bestimmungen des B.G.B. mit Ausnahme des § 642 überall keine Schadensersatzansprüche, so kann auch die in ihnen angeordnete Anrechnung gewisser erlangter Vorteile nicht als Anwendung der wahren compensatio lucri cum damno anerkannt werden. Ich erachte es folglich nicht mehr — anders als in meinem Aufsatz S. 30 und bei Eichhoff — für statthaft, die hier besprochenen Bestimmungen ohne weiteres für mein Thema zu verwerten, und aus den darin anerkannten Voraussetzungen und Grenzen der Anrechenbarkeit weitere Schlüsse zu ziehen. Aber andererseits darf diese Ablehnung auch nicht zu weit getrieben werden. Die besprochenen Fälle haben mit denen der eigentlichen compensatio lucri nicht nur das gemein, daß gewisse Vorteile zwecks Abminderung eines Anspruches angerechnet werden, sondern auch der innere Grund der Anrechnung möchte sich leicht als nahe verwandt erweisen. Insofern steht einer vorsichtigen entsprechenden Verwertung der besprochenen Bestimmungen auf unser Thema schwerlich etwas im Wege.

2. Noch viel weniger als die bisher besprochenen Fälle gehören zur Vorteilsausgleichung die im B.G.B. § 617 und im H.G.B. § 63 [2] entschiedenen Fragen.

Nach § 617 muß der Dienstherr gewissen Dienstpflichtigen im Fall der Erkrankung die erforderliche Verpflegung und ärztliche Behandlung bis zur Dauer von sechs Wochen zu teil werden lassen, kann aber die Kosten auf die Vergütung für die fragliche Zeit anrechnen. Das ist offenbar eine gewöhnliche Aufrechnung mit einem — freilich nur insoweit rechtlich anerkannten — Gegenanspruch.

Es heißt dann in Abs. 2:

> „Die Verpflichtung des Dienstberechtigten tritt nicht ein, wenn für die Verpflegung und ärztliche Behandlung durch eine Versicherung oder durch eine Einrichtung der öffentlichen Krankenpflege Vorsorge getroffen ist."

Hier wird zwar ein dem Erkrankten infolge der Krankheit zufallendes lucrum berücksichtigt, aber nicht in Form der Anrechnung, sondern mit der Wirkung völliger Ausschließung des ohnedies vorhandenen Anspruches. Und letzterer vollends ist kein infolge der Erkrankung entstehender Ersatz-, sondern ein ihrer ungeachtet bestehen bleibender Lohnanspruch.

H.G.B. § 63 bestimmt in Bezug auf den erkrankten Handlungsgehilfen, daß er seine Ansprüche auf Gehalt und Unterhalt bis zur Dauer von sechs Wochen behalte. Abs. 2 fährt sodann fort:

„Der Handlungsgehilfe ist nicht verpflichtet, sich den Betrag anrechnen zu lassen, der ihm für die Zeit der Verhinderung aus einer Kranken- oder Unfallversicherung zukommt. Eine Vereinbarung, welche dieser Vorschrift zuwiderläuft, ist nichtig.“

Hier steht zwar eine Anrechnung in Frage, aber auch wieder nur eine solche auf den der Erkrankung ungeachtet bestehen gebliebenen Lohnanspruch. Der Fall gehört also nicht hierher, und es können aus der ausgesprochenen Unzulässigkeit der Anrechnung — die sich übrigens in ihrer Abweichung von § 617 unschwer rechtfertigen läßt — keinerlei Schlüsse für unser Thema gezogen werden.

3. In den römischen Quellen wird wiederholt betont, daß bei der Sozietät als lucrum, an dem der eine oder der andere der Sozien zu einer gewissen Quote beteiligt ist, nur der Überschuß deducto damno, also der Nettogewinn, angesehen werden soll, und es wird dabei wohl auch geradezu von einer compensatio des lucrum und des damnum gesprochen. So in dem oben (§ 3) mitgeteilten § 2 i. f. Inst. III, 25; ferner in l. 30 D. pro socio XVII, 2:

„Mucius libro quarto decimo scribit non posse societatem coiri, ut aliam damni, aliam lucri partem socius ferat: Servius in notatis Mucii ait nec posse societatem ita contrahi, neque enim lucrum intelligitur nisi omni damno deducto neque damnum nisi omni lucro deducto: sed potest coiri societas ita, ut eius lucri, quod reliquum in societate sit omni damno deducto, pars alia feratur, et eius damni, quod similiter relinquatur, pars alia capiatur.“

Haben wir es hier mit einer compensatio lucri cum damno zu thun? Offenbar nicht.[1]) Allerdings sprechen die Stellen von einem lucrum und einem damnum, und beides soll miteinander aufgerechnet werden. Aber es stehen dabei nicht Schadensersatz-, sondern gewöhnliche vertragsmäßige Leistungsansprüche in Frage — nicht an das damnum wird gedacht, das infolge einer nachlässigen, zum Ersatz verpflichtenden Geschäftsführung eines socius entsteht, sondern an das aus jedem normalen Geschäftsgang als Kehrbild des daraus zu er-

[1]) Übereinstimmend Eichhoff S. 37.

hoffenden lucrum mehr oder minder unvermeidlich eintretende. Daher ist hier auch nicht, wie bei den Schadensersatzansprüchen, das damnum das Primäre, zu dem ein lucrum nur möglicherweise mindernd und den zu ersetzenden Betrag äußerstenfalls auf Null reduzierend hinzutritt, sondern es handelt sich um die Beteiligung der Sozien am Endeffekt, der bald eine positive, bald eine negative Größe sein und bald zu einer Berechtigung, bald zu einer Verpflichtung der Einzelnen führen kann, je nachdem sich für sie aus der Schlußabrechnung ein aktiver oder ein passiver Saldo ergiebt. Nur das meint also Paulus: Vorteil und Nachteil, wie sie der ordnungsmäßige Geschäftsgang der Sozietät nun einmal mit sich bringt, dürfen nicht getrennt werden, da erst das rechnerische Gesamtergebnis darüber aufklären kann, ob insgesamt ein Geschäftsgewinn oder -verlust erzielt ist. Indem die Anteilnahme der socii nur als solche am Nettoertrage zu verstehen ist, erscheinen die einzelnen lucra und damna bloß als Rechnungsposten ohne irgendwelche erst durch compensatio auszugleichende Selbstständigkeit.

Für unsere Lehre lassen sich demnach auch diese Stellen nicht verwerten, ebensowenig, ja noch weniger, als die unter 1. besprochenen. Immerhin ist der daraus zu gewinnende Gedanke, daß bei Feststellung eines wirtschaftlichen Gesamtergebnisses das „damnum" nur „deducto lucro", und das „lucrum" nur „deducto damno" verstanden werden dürfe, dem unserer Vorteilsausgleichung zu Grunde liegenden nahe verwandt.

4. Wer zur Herausgabe von Früchten verpflichtet ist, braucht sie nur gegen Erstattung der auf ihre Gewinnung gemachten Verwendungen herauszugeben. Das ist für den Erbschaftsbesitzer, mag er gut- oder selbst bösgläubig sein, in der l. 36 § 5 D. de hered. petitione V, 3 von Paulus ausgesprochen:

> „Fructus intelleguntur deductis impensis, quae quaerendorum cogendorum conservandorumque eorum gratia fiunt. quod non solum in bonae fidei possessoribus naturalis ratio expostulat, verum etiam in praedonibus, sicut Sabino quoque placuit."

Der Satz muß aber auch, über den Fall des Erbschaftsanspruches hinaus, zu Gunsten aller zur Herausgabe von Früchten Verpflichteten anerkannt werden; sie alle können die auf die Gewinnung der Früchte gemachten Aufwendungen vom Kläger ersetzt verlangen, s. z. B. l. 46 D. de usuris XXII,1 (Ulpianus):

„quod in fructus redigendos impensum est, non ambigitur ipsos fructus deminuere debere.“

Andere Stellen siehe bei Dernburg, Pandekten I § 227 No. 14 und besonders bei v. Petrazycki, Lehre vom Einkommen Bd. I S. 150 fg.

Liegt in diesen Entscheidungen der Gedanke der compensatio lucri cum damno ausgesprochen? Ich habe es in meinem Aufsatz angenommen, im Widerspruch zu M. Voigt,[1]) der den Fall der l. 36 „auf einem allgemeineren Prinzip“ beruhen läßt. Ähnlich wie er jetzt Walsmann S. 63.

Auch ich kann bei wiederholter Prüfung meine frühere Ansicht nicht vollinhaltlich aufrecht erhalten.

Zunächst gehen die Fruchterstattungsansprüche keineswegs immer auf Schadensersatz. Ja, in der Regel sind sie nicht auf Ersatz des vollen klägerischen Interesses gerichtet. So vor allem nicht in den bekannten Fällen des römischen Rechts, wo der — gutgläubige — Besitzer nur die fructus extantes herauszugeben hat. Mag man darin einen dinglichen, oder aber, m. E. zutreffend, überall einen lediglich persönlichen, nur prozessual mit der Vindikation verbundenen Anspruch erblicken — stets beschränkt er sich auf das beim Beklagten noch mal Vorhandene, nimmt ihm also höchstens die erlangte Bereicherung. Aber auch da ist es schließlich nicht anders, wo die Haftung des Beklagten sich auf die fructus consumti oder selbst auf die sog. percipiendi erstreckt. Wenn auch hier der Grundsatz einer reinen Bereicherungsklage verlassen ist — das bleibt sicher, daß der Kläger nicht oder doch nicht notwendig alles das erlangt, „was er gehabt haben würde, wenn der zum Schadensersatz verpflichtende Umstand — das bösgläubige Besitzen und Nutzen seiner Sache durch den Beklagten — nicht eingetreten wäre.“ Ein voller Interesseersatz tritt vielmehr nur dann ein, wenn der Beklagte dem Kläger alles das zu ersetzen hat, was dieser bei eigener Nutzung der Sache daraus hätte erzielen können. Denn an dieser hat ihn das rechtswidrige Verhalten des Beklagten gehindert.

Eine derartige Haftung des Schuldners auf die Früchte, welche der Kläger hätte ziehen können, bildet aber bekanntlich sowohl nach römisch-gemeinem wie nach bürgerlichem Recht die Ausnahme. Sie trifft nach ersterem nur den bösgläubigen Besitzer für die Zeit

---

[1]) Das ius naturale, Bd III S. 489, 490.

nach dem Prozeßbeginn, und auch das wird von hervorragenden Schriftstellern — so v. Savigny und Pernice, anders Windscheid, Dernburg und neuestens v. Petrazycki[1]) — bestritten. Dies freilich wohl mit Unrecht, wie namentlich die von den Gegnern schwerlich zu beseitigende l. 62 § 1 D. de rei vind. VI, 1 von Papinianus beweist:

„Generaliter autem cum de fructibus aestimandis quaeritur, constat animadverti debere, non an malae fidei possessor fruitus sit, sed an petitor frui potuerit, si ei possidere licuisset. quam sententiam Julianus quoque probat."

Für das Recht des B.G.B. muß man zu einem ähnlichen Ergebniß gelangen. Es läßt bei der Eigentumsklage den „Besitzer" im allgemeinen vom Prozeßbeginn, den schlechtgläubigen Besitzer „von der Erlangung der Kenntnis" — also möglicherweise schon vom Besitzerwerb an — auf Ersatz der Nutzungen haften, „die er nach den Regeln einer ordnungsmäßigen Wirtschaft ziehen konnte", aber schuldhafterweise nicht gezogen hat (§§ 987, 990). Die gemeinrechtliche weitere Steigerung der Haftung des bösgläubigen Besitzers vom Prozeßbeginn an ist im Gesetzbuche nicht unmittelbar ausgesprochen; indem es aber im § 990² „eine weitergehende Haftung des Besitzers wegen Verzugs unberührt bleiben" läßt, und da, wie Kipp[2]) treffend ausführt, die Erhebung der Klage die Mahnung als Voraussetzung des Verzuges ersetzt (nach § 284¹), „so wird der bösgläubige Besitzer (spätestens) mit der Klageerhebung regelmäßig in Verzug kommen", Kipp a. a. O. Indem jener folgerecht von da ab dem Gläubiger nach § 286 „den durch den Verzug entstandenen Schaden zu ersetzen hat", muß er auch für die Nutzungen aufkommen, die der Kläger hätte ziehen können. Dies, weil und soweit sie nichts anderes darstellen, als den nach § 252 zu erstattenden entgangenen Gewinn, „welcher nach dem gewöhnlichen Laufe der Dinge oder nach den besonderen Umständen, insbesondere nach den getroffenen Anstalten und Vorkehrungen, mit Wahrscheinlichkeit erwartet werden konnte".

Daß nun auch in diesen Fällen die Fruchterstattung sich immer unter Abzug der auf die Fruchtbestellung gemachten Aufwendungen versteht, ergiebt sich für das römische Recht aus den erwähnten Stellen, für das bürgerliche Recht aus der Erwägung, daß nur der Überschuß

---

[1]) S. die Quellen- und Litteraturangaben bei v. Petrazycki Einkommen Bd. II S. 91 fg.

[2]) Kipp bei Windscheid I § 124, hinter Nr. 2, Klammer unter 1.

der Früchte über die Kosten den dem Kläger wirklich entgangenen Gewinn darstellt.

Hat man es nun in den Fällen, wo der Fruchterstattungsanspruch den materiellen Charakter eines Schadensersatzanspruches aufweist, hinsichtlich des Impensenabzuges mit einer wahren Vorteilsausgleichung zu thun? Die Frage ist schwierig und zweifelhaft, immerhin scheinen mir folgende Gründe für die Verneinung den Ausschlag zu geben:

Damit es zur Aufrechnung komme, müssen lucrum und damnum im Verhältnis zu einander eine gewisse Selbständigkeit haben; ist das eine nur die, nicht nur für den Einzelfall, sondern allgemein notwendige oder doch natürliche Begleiterscheinung des anderen, so fehlt die für die Aufstellung zweier zunächst getrennt zu betrachtender Erscheinungen nötige Gegensätzlichkeit, und es liegt die Auffassung ungleich näher, im Nettoüberschuß — oder je nachdem, im „Nettodefizit" — von vornherein eine einheitliche Größe zu sehen. So war es nach Nr. 3 bei dem sich aus dem Gesellschaftsbetrieb ergebenden „lucrum deducto damno" oder „damnum deducto lucro". Ähnlich dürfte die Sache auch in unserem Fall liegen. Die Vornahme von Aufwendungen ist mit der Fruchtziehung nach praktisch-wirtschaftlicher Notwendigkeit untrennbar verbunden, ihr Betrag ein vor der Feststellung des Fruchteinkommens ein für allemal in Rechnung zu ziehender Abzugsposten. Erst die Vergleichung der aktiven und der passiven Seite ergiebt den einheitlichen Betrag des aus der Bewirtschaftung zu ziehenden Reineinkommens, das als solches, im Gegensatz zu den das Roheinkommen darstellenden Früchten in natura, nur eine rechnerische Größe bildet. Von ihm gilt das Wort des Neratius in l. 15 D. de imp. XXV, 1:

„ut non tam impendas in eas, quam deducto eo minus ex his percepisse videaris."

S. ferner l. 16 das., auch l. 46 D. de usuris XXII, 1: „quod in fructus redigendos impensum est, non ambigitur ipsos fructus deminuere debere", auch l. 7 pr. D. soluto matrim. XXIV, 3: „fructus eos esse constat, qui deducta impensa supererunt."

Nur an eine solche Größe aber ist gerade in den Fällen zu denken, wo der Fruchterstattungsanspruch einen Schadensersatzanspruch darstellt. Denn alsdann sind ja nur solche Früchte zu erstatten, die in natura weder existieren noch jemals existiert haben, aus deren Nichterzielung vielmehr gerade der zu erstattende Schaden erwachsen ist.

Geht der Anspruch des Klägers von vornherein auf Herstellung des Rechnungsresultates, wie es sich bei ihm ermöglichter Selbstbewirtschaftung ergeben haben würde, so kann er von vornherein nicht den Brutto-, sondern nur den Nettobetrag beanspruchen. Nur soweit reicht der entgangene Gewinn.[1])

Das muß überhaupt von allen Fällen gelten, wo jemand, sei es auf Grund von Vertrag, von rechtswidriger Besitzergreifung oder sonstwie, zur Erstattung eines einheitlichen wirtschaftlichen Gesamtergebnisses verpflichtet ist: er hat nicht für den Brutto-, sondern nur für den Nettoertrag aufzukommen, d. h. er zieht den Betrag der auf das Einkommen gemachten Verwendungen ab. Dem Endergebnis nach mag das mit unserer compensatio lucri im allgemeinen auf dasselbe herauskommen, und eine Verwandtschaft der maßgebenden Gesichtspunkte soll nicht in Abrede gestellt werden. Aber die Abrechnung ergiebt sich doch zuletzt nicht sowohl aus dem Begriffe des Schadensersatzes, als vielmehr aus dem des Einkommens als einer einheitlichen, die Passiva von vornherein in sich aufnehmenden Größe.

Mit dem oben S. 16 Gesagten steht das durchaus in Einklang. Besteht der zu ersetzende Schaden in entgangenem Gewinn, so weisen die für letzteren notwendig gewesenen, auf Grund der schädigenden Handlung ersparten Kosten durchaus nicht immer jene untrennbare, abstrakt-notwendige Verbindung mit dem Gewinn auf, wie bei den Einkommensverwendungen. Ob ich für die vom Schädiger hintertriebene Erlangung einer Sache einen Aufwand hätte machen müssen oder nicht, hing lediglich von der Besonderheit des Einzelfalles ab; an sich ist die Erlangung eine rein lukrative Thatsache.

5. Wer, mit der rei vindicatio belangt, den Ersatz der gemachten

---

[1]) Daß die fructus juristisch — natürlich nicht allein, aber vorwiegend — nur als ein einheitliches Rechnungsergebnis in Betracht kommen, bei dem die Passiva von vornherein abgezogen sind, hat bereits v. Petrazycki (Einkommen I S. 200 fg.) in geistvoller und überzeugender Weise dargethan. S. nam. S. 201:

„Der Begriff der Früchte ist ein gedachter Inbegriff der . . Aktiva und Passiva in ihrem Zusammenhang, in ihrer Einheit."

v. P. verweist mit Recht dafür u. a. auf ein Citat „des Theoretikers par excellence unter den römischen Juristen, Paulus", l. 8 § 1 D. XXIV, 3: „quod in sementem erogatur, si non responderint messes, ex vindemia deducetur, quia totius anni usus fructus est." Also der Fruchtertrag der ganzen Wirtschaftsperiode ist eine einzige einheitliche Größe.

Wenn freilich v. P. durch seine Annahme von der Einheit der Aktiva und Passiva in den fructus dahin geführt wird, in diesen eine universitas iuris zu sehen, so kann ich ihm dabei nicht folgen.

impensae in Anspruch nehmen kann, muß sich nach römischem Recht den Abzug der ihm zugefallenen und — soweit er bonae fidei possessor war und sie bereits konsumiert hatte — auch dem Werte nach verbleibenden Früchte gefallen lassen. So nach l. 48 D. de rei vind. VI, 1 von Papinianus, libro secundo responsorum:

„Sumptus in praedium, quod alienum esse apparuit, a bona fide possessore facti neque ab eo qui praedium donavit neque a domino peti possunt, verum exceptione doli posita per officium iudicis aequitatis ratione servantur, scilicet si fructuum ante litem contestatam perceptorum summam excedant: etenim admissa compensatione superfluum sumptum meliore praedio facto dominus restituere cogitur."

Daß hier, wie in der ganz analogen Bestimmung in l. 65 pr. D. tit. cit., wonach sich der Besitzer auch auf die beanspruchten Zinsen der Verwendungssumme „sumptuum in praedium factorum exemplo" den Wert der gezogenen Früchte in Ansatz bringen lassen muß, eine compensatio lucri cum damno vorliege, leuchtet auf den ersten Blick um so eher ein, als die Stelle geradezu den Ausdruck compensatio verwendet. Dagegen läßt sich auch nicht geltend machen, daß es beim Impensenersatz — nach der herrschenden und richtigen Lehre — an einem selbständig klagbaren Anspruche fehle: denn auch ein nur mittels Einrede durchzusetzender Anspruch ist ein, wennschon unvollkommener, Anspruch. Auch ist nicht an eine gewöhnliche Aufrechnung von Forderung und Gegenforderung zu denken, indem der Eigentümer ja keinerlei Ersatzansprüche wegen der vom gutgläubigen Besitzer konsumierten Früchte hat.

Es bleibt danach nur ein einziger, dafür aber auch durchschlagender Gegengrund gegen die Annahme einer wahren Vorteilsanrechnung: der Impensenanspruch hat nicht den Charakter eines Schadensersatz-, sondern nur den eines, mit gewissen Besonderheiten versehenen, Bereicherungsanspruches. Für die Annahme einer Ersatzpflicht des Eigentümers mangelt nicht nur jeder vernünftige Rechtsgrund, sondern auch die positiven Sätze des römischen Rechts, nicht minder die des neuen Reichsrechtes, bleiben dahinter zurück. Denn der Eigentümer haftet nur für die „impensae necessariae", — weil mit ihnen die Sache auf Kosten des Besitzers gerettet oder doch in ihrem Wert erhalten worden ist, und für die „impensae utiles" — weil sich mit der durch sie der Sache zugefügten Werterhöhung („meliore praedio facto", l. 48 cit.) das Vermögen des

Eigentümers positiv vergrößert hat. Ganz ähnlich ist der materielle Gehalt der dem verwendenden Besitzer nach B.G.B. §§ 994 fg. zustehenden Ansprüche, wie zweifelhaft und verwickelt die rechtliche Behandlung auch immer sein mag.

Daß die besprochenen Stellen keine eigentliche compensatio lucri enthalten, ist für die ganze Lehre von ungemeiner Bedeutung. Denn daß dort das „damnum“ — die Aufwendung der Impensen — und das „lucrum“ — die Erzielung der Früchte — getrennte, unabhängig von einander entstandene Erscheinungen darstellen, ist um so zweifelloser, als die Stellen nachweislich nicht die dem Fruchtziehungsberechtigten zur Last fallenden regelmäßigen (Einkommens-), sondern die außergewöhnlichen, einmaligen (Kapitals-) Verwendungen im Auge haben. In welcher inneren Beziehung steht die in l. 65 geschilderte Ablösung des auf dem Grundstück lastenden Pfandrechtes mit der Erzielung der Früchte? Eine solche compensatio lucri würde offenbar außerordentlich weit gehen, viel weiter, als alle anderen in den Quellen überlieferten Fälle ihrer Anwendbarkeit. Überhaupt tragen unsere Stellen eine m. E. durchaus singuläre Bestimmung vor: die darin ausgesprochene Benachteiligung des Besitzers dürfte wohl damit zusammenhängen, daß sein Eigentumserwerb an den Früchten gegenüber dem scharf ausgeprägten „Substantialprinzip“ des römischen Rechts immer als eine Anomalie angesehen wurde, die einerseits erst später Anerkennung fand, andererseits in der jüngeren Kaiserzeit auch sonst durch eine bedeutsame Rückbildung — Herausgabepflicht der fructus exstantes — arg beeinträchtigt wurde. [1])

6. Ein problematischer Fall der Vorteilsanrechnung findet sich auch in dem, sachlich mit dem Gemeinen Recht wesentlich übereinstimmenden, [2]) sogenannten Surrogationsprinzip des § 281 B.G.B. Ihn wollen einzelne dazu rechnen, so besonders Schollmeyer im Kommentar zu § 252 a. E. Schwerlich mit Recht!

Allerdings liegt auch dem Surrogationsprinzip der Gedanke zu Grunde, daß derjenige, dem ein Schaden zur Last fällt, auf der anderen Seite den Vorteil genießen soll, der aus dem schädigenden Ereignis erwachsen ist. Aber von diesem allgemeinen Gesichtspunkt

---

[1]) Daß darin eine spät- oder nachklassische Neuerung lag, ist von Czyhlarz (Glücks Kommentar, Serie der Bücher 41 und 42, T. I. 1887, S. 469 fg.) m. E. zweifelsfrei erwiesen worden. v. Petrazycki („Die Fruchtverteilung beim Wechsel des Nutzungsberechtigten“, 1892, S. 146 fg.) hat ihn schwerlich widerlegt.

[2]) S. die Angaben aus dem Gem. Recht bei Windscheid II § 264 No. 6.

abgesehen, weist der hier besprochene Fall mit der compensatio lucri nicht die mindeste Verwandtschaft auf. Einmal steht dabei gar kein Schadensersatz-, sondern lediglich der alte Leistungsanspruch in Frage. der nur in seinem Inhalt durch die eingetretene Unmöglichkeit der ursprünglichen Leistung modifiziert worden ist. Soweit er noch reicht, geht er nicht auf das „damnum deducto lucro“, sondern auf das infolge des schädigenden Ereignisses erzielte „lucrum“ selbst. Das macht auch ökonomisch einen großen Unterschied: die Differenz zwischen „damnum“ und „lucrum“ bleibt bei der Vorteilsanrechnung auf dem Verpflichteten haften, während beim Surrogationsprinzip der Berechtigte dem Endergebnis nach um ihren Betrag weniger erhält, als er ohne das schädigende Ereignis erhalten haben würde. Endlich steht das Surrogat des § 281 zu dem durch das schädigende Ereignis entzogenen oder entwerteten Vermögensstück in einer nahen, sachlichen Beziehung: als der dafür erlangte „Ersatz oder Ersatzanspruch“; während das damnum und lucrum bei der Vorteilsanrechnung an sich ganz getrennte Dinge sein können, die nur durch die Einheit des Entstehungsgrundes oder der Kausalität in eine Beziehung gesetzt werden.

Viel näher steht unsere Vorteilsausgleichung dem dem Ersatzpflichtigen in § 255 gewährten Abtretungsanspruch. Sein Verhältnis zu ihr ist im zweiten Teil darzulegen.

7. Nicht auf Schadensersatz gerichtet ist der konkursmäßige und außerkonkursmäßige Anfechtungsanspruch; er geht vielmehr, wie das O.L.G. Dresden im Erkenntnis vom 12. II. 1890 (Seuffert XLVI Nr. 20) darthut, auf Rückgewähr des anfechtbar Empfangenen. Eine compensatio lucri cum damno um deswillen, weil der Kläger aus der angefochtenen Handlung zugleich Vorteil erlangt hat, soll schon aus dieser Erwägung heraus unanwendbar sein.

8. Endlich ließe sich eine compensatio lucri cum damno noch denken im Fall des § 325 B.G.B. Wird die dem einen Teil beim gegenseitigen Vertrage obliegende Leistung infolge eines von ihm zu vertretenden Umstandes unmöglich, so kann der Gegner — nach Wahl neben dem ihm gleichfalls zustehenden Rücktrittsrecht — „Schadensersatz wegen Nichterfüllung“ verlangen.

Die Natur dieses Schadensersatzrechtes ist bestritten. Im Sinne der herrschenden Lehre — so vertreten u. a. in den Kommentaren von Planck (Nr. 1a), Oertmann (Nr. 1a), Schollmeyer (Nr. 2) und Staudinger (Nr. 1a) zu § 325, sowie von Endemann, Lehrbuch I § 124 Nr. II,2b und Kleineidam, Unmöglichkeit und Unvermögen, S. 145; andere Angaben s. bei Kisch S. 132 No. 24 — ist der Schadensersatz „nur Surrogat der der schuldigen Partei ursprünglich obliegenden Leistung“.[1]) Von der Verwandlung der schuldhaft unmöglich gewordenen in die Ersatzleistung abgesehen, bleibt der Vertrag bestehen, der Ersatzberechtigte folgerecht seinerseits zur Gegenleistung verpflichtet. Da er also infolge Unmöglichkeit der ihm geschuldeten Leistung seinerseits nicht von seiner Leistungspflicht frei wird, ist beim Ersatzberechtigten von einem in Anrechnung zu bringenden „lucrum“ nach dieser Auffassung natürlich nicht die Rede.

Demgegenüber hat aber Schöller[2]) neuestens eine durchaus abweichende Lehre aufgestellt. Nach ihm tritt der „Schadensersatzanspruch“ des § 325 nicht nur an Stelle der dem schuldigen Teile obliegenden, unmöglich gewordenen Leistung, „sondern er ist Erfüllungssurrogat bezüglich des ganzen gegenseitigen Vertrages“. Dieser löst sich in seiner Totalität in den Ersatzanspruch des nichtschuldigen Teiles gegen den schuldigen auf. Der Ersatzanspruch geht folgerecht nicht auf das Interesse des Ersatzberechtigten an der Leistung des Gegners, sondern auf das Endinteresse an der Erfüllung des ganzen zweiseitigen Schuldverhältnisses, d. h. nur „auf Zahlung der Differenz zwischen dem Werte beider Leistungen, zuzüglich des etwa weitergehenden positiven Vertragsinteresses“, Schöller, a. a. O.

Man wird dieser Ansicht schwerlich beipflichten. Bereits Kisch hat sie treffend bekämpft, und ich kann mich dessen Ausführungen großenteils anschließen. Insbesondere wird jene dem in § 325 offenbar aufgestellten gegensätzlichem Verhältnis von Schadensersatz wegen Nichterfüllung und Rücktritt nicht gerecht. Denn der Schadensersatz im Sinne Schöllers enthält, weil das alte Schuldverhältnis vollständig absorbierend, zugleich die Rücktrittswirkungen als minus in sich. Der Rücktritt als selbständige Alternative hätte neben dem Schadensersatzanspruch im Schöllerschen Sinne gar keinen Wert — denn auch ohne ihn könnte der Ersatzberechtigte durch einfache

---

[1]) So Kisch a. a. O. S. 132 Nr. 24, ähnlich neuestens auch Titze, Unmöglichkeit der Leistung S. 183.

[2]) L. R. Dr. W. Schöller in Gruchots Beiträgen Bd. XLIV S. 603 fg., nam. S. 611 fg. So auch Oswalt in der Deutschen Juristenzeitung Bd. IV S. 213—4 und, falls der nichtschuldige Teil noch nicht erfüllt hatte, Cosack I § 99 Nr. 2a.

Nichtanstrengung seiner Klage genau dasselbe Ergebnis erzielen, nämlich Beseitigung der Vertragswirkungen im Guten und im Bösen.

Wäre freilich die Schöllersche Ansicht zutreffend, so würde man im § 325 einen Fall der compensatio lucri zu erblicken haben. Denn die schuldhafte, oder doch vertretbare, Unmöglichmachung der Leistung durch die eine würde zugleich die andere Partei von der ihr obliegenden Gegenverpflichtung frei machen. Es hätte also derselbe Umstand für sie zugleich einen Nachteil und einen Vorteil herbeigeführt, und in der Wertdifferenz zwischen beiden bestände das ihr zu ersetzende Interesse.

Zu einer Aufrechnung kann es freilich auch nach der hier vertretenen Auffassung des § 325 kommen, indem einerseits der an Stelle der unmöglich gewordenen Leistung zu fordernde Schadensersatz wenigstens normalerweise in Geld bestehen, andererseits auch die dem Ersatzberechtigten obliegende Gegenleistung häufig eine Geldleistung sein wird. Aber alsdann stehen sich zwei selbständige Geldforderungen gegenüber, die nur im Wege der gewöhnlichen Aufrechnung zur Ausgleichung gebracht werden können.

Der Zweifel über die Bedeutung des in § 325 anerkannten Ersatzanspruches ist übrigens im Grunde schon alt; ähnliche Fragen waren bereits im bisherigen Handelsgesetzbuch für die Art. 354, 355 und 357 aufgetaucht. Sind nun auch die beiden ersteren Artikel in die Neuredaktion bekanntlich nicht aufgenommen, so verliert doch die Frage nach ihrer Bedeutung nichts von ihrem wissenschaftlichen Interesse; ja der Art. 355 ist als anerkanntes Vorbild des jetzigen § 325 für dessen Auslegung von erheblicher Bedeutung, Schöller erblickt in ihm sogar ein Hauptargument für seine Lehre.

a) Der Art. 354 giebt dem Verkäufer bei Zahlungsverzug des Käufers nach Wahl drei Rechte: α) Anspruch auf Erfüllung nebst Schadensersatz wegen Verspätung; β) Selbsthilfeverkauf der — noch nicht übergebenen — Ware nebst Schadensersatz; γ) Rücktritt.

Von diesen Gerechtsamen interessiert hier nur die zweite. Daß sie nicht zu einer Verwandlung des gesamten Schuldverhältnisses in eine einseitige Interesseforderung des Verkäufers führt, wird allgemein, insbesondere auch von Schöller S. 626—7, zugegeben. So auch die Entscheidungen des R.O.H.G. Bd. VII Nr. 105 S. 407/8 und Bd. IX Nr. 38 S. 118; sie betonen übereinstimmend, es handele sich lediglich darum, „daß sich der säumige Käufer statt der kontraktlichen Lieferung eine andere Art der Erfüllung durch den Verkäufer gefallen lassen soll." Der Verkäufer besteht dabei auf Erfüllung „mit der Modifikation, daß an die Stelle der kontraktlichen eine andere Art der Erfüllung tritt und der säumige Käufer den daraus entstehenden Schaden zu tragen verpflichtet ist."

Das ergiebt sich mit Evidenz aus dem Satze, daß der Selbsthilfeverkauf „für Rechnung des Verkäufers" geschehen soll. Daraus hat eine ständige Praxis (s. u. A. R.O.H.G. Bd. XX Nr. 61 S. 223) unter dem Beifall der Doktrin (s. z. B. Staub zu Art. 354 § 27) gefolgert, daß der etwaige Mehrerlös dem säumigen Käufer gebühre. Ist das richtig, so kann offenbar der gesamte Erlös nicht nur als deducendum beim Ersatzanspruche des Verkäufers in Betracht kommen; er tritt vielmehr als Objekt von dessen Verpflichtung an die Stelle der veräußerten Ware, und kommt nur, soweit er den mit dem säumigen Käufer vereinbarten Kaufpreis nicht übersteigt, deshalb nicht zur Auszahlung, weil er damit im Wege der gewöhnlichen Kompensation von der einen oder anderen Partei aufgerechnet wird.

b) Anders soll es sich nach der ganz überwiegenden Meinung im Falle von Art. 355 verhalten:

> „Wenn der Verkäufer mit der Übergabe der Ware im Verzuge ist, so hat der Käufer die Wahl, ob er die Erfüllung nebst Schadensersatz wegen verspäteter Erfüllung verlangen, oder ob er statt der Erfüllung Schadensersatz wegen Nichterfüllung fordern oder von dem Vertrage abgehen will, gleich als ob derselbe nicht geschlossen wäre."

Hier wird nach der Ansicht des Reichsoberhandelsgerichts (Entsch. Bd. XX Nr. 61 S. 224), falls sich der Käufer für den für meine Zwecke wiederum allein in Betracht kommenden zweiten der drei Wege entscheidet, sein Interesse „an Stelle des (gesamten) ursprünglichen Vertragsinhaltes substituiert."

> „Das Wesen dieser Umwandlung beruht nicht darin, daß die Leistung nur des säumigen Kontrahenten sich in Leistung ihres Werts zur Lieferungszeit umwandelte, die des nichtsäumigen hingegen bestehen bliebe. Vielmehr werden Leistung wie Gegenleistung von der Veränderung ergriffen. Der nichtsäumige Kontrahent wird berechtigt, seine Leistung wie die Annahme der Leistung des säumigen zu verweigern und an Stelle des beabsichtigten Austausches von Leistungen dasjenige zu fordern, was ihm daran lag, resp. was es für seine Vermögenslage ausmachte, die vom Gegner geschuldete Leistung gegen die ihm ver-

tragsmäßig obliegenden Aufwendungen zur Zeit der Lieferung zu haben." . . . „Die Vertragsleistung des das Interesse fordernden Kontrahenten kommt daher nicht mehr als diesem noch obliegende oder auch nur als Kompensationsobjekt, sondern nur als ein Faktor bei der Interesseberechnung in Betracht."

Ähnlich sagt die Entscheidung des R.O.H.G. Bd. XXIV Nr. 31 S. 106: auch bei der Wahl der hier in Rede stehenden zweiten Alternative des Art. 355 finde ein „faktisches" Abgehen von dem Vertrage statt, „wobei sich die Vertragsverbindlichkeiten in einen Anspruch auf Schadensersatz, welcher nur dem Käufer zustehe, auflösen und die Rückforderung des von letzterem schon Geleisteten einen Teil der Entschädigung bilde."

Indes ist die Richtigkeit dieser Lehre um deswillen, weil sie die herrschende ist, noch nicht bewiesen; weder in den citierten Erkenntnissen noch in den sonstigen Deduktionen ihrer Anhänger, auch nicht bei Schöller, habe ich eine zwingende Begründung gefunden. Man hat ihr denn auch von namhafter Seite[1]) widersprochen.

Eines besonderen Beweises wäre aber die Lehre der Gegner, nicht die hier vertretene, bedürftig. Denn an sich war ja ein gültiger Kaufvertrag geschlossen, der Käufer dadurch zur Zahlung des Preises verpflichtet. Daß er davon frei geworden sei, dafür bedurfte es also eines besonderen Rechtsgrundes. Worin aber soll dieser zu finden sein? Von einer Unmöglichkeit der Leistung, bei Geldschulden überhaupt schwer denkbar, ist offenbar nicht die Rede; ebensowenig ist der Anspruch des Gegners durch einen Rücktritt vom Vertrage beseitigt — denn wenn auch dem Käufer ein solcher nach Art. 355 zustand, so enthält doch die Wahl „des Schadensersatzes wegen Nichterfüllung" so wenig dessen Ausübung, daß das Gesetz vielmehr beides in Gegensatz bringt.

Auch praktische Gründe sprechen nicht für die herrschende Ansicht. Das Reichsoberhandelsgericht freilich glaubt sie heranziehen zu müssen, um darzuthun, daß dem säumigen Verkäufer bei günstigem Ausfall

---

[1]) Römer in der Zeitschrift f. Handelsrecht Bd. XIX S. 133: „Das Interesse ist hier Surrogat der Leistung des ursprünglich geschuldeten Gegenstandes, die Leistung des Interesses ist hier selbst Erfüllung der Vertragsobligation, welche nur ihren Gegenstand verändert hat, ohne selbst aufgehoben zu sein." Die Auffassung, daß hier der Kaufpreis zurückgefordert werde, sei widerspruchsvoll.

des Deckungskaufes nicht, wie nach Art. 355 dem säumigen Käufer bei einem solchen des Selbsthilfeverkaufes, der Anspruch auf die Differenz zustehe. Aber das ist auch von dem hier vertretenen Standpunkt aus selbstverständlich. Einmal läßt das Gesetz nur den Selbsthilfeverkauf, nicht den Deckungskauf, „für Rechnung des Gegners" vollzogen werden. Zum andern sind beide auch innerlich grundverschiedene Dinge. Denn der Verkäufer setzt durch den Selbsthilfeverkauf an Stelle seiner eigenen, möglich gebliebenen, nur vom Gegner nicht angenommenen Leistung eine andere: den Verkaufserlös. Dagegen der Käufer operiert beim Deckungskauf nicht mit den ihm obliegenden Leistungsobjekten. Er braucht vielmehr die ihm vom Gegner nicht rechtzeitig angebotenen nicht mehr anzunehmen, kann also die Verspätung wie eine vom Gegner zu vertretende Unmöglichkeit der Erfüllung behandeln. Schließt er nun einen anderweiten Deckungskauf — er braucht es bekanntlich nicht, kann vielmehr auch die „abstrakte Schadensberechnung" wählen —, so führt er damit sein eigenes Geschäft, und für das Verhältnis zum Gegner ist dasselbe nur insofern von Interesse, als sich aus dem für die anderweite Anschaffung der Ware zu zahlenden Preise die Höhe der Differenz ergiebt, um die der in seiner Leistung säumige Verkäufer den Käufer geschädigt hat.

Das gilt auch für das in Art. 357 behandelte Fixgeschäft, in dem ja nur die Voraussetzungen, nicht aber die Bedeutung, der fraglichen Gerechtsame besonders geregelt werden. Ist doch Art. 357 sogar die eigentliche sedes materiae für die Schadensberechnung des Käufers, sodaß die Doktrin erst aus ihm das Material für die Unterscheidung und Bedeutung der „abstrakten" und „konkreten" Schadensberechnung des Art. 355 entnommen hat.

Ist das Gesagte richtig, so bleibt der Käufer zunächst zur Leistung des Kaufpreises verpflichtet; hat er ihn gezahlt, so kann er ihn nicht, wie die Gegner wollen, mit einer condictio indebiti oder c. causa data causa non secuta zurückfordern. Auf der anderen Seite hat sich sein Vertragsanspruch in einen Anspruch auf Ersatz des so oder so zu berechnenden Schadens umgewandelt. Da nun auch dieser ausnahmslos auf Geld geht, so wird er normalerweise mit dem — noch nicht befriedigten — Kaufpreisanspruch kompensiert, mag nun der eine oder andere Teil die Aufrechnung erklären. War der Preis schon gezahlt, so macht der Käufer seinen ganzen Ersatzanspruch als solchen geltend; nicht etwa ist seine Klage in tantum auf Rückgabe des bereits gezahlten Preises gerichtet.

Zweifel an der hier vorgetragenen Lehre erweckt allerdings in gewissem Sinne der Wortlaut des Art. 357 Abs. 3:

„Wenn der Käufer statt der Erfüllung Schadensersatz wegen Nichterfüllung fordert, so besteht, im Falle die Ware einen Markt- oder Börsenpreis hat, der Betrag des von dem Verkäufer zu leistenden Schadensersatzes in der Differenz zwischen dem Kaufpreise und dem Markt- und Börsenpreise zur Zeit und am Orte der geschuldeten Lieferung, unbeschadet des Rechts des Käufers, einen erweislich höheren Schaden geltend zu machen."

Indes dürfte auch dies Bedenken nicht unüberwindlich sein. Denn das Berechnungsergebnis, auf das es dem Art. 357 offenbar vorzüglich ankommt, wird durch die hier verfochtene Lehre in keiner Weise in Frage gestellt; nur bedürfen wir zu seiner Herstellung des Umweges der Kompensation zwischen dem Kaufpreisanspruch und einem entsprechenden Teil des sich in seiner Höhe zunächst aus dem Deckungskauf ergebenden Schadensersatzanspruches. Indem es zu dieser Kompensation, sei es von vornherein durch den Käufer, sei es mittelst einer vom beklagten Verkäufer zu erhebenden Kompensationseinrede, wohl ausnahmslos kommen wird, konnte der Art. 357 dieselbe, nur den rechnerischen Endeffekt ins Auge fassend, mit gewissem Recht als vollzogen einfach unterstellen.

Wer sich damit nicht befreunden kann, für den bleibt noch ein anderer Ausweg. Nichts hindert uns, anzunehmen, daß Art. 357 das angeordnete Ergebnis mit Hilfe einer hier ausnahmsweise unmittelbar kraft Gesetzes, ipso iure im Sinne der alten Lehre des Martinus wirkenden Kompensation gewonnen habe.

Doch wie dem auch sei — für das neue Recht kann die Auslegung der bisherigen handelsrechtlichen Bestimmungen, müßten wir sie auch im Sinne der Gegner verstehen, nicht ohne weiteres maßgebend werden.

Ist doch nach dem B.G.B. die Sachlage darum wesentlich anders, weil in den Fällen der §§ 325—326 die dem unschuldigen (nichtsäumigen) Kontrahenten obliegende Gegenleistung nicht, wie in den auf den Kauf beschränkten Sätzen des H.G.B., notwendig in Geld besteht. Während beim Kauf die hier vertretene und die gegnerische Auffassung zum gleichen Ergebnis gelangen und nur hinsichtlich des zu seiner Erreichung zu beschreitenden Weges auseinandergehen, ist das bei einer nicht in Geld bestehenden Gegenleistung anders. Denn hier würde der Ersatzberechtigte nach Schöller und seinen Gesinnungsgenossen den von ihm geschuldeten Gegenstand behalten und nur den durch dies Behaltendürfen nicht gedeckten Überschuß seines Erfüllungsinteresses als Ersatz bekommen. Dagegen nach meiner Auffassung bleibt er nach wie vor seinerseits zur Leistung verpflichtet und nimmt dafür das gesamte Erfüllungsinteresse in Anspruch.

Prüft man nun den praktischen Wert dieser verschiedenen Ergebnisse, so neigt sich die Wagschale zweifellos zu Gunsten des letzteren. Denn nach Schöllers Lehre würde der Ersatzberechtigte ein Leistungsobjekt behalten müssen, das für ihn vielleicht nicht den mindesten Wert mehr besitzt, das er sich möglicherweise selbst erst zum Zweck der Leistung an seinen Gläubiger von dritter Seite her verschafft hatte. Will man aber das geminderte Interesse am Behalten dieses Gegenstandes bei der Berechnung des Ersatzanspruches entsprechend in Rücksicht ziehen, so würde das zu unbilliger Überlastung des Ersatzpflichtigen führen, der nun vielleicht fast ebensoviel bar zahlen muß, wie nach meiner Auffassung, dafür aber nicht den ihm nach dieser gebührenden, ihm möglicherweise sehr wertvollen, Gegenstand der gegnerischen Leistung erhält. Kann er auch als ein schuldhaft Handelnder nicht die volle Gunst des Gesetzgebers gewärtigen, so wäre es doch unvernünftig und dem sozialen Interesse abträglich, ihn selbst da möglichst „hereinlegen" zu wollen, wo des Gegners Interesse eine solche Wirkung nicht erheischen, ja, nach dem Gesagten eher noch verbieten würde.

Schöller meint zwar, es hieße dem Ersatzberechtigten zu nahe treten, wenn man ihn nötigte, seine Leistung, statt gegen den ursprünglich ihm geschuldeten Gegenstand, gegen ein Geldäquivalent vorzunehmen. Aber von solcher Nötigung ist ja gar nicht die Rede — will er jene behalten, so mag der Ersatzberechtigte von dem ihm nach §§ 325, 326 neben dem Ersatzanspruch wahlweise zustehenden Rücktrittsrecht Gebrauch machen!

Auch für das neue H.G.B. ist dasselbe Ergebnis zu verteidigen. Der allein noch übrig gebliebene § 376 — die anderen Sätze sind in das B.G.B. übergegangen und somit als Sonderrecht entbehrlich geworden — hat nicht mehr den bedenklichen Wortlaut, wie Art. 357, an dessen Stelle er getreten ist. Der Absatz 2

„Wird Schadensersatz wegen Nichterfüllung verlangt und hat die Ware einen Börsen- oder Marktpreis, so kann der Unterschied des Kaufpreises und des Börsen- oder Marktpreises zur Zeit und am Orte der geschuldeten Leistung gefordert werden."

ist mit unserer Lehre durchaus verträglich; er enthält nur die Anerkennung der sog. abstrakten Schadensberechnung und zeigt das dabei sich herausstellende Endergebnis, zu dem mit Zuhilfenahme der Aufrechnung auch wir gelangen.

Noch harmloser ist der von der „konkreten“ Schadensberechnung handelnde dritte Absatz:

„Das Ergebnis eines anderweit vorgenommenen Verkaufs oder Kaufes kann, falls die Ware einen Börsen- oder Marktpreis hat, dem Ersatzanspruche nur zu Grunde gelegt werden, wenn der Verkauf oder Kauf sofort nach dem Ablaufe der bedungenen Leistungszeit oder Leistungsfrist bewirkt ist.“

Denn daß das Ergebnis des Deckungskaufes der Interessenberechnung zu Grunde zu legen sei, ist mit unserer Lehre ebensogut, wie mit der gegnerischen, vereinbar.

Nach alledem liegt in den hier besprochenen Fällen eine compensatio lucri cum damno überall nicht vor.

---

§ 8. Rechtsgrund der Vorteilsanrechnung.

1. Wir sahen, daß über die Statthaftigkeit der compensatio lucri cum damno in den im vorliegenden Kapitel behandelten Fällen eine grundsätzliche Meinungsverschiedenheit weder für das gemeine Recht bestanden hat noch für das neue bürgerliche Recht besteht. Dies, obwohl die Quellenausbeute für jenes dürftig war, und das B.G.B. vollends kaum einen zweifellosen Anwendungsfall des Begriffes enthält. Wenn wir ihn trotzdem ausnahmslos verwerten, so folgen wir dabei nur dem Beispiel der großen römischen Klassiker, die ihn, gleichfalls ohne jedwede positivrechtliche Bestimmung, in wissenschaftlicher Freiheit geprägt und verwendet haben, indem sie ihn einfach „ex naturali ratione“ ableiteten.

In der That finden wir hier einen jener Fälle, wo sich die rechtliche Entscheidung ohne gesetzlichen Anhalt aus der, vielfach mißbrauchten, Natur der Sache gewinnen läßt. Das wird auch von allen Schriftstellern, die sich auf eine nähere Begründung der Vorteilsanrechnung einlassen, ausnahmslos anerkannt, so namentlich von Windscheid § 257 No. 4, Eichhoff S. 16/7.

Und zwar ist es in dem wichtigsten Falle der Vorteilsausgleichung, wofern nämlich die Form der Anrechnung in Frage kommt, speziell der Begriff des Interesses, der mit logischer Notwendigkeit ihre Zulassung erfordert.

Freilich herrscht über den Begriff des Interesses selbst keine volle Einigkeit. In früherer Zeit faßte man ihn, viel zu eng, als eine Abart des Wertbegriffes auf, und noch heute versteht Dernburg (Pandekten II § 44) unter Interesse „den Wert eines Gutes für eine bestimmte Person". Aber auch von dieser Auffassung, deren genauere Widerlegung ich mir für eine andere Stelle vorbehalten muß[1]) abgesehen, herrscht keine Harmonie der Anschauungen. So lehrt Mommsen[2])

> „Interesse ist die Differenz zwischen dem Betrage des Vermögens einer Person, wie derselbe in einem gegebenen Zeitpunkte ist, und dem Betrage, welchen dieses Vermögen ohne die Dazwischenkunft eines bestimmten beschädigenden Ereignisses in dem zur Frage stehenden Zeitpunkte haben würde."

Ähnlich sagt Windscheid (§ 257):

> „(In der Interesseleistung) soll der Unterschied ausgeglichen werden, welcher stattfindet zwischen der gegenwärtigen Vermögenslage einer Person und derjenigen Vermögenslage, in welcher diese Person sich befinden würde, wenn, was geschehen ist, nicht geschehen wäre, oder wenn geschehen wäre, was nicht geschehen ist."

Gegen diese Formulierungen hat sich neuerdings mit großer Entschiedenheit Eichhoff (S. 22 fg.) erklärt, weil danach „der Verpflichtete jeden durch die schädigende Thatsache bedingten Nachteil vertreten müsse", was weder nach römischem noch nach heutigem Recht gerechtfertigt sei. Eichhoff selbst schlägt daher folgende Definition vor (S. 26):

> „Interesse ist die Summe aller derjenigen Einwirkungen einer für das Vermögen einer Person nachteiligen Thatsache auf dieses Vermögen, welche in Fällen umfassendsten Schadensersatzes zurechenbar sind."

Auch ich glaube, und zwar noch weit entschiedener als Eichhoff,[3]) eine Haftung für alle durch das Verhalten einer Person bedingten

---

[1]) Sie scheitert m. E. schon an dem Begriff des „entgangenen Gewinnes", der mit dem Wert der beschädigten Sache selbst nicht das Mindeste zu thun hat. Gut erfaßt den Begriff Paulus in l. 13 pr. D. XLVI, 8 (quantum mea interfuit, id est quantum mihi abest quantumque lucrari potui).

[2]) Lehre vom Interesse S. 3.

[3]) S. unten § 10.

Nachteile als viel zu weitgehend ablehnen zu müssen. Aber daraus folgt um deswillen nicht ohne weiteres die Unrichtigkeit der üblichen Begriffsbestimmung, weil diese ja nicht darauf geht, wann jemand ersatzpflichtig ist, sondern vielmehr nur den Betrag angeben will, den er, seine Ersatzpflicht vorausgesetzt, zu erstatten hat. Andererseits ist zuzugeben, daß die Formel zu Mißverständnissen bei Beurteilung der Voraussetzungen der Ersatzpflicht führen kann, wie denn auch sowohl Mommsen als Windscheid das (schuldhafte) Setzen einer bloßen Bedingung zum nachteiligen Erfolge als ausreichenden Haftungsgrund ansehen. Will man dieses Bedenken vermeiden, so wird man — Eichhoffs Begriffsbestimmung ist aus technisch-stilistischen Gründen nicht empfehlenswert — etwa so definieren:

> „Interesse ist die Differenz zwischen dem Betrage des Vermögens einer Person, wie es sich infolge eines, die Verantwortlichkeit eines anderen begründenden, Ereignisses ergeben hat, und dem Betrage, den es ohne Hinzutritt jenes Ereignisses aufweisen würde."

Doch auf die weitere oder engere Formulierung kommt es hier nicht an. Alle Bestimmungen des Interesses weisen darauf hin, daß sein Betrag, wenn es zu ersetzen ist, durch zwei Schätzungen des Vermögens ermittelt werden muß: einer die gegenwärtige Lage zu Grunde legenden und einer von dem Einfluß des schädigenden Ereignisses abstrahierenden. Damit aber ist die compensatio lucri im Prinzip schon anerkannt, und nur darüber kann man zweifeln, ob die in Anrechnung zu bringenden Vorteile in dem die Verantwortlichkeit begründenden Ereignisse ihre Ursache haben müssen, oder ob jedwedes Bedingungsverhältnis genügt (s. darüber § 10).

Denn würden die Vorteile in dem einen oder andern Sinn nicht angerechnet, so würde der Ersatzberechtigte offenbar auf Kosten des Gegners in eine bessere Gesamtlage gebracht, als er sie ohne dessen Eingriff erzielt haben würde. Das hieße aber das eine Vermögen auf Kosten des andern in einer Weise bereichern, welche einer, dem heutigen Rechtsbewußtsein durchaus fremden, Privatstrafe bedenklich ähnlich sähe. Es ginge ebenso hinaus über das „interesse", dessen Ersatz die römischen Quellen fordern, wie über die nach § 251 B.G.B. dem Schädiger auferlegte „Entschädigung" des Gläubigers in Geld. Es widerspräche dem Gesichtspunkt des gleichen Maßes in der Behandlung der gegenüberstehenden Vermögenssphären, wie er sich in allen entwickelten Rechtsordnungen, nicht zum mindesten im römischen

Recht — man denke an die Abstufung der Haftung nach dem Maße des Interessiertseins an dem fraglichen Schuldverhältnis; an den Satz „cuius est periculum, eius et commodum“ — findet, wenn die vorteilhaften Folgen des Ereignisses dem verblieben, der die nachteiligen auf einen andern abwälzen darf.

Endlich widerspräche die Nichtanrechnung der Vorteile auch der nach gemeinrechtlichem Vorbild im B.G.B. § 255 anerkannten Pflicht des Ersatzberechtigten zur Abtretung seiner Ansprüche gegen dritte Personen, von der im zweiten Teile dieser Arbeit des Näheren die Rede sein wird. Denn so verschieden dieses Rechtsinstitut von der eigentlichen Vorteilsausgleichung im übrigen ist, so beruht es doch offenbar auf einem ganz ähnlichen Grundgedanken — der Verhütung einer sachlich ungerechtfertigten Bereicherung des Ersatzberechtigten über die ohne das verantwortlich machende Ereignis vorhandene Vermögenslage hinaus.

2. Daß in gewissen Fällen die Vorteilsausgleichung nicht in Form der Anrechnung erfolgen kann (s. Näheres unten in Kap. V), macht für den hier dargelegten Rechtsgrund keinen Unterschied. Der Grundgedanke, daß die Schadensersatzleistung nicht zu einer Bereicherung des Berechtigten gegenüber dem Verpflichteten führen dürfe, bleibt überall in Kraft, und wo er sich nicht in der einen speziellen Form verwirklichen läßt, ist das kein Grund, ihn ganz fallen zu lassen, sondern verpflichtet uns nur, nach anderen entsprechenden Verwirklichungsformen zu suchen. Als solche bieten sich in jenen Fällen die Abtretungs- und die Herausgabepflicht der lucra dar, für die der erwähnte § 255 gerade ein besonders naheliegendes Vorbild bietet.

3. Obschon die Anrechnung der Ersparnisse und des anderweiten Erwerbes in den Fällen der §§ 324, 552, 615/6, 649 nicht zur eigentlichen compensatio lucri zu rechnen ist, so rechtfertigt doch ihre nahe Verwandtschaft damit, auch auf ihren Rechtsgrund hier kurz einzugehen. Er dürfte darin zu finden sein, daß ohne solche Anrechnung der Schuldner, der von seiner Leistung frei wird, aber den Anspruch auf die Gegenleistung behält, gegenüber dem ohne das ihn befreiende Ereignis vorhandenen Zustand eine innerlich durch nichts begründete Verbesserung seiner Vermögenslage erfahren würde. Infolge des alten, zweiseitigen Schuldverhältnisses hatte er einen Anspruch auf das ihm vom Gegner geschuldete Rechtsgut; aber er sollte es bestimmungsgemäß nicht schlechthin, sondern nur gegen Aufopferung einer Gegenleistung erhalten. Wird diese durch einen vom Gegner zu

vertretenden Umstand unmöglich, oder wird der Gegner durch einen in seiner Sphäre liegenden Umstand gehindert, die Gegenleistung entgegenzunehmen, so soll der Schuldner dadurch keinen Nachteil haben; sein Anspruch bleibt also bestehen. Aber auch keinen Vorteil! Indem nun der Schuldner seine Arbeitskraft (oder ein Sachgut), die er bei Möglichbleiben der Leistung dem Gläubiger hätte zur Verfügung stellen müssen, infolge der eingetretenen Leistungsunmöglichkeit anderweit verwertete, hat er zwar nicht mit Mitteln des Gläubigers, aber doch mit Hilfe von Gütern, auf deren Verwertung derselbe nach dem Vertrage Anspruch gehabt hatte, einen ohnedies nicht zu erzielenden Vorteil erlangt.

Zwingt man den Schuldner, diesen Vorteil dem Gegner herauszugeben, oder, was wirtschaftlich dasselbe bedeutet, sich selbst auf den Gegenanspruch anrechnen zu lassen, so wird man damit lediglich den mit dem Schuldverhältnis verfolgten Zwecken, soweit noch thunlich, gerecht. Dem Gläubiger wird zwar nicht das ihm nach dem Vertrag Gebührende selbst zu teil, aber ihm kommt das Ergebnis der anderweiten Verwertung des ursprünglich geschilderten Rechtsgutes zu Gute.

Man kann auch mit Kisch (S. 86) so argumentieren: Der dem Schuldner nach § 324 verbleibende Anspruch ist zwar juristisch kein Entschädigungsanspruch, er „verfolgt aber wirtschaftlich den gleichen Zweck wie ein solcher“. Denn er bewirkt, daß die Folgen der eingetretenen Unmöglichkeit der Leistung den Schuldner nicht treffen, vielmehr auf den Gläubiger abgewälzt werden. Macht der Schuldner von dieser Befugnis Gebrauch, so muß er die Folgen auch in ihrer Gesamtheit dem Schuldner zuführen; sie zu teilen und, soweit nachteilig, dem Gegner aufzubürden, soweit vorteilhaft, für sich selbst einzuheimsen, kann ihm die Rechtsordnung unmöglich gestatten, wenn sie anders beiden Teilen gleiches Licht und gleichen Schatten zuerkennen will.

---

§ 9. Die verschiedenen Grade der Kausalverknüpfung zwischen Vorteil und Nachteil.

Die Erörterungen in § 6 haben uns gezeigt, daß von einer „Einheit des Schaden und Nutzen bringenden Ereignisses“ in sehr verschiedenem Sinn die Rede sein kann. Um darüber zur Klarheit zu kommen und endgültig festzustellen, wann die Voraussetzungen für eine Vorteilsanrechnung gegeben seien, benötigen wir einer näheren

Untersuchung, in welcher kausalen Beziehung das „damnum“ und das „lucrum“ unter einander und zu dem, ihre gemeinsame Ursache bildenden, verantwortlich machenden Ereignisse stehen können. Folgende Möglichkeiten sind zu scheiden:

1. Dasselbe — verantwortlich machende — Verhalten einer Person hat unmittelbar einen einheitlichen Natureffekt erzielt, der sich aber nach dem oben (§ 3) Ausgeführten teils als damnum, teils als selbständiges, d. h. nicht nur als Verringerung des damnum in Betracht kommendes, lucrum darstellt. Dahin gehört zwar nicht der Fall der Tötung eines Tieres, der Formvernichtung einer leblosen Sache, weil der Kadaver, der verbliebene Stoff dem früheren Gegenstand gegenüber weniger ein aliud, als vielmehr ein minus darstellen.

Wohl aber derjenige der Spezifikation. Wer vorsätzlich oder schuldhaft eine fremde Sache in eine andere Form umgestaltet, der haftet dem Eigentümer mit einer Klage aus ungerechtfertigter Bereicherung oder auch unerlaubter Handlung (nach der römischen Terminologie einer actio legis Aquiliae, eventuell condictio furtiva). Der Ersatzberechtigte muß sich aber, wenn ihm das Eigentum der neuen Sache zufällt, natürlich deren Wert anrechnen lassen.

Andere Beispiele wären, daß jemand schuldhafter Weise einen fremden Baum niederhaut, ein fremdes Bauwerk abreißt. Der Naturerfolg ist ein einheitlicher, aber die rechtliche und ökonomische Einwirkung auf das Vermögen des Betroffenen eine zweifache: („Einheit des körperlichen Erfolges mit mehrfacher Einwirkung auf das Vermögen“): das Grundstück wird entwertet, dafür aber entsteht eine dem Eigentümer zufallende neue, selbständige Sache — also teils damnum, teils lucrum.

Auch das Beispiel Schollmeyers wird man wohl hierhin rechnen können: „Die mora solvendi bezüglich eines Pferdes hindert den Gebrauch desselben während der Verzugszeit durch den Gläubiger, erspart aber zugleich Futterkosten.“ Denn derselbe reale Erfolg beeinflußt das Vermögen teils ungünstig, teils günstig. Ferner der Fall aus der reichsgerichtlichen Praxis bei Bolze XX, Nr. 177 (C.S. V. vom 3. April 1895): Ein Verkäufer setzt sich schuldhaft außer Stand, dem Käufer das verkaufte Grundstück zu übereignen — dieser erspart dadurch aber zugleich die ihn sonst treffenden Stempel- und Auflassungskosten.

In Fällen dieser Art stehen Nachteil und Vorteil in einer besonders engen Verbindung, und nirgends drängt sich die Notwendigkeit einer compensatio lucri dem unbefangenen Rechtsgefühl so übermächtig auf, wie hier. Denn da der, teils Schaden, teils Vorteil bedeutende Erfolg des Handelns ein einheitlicher ist, so sind Schaden und Vorteil mit einander untrennbar verknüpft. Das damnum ist vom lucrum und das lucrum vom damnum losgelöst gar nicht denkbar.

2. Dasselbe einheitliche Verhalten hat unmittelbar (als causa proxima) zwei von vornherein verschiedene Erfolge herbeigeführt, von denen der eine das Vermögen des Betroffenen vorteilhaft, der andere nachteilig beeinflußt. So z. B., wenn ich mit Schrot den Habicht erschieße, der sich gerade auf die Tauben meines Nachbarn stürzen will, dabei aber zugleich ein paar der Tauben oder gar den Nachbarn selbst, dessen Anwesenheit ich nachlässiger Weise nicht beachtet habe, treffe. So auch in dem Beispiel Cosacks: ein Jockey überanstrengt beim Wettrennen ein Reitpferd und bringt es zu Tode, gewinnt aber dabei zugleich für den Eigentümer einen Rennpreis von 1000 Mark.

Auch in den Fällen dieser Gruppe ist die Notwendigkeit der Vorteilsanrechnung unbestritten und unbestreitbar. Allerdings hängen Nachteil und Vorteil hier nicht, wie oben, in schon abstrakt-untrennbarer Weise zusammen. Der Jockey hätte vielleicht den Preis gewonnen, ohne daß das Tier einging, und er hätte es umgekehrt zu Schanden reiten können, ohne darum notwendig den Preis zu erlangen. Aber man darf die Bedeutung dieser abstrakten Trennbarkeit nicht überschätzen. Das Ereignis kann beanspruchen, als eine Einheit, wie es sich faktisch abgespielt hat, behandelt zu werden. Hätte auch der Vorteil begrifflich ohne den Nachteil entstehen können, so ist er doch jedenfalls in dem zu beurteilenden Fall nicht ohne ihn entstanden. Man kann zwar den Nachteil selbst wegdenken, aber nicht auch das den Nachteil unmittelbar herbeiführende Verhalten, ohne den entstandenen Vorteil zugleich auszulöschen.

3. Bisher waren nur Fälle erwähnt, in denen sowohl Nachteil wie Vorteil sich unmittelbar aus dem die Verantwortlichkeit begründenden Ereignis ergaben. Damit sind aber nicht alle Möglichkeiten erschöpft. Wir sahen bereits früher (S. 32), daß nicht nur das (schuldhafte) unmittelbare Bewirken, sondern auch das mittelbare Verursachen eines rechtlich gemißbilligten Erfolges ersatzpflichtig und gegebenen Falls strafbar macht.

Somit ergiebt sich die Möglichkeit, daß jemand für einen rechtlich gemißbilligten Erfolg haftet, den er nicht unmittelbar bewirkt, sondern nur durch Herstellung von ihn unmittelbar verursachenden Mittelgliedern herbeigeführt hat.

Mit dieser Feststellung ist eine wesentlich erweiterte Mannigfaltigkeit in den möglichen Verknüpfungen des Schadens und des zugleich hervorgebrachten Vorteils gegeben.

Am einfachsten und den bisher besprochenen ähnlichsten sind dabei die Fälle, wo jemand ein einziges Mittelglied setzt, aus dem dann als der einheitlichen causa proxima Vorteil und Nachteil sich des Weiteren ergeben. Hier ist es wieder dasselbe Ereignis, das beides uno actu hervorgebracht hat, und nur dadurch unterscheidet sich die Situation von der zu 1. und 2. besprochenen, daß dieses unmittelbar verursachende „schädigende" Ereignis nicht mit dem den Schadensersatz begründenden Umstand zusammenfällt, sondern seinerseits erst eine Folge desselben ist.

Als Beispiel sei angeführt: Ein Banquier erhält den Auftrag, gewisse Wertpapiere verschiedener Sorten zu verkaufen. Er führt ihn nachlässiger Weise zu spät aus. Der nachträglich vorgenommene Verkauf erzielt infolge von Kurssteigerungen einen Gewinn, aber wegen einer inzwischen in Kraft getretenen Erhöhung der Börsensteuer sind die Spesen des Verkaufs größer geworden. [1])

Oder (s. Walsmann S. 85) ein Samenhändler liefert fahrlässig falschen Samen, und der Besteller sät ihn in entschuldbarem Irrtum. Jener haftet auf den nicht gelieferten Samen nebst entgangenem Gewinn, darf aber den Wert der vom Kläger mit dem falschen Samen gewonnenen Ernte in Ansatz bringen.

Dabei unterliegt die Vorteilsanrechnung nicht dem mindesten Bedenken. Der Fall ist den bisher besprochenen rücksichtlich ihrer durchaus gleichartig. Denn soweit auch jemand neben den unmittelbaren für die mittelbaren Folgen seines Thuns haftet, kann er doch jedenfalls nicht schlimmer gestellt werden, als wenn das neben dem Schaden zugleich den Nutzen hervorbringende Ereignis von ihm unmittelbar verursacht wäre.

4. Der Zweifel beginnt erst bei gewissen weiteren Kombinationen,

---

[1]) Man könnte gegen dieses Beispiel einwenden, daß ja auch die unmittelbare Ursache des Verlustes hier vom Haftenden gesetzt sei. Ganz richtig — aber das vertretbare, die Verantwortlichkeit begründende Verhalten war die Unterlassung des rechtzeitigen Verkaufes. Wer diesen nachher vornahm, war gleichgültig — auf alle Fälle ist der dabei sich ergebende Verlust auf jene Unterlassung als seine mittelbare Ursache zurückzuführen.

deren Möglichkeit aus dem zu 2. und 3. Gesagten erhellt. Aus den zwei Sätzen:

a) dasselbe Thun kann zwei verschiedene Erfolge unmittelbar hervorbringen (s. Nr. 2);

b) als verursachend und event. verantwortlich gilt auch, wer nur die mittelbare Ursache des Erfolges gesetzt hat (s. Nr. 3),

ergiebt sich ohne weiteres die Eventualität, daß Schaden und Vorteil zwar auf dasselbe Verhalten als ihre gemeinsame mittelbare Ursache zurückgeführt werden können, aber verschiedenen unmittelbaren Ursachen entstammen.

Ein gutes Beispiel für diese Gestaltung der Sache und ihren Gegensatz zu den bisher besprochenen giebt folgender vom Landgericht Hamburg entschiedene Rechtsfall: [1])

> Ein Spediteur hatte zur Versendung der in Auftrag gegebenen Waren vertragswidriger und schuldhafter Weise statt des Landweges den billigeren Seeweg gewählt. Die Waren wurden während des Transportes beraubt, und der Kommittent nahm den Spediteur auf Ersatz in Anspruch. Dieser berief sich auf compensatio lucri cum damno wegen der durch sein Verhalten ersparten Mehrkosten des Landweges.

Es bedarf keiner Diskussion darüber, daß hier von einer Identität des unmittelbar den Schaden und des unmittelbar den Nutzen herbeiführenden Ereignisses nicht die Rede sein kann. Jener ist durch die Beraubung entstanden, während die Kostenersparnis sich ohne weiteres aus der Aufgabe der Güter zum Seetransport ergab. Der daraus etwa herzuleitende Einwand ist der Aufmerksamkeit des Gerichts nicht entgangen, ohne daß es darum freilich die Vorteilsanrechnung abgelehnt hätte. Sie wurde vielmehr zugelassen auf Grund der Erwägung, daß in Wahrheit doch schon die auftragwidrige Versendung den Haftungsgrund bilde, und diese zugleich den in der Ersparnis liegenden Vorteil herbeigeführt habe.

Ein anderes Beispiel giebt das Erkenntnis des O.A.G. Lübeck vom 21. Dez. 1850 bei Seuffert X, 257. Ein Architekt hatte ein Haus mit minderwertigem Gebälk errichtet; es stürzt zusammen. Er kompensiert mit den durch Verwendung des schlechteren Materials erzielten Minderkosten. Das wird für berechtigt erklärt, sofern er zu diesen Ersparnissen nicht schon anderweit verpflichtet gewesen sei.

[1]) Hamburgische Handelsgerichtszeitung Jahrg. 1885 Hauptblatt Nr. 109; Urteil vom 26. Oktober 1885.

Auch hier hat das schädigende Ereignis — der Einsturz — nicht zugleich den Vorteil mit sich gebracht. Aber sowohl der Einsturz wie die Ersparungen sind in letzter Linie auf das einheitliche vertretbare Verhalten des Baumeisters zurückzuführen, ersterer mittelbar, letztere unmittelbar.

Wir werden noch sehen, daß die Fälle der Gruppe 4 keineswegs vereinzelt sind, sondern sogar das praktisch wichtigste Anwendungsgebiet unseres Problems ergeben.

Es können dabei wieder verschiedene Kombinationen gesondert werden:

a) Das Verhalten hat unmittelbar den Nachteil, mittelbar den Vorteil herbeigeführt. So im Fall von § 642 B.G.B., s. unten.

b) Oder umgekehrt: der Vorteil war unmittelbare, der Nachteil nur mittelbare Folge des — vertretbaren — Thuns. So in den eben besprochenen Fällen.

c) Sowohl Nachteil wie Vorteil finden in dem vertretbaren Thun nur ihre mittelbare Ursache, während sie unmittelbar aus verschiedenen, ihrerseits aus jenem sich ergebenden, Ursachen hervorgegangen sind. So in dem Fall, daß der Käufer sich durch den Lieferungsverzug des Verkäufers zu einer Mehrheit von an sich selbständigen Deckungskäufen veranlaßt sieht, und von diesen ein Teil einen günstigen, ein Teil einen ungünstigen Erfolg hat.

Daß er dann das mit jenen erzielte lucrum zur Ausgleichung des aus diesen entspringenden damnum verwenden muß, entspricht der in der Judikatur fast überall angenommenen Anschauung. Sie ist angedeutet in der früher (§ 4) erwähnten Entscheidung des Reichsoberhandelsgerichtes Bd. XX Nr. 61, wo es heißt, daß der Käufer durch Vollziehung des Deckungsgeschäftes den ihm zu ersetzenden Schaden „von der Höhe der — dabei zu zahlenden — Preise abhängig mache."

Ausführlich begründet wird dieselbe Anschauung in einem anderen hochwichtigen Erkenntnis, Seuffert Bd. XXXIV, Nr. 23 (= Entsch. des Reichsoberhandelsgerichts Bd. XXII, S. 184), Erk. des R.O.H.G., S. II, v. 6. Juni 1877:

Die Parteien hatten einen Vertrag geschlossen über Lieferung einer großen Zahl Eisenbahnwagen mit der Maßgabe, daß im Falle eines Lieferungsverzugs der Käufer berechtigt sein solle, die fehlenden Wagen auf Gefahr und Kosten des Verkäufers um jeden Preis anderweitig zu beschaffen. Da dieser in Lieferungsverzug (und nachher in

Konkurs) geriet, verschaffte sich der Käufer die fehlenden Wagen zunächst mietweise und schloß sodann mit anderen Unternehmern über ihre Lieferung neue Verträge. Der Klage auf Ersatz der Mietszinsen setzte der Beklagte den Einwand der compensatio lucri entgegen, indem Kläger infolge Rückgangs der Eisenpreise die Wagen auf Grund der neuen Verträge erheblich billiger erhalten habe, als nach den Bestimmungen des mit ihm geschlossenen.

Das wird vom Gericht zugelassen, mit sehr beachtenswerter Begründung. Es folge aus der Natur der Sache und der Billigkeit, daß von einem zu ersetzenden Schaden der durch einen und denselben thatsächlichen Umstand verursachte Nutzen in Abrechnung zu bringen, bezw. nur die Differenz zu ersetzen sei. Dabei dürfe der Begriff „derselbe Umstand“ nicht zu eng gefaßt, Zusammenhängendes nicht zerrissen werden. Freilich brauche der Käufer den aus dem Deckungskauf (Art. 355 H.G.B.) entstehenden Vorteil dem Verkäufer nicht zu ersetzen, aber daraus folge nicht, daß er ihn nicht von seinem etwaigen sonstigen Schaden in Abzug zu bringen habe. Vielmehr bestimme sich die Schadensberechnung danach, um wie viel das Vermögen des Vertragstreuen im schließlichen Resultat im ganzen vermindert worden sei, und dabei könne ein infolge des Vertragsbruchs erlangter Vorteil, den der Kläger im Falle der Erfüllung nicht erlangt hätte, nicht unberücksichtigt bleiben.

Dieser Gruppe gehört auch folgender, vom Reichsgericht entschiedener Fall an, Entsch. des Reichsgerichts Bd. XV, Nr. 16, S. 73, C.S. III, vom 2. März 1886:

Der vertragstreue Käufer hatte bei mora des Gegners mehrere Deckungskäufe zu vorteilhafteren Bedingungen abgeschlossen, zugleich aber auch seinem Abnehmer, dem gegenüber er inzwischen seinerseits in moram geraten war, eine Konventionalstrafe leisten müssen. Ist vom Anspruch auf Ersatz der letzteren der aus den Deckungsgeschäften erzielte Gewinn abzurechnen? Das wird bejaht; zwar war der Käufer nicht zum Abschluß dieser Geschäfte verpflichtet und würde den Gewinn daraus niemals dem Gegner erstatten müssen; wenn er aber seinen Schaden ihm gegenüber geltend mache, so verstehe sich dieser immer nur abzüglich des Gewinns.

Auch hier ist das verantwortlich machende Verhalten nur mittelbare Ursache wie des Vorteils so auch des Nachteils. Denn nicht die Nichtlieferung des Verkäufers führt direkt den Verfall der Konventionalstrafe herbei, sondern erst das durch sie wiederum verursachte eigene Leistungsunvermögen des Käufers.

Somit entspricht die Vorteilsanrechnung in den Fällen dieser Gruppe der in der Praxis überall anerkannten Auffassung, obwohl sie sich vom Standpunkt der oben (§ 6) mitgeteilten üblichen Formel schwerlich rechtfertigen läßt. Denn eine Einheit der Verursachung von Vorteil und Schaden „durch denselben thatsächlichen Umstand" (Windscheid) ließe sich dabei überall nur höchst gezwungen annehmen. Indem man das meist einsieht oder doch herausfühlt, läßt man entweder die Formel schließlich fallen — so das Hamburger Erkenntnis (oben S. 67), auch Dernburg (Privatrecht II § 76 No. 11), der, offenbar unter dem Einfluß der von ihm gebilligten Behandlung der Deckungskäufe, Windscheids Formel für „nicht ausreichend" erklärt. Oder man quält sich mit dem theoretisch festgehaltenen Erfordernis der Einheit des Schaden und Nutzen bringenden Umstandes mühsam ab, um es mit dem durch das Rechtsgefühl erheischten Ergebnis in Einklang zu bringen — so das Erkenntnis des R.O.H.G. oben S. 69.[1])

Ist somit erwiesen, daß die Praxis ohne eine Zulassung der compensatio lucri in den Fällen unserer Nr. 4 nicht auskommen kann, so bedeutet das von vornherein ein starkes Argument dafür, sie auch theoretisch dabei zuzulassen.

Innere Gründe führen uns nicht minder zu demselben Ergebnis. Mag auch die Verbindung von lucrum und damnum da, wo sie auf verschiedenen unmittelbaren Ursachen beruhen und nur durch die Einheit der causa remota zusammengefaßt werden, eine minder innige sein, als in den Fällen der Einheit des unmittelbar wirkenden Ereignisses, so muß sie doch als eine die Anrechnung vollauf rechtfertigende anerkannt werden.

---

[1]) Wenn Larenz (S. 27) und Walsmann (S. 82) sich gegen die Erwägungen dieses Erkenntnisses ablehnend verhalten, so liegt der Grund nicht in einer Anlehnung an die herrschende Formel, sondern darin, daß sie im Deckungskauf eine neue, den Kausalzusammenhang unterbrechende causa erblicken. S. über und gegen diese Auffassung unter § 11. Die eigene Begründung der auch von den Genannten vertretenen Anrechnung in diesem Fall ist wenig gelungen: Larenz leitet sie aus der Billigkeit, „der bonae fidei-Natur des obligatorischen Verhältnisses" ab, während Walsmann das Ergebnis der Deckungskäufe deshalb verwertet werden läßt, weil daraus der wahre Wert der Waren, mit deren Lieferung Verkäufer säumig war, zu entnehmen sei. Das beruht auf einer handgreiflichen Verwechselung zwischen Preis und Wert!

Die gegenteilige Annahme würde zu einer höchst anstößigen Belastung des Schädigers führen, dessen Thun danach im Endergebnis das Vermögen des Betroffenen besser stellte, als es ohne den verantwortlich machenden Umstand gestellt sein würde. Gerade weil und soweit der Setzer der mittelbaren Ursache für alle auch nur mittelbaren Folgen seines vertretbaren Verhaltens aufkommen muß, kann er verlangen, daß sie alle ihm gegenüber in ihrer Wirkung einheitlich behandelt werden.

Daß es an ausreichender quellenmäßiger Begründung für diese Lehre fehle, kann schon deshalb nicht dagegen verwertet werden, weil sich auch für eine gegenteilige, engere Anschauung weder aus dem römischen noch aus dem bürgerlichen Recht ein Argument gewinnen läßt. Ja, an gewissen Ansätzen zu einer quellenmäßigen Begründung im Sinne der hier vertretenen Auffassung fehlt es in Wahrheit nicht.

a) Das müssen alle diejenigen zugeben, die in den Fällen der l. 19 §§ 9, 10 D. XIX, 2 und den insoweit gleichliegenden §§ 324, 615, 649 B.G.B. Entschädigungsansprüche erblicken, s. oben § 7. Denn die dort überall vorgeschriebene Anrechnung des durch anderweite Verwendung der Arbeitskraft Erworbenen weist auf lucra hin, welche durch den Vertragsbruch des Gegners, bezw. die von ihm verschuldete Unmöglichkeit der ihm gebührenden Leistung, nicht unmittelbar entstanden sind, sondern ihre causa proxima im Abschluß eines neuen Vertrages haben.

Nun ist freilich oben dargethan, daß die Ansprüche in diesen Fällen nicht die Natur von Ersatz-, sondern von gewöhnlichen Vertragsansprüchen aufweisen, s. S. 37 fg. Aber ihrer wenigstens analogen Verwertbarkeit für unsere Frage thut das um deswillen keinen Eintrag, weil der zur Anrechnung führende Grund dabei offenbar der gleiche ist, wie bei der eigentlichen compensatio lucri cum damno. Ist der Charakter des Anspruches, ob auf Vertragserfüllung, ob auf Schadensersatz gehend, für die Anrechnungspflicht der „lucra" im Prinzip gleichgültig, so läßt sich auch nicht absehen, warum die Abgrenzung des Anzurechnenden eine verschiedene sein soll.

b) Nach dem S. 41 Gesagten ist in einem der dort behandelten Fälle sogar ein wahrer Schadensersatzanspruch anzunehmen — in dem des § 642. Da nach ihm das Ergebnis einer anderweiten Verwertung der Arbeitskraft angerechnet werden soll, bietet das Gesetz ein direktes Beispiel der Anrechnung eines nicht aus dem schädigenden Umstand unmittelbar hervorgegangenen, sondern darin nur seine mittelbare Ursache findenden lucrum. Ja, hier soll die Anrechnung sich auf alles erstrecken, was der Geschädigte durch Ausnutzung seiner Arbeitskraft hätte gewinnen können; sie ist also gegenüber den oben als Vertragsansprüche bezeichneten Fällen nicht nur nicht beschränkt, sondern sogar erweitert.

Eine unmittelbare Entscheidung unserer Frage in ihrer Totalität ist damit freilich, wie ich zugestehe, nicht gegeben. Denn obwohl im Falle von § 642 Schaden und Vorteil nicht unmittelbar demselben schädigenden Umstand entsprungen sind, so stehen sie doch in einem besonders nahen Zusammenhang um deswillen, weil der Eintritt des Schadens die notwendige Voraussetzung des Vorteils bildete. Ohne den Annahmeverzug des Bestellers wäre die Arbeitskraft des Unternehmers nicht zur anderweiten Verwertung freigeworden. Es liegt also Untrennbarkeit der beiden Wirkungen zwar nicht im Sinne einer zweiseitigen — wie oben in Nr. 1 — aber doch im Sinne einseitiger Abhängigkeit vor: zwar ergab sich aus dem Schaden nicht notwendig der Vorteil, aber der Vorteil hätte nicht entstehen können ohne den — vorgängigen — Eintritt des Schadens.[1])

Das ist aber keineswegs bei allen Fällen dieser Gruppe anzunehmen. So wird bei einer Mehrheit von Deckungskäufen der günstige Erfolg des einen natürlich durch den ungünstigen des andern keineswegs bedingt. Es kommt für diese Frage darauf an, ob der — unmittelbar schädigende oder nützliche — erste Erfolg des verantwortlich machenden Verhaltens einheitlich war und selbst wiederum den weiteren, umgekehrten Erfolg verursachte, oder ob gleich von vornherein eine Mehrheit unmittelbarer Erfolge vorlag, von denen der eine seinerseits den Schaden, der andere den Vorteil hervorbrachte. Nur ersterenfalls liegt eine „Untrennbarkeit“ im gedachten Sinne vor.

Muß man aber auch diesen Unterschied zugeben, so darf man seine Bedeutung für unser Problem darum nicht übertreiben. Auch

---

[1]) Denkbar ist auch die andere Kombination, daß erst der Schaden sich aus dem zunächst allein eingetretenen Vorteil als seiner unmittelbaren Ursache ergab. So z. B., wenn ein Beauftragter Wertpapiere auftragswidrig der Post, ohne Versicherung gegen Verlust zu nehmen, zur Beförderung übergiebt, und die Papiere verloren werden. Das inkorrekte Aufgeben zur Post bewirkt unmittelbar eine Portoersparnis, mittelbar den mit dem ersatzlosen Verlust verbundenen Nachteil. Anders wohl in dem Hamburger Fall oben S. 67, weil die Ersparnis dort nicht auf die Aufgabe der Güter auf das Schiff, sondern auf die Unterlassung der Aufgabe zur Eisenbahn zurückzuführen ist.

für die andern Fälle bleibt wahr, was oben schon einmal gesagt wurde: war auch der Zusammenhang zwar schon Vorteil und Nachteil kein abstrakt notwendiger, so war er doch um nichtsdestoweniger in dem zu beurteilenden Einzelfall thatsächlich vorhanden.

Soweit dürfte das sichere Endergebnis gewonnen sein, daß die übliche Formel zu eng oder doch mißverständlich ist; daß es vielmehr zur Anrechnung genügen muß, wenn Vorteil und Nachteil auf denselben verantwortlich machenden Umstand als ihre gemeinsame, wennschon vielleicht nur mittelbare, Ursache zurückzuführen sind.

---

§ 10. Begrenzung durch die Kausalität.

1. Wir hatten bisher geflissentlich nur mit dem Begriff der „Ursache“ operiert und gefordert, daß der Vorteil, um angerechnet zu werden, auf das verantwortlich machende Ereignis als seine Ursache zurückgeführt werden müsse.

Schon hieraus ergiebt sich eine wichtige, bisher absichtlich zurückgestellte Beschränkung: es sind nicht anzurechnen alle die Vorteile, die der Beschädigte zwar erlangt hat, die er aber auch ohne das schädigende bezw. verantwortlich machende Ereignis erlangt haben würde. Mag man die Verursachung soweit ausdehnen wie man will, und das Setzen jeder noch so entfernten Bedingung für sie genügen lassen — daran halten selbstverständlich alle Kausalitätstheorieen fest, daß das als Ursache zu prädizierende Ereignis nicht hinwegzudenken sein dürfe, ohne daß der Eintritt des Erfolges ausgeschlossen würde.[1]) War das ihn zum Schadensersatz verpflichtende Verhalten nicht Ursache des „lucrum“ wenigstens in diesem Sinne, so kann sich der Schädiger offenbar nicht auf dessen Eintritt zur Abminderung seiner Ersatzpflicht berufen.

Daher ist die begehrte Anrechnung abgelehnt worden in der folgenden Hamburgischen Entscheidung, Hamburgische Handelsgerichtszeitung von 1875, Hauptbl. Nr. 93, Erk. des Handelsgerichts vom 2. März 1875:

Wenn eine und dieselbe Thatsache neben dem Nachteil auch Gewinn mit sich bringe, so sei dieser von jenem abzuziehen. Aber

---

[1]) S. l. 97 § 1 D. de V. O. XLV, 1:
„quid enim mea interest, id a te fieri, quod, si non feceris, aeque salvam pecuniam habiturus sum.“

das treffe in dem Falle nicht zu, wenn der Reeder des vom Beklagten beschädigten Schiffes statt dessen ein anderes verwenden und dadurch die Fracht habe verdienen können. Es sei nicht anzunehmen, daß er diesen Vorteil nicht auch ohnedies mit diesem Schiffe durch sonstige Verwendung desselben im ordentlichen Geschäftsgang erzielt haben würde.

Grundsätzlichen Bedenken kann das Gesagte nicht begegnen, und nur das mag unter Umständen schwierig sein, festzustellen, ob der Vorteil auch ohne das verantwortlich machende Ereignis in concreto eingetreten sein würde oder nicht. Einen streng mathematischen Beweis darf man natürlich für das Eine oder das Andere nicht verlangen, wie auch sonst nicht im Schadensersatzrecht. Wie bei der Frage nach der Zurückführung des Schadens auf ein bestimmtes Ereignis als seine Ursache, kommt es entsprechend bei derjenigen des Vorteils nicht sowohl auf die abstrakte Möglichkeit an, daß der Erfolg auch ohnedies eingetreten sei, sondern auf das durch sorgsame Berücksichtigung aller erkennbaren Thatumstände gewonnene Urteil der praktischen Vernunft, den „Standpunkt des korrekt denkenden Menschen".

Das hat insbesondere zu Ungunsten des Ersatzpflichtigen nicht nur der einflußreichste Schriftsteller über Schadensersatz, F. Mommsen, trefflich formuliert,[1]) sondern auch das deutsche Reichsgericht wiederholentlich mit Nachdruck ausgesprochen, so namentlich in der Entscheidung Bd. XIII Nr. 57 S. 246:

> „Die bloße Möglichkeit, daß der Schade auch ohnedies eingetreten wäre, ist nicht geeignet, die im übrigen begründete Ersatzpflicht auszuschließen."

Derselbe Gedanke wird, z. T. fast mit den gleichen Worten, ausgesprochen in den Entscheidungen Bd. XXV Nr. 18 S. 77, Bd. XLIV Nr. 78 S. 334, s. auch Bd. XXIX Nr. 31 S. 120 fg.

Unmöglich kann man dem eine Anrechnung der Vorteile erheischenden Schädiger die Beachtung desselben Grundsatzes zu seinen Gunsten verwehren.

Damit rechtfertigt sich ohne weiteres die oben mitgeteilte Hamburger Entscheidung. Denn der Gewinn, den eine Reederei mit

[1]) Lehre vom Interesse S. 146:

„Der Umstand, daß der Schaden möglicherweise auch ohne die Dazwischenkunft der zum Ersatz verpflichtenden Thatsache eingetreten wäre, steht der Berücksichtigung desselben nicht entgegen; dagegen kann der Schaden nicht in Anrechnung gebracht werden, wenn es als gewiß vorliegt, daß derselbe auch sonst eingetreten wäre."

dem ihr gehörigen fertig ausgerüsteten Schiffe machen kann, ist in der That nach dem ordnungsmäßigen Verlauf der Dinge mit großer Wahrscheinlichkeit vorauszusehen. Es fehlte also an dem erforderlichen Kausalzusammenhang zwischen der Schädigung und dem Eintritt des Vorteils.

Daher braucht sich auch der ersatzberechtigte Pächter den aus einer anderen Pacht erzielten Gewinn auf seinen Anspruch höchstens dann anrechnen zu lassen, wenn er ohne den Vertragsbruch des ersten Verpächters die zweite Pacht nach Lage der Sache wahrscheinlich nicht übernommen hätte, etwa aus Mangel an weiteren Mitteln nicht hätte übernehmen können — „non suffecturus duabus", wie sich Paulus in l. 24 § 4 D. XIX, 2 scharf und klar ausdrückt. Ähnliche Erwägungen greifen Platz zur Entscheidung der Frage, ob sich der ersatzpflichtige Verkäufer das Ergebnis der vom Käufer veranstalteten Deckungskäufe einerseits gefallen lassen muß, andererseits anzueignen befugt ist. Es kommt dabei u. a. an auf die Mittel des Käufers, seine Geschäftsgewohnheiten, die Art und das Quantum der erstandenen Ware.

Das aufgestellte Prinzip kommt insbesondere auch in dem theoretisch interessanten und praktisch nicht unwichtigen Fall zur Geltung, wenn der Beschädigte auf die Erlangung des ihm zufließenden Vorteils bereits einen festen rechtlichen Anspruch hatte. Ihm ein solches lucrum anrechnen, hieße in seine Rechtssphäre ganz ungerechtfertigt eingreifen, und würde sein Vermögen durch den Schadensersatz nicht in diejenige Lage versetzen, wie sie ohne den ersatzpflichtig machenden Umstand gewesen sein würde. Aus solchem Grunde lehnt, wenn ich das nicht sehr klar mitgeteilte recht verstehe, das Erkenntnis des Obersten Landesgerichts München vom 28. X. 1898, Deutsche Juristenzeitung Bd. IV S. 135, die Anrechnung ab. Ist beim Tausch zweier Grundstücke der eine Teil vom andern durch die Vorspiegelung, die auf dem ihm zu überlassenden Grundstück eingetragene Hypothek sei nicht rechtsbeständig und werde sofort gelöscht werden, geschädigt, so kann ihm der angebliche Umstand, daß das Grundstück einen objektiv höheren Wert als das dafür ausgetauschte habe, und daß dadurch sein Schaden ausgeglichen sei, nicht entgegengehalten werden.

Natürlich — auf diesen Vorteil hat der Geschädigte kraft des Tauschvertrages ohnedies Anspruch; er ist ihm nicht erst infolge der Täuschung zugeflossen!

Mit dem Gesagten harmoniert eine berühmte Digestenstelle, die

l. 47 D. de evictionibus XXI, 2; Africanus libro octavo quaestionum:

„Si duos servos quinis a te emam et eorum alter evincatur, non dubii fore, quin recte eo nomine ex empto acturus sim, quamvis alter decem dignus sit, nec referre, separatim singulos an simul utrumque emerim.“

Man kann diese Entscheidung nicht damit stützen, daß dabei zwei verschiedene Geschäfte ohne inneren Zusammenhang unterstellt seien. Denn sie will ja auch bei anzunehmender Einheit des Kaufakts ausdrücklich anwendbar sein. Die Erklärung des Cuaz (op. omn. IX S. 918), daß die Sklaven „non confuse uno pretio venierint“, dürfte also kaum ausreichen. Der Grund liegt vielmehr darin, daß ein zur Aufrechnung verwendbares lucrum dem damnum überhaupt nicht gegenübersteht. Durch den Kaufvertrag hat der Käufer auf die beiden Sklaven als nicht der Eviction zugängliche Ansprüche erworben, einerlei ob ihr Wert mit dem ausgemachten Preise übereinstimmte, höher oder niedriger war, s. l. 22 § 3 D. XIX, 2. Wird nun nachher einer evinciert, so ist das gerechtfertigte Interesse des Käufers selbst dann geschädigt, wenn wegen des höheren Wertes des andern das Endresultat nicht hinter dem Preise zurückbleibt. Denn andernfalls würde ihm das lucrum entzogen, auf das er nach dem abgeschlossenen Vertrage Anspruch hat (lucrum cessans). So auch Mommsen S. 194.

Anders entscheidet dagegen die, einen äußerlich ähnlichen Fall behandelnde, l. 42 D. de action. emti venditi XIX, 1; Paulus libro secundo quaestionum:

„Si duorum fundorum venditor separatim de modo cuiusque pronuntiaverit et ita utrumque uno pretio tradiderit, et alteri aliquid desit, quamvis in altero exsuperet, forte si dixit unum centum iugera, alterum ducenta habere, non proderit ei, quod in altero ducenta decem inveniuntur, si in altero decem desint. et de his ita apud Labeonem relatum est. sed an exceptio doli mali venditori profutura sit, potest dubitari, utique si exiguus modus silvae desit et plus in vineis habeat, quam repromissum est. an non facit dolo, qui iure perpetuo utitur? nec enim hic quod amplius in modo invenitur, quam alioquin dictum est, ad compendium venditoris, sed ad emptoris pertinet: et tunc tenetur veditor, cum minor modus invenitur. videamus tamen, ne nulla querella sit emptoris in eodem fundo, si plus inveniat in vinea quam in prato, cum universus modus constat. similis quaestio esse potest ei, quae in duobus fundis agitata est, et si quis duos statu liberos uno pretio vendat et dicat unum decem dare iussum, qui quindecim dare debebat: nam et hic tenebitur ex empto actione, quamvis emptor a duobus viginti accepturus sit. sed rectius est in omnibus supra scriptis casibus lucrum cum damno compensari et si quid deest emptori sive pro modo sive pro qualitate loci, hoc ei resarciri."

Wenn zwei Grundstücke für einen Gesamtpreis verkauft sind, und das eine kleiner, das andere um eben so viel größer ist, als der Verkäufer angegeben hat, so soll die compensatio lucri stattfinden. Das scheint auf den ersten Blick in unversöhnlichem Widerspruch zu der vorigen Stelle zu stehen. Indes sind die Fälle doch wesentlich verschieden. Denn das andere Grundstück, dessen größerer Umfang den Grund für die compensatio abgiebt, ist nicht nur mehr wert, als wofür es verkauft ist — das allein würde nach l. 47 als belanglos erachtet werden müssen; — es ist vielmehr größer, als vom Verkäufer angegeben und zur Grundlage der Preisberechnung gemacht wurde, und zwar so viel, als das eine kleiner ist. Der Käufer erhält hier also gerade das verabredete Gesamtquantum für den doch jedenfalls, wie das bei Grundstücken allgemein üblich ist, und für unseren Fall noch besonders angedeutet wird (si . . . pronuntiaverit et ita utrumque uno pretio tradiderit) nach Maßeinheiten berechneten Gesamtpreis. Hier haben beide Parteien folglich im Endeffekt gerade das, worauf sie nach der Abrede Anspruch hatten, während im Fall der l. 47 der Erwerber eines dem Verkäufer gehörigen und eines fremden Sklaven zusammen weniger erhielt, als ihm zukam — nämlich zwei unentziehbare Sklaven. Wollte in unserem jetzigen Fall der Käufer, der die Grundstücke zwar auf Grund getrennter Schätzung, aber doch als einheitlichen Vertragsgegenstand übernommen hat, die Mindergröße des einen isolierend rügen, so läge darin eine arge Chikane, die ihm den Vorwurf des dolo facere nicht ersparte.

Freilich ist dies Ergebnis erst von der jüngeren römischen Rechtswissenschaft und nicht ohne Bedenken errungen, wie des Paulus Entscheidung deutlich ergiebt. Noch Labeo war von dem entgegengesetzten Prinzip ausgegangen und empfängt erst, wie so oft (s. z. B. die zahlreichen Beispiele in der l. 10 D. XIV, 2), von Paulus seine endgültige Korrektur. Auch Africanus würde vielleicht, nach dem was wir über seine Ansicht aus l. 47 wissen, entgegengesetzt entschieden haben: da aber der von ihm behandelte Fall anders liegt, brauchen wir uns darüber keine Skrupel zu machen und können beide Stellen durchaus mit einander vereinigen.[1])

Wenn Walsmann (S. 64) bestreitet, daß der in l. 42 entschiedene Fall zur comp. lucri gehöre, so wird er damit schwerlich Beifall finden. Daß dort nicht die Erfüllungs-, sondern die Schadensersatzklage wegen Nichterfüllung in Frage steht, ergiebt der Thatbestand wie der Wortlaut: nicht nur wird der Ausdruck „lucrum cum damno compensari" angewendet, sondern auch das sonst ganz unverständliche Wort „resarciri", das für die Schadensausgleichung auch sonst technische Verwendung findet, s. z. B. l. 18 § 26 D. L, 4: „detrimenta resarciunt".

2. Ist aber jeder durch das verantwortlich machende Ereignis bedingte Vorteil des Beschädigten anrechnungspflichtig? Diese Frage führt uns zu einem der schwierigsten und wichtigsten Punkte des Themas. Um sie zu lösen, müßten wir im Grunde alle die bekannten, nicht zur Ruhe kommenden Streitfragen aufrollen, die sich in der philosophischen und juristischen Litteratur hinsichtlich des Kausalitätsproblems entwickelt haben.

Das wäre aber im Rahmen der Arbeit nicht angängig. Eine befriedigende Erörterung ist nur möglich auf Grund einer den verfügbaren Raum weit überschreitenden Untersuchung. Ich würde damit die Geduld meiner Leser um so mehr auf die Probe stellen, als sie in der Schrift von Rümelin[2]) aus der jüngsten Zeit bereits eine erschöpfende, glänzende Monographie darüber besitzen.

Aber ein so weites Ausholen erscheint auch nicht nötig. Das Problem ist keine Besonderheit der Lehre von der compensatio lucri cum damno, sondern gehört der allgemeinen Schadensersatzlehre an. Denn das wird nicht bestritten, oder sollte doch nicht bestritten werden, daß die Verwertung des so oder so beschaffenen Kausalitätsbegriffes für die Abgrenzung des zu ersetzenden Schadens auch für diejenige des anzurechnenden Vorteils präjudiziell ist.

---

[1]) So auch Dernburg, Kompensation, Aufl. 2 S. 82 No. 1 a. E.: „wir sehen hier so recht, wie man ursprünglich auch im bonae fides ind. nur auf das achtete, was gerade in der Obligation lag, und erst später andere Umstände berücksichtigte."

[2]) Prof. M. Rümelin, Die Verwendung der Kausalbegriffe im Straf- und Civilrecht, 1900 (Sep.-Abdr. aus d. Archiv f. d. civ. Praxis. Bd. XC. S. 171—344).

a) Wer also mit Fr. Mommsen (S. 137 fg.), Windscheid (II § 257 Nr. 2) und besonders v. Liszt (Deliktsobligationen des B.G.B. S. 68 fg.) das Setzen einer beliebigen Bedingung zum eingetretenen Erfolg als zur Verursachung ausreichend[1]) und, wenn es schuldhaft geschah, als die Verantwortlichkeit begründend ansieht, muß konsequent auch die Anrechnung jedes durch das in Frage stehende Verhalten bedingten Vorteils gestatten.

b) Wer umgekehrt mit v. Bar, Birkmeyer, Thon und der reichsgerichtlichen und sonst im Civilrecht vorherrschenden Judikatur zwischen Verursachung und bloßer Bedingung einen so oder so beschaffenen Unterschied macht[2]) — indem er etwa nur die wirksamste, entscheidenste Bedingung als Ursache anerkennt (Birkmeyer), oder mit Dernburg (Pandekten II § 45 No. 8) zwischen Ursache und bloßer Veranlassung unterschieden wissen will, der muß folgerecht auch den Kreis der anrechenbaren Vorteile entsprechend beschränken, um ein Gleichmaß in der Behandlung beider Parteien herzustellen. Das thun denn auch die meisten Bearbeiter unserer Lehre, so Larenz S. 23 fg.

c) Endlich hat sich in neuester Zeit eine mittlere Kausalitätstheorie Bahn gebrochen, die unter Anlehnung an eine epochemachende Schrift des Physiologen v. Kries[3]) wie für das Straf-, so auch insbesondere für das Civilrecht die Unterscheidung zwischen adäquater und inadäquater Kausalität verwertet. Nur für die adäquaten, normalen, nicht für die bloß zufälligen Folgen des vertretbaren Ereignisses hat man danach zu haften. Diese Theorie gewinnt derzeit immermehr Boden; sie ist von Haß, Zitelmann[4]) und in besonderer Ausführlichkeit und Ausprägung — im Sinne der sogenannten „objektiven nachträglichen Prognose“ — von M. Rümelin vertreten worden. In dieser Form entgeht die neue Lehre auch den Einwürfen,

---

[1]) Diese Lehre ist bekanntlich in der Logik seit J. St. Mill zur Anerkennung gelangt und beherrscht die strafrechtliche Praxis, namentlich des Reichsgerichts.

[2]) S. die ausführliche Besprechung der verschiedenen Kausalitätstheorieen bei Eichhoff, S. 42 fg.; einzelne Angaben auch in meinem Kommentar Vorbem. Nr. 2a vor § 249.

[3]) J. v. Kries, Über den Begriff der objektiven Möglichkeit, 1888, passim.

[4]) Haß in Iherings Jahrbüchern Bd. XXXVII S. 346 fg.; Zitelmann, Das bürgerliche Recht (Grundriß) S. 155; auch Crome, Das bürgerliche Recht Bd. I S. 476; für das Strafrecht Liepmann, Einleitung in das Strafrecht S. 54, 67 fg.

die ihr bisher wegen einer angeblichen Vermischung des subjektiven Schuld- und des objektiven Kausalmomentes gemacht worden sind. Indem die objektive Prognose nicht nur die dem Thäter, sondern die überhaupt als solche übersehbaren normalen Folgen des Thuns berücksichtigt, ergiebt sich sowohl die Möglichkeit einer adäquaten Kausalität ohne Verschuldung — wenn der Thäter subjektiv die Folgen nicht übersehen konnte — als auch die einer Verschuldung ohne adäquate Kausalität (s. für letzteres Beispiele bei Rümelin S. 56 fg.). Zu dieser Lehre kommen auch allerneuestens Isay (Geschäftsführung) und Titze (Die Unmöglichkeit der Leistung, 1900, S. 129 fg.), obwohl sie sich im Prinzip für die Gleichwertigkeit aller Bedingungen für den Erfolg erklären. Titze findet die Lehre vom adäquaten Kausalzusammenhang in den Bestimmungen des B.G.B. §§ 252 und 254 geradezu ausgesprochen.

Soweit sich die Vertreter der Theorie von der adäquaten Kausalität über unsere Frage geäußert haben, verwenden sie jene, wie zur Begrenzung der Ersatzpflicht, so auch zu derjenigen der Vorteilsanrechnung. So ausführlich Rümelin S. 106/9:

> „Wo der Vorteil zwar die betreffende Handlung zur Voraussetzung hat, aber weiter auch im Bedingungsverhältnis zu späteren Ereignissen steht, die zur Zeit der beschädigenden Handlung auch vom Standpunkt der nachträglichen objektiven Prognose in keiner Weise erwartet werden konnten, da kann von einer compensatio lucri .... keine Rede sein."

Denselben Standpunkt nimmt — nach mündlicher Mitteilung — Zitelmann ein, ferner Titze (a. a. O. S. 140), der darum die Anrechnung — mit Recht — ablehnt in dem Falle, wenn der durch Vertragsbruch des Verkäufers zum Aufsuchen einer andern Kaufgelegenheit genötigte Käufer auf dem Wege Wertsachen gefunden und dafür einen Finderlohn erhalten hat; dann von den Spezialschriftstellern über unser Thema Walsmann (S. 47). Auch Eichhoff, im allgemeinen ein Anhänger der Windscheid-Lisztschen Kausalitäts- und Haftungstheorie (s. namentlich S. 62), will der neuen Lehre in den von ihm entwickelten Folgerungen „sehr nahe" stehen.

Eine aufmerksame Betrachtung ergiebt bald, daß die Lehre von der adäquaten Kausalität, theoretisch der ersten Gruppe verwandt, sich praktisch im wesentlichen der zweiten nähert, namentlich derjenigen Ausprägung, welche v. Bar dem Unterschied zwischen der (den Setzer evt. verantwortlich machenden) Ursache und der bloßen Bedingung gegeben hat. Denn ob ich beides von vornherein unterscheide in der Weise, daß ich mit v. Bar nur diejenige Bedingung als Ursache einer Erscheinung ansehe, durch welche der sonst als regelmäßig gedachte Lauf der Erscheinungen des Lebens ein anderer wird (Die Lehre vom Kausalzusammenhang, 1871, S. 11); ob ich mit Thon (Festrede über den Begriff der Verursachung, 1894) als Ursache die Bedingung auffasse, welche „bereits die Wahrscheinlichkeit des Erfolges in sich schließt," diese „als natürliche Folge nach sich zieht"; oder ob ich Ursache und Bedingung prinzipiell gleichstelle, aber die Verantwortlichkeit auf die normaler Weise eintretenden Folgen des Thuns einschränke, das macht für die Regel der Fälle kaum einen Unterschied. Diese praktische Verwandtschaft ihrer mit der v. Barschen Lehre wird denn auch von Rümelin, Zitelmann, selbst von Eichhoff (S. 50) zugegeben.

Dagegen ist der Gegensatz zu der Windscheid-Lisztschen Lehre praktisch sehr bedeutend. Will man diese folgerichtig durchführen, so darf man auch nicht vor der von v. Liszt (S. 78/9) allen Ernstes gezogenen Konsequenz zurückschrecken, den Verletzer für den infolge Anwendung einer unsauberen Sonde durch den behandelnden Arzt an Blutvergiftung erfolgten Tod des Verletzten civilistisch verantwortlich zu erklären. Denn er hat ja „ganz zweifellos eine Bedingung zu dem schließlich eingetretenen Erfolge gesetzt". Aber nichts scheint mir sicherer, als daß ein solches Ergebnis mit den elementarsten Grundsätzen der Billigkeit in schroffen Widerspruch gerät. Mit Fug haben schon die großen römischen Juristen sich gegen eine derartige Ausweitung der Haftung erklärt; in einem dem Lisztschen ganz gleichen Fall entscheidet Alfenus (l. 52 pr. D. IX, 2):

> „Si ex plagis servus mortaus esset neque id medici inscientia aut domini neglegentia accidisset, recte de iniuria occiso eo agitur."

Der Versuch Windscheids (a. a. O. § 18), der darin nur die Klage aus dem ersten Kapitel der lex Aquilia verneint sehen will, beweist nichts für die Gegner: denn es bleibt immer dabei, daß das schuldhafte Setzen einer entfernten Bedingung zum Tode nicht als dessen Verursachung angesehen, oder ihr doch nicht hinsichtlich der Haftung gleichgestellt wird.[1])

Die hier bekämpfte Lehre verdeckt nur dadurch einigermaßen die Unerträglichkeit ihrer Ergebnisse, daß sie die im Sinne der Verur-

[1]) S. auch Eichhoff S. 76 fg.

sachung maßlos weit ausgedehnte Verantwortlichkeit mit Hilfe des Erfordernisses der Verschuldung wieder zurücknimmt: Die nur absonderlichen, anormalen Folgen des Thuns werden in der Mehrzahl der Fälle für den Thäter nicht voraussehbar gewesen sein, können ihm daher nicht zugerechnet werden.

Täusche ich mich nicht, so hat nur solche Abschwächung der Ergebnisse die strafrechtliche Praxis bisher verhindert, die Lehre in ihrer ganzen Unerträglichkeit zu überschauen.

Für die Ersatzpflicht des Civilrechts steht es nun aber selbst mit dieser Abmilderung recht bedenklich. Haben doch gerade in neuester Zeit Zitelmann und M. Rümelin[1]) in m. E. überzeugender Weise dargethan, daß sich die zur Verantwortlichkeit erforderliche Voraussehbarkeit des Erfolges nur auf den „haftungbegründenden Vorgang" — den „Einbruch in die fremde Rechtssphäre" — selbst, nicht auch auf dessen „weitere Wirkungen" zu erstrecken brauche (Rümelin S. 67). Sachlich damit im Grunde übereinstimmend lehrt auch v. Liszt (S. 60), daß das Verschulden sich im allgemeinen nur „auf diejenige Handlung beziehe, durch welche der eingetretene Schaden verursacht worden ist, nicht aber auf die Verursachung des Schadens selbst. Die Ersatzpflicht ist also im allgemeinen nicht bedingt durch die Voraussicht oder auch nur durch die Voraussehbarkeit des Schadens." Darum muß gerade v. Liszt, dem seine Kausalitätstheorie keine die Ersatzpflicht einschränkenden Momente an die Hand giebt, dieselbe in der geschilderten Weise erstrecken.

Somit ist die gegnerische Lehre für das bürgerliche Recht im Ergebnis noch viel unannehmbarer, als für das Strafrecht, und sie hat erklärlicher Weise — das geben auch die Gegner sämtlich zu — in dessen Theorie und Praxis niemals das Übergewicht zu erlangen vermocht.

Daß darin mit Einführung des B.G.B. eine Änderung eintreten werde, ist um so unwahrscheinlicher, als sich hier gerade für gewisse, eng begrenzte Ausnahmefälle eine Haftung wegen aller durch einen verantwortlich machenden Vorgang lediglich bedingten Folgen anerkannt findet,[2]) eine Normierung, die nach Rümelins zutreffender

[1]) In den oben S. 78/9 angeführten Schriften.

[2]) Es sind insbesondere die Fälle der §§ 287 (Haftung des in Verzug befindlichen Schuldners) und 848 (Deliktshaftung wegen Entziehung einer Sache), möglicherweise auch der Fall des § 447 Abs. 2; s. Rümelin S. 104/5. Ähnlich in gewissen gemeinrechtlichen Fällen (furtum, mora), s. daselbst S. 103.

Bemerkung als bloße Anwendung eines auch ohnedies allgemein geltenden Prinzips unerklärlich wäre.

Führt die gegnerische Kausalitätstheorie schon allgemein zu höchst anstößigen Ergebnissen, so mehren sich dieselben, wenn man jene auf die Lehre von der compensatio lucri cum damno anwendet. Sonst mag sie eine allzuweite Ausdehnung der Haftung durch Berufung auf fehlende Verschuldung einigermaßen abwehren können; hier aber versagt solcher Ausweg durchaus. Sind Bedingung und Verursachung identisch, so bleibt für die Gegner keine Möglichkeit, einer Erstreckung der Anrechnungspflicht auf alle die Vorteile zu entgehen, die ohne das die Verantwortlichkeit begründende Ereignis dem Vermögen des Beschädigten nicht zugeflossen wären.

Darum ist die gegnerische Kausalitätstheorie gerade für unsere Lehre unbrauchbar, und noch niemand hat sie dafür ernstlich zu verwerten versucht. Selbst Eichhoff, unter den Schriftstellern über compensatio lucri ihr einziger Parteigänger, sieht sich in Erkenntnis dessen zu weitgehenden Beschränkungen genötigt, s. S. 39, 91 fg. Zwar prinzipiell ist ihm zur Zurechnung der Vorteile der Kausalzusammenhang, in dem hier verworfenen Sinne, genügend, aber er reicht ausnahmsweise nicht aus bei Vorteilen,

„a) Die nicht lediglich durch die Eigenart des betroffenen Vermögens vermittelt sind, deren Entstehung vielmehr durch einen Faktor vermittelt worden ist, der nichts mit der Eigenart des Vermögens zu thun hat."

„b) Die zwar lediglich durch die Eigenart des betroffenen Vermögens vermittelt sind, aber nur infolge einer absonderlichen Gestaltung der Vermögensverhältnisse eintreten konnten," S. 96.

Man kann dieser Formel Durchsichtigkeit und praktische Verwendbarkeit nicht nachrühmen; sie wird auch durch die ausgiebige Erläuterung, die Eichhoff ihr geben muß, dem Verständnis der Leser nicht genügend nahegerückt. Soweit verwendbar, kommt sie mit der Theorie vom adäquaten Kausalzusammenhang ziemlich auf eins heraus,[1]) und es ist anzunehmen, daß Eichhoff, wenn er diese Theorie in ihrer neuesten, vollkommensten Ausprägung durch Rümelin bereits gekannt hätte, sich ihr im Ergebnis angeschlossen haben würde. Auf

[1]) Daher spricht Eichhoff auch öfters, z. B. S. 295, von einer Nichtanrechenbarkeit der Vorteile, die als eine zufällige Folge der schädigenden Thatsache erscheinen.

alle Fälle ist die Verklausulierung, zu der er sich verstehen muß, ein Beweis für die Mängel der gegnerischen Kausalitätstheorie in ihrer Anwendung auf unser Problem. Sie würde außerordentlich ungerecht sein gegen den Beschädigten, den sie zu einer Anrechnung zahlloser fernliegender Vorteile zwänge, und könnte seinen Ersatzanspruch in manchen Fällen geradezu illusorisch machen.

Gelingt es uns andererseits zu zeigen, daß bei unserem Problem die Windscheid-Lisztsche Theorie scheitern muß, so ist sie auch im übrigen stark erschüttert.

Nun gebe ich von vornherein zu, daß sich ein zwingender Quellenbeweis gegen dieselbe weder für das römische noch für das neue bürgerliche Recht führen läßt. Zwar in meinem Aufsatz wähnte ich eine bedeutende Stütze gewonnen zu haben in der l. 24 § 4 D. locati cond. XIX, 2; Paulus libro trigesimo quarto ad edictum:

> „Colonus, si ei frui non liceat, totius quinquennii nomine statim recte aget, etsi reliquis annis dominus fundi frui patiatur: nec enim semper liberabitur dominus eo, quod secundo vel tertio anno patietur fundo frui. nam et qui expulsus a conductione in aliam se coloniam contulit, non suffecturus duabus, neque ipse pensionum nomine obligatus erit et quantum per singulos annos compendii facturus erat, consequetur: sera est enim patientia fruendi, quae offertur eo tempore, quo frui colonus aliis rebus illigatus non potest."

Ob hier der aus der zweiten Pacht entstehende Vorteil auf die Ansprüche des Pächters anzurechnen sei oder nicht, entscheidet Paulus nicht unmittelbar, und so sind die Ansichten der Neueren darüber verschieden.

Nach Mommsen wird die Abrechnung des aus der zweiten Pacht etwa erzielten Gewinns zwar nicht erwähnt, aber auch nicht geleugnet; es sei dem Juristen nur darauf angekommen, „zu zeigen, daß die spätere Bereitwilligkeit des Verpächters allein denselben noch nicht von der Verpflichtung zur Entschädigung für die fernere Zeit befreie;" auf die Frage der compensatio lucri einzugehen habe er dabei keinen Anlaß gehabt.

Dagegen sieht Cohnfeldt (S. 174) die Anrechnung der Vorteile von Paulus geradezu abgelehnt, und zwar um deswillen, weil der Pächter den Gewinn aus dem zweiten Vertrage doch erst infolge der Übernahme desselben erlange; „hat er ihn auch nicht ohne die Aufgabe der ersteren (Pacht), so hat er ihn doch nicht durch dieselbe."

Dem schloß ich mich in meinem Aufsatz S. 13 mit den in der Anmerkung wiedergegebenen Worten an.[1])

Dagegen hat Eichhoff (S. 229 fg.) wiederum mit Entschiedenheit und Geschick den gegenteiligen Standpunkt vertreten, und ich kann nicht umhin, das Gewicht seiner Gründe anzuerkennen. Ich gebe zu, daß in der Stelle die Erwähnung des zweiten Pachtvertrages nicht zu dem Zwecke geschah, um über Anrechnung oder Nichtanrechnung des dadurch Verdienten auf den Ersatzanspruch gegen den ersten Verpächter zu diskutieren, sondern nur, um zu begründen, warum der letztere mit der nachträglichen Einräumung des Pachtgrundstückes an den Pächter zu spät komme und damit seiner Leistungspflicht nicht mehr genüge — „sera est enim patientia fruendi, quae offertur eo tempore, quo frui colonus aliis rebus illigatus non potest."

Daß Paulus die Anrechnung zugelassen habe, ist damit allerdings noch nicht erwiesen; es bleibt vielmehr höchst auffällig, daß er den Ersatzanspruch ohne Einschränkung auf alles das giebt, „quantum per singulos annos compendii facturus erat." Die Erwähnung des Abzuges hätte dabei, wenn der Jurist sie anders für statthaft hielt, um so näher gelegen, als der Ersatzanspruch ohne den die Übernahme der ersten Pachtung für den Pächter erst unmöglich machenden Abschluß des zweiten Vertrages nicht oder doch nicht in dieser Höhe hätte entstehen können.

Immerhin ist die Stelle nicht unzweideutig genug, um einen Beweis für die hier vertretene Lehre zu erbringen. Noch viel weniger

---

[1]) „Wenn Paulus den Verpächter einfach in dem in der Stelle bezeichneten Umfang zum Ersatz gehalten sein läßt, ohne eines möglichen Abzugs des commodum ex secunda locatione zu gedenken, so scheint er dessen Berücksichtigung doch abzulehnen. Und das mit gutem Grunde! Denn nicht durch den Vertragsbruch des ersten Verpächters ist dies commodum entstanden, sondern durch ein ganz unabhängig davon abgeschlossenes selbständiges Rechtsgeschäft, eine nova causa. Die durch die mora des ersten Verpächters veranlaßte Nichtzahlung des ersten Pachtgeldes soll ja freilich den Pächter erst zum Abschluß des zweiten Vertrags in Stand gesetzt haben (non suffecturus duabus), aber darum ist die mora doch immer nur eine entfernte Bedingung, nicht die mittelbare oder gar unmittelbare Ursache des neuen, vorteilhaften Geschäfts. Und darum liegt zu einer compensatio lucri hier keinerlei Anlaß vor; wenn Paulu's trotz des zweiten, besonders erwähnten Vertrags den ersten Verpächter auf vollen Ersatz haften läßt, so lehnt er damit indirekt jene ab — was hätte es andernfalls für einen Sinn gehabt, in einer theoretischen Erörterung, im Ediktskommentar, den zweiten Vertrag heranzuziehen, als um seine Einflußlosigkeit auf den einmal entstandenen Ersatzanspruch darzulegen?"

spricht sie natürlich für die Gegner; dies nicht einmal, wie ich später darlegen werde, falls sie zweifellos eine compensatio lucri vorschriebe.

Dagegen verwertet Eichhoff (S. 102 fg., 268 fg.) im Sinne der Bedingungstheorie mit großem Nachdruck eine andere, bisher ungebührlich vernachlässigte Stelle, die l. 2 § 44 D. XXXVIII, 17 von Ulpian:

> „Tractari belle potest, si pupillo amplum legatum sub condicione sit relictum „si tutores non habuerit" et propterea ei mater non petierit, ne condicione deficeretur, an constitutio cesset. et puto cessare, si damnum minus sit cumulo legati. quod et in magistratibus municipalibus tractatur apud Tertullianum: et putat dandam in eos actionem, quatenus plus esset in damno quam in legato. nisi forte quis putet condicionem hanc quasi utilitati publicae obpugnantem remittendam ut alias plerasque: aut verba cavillatus imputaverit matri, cur curatores non petierit. finge autem plenius condicionem conscriptam: nonne erit matri ignoscendum? aut hoc imputatur matri, cur non desideravit a principe condicionem remitti? et puto non esse imputandum."

Eichhoff leitet daraus insbesondere die wichtige Folgerung ab, daß auch die dem Verletzten zukommenden Versicherungsgelder, entgegen der herrschenden Meinung (s. unten § 14) in den Ersatzanspruch einzurechnen seien. Im Gegensatz dazu meint Walsmann (S. 62), daß entweder die Stelle zu beanstanden, oder in dem darin enthaltenen Rechtssatz ein ius singulare zu sehen sei.

Der Inhalt ist, soweit er uns hier interessiert, folgender: die Mutter hat nach dem Senatus consultum Tertullianum bekanntlich ein Intestaterbrecht am Vermögen ihrer Kinder, sie soll es aber nach einem Rescript des Severus (s. l. 2 § 2 D. XXVI, 6, auch l. 2 § 23 t. cit.) verlieren, wenn sie für ihre Kinder nicht „tutores idoneos" erbittet. Tritt dieser Nachteil auch dann für sie ein, wenn sie die Erbittung nur zu dem Zwecke unterlassen hat, um dem Kinde ein unter der Bedingung „si tutores non habuerit" hinterlassenes Legat zu verschaffen? Das verneint Ulpian unter der Voraussetzung, daß der dem Kinde aus der Vormundslosigkeit erwachsene Schaden hinter dem Betrage des Legates zurückbleibt.

Daran schließt sich der für uns unmittelbar bedeutsame Punkt: wie steht es mit der Haftung der — bekanntlich bei Vermeidung von Schadensersatz zur Ernennung von Vormündern verpflichteten —

Munizipalmagistrate, wenn sie ihrer Pflicht aus demselben Grunde nicht nachgekommen sind? Ulpian gewährt alsdann einen Anspruch gegen sie nur soweit, „quatenus plus esset in damno quam in legato"; er bejaht also offenbar eine Anrechnung der Vorteile, obwohl die Nichtbestellung der Vormünder sie nicht erst begründet, sondern lediglich die Bedingung für die durch das Testament bereits zugewendeten ausgelöst hat.

Diese Entscheidung, die der Jurist einfach aus der Eigenart des zu beurteilenden Verhältnisses gewonnen hat, als verfehlt oder nur ein Sonderrecht enthaltend abzuthun, muß als ein zwar bequemes, aber dafür auch willkürliches, unstatthaftes Auskunftsmittel abgelehnt werden.

Ebensowenig würde es der Tragweite des Fragmentes Eintrag thun, wenn man — mit Gradenwitz [1]) — den Wortlaut für interpoliert erklärte. Denn gerade den entscheidenden Teil hält auch Gradenwitz, unbeschadet einiger Veränderungen im Wortlaut, in der Hauptsache für echt; ja er scheint die darin anerkannte compensatio lucri cum damno für ganz naturgemäß zu erachten.

Somit ist die Stelle eine nicht verächtliche Waffe in der Hand der Gegner. Aber schwerlich eine für unsere Lehre verhängnisvolle!

Zunächst ist der darin entschiedene Fall dem unten zu besprechenden, wo es sich um die Anrechnung einer Versicherungssumme handelt, keineswegs gleichartig. Wer den Versicherten tötet oder verletzt, der erfüllt zwar die dessen Anspruch beigefügte Bedingung, aber er führt mit nichten eine Entscheidung über dieselbe herbei, die ohne seinen verletzenden Eingriff notwendig in entgegengesetztem Sinne hätte erfolgen müssen. Auch ohne die Verletzung hätte der Versicherte das behalten, was er vorher hatte: einen bedingten Anspruch, und es war möglich, ja in vielen Fällen (Lebensversicherung!) sicher, daß sich dieser auch ohnedies infolge späterer Ereignisse in einen unbedingten verwandelt haben würde.

Eine andere Bedeutung wohnt dem Verhalten der Munizipalmagistrate im Falle der l. 2 inne. Was sie auch immer thaten — ihr Verhalten mußte für das Schicksal des bedingten Legates in der einen oder andern Richtung entscheidend sein. Ernannten sie die Vormünder, so bewirkte das den Ausfall; ernannten sie dieselben nicht, so bewirkte das umgekehrt den Eintritt der Bedingung. Eine weitere Dauer des Schwebezustandes ist in keinem Falle möglich.

---

[1]) O. Gradenwitz, Interpolationen in den Pandekten, 1887, S. 75, 77.

Wählten die Beamten den zweiten Weg, so thaten sie demnach zur Verschaffung des Legates für den Mündel weit mehr, als es der Verletzer zur Verschaffung der Versicherungssumme für den Verletzten thut. Sie verwirklichten einmal den Eintritt der Bedingung, wie dieser; zum andern hinderten sie daneben uno actu deren sonst unvermeidlichen Ausfall. Gerade in letzterem Moment möchte ich den Rechtfertigungsgrund für Ulpians Entscheidung finden. Indem die Magistrate die Ernennung unterlassen, erhalten sie dem Mündel in dem bedingten Legat ein Rechtsgut, das ihm nach dem regelmäßigen Verlauf der Dinge verloren gegangen wäre. Denn das Normale war es doch sicherlich, daß er Vormünder erhielt; nur durch ein wenigstens objektiv rechtswidriges und nach dem regelmäßigen Verlauf der Dinge um so weniger zu erwartendes Verhalten der zuständigen Beamten konnte der Mündel vormundslos bleiben, konnte damit der Ausfall der Bedingung verhindert werden. Ja, sie haben ihm das bisherige Rechtsgut nicht nur erhalten, sondern sogar verbessert, indem sie die Bedingung zur Erfüllung brachten und damit die bloße Anwartschaft zu einem wahren Recht erhoben.

Somit sind die Magistrate auch nach der hier vertretenen Kausalitätstheorie als Verursacher eines dem Mündel zukommenden Vorteils anzusehen, indem sie sein Vermögen vor einem ohnedies unvermeidlichen Verluste bewahrt haben. Daß aber die Verhinderung eines Verlustes dann als gegebenen Falls anzurechnendes „lucrum“ erscheint, wenn der Verlust „nach dem gewöhnlichen Laufe der Dinge mit Wahrscheinlichkeit erwartet werden konnte“, entspricht der analogen Behandlung des entgangenen Gewinnes als eines Bestandteils des zu ersetzenden Schadens, und wird unten (§ 25) noch näher dargelegt werden. Indem die Beamten aber zugleich die Bedingung eintreten machen, zerstreuen sich auch die Bedenken, welche gegen die Anrechnung des geretteten Rechtsgutes wegen seiner Unsicherheit — als eines bloß bedingten — etwa erhoben werden könnten.

Es läßt sich somit die Anrechnung der l. 2 theoretisch rechtfertigen. Von dieser Rechtfertigung aber wird man mit Ulpian im besprochenen Fall um so lieber Gebrauch machen, als die Beamten ja die Amtspflicht nicht aus verwerflicher Gesinnung oder Nachlässigkeit unerfüllt gelassen haben, sondern lediglich im Interesse des Mündels selbst, also aus löblichen, wennschon bureaukratischer Denkart vielleicht unfaßbaren, Motiven. Ihre Ersatzpflicht thunlichst milde zu gestalten, ist ein Postulat elementarsten Rechtsbewußtseins.

Nach alledem läßt sich die Stelle nicht verwerten für die Frage der Anrechnung anderer bedingter, infolge der Schädigung zu unbedingten gewordener Legate oder sonstiger Vermögensvorteile. Daß vielmehr solche nicht anzurechnen sind, folgt aus der hier vertretenen Kausalitätstheorie und wird für die wichtigsten Fälle — die Versicherungsforderungen — unten näher dargelegt werden.

Ebensowenig kann dem durch Tötung seines Ernährers mittelbar Verletzten und daher Ersatzberechtigten das angerechnet werden, was er aus der Erbschaft des Getöteten auf Grund gesetzlichen oder testamentarischen Erbrechts oder auf Grund Vermächtnisses letztwillig erhalten hat.

Freilich bedeutet der Tod des Erblassers vor dem zur Erbschaft Berufenen ein sog. condicio iuris für dessen Berufung. Aber konstitutives Moment ist die Verwandtschaft, Ehe, oder, bei Berufung auf Grund letztwilliger Verfügung, das Testament bezw. der Erbvertrag. Diese bestanden schon vor dem schädigenden Ereignisse, und es war möglich, vielleicht wahrscheinlich, daß die zur wirklichen Berufung des Betreffenden erforderliche condicio iuris auch ohne das schädigende Ereignis eingetreten wäre. Also fehlt der Kausalzusammenhang zwischen Vorteil und Nachteil. So auch mit Recht die Motive zum B.G.B. II S. 784 (zu § 723 a. E.).

Wird somit die Lehre, welche die Anrechnung aller durch den verantwortlich machenden Umstand bedingten Vorteile annimmt, durch die Quellen nicht bestätigt, möglicherweise sogar durch die l. 24 § 4 widerlegt, so steht es um sie in der modernen Rechtsprechung noch weit ungünstiger. Kein einziges Erkenntnis hat, soweit ich aus den Entscheidungssammlungen ersehe, sie vollauf angenommen, während viele sie geradezu verwerfen.

a) So vor allem die zahlreichen Entscheidungen, welche die Anrechnung der Versicherungsgelder ablehnen. Sie sollen wegen der Eigenart des Falles in einem besonderen Paragraphen behandelt werden. Mit der Bedingungstheorie sind sie schlechthin unverträglich, sodaß die Anhänger der letzteren, wie Eichhoff, ihre Richtigkeit anzweifeln müssen.

b) Eine große Anzahl von Entscheidungen erkennt an, daß der für die Bonität eines mit einer Hypothek versicherten Forderungsrechtes Haftende nicht den Vorteil angerechnet verlangen kann, den der Gläubiger durch Kauf und Weiterveräußerung des belasteten Grundstücks erzielt. Wie es immer mit diesen gleichfalls unten (S. 98 fg.) näher mitzuteilenden Erkenntnissen stehe — mit der Bedingungstheorie wird sie keine dialektische Kunst in Einklang bringen! Denn unmöglich läßt sich allgemein annehmen, der Gläubiger habe ohne die Gefährdung seines Anspruches das Grundstück erstanden: das Mitbieten eines Nichtinteressenten ist bei der Subhastation bekanntlich eine verhältnismäßig seltene Ausnahme! Es fehlt also keineswegs an einem Bedingungsverhältnis zwischen der Zahlungsunfähigkeit des Schuldners und dem Erwerbe des Grundstückes durch den Gläubiger.

c) Sachlich gehört hierher auch der bekannte, vom Reichsgericht Bd. XXXV, Nr. 15, Entsch. d. C.S. I vom 8. Juni 1895, entschiedene Rechtsfall des Komponisten Waldmann gegen die Leipziger Musikwerke, die gewisse populäre Kompositionen des Klägers ohne dessen Genehmigung für ihre Notenscheiben benutzt und vertrieben hatten.

Die Beklagte berief sich unter anderem auf compensatio lucri cum damno und fand damit beim Berufungsgericht Gehör: denn die Melodieen des Klägers seien vielen Kreisen erst durch die mechanischen Musikwerke bekannt geworden, „und ein erheblicher Teil der Abnehmer würde nicht zum Ankauf von Drucknoten geschritten sein, wenn ihn nicht die mechanischen Musikwerke auf die Schöpfungen des Klägers aufmerksam gemacht hätten."

Das Reichsgericht verwirft — mit Recht — die Anrechnung, freilich unter einer seltsamen Begründung: Der Kläger würde diese indirekten Vorteile auch erlangt haben, wenn die Beklagte die Notenblätter rechtmäßig, mit Genehmigung des Klägers unter Zahlung einer Licenzgebühr, vertrieben hätte, S. 69.

Dieser Grund ist recht fadenscheinig: denn, hätte die Beklagte den schädigenden Nachdruck unterlassen, so wäre damit nicht einfach ein Licenzvertrag zwischen ihr und dem Kläger zu stande gekommen, sondern die mechanische Verbreitung von dessen Liedern einfach unterblieben. Ohne die Schädigung hätte er also den unterstellten Vorteil nicht erlangt, vielmehr nur die abstrakte Möglichkeit, ihn mit Hilfe eines etwaigen besonderen Vertrages zu gewinnen.

Der Grund der Anrechnung liegt vielmehr einfach darin: das verantwortlich machende Ereignis hat den Vorteil nicht herbeigeführt, sondern dafür eine bloße, ziemlich entfernte, Vorbedingung geschaffen. Weder die Bar sche Theorie, noch die Lehre vom adäquaten

Kausalzusammenhang berechtigen uns, in dem Verhalten der Beklagten die eigentliche Ursache des Mehrabsatzes der Waldmannschen Lieder zu sehen. Auch das Sprach- und Rechtsgefühl des Laien würde sich gegen solche Bezeichnung auflehnen.

d) Daß nicht alle mit dem Schaden im Bedingungsverhältnis stehenden Vorteile auf den Ersatzanspruch angerechnet werden dürfen, nehmen auch folgende Erkenntnisse übereinstimmend an:

α) Seufferts Archiv Bd. XV, Nr. 210, Erk. des Oberhofgerichts Mannheim v. 29. März 1862:

Der Prinzipal darf gegen den Ersatzanspruch des ungerecht entlassenen Angestellten nicht das aufrechnen, was dieser in der betreffenden Zeit vom neuen Prinzipal an Geschenken erhalten hat. Denn diese sind kein Arbeitsverdienst, und der Beklagte darf sie dem Beschenkten nicht durch Aufrechnung auf seinen Arbeitsverdienst „gleichsam wieder entziehen."

β) Archiv für praktische Rechtswissenschaft Bd. IV, S. 209 Entsch. d. O.A.G. Darmstadt vom 1. Dezember 1865 (mitgeteilt auch bei Stammler, Übungen aus d. bürg. Recht f. Anfänger § 60 Nr. 8):

Ein Baumeister wird von einer Gemeinde auf Schadensersatz belangt, weil er den ihm übertragenen Bau einer Kirche so mangelhaft ausgeführt hatte, daß dieselbe eingestürzt war. Er verlangt die Anrechnung der zur Bestreitung der Reparaturkosten von dritter Seite der Gemeinde zugeflossenen milden Beiträge.

Die Anrechnung wird vom Gericht versagt, weil der Verpflichtete nicht durch das Geschenk eines Dritten liberiert werden dürfe.[1])

Genau ebenso entscheidet im entsprechenden Fall die ausländische Praxis; nach der Pasicrisie Belge von 1874, 2, 294 kann der Urheber eines Schadens nicht „se prévaloir des dons résultant d'une conscription publique". S. auch den Fall in Lenels Praktikum S. 59 Nr. 237.

---

[1]) S. Eichhoff S. 98, der die Entscheidung, von seinem Standpunkt aus kaum konsequent, billigt — weil „der Eintritt des Vorteils ein rechtlich nicht zu beachtender Zufall sei." Übereinstimmend auch Römer, Zeitschrift f. Handelsrecht Bd. XVIII S. 20 unter Berufung auf l. 1 § 24 D. XIV, 1: „quoniam et alius pro me solvendo me liberat."

Ganz ähnlich sagt das Erkenntnis des Reichsgerichts (C.S. III vom 12. Mai 1893) bei Bolze Bd. XVI Nr. 167:

Dem Schadensersatzanspruch kann im allgemeinen nicht entgegengesetzt werden, wenn Dritte dem Beschädigten seinen Nachteil anderweit ersetzt haben, falls nicht anzunehmen ist, daß die Dritten gerade die Schuld des Beschädigers haben tilgen wollen.

e) Endlich zeigt auch die Entscheidung des R.G., C.S. IV vom 14. März 1887, bei Bolze Bd. IV Nr. 243, wie unhaltbar die Bedingungstheorie ist und zu wie seltsamen Konsequenzen sie, folgerecht durchgeführt, gelangen müßte.

Der Kläger war bei Übernahme einer Bürgschaft insoweit getäuscht, als man ihm vorgespiegelt hatte, er übernehme jene „unter sicherem Rückgriff", während in Wahrheit eine materiell wertvolle Rückgriffsmöglichkeit nicht bestand.

Dem erhobenen Ersatzanspruch wurde entgegengesetzt: Aus dem dem Schuldner unter Bürgschaft des Klägers dargeliehenen Gelde sei eine Verpflichtung des Schuldners (bei Bolze heißt es in dem auch sonst höchst mangelhaften Referat: des Klägers) gegenüber dem Kläger getilgt worden.

Mit Recht lehnt das R.G. die verlangte Vorteilsanrechnung ab, weil es „an einer Einheitlichkeit der Rechtsvorgänge fehle". Und doch ist ein Bedingungsverhältnis zwischen Nachteil und Vorteil zweifellos vorhanden!

---

§ 11. Fortsetzung: Insbesondere von der Ausgleichung des durch eigene Handlungen des Beschädigten vermittelten Vorteils.

Oftmals erlangt der Beschädigte einen Vorteil unmittelbar durch eine eigene Handlung, zu deren Vornahme er aber erst durch den die Verantwortung des Ersatzpflichtigen begründenden Umstand veranlaßt ist.

Die Bedingungstheorie muß die Frage nach der Anrechenbarkeit solcher Vorteile bejahen, da die in ihrem Sinne genügende Kausalität offenbar durch das Eingreifen des Beschädigten nicht ausgeschlossen wird.

Andererseits scheint die zwischen Ursache und Bedingung unterscheidende Lehre hier eine Anrechnung ablehnen zu müssen. Der durch eigene Handlung dem Beschädigten zufließende Vorteil, so möchte man sagen, hat doch in dieser allein seine Ursache, der gegenüber das frühere, die Verantwortlichkeit begründende Verhalten des Beschädigers zu einer bloßen Vorbedingung abgeblaßt ist.

Wenn sich dennoch aus den Quellen und der Praxis eine Anrechnung solcher Vorteile nachweisen ließe, so würde das zu der hier vertretenen Kausalitätstheorie auf den ersten Blick einen bedenklichen Widerspruch bedeuten; es würde uns, wenn wir nicht in derartigen Entscheidungen mit Larenz S. 29 „bloße Billigkeitserwägungen“ finden wollten — ein verzweifeltes Auskunftsmittel! — vielleicht sogar zum Aufgeben dieser Theorie, mindestens für den Bereich des hier behandelten Problems, zwingen. So meint wenigstens Eichhoff, der gewisse nach ihm hierhergehörige Entscheidungen als Beweis für seine Bedingungslehre benutzt.

Nun ist zunächst soviel sicher, daß nicht alle Stellen Eichhoffs in seinem Sinne verwendbar sind. So nicht die von ihm stark unterstrichene l. 24 § 4 D. XIX, 2, die, wie wir oben S. 85 sahen, die Anrechnung des aus dem zweiten Pachtvertrag Gewonnenen zwar nicht zweifelsfrei ablehnt, aber noch weniger anbefiehlt.

Bedenklicher steht es mit der gleichfalls schon mitgeteilten l. 19 §§ 9, 10 D. XIX, 2, s. S. 35, und den in demselben Zusammenhang erwähnten §§ 324, 615, 649 B.G.B. Denn sie schreiben auf das Unzweideutigste die Anrechnung dessen vor, was der Ersatzberechtigte durch anderweite Verwertung seiner Arbeitskraft, also erst vermittelst eines neu abgeschlossenen Geschäftes, erworben hat.

Ich habe früher diese Entscheidung mit der hier verfochtenen Kausalitätstheorie in folgender Weise in Einklang zu bringen versucht. (Aufsatz S. 30):

> „Daß die freigewordene Arbeitskraft auch ihre Verwertung finde, ist nach der Regel des Lebens zu unterstellen; schon die bloße Verwertungsmöglichkeit wird von der Lebensanschauung als lucrum angesehen. Sie schon und weniger der erst in ihrem Verfolg entstandene neue Verdienst stellt den Vorteil dar, den der Entlassene aus seiner Entlassung ipso facto erwirbt. Daher ist es gleichgültig, ob er die vorhandene Erwerbsmöglichkeit auch zur Wirklichkeit erhoben hat; wenn er dolo malo die Gelegenheit zu neuer Anstellung nicht benützt oder gesucht hat, so greift die Anrechnung trotzdem Platz. Anders natürlich dann, wenn die allgemeine Erwerbsmöglichkeit ohne Verschulden des Betreffenden im konkreten Fall unrealisierbar war; dann hat sie eben in casu kein lucrum dargestellt.“

Diese Auffassung — für die man sich auch auf die Autorität Dernburgs (Po. Privatrecht II § 76 Nr. 14: „hiernach kann auch dem vorzeitig entlassenen Arbeiter auf seinen Lohnanspruch der pekuniäre Vorteil seiner nunmehr freien Zeit aufgerechnet werden") berufen könnte — ist von Eichhoff nachdrücklich bekämpft und als „unnatürlich, gekünstelt" gescholten worden, S. 159 fg., 218 fg. Wie ich zugeben muß, mit Recht. Zu ihr stimmt schon nicht die Thatsache, daß der Ersatzberechtigte sich sowohl nach gemeinem[1]) wie nach bürgerlichem Recht[2]) nicht um eine anderweite Verdienstgelegenheit zu bemühen, ja, sich den selbst infolge grober Fahrlässigkeit entgangenen Verdienst nicht anrechnen zu lassen braucht. Denn in solchem Fall war die „allgemeine Erwerbsmöglichkeit" offenbar vorhanden, und es lag nur an dem Betreffenden selbst, wenn er sie nicht in die Wirklichkeit umsetzte.

Nun könnte ich ja die Beweiskraft dieser Bestimmungen für unsere Frage um deswillen abzulehnen versuchen, weil es sich bei ihnen nach dem früher Gesagten nicht um Ersatz-, sondern um einfache Vertragsansprüche handele, und weil andererseits in dem, einen wahren Ersatzanspruch darstellenden, Fall des § 642 bezeichnender Weise nicht nur der wirklich erzielte, sondern auch der zu erzielende Verdienst angerechnet werde, sodaß hier in der That die Theorie von der „allgemeinen Erwerbsmöglichkeit" zu Ehren käme.

Doch ich verzichte auf dieses Auskunftsmittel. Auch von jenen Stellen abgesehen, läßt sich die Nichtanrechnung aller erst durch ein neues Rechtsgeschäft des Beschädigten vermittelten Vorteile nicht unterschiedslos rechtfertigen.

Das geht insbesondere aus der Behandlung des Deckungskaufes hervor. Daß der, Schadensersatz begehrende, Käufer auf den bei einem Teil der Deckungsgeschäfte erlittenen Nachteil den bei anderen erzielten Vorteil zur Anrechnung zu bringen hat, steht in der Judikatur fest (Belege oben S. 69). Und doch sind diese lucra erst durch einen Geschäftsabschluß des Beschädigten vermittelt! Sie nicht anzurechnen, würde eine krasse Verletzung der ausgleichenden Gerechtigkeit sein: kann der Käufer, was als dem geltenden Handelsrecht entsprechend hier nicht erst nachgewiesen zu werden braucht, den beim Deckungsgeschäft erlittenen Schaden ersetzt verlangen, obwohl dieser un-

[1]) So die Praxis, s. z. B. das Erkenntnis des O.App.Ger. Darmstadt vom 12. Mai 1855, Seuffert IX Nr. 273.

[2]) S. den Text der angegebenen Paragraphen.

mittelbar aus seinem eigenen Verhalten hervorgeht, so wäre es unerträglich, wenn er die Anrechnung des in genau entsprechender Weise erzielten Vorteils als nicht mit dem verletzenden Verhalten des Gegners in Kausalzusammenhang stehend ablehnen wollte.

Auch sonst läßt sich der Parallelismus mit der Ersatzpflicht des Beschädigers für unsere Frage trefflich verwerten. Daß jene Pflicht nicht unter allen Umständen dadurch ausgeschlossen wird, daß der Schaden unmittelbar in dem eigenen Verhalten des Beschädigten seine Ursache hatte, ist erst jüngstens vom Reichsgericht in einem interessanten Falle mit gutem Grunde angenommen worden, Entsch. Bd. XXIX Nr. 31, S. 120 (Erkenntnis des C.S. VI vom 21. März 1892):

Durch Schuld des Kutschers gingen die Pferde eines Wagens durch, in dem der Beschädigte und sein Bruder saßen. Jener sprang aus dem Wagen und ergriff die Zügel, um die Pferde zu bändigen und seinen Bruder der obwaltenden Gefahr zu entziehen; er kam indes bei diesem Versuch zu Falle und wurde durch die Räder des Wagens verletzt.

Der erhobene Ersatzanspruch wurde vom R.G. entgegen dem die Kausalität in Abrede stellenden Berufungsurteil für begründet erklärt, aus folgenden Erwägungen:

> „Hat jemand durch seine Schuld eine Situation herbeigeführt, in welcher es für einen anderen zur rechtlichen oder moralischen Pflicht wird, ohne Rücksicht auf die damit verbundene eigene Gefahr zum Schutze des Lebens, der Gesundheit oder vielleicht auch wertvoller Güter Dritter einzugreifen, so wird derjenige, welcher für die Entstehung der Gefahr verantwortlich ist, sich der Haftung für den bei den Rettungsversuchen entstehenden Schaden nicht entschlagen können. Allerdings ist dieser Schade zunächst durch eine auf freiem Entschlusse beruhende Handlung des Beschädigten selbst herbeigeführt; es handelt sich aber dabei um eine Thätigkeit, welcher derselbe sich nicht wohl entziehen kann, wenn er seine Pflichten in vollem Maße erfüllen und die Achtung seiner Mitmenschen sich vollständig erhalten will.“

Das Reichsgericht beruft sich für diese Anschauung noch auf einen andern von ihm am 3. März 1892 entschiedenen Fall, in dem der Eigentümer eines Grundstückes bei Glatteis seiner Pflicht zuwider den Bürgersteig nicht bestreut hatte. Das bewog einen Passanten wegen der dort vorhandenen Glätte zum Übertritt auf den Fahrdamm, wo er ausglitt und Verletzungen davontrug. Auch hier wurde die Kausalität und folgerecht die Ersatzpflicht als vorhanden angenommen, weil das Verhalten des Beklagten den Beschädigten zu dem durch die Umstände gebotenen Entschlusse bestimmt habe, den, unmittelbar den Schaden herbeiführenden, Versuch des Gehens auf dem Fahrdamme zu unternehmen.

Dagegen gehört die von Eichhoff S. 99 angeführte l. 22 pr. D. IX, 2 nicht in diesen Zusammenhang:

> „Proinde si servum occidisti, quem sub poena tradendum promisi, utilitas venit in hoc iudicium.“

Freilich ist hier der Schaden durch das Verhalten des Ersatzberechtigten, zwar nicht entstanden, aber größer geworden. Allein es steht nicht ein nach, sondern ein vor der zum Ersatz verpflichtenden That liegendes Verhalten in Frage: weil der Eigentümer den geschuldeten Sklaven bereits unter Konventionalstrafe veräußert hatte, war sein Interesse an dessen Unversehrtheit größer, als es an sich gewesen wäre. Und dies Interesse muß ihm der den Sklaven schuldhaft Tötende ersetzen.

Nach alledem erscheint es zu eng, den durch eigenes Thun des Ersatzberechtigten vermittelten Vorteil unterschiedslos von der Anrechnung auszuschließen, und wenn einzelne Erkenntnisse sich in der Begründung dem zuneigen, so wird man Eichhoff in seiner Polemik dagegen nicht Unrecht geben können (S. 238 fg.).

Es sind folgende zwei Erkenntnisse:

a) Entsch. des O.G. Wolfenbüttel vom 29. Juni 1869, Seuffert XXIV Nr. 28 S. 42:

Auf die Kontraktsklage des Pächters gegen den vertragsbrüchigen Verpächter sei der von jenem durch eine etwa übernommene anderweite Pacht erzielte Vorteil nicht anzurechnen. Dies nach der „in dieser Beziehung unzweideutigen“ l. 24 § 4 D. XIX, 2, und um deswillen,

> „weil überhaupt die Übernahme einer andern Pachtung ganz beliebig war, und die Entziehung der ersten Pacht den Gewinn aus der zweiten zwar möglich machte, ihn aber nicht bewirkte.“

Übrigens hatte das Gericht in dem damaligen Falle keine Gelegenheit, die Richtigkeit dieser in den Gründen enthaltenen Ansicht in der Entscheidung selbst zu bethätigen, da der Kläger vorsichtigerweise nur auf Schadensersatz unter Anrechnung des durch den zweiten Pachtvertrag erzielten Vorteils geklagt hatte.

b) Entscheidung des Obersten Landesgerichts für Bayern vom 12. Mai 1893, Seuffert XLIX Nr. 13 S. 20 fg.

Der frühere Gutspächter verlangte von der Verpächterin Ersatz des Schadens, welcher durch die vertragswidrige vorzeitige Lösung des Pachtverhältnisses für ihn entstanden sei.

Dagegen machte die Beklagte compensatio lucri geltend und stützte sie auf zwei Gesichtspunkte:

α) es müsse zur Ermittelung des von ihr dem Kläger allein zu erstattenden Reingewinnes der für den Lebensunterhalt desselben während der Vertragsdauer anzusetzende Betrag in Abzug gebracht werden;

β) mit der Auflösung des Pachtvertrages sei die vom Kläger in der Bewirtschaftung des Guts zu verwendende Arbeitskraft frei und zu anderweiter Verwendung geeignet geworden.

Das Gericht verwirft beide Gesichtspunkte; den hier interessierenden zweiten mit folgenden Worten:

„Der Umstand allein, daß der Kläger durch Auflösung des Pachtvertrages in die Lage versetzt war, seine Arbeitskraft anderweitig zu verwenden, kann eine Befreiung der Beklagten nicht herbeiführen. Es konnte sich lediglich darum handeln, ob die Vorteile, die der Kläger aus der anderweitigen Verwendung seiner durch die Auflösung des Pachtvertrages frei gewordenen Arbeitskraft gezogen hat, von dem Schaden in Abzug gebracht werden müßten, den er von der Beklagten ersetzt verlangt. In dieser Beziehung mangelt es der Verteidigung an den zur rechtlichen Konstruktion dieses Gegenanspruches nötigen Aufstellungen; es würde in rechtlicher Beziehung der Beklagten das fragm. 24 § 4 D. locati XIX, 2 entgegenstehen, und außerdem würde es an dem für die Zulässigkeit einer derartigen Kompensation absolut nötigen Umstande fehlen, daß es die zum Schadensersatz verpflichtende Thatsache sein muß, welche auch den Kompensationsanspruch hervorgerufen hat."

Man wird diese Entscheidungen zur ernstlichen Bekämpfung des hier Gesagten nicht verwerten können. Wenn sie die l. 24 § 4 cit. gegen die Anrechnung ausspielen, so beruht das nach dem Früheren auf einer keineswegs zweifelsfreien Auslegung der Stelle. Was ferner das zweite Erkenntnis von der notwendigen Einheit des schädigenden und nützenden Ereignisses sagt, ist für die getroffene Entscheidung belanglos, indem das „Hervorrufen" nach der richtigen Auffassung der Kausalität auch das nur mittelbare Verursachen in sich begreift. Beide Erkenntnisse setzen sich endlich mit der analog verwendbaren l. 19 § 9, 10 D. h. t. XIX, 2 und den andern oben mitgeteilten Entscheidungen[1]) in Widerspruch.

Es ist andererseits freilich richtig und wird durch eine feststehende Praxis bestätigt, daß nicht alle unmittelbar auf einer freien Handlung des Beschädigten beruhenden Vorteile lediglich um deswillen der Anrechnung unterliegen, weil jener erst durch den zum Schadensersatz verpflichtenden Umstand zu dem Vorteil bringenden Thun veranlaßt worden ist.

a) Eine ganze Gruppe von Entscheidungen betrifft folgenden in der Praxis außerordentlich häufigen Fall: Jemand haftet, sei es als Cedent auf Grund einer besonders übernommenen Garantie oder einer arglistigen Täuschung des Cessionars; sei es, weil er als Notar, Hypothekenschätzmann oder Vormund den Wert des haftenden Grundstückes fahrlässiger Weise zu hoch angenommen hat; sei es aus sonstigem Grunde, für die Bonität eines mit einer Hypothek versicherten Forderungsrechtes oder der Hypothek (Grundschuld) selbst. Kann er nun gegen den Schadensersatzanspruch einwenden, der Gegner habe das belastete Grundstück in der Zwangsversteigerung erstanden und dadurch den drohenden Schaden abgewendet? Die Frage wird fast durchweg verneint, so

α) im Erkenntnis des Obertribunals Stuttgart vom 27. Mai 1856, Seufferts Archiv Bd. XI, Nr. 62: denn es liege hier ein selbständiges Geschäft vor, bei dem der Gläubiger im Guten und Bösen lediglich auf seine eigene Gefahr gehandelt habe.

β) im Erkenntnis desselben Gerichtshofs vom 30. August 1862, Seuffert Bd. XV, Nr. 208, mit ganz ähnlicher Begründung.

γ) vom Obersten Landesgericht für Bayern im Erkenntnis vom 2. November 1887, Seuffert XLIII, No. 177, für den Fall, wenn der Gläubiger das fragliche Darlehen auf Grund einer unzuverlässigen Schätzung der Hypothekenschätzleute dem Schuldner dargeliehen hatte und nun gegen jene auf Schadensersatz klagt. Denn der durch Über-

---

[1]) Hinzufügen kann man noch die Entscheidung des O.L.G. Frankfurt bei Seuffert, XLVIII Nr. 88 S. 140 fg.: Der Mieter eines Restaurationslokals muß sich auf seinen Ersatzanspruch gegen den vertragsbrüchigen Vermieter grundsätzlich den Ertrag einer ihm „möglichen und billigerweise zuzumutenden anderweiten Erwerbsthätigkeit" anrechnen lassen. Nur deshalb wurde im fraglichen Falle die Anrechnung abgelehnt, weil es am Nachweis einer solchen Erwerbsmöglichkeit fehlte.

nahme des Hauses zu erzielende Gewinn sei noch zweifelhaft, und jedenfalls nur Folge eines besondern Spekulationsgeschäfts, aus dem der Gläubiger bei günstigem Ausgang einen durchaus rechtmäßigen Gewinn erzielen würde.

δ) Nicht minder vom deutschen Reichsgericht, s. die sachlich durchweg übereinstimmenden Entscheidungen bei Bolze I Nr. 349 (C.S. V vom 22. XI. 1884); das. Nr. 348 (C.S. IV vom 18. XII. 1884. — Haftung eines Notars, der schuldhaft eine Hypothek an späterer Stelle zur Eintragung gebracht hatte); Bd. III Nr. 252 (C.S. IV vom 12. VII. 1886).

Als Grund wird vom R.G. angeführt, daß ein solcher Erwerb des Klägers in keinem inneren, ursächlichen Zusammenhange mit der Schädigung stehe; daß er nicht Folge seines Schadens sei, sondern allein der Subhastation, welche dem Kläger wie jedem andern die Gelegenheit zum Mitbieten gegeben habe, und daher die Thatsache der ihm durch den Beklagten zugefügten Schädigung nicht beseitigen könne — so die zweite Entscheidung. Oder: dieser Vorteil könne erst beim künftigen Verkauf des erstandenen Grundstückes realisiert werden, sei aber vorher noch nicht eingetreten und nicht sicher.

Das Reichsgericht verwirft daher auch die Anrechnung in dem ähnlichen Fall, wenn der Kläger, dem vom Beklagten betrügerischer Weise eine Hypothek cediert war, diese zum vollen Nennwerte weiter begeben hatte. So in der, nicht ganz unbedenklichen, Entscheidung des C.S. III vom 2. VII 1886 bei Bolze III Nr. 257 (wobei zu beachten ist, daß der Kläger die Hypothek vom zweiten Erwerber wegen ihrer Wertlosigkeit, anscheinend aus Anstandsrücksichten, wieder zurückgenommen hatte). Ebenso C.S. VI vom 13. XII. 1894, Bolze XIX Nr. 344.

Nur einmal findet sich nnsere Frage bejaht, in einem Erkenntnis des Oberlandesgerichts Hamburg vom 14. Juli 1894, Hanseatische Gerichtszeitung 1895, Beibl. S. 197 fl., das indes seinerseits das Bestehen einer vorwiegend gegenteiligen Praxis in Hamburg zuzugeben genötigt ist, übrigens in seiner Begründung sich nur auf spezielle Hamburger Bestimmungen bezieht. Danach soll auf das durch den Ankauf des verhafteten Hauses zu erzielende wirtschaftliche Resultat Rücksicht genommen werden.

b) Eine Anrechnung wird auch verneint in den folgenden beiden, mit einander nahe verwandten Entscheidungen, von denen ich die erste — Reichsgericht C.S. I vom 17. XI. 1894 — aus den Entscheidungen

Bd. XXXIV Nr. 55 S. 222, die zweite — O.L.G. Braunschweig vom 26. I. 1891 — aus Seuffert XLVI Nr. 173 S. 272 entnehme.

α) Ein Braumeister hatte „instruktionswidrig und heimlich“ eine Anzahl Fässer Bier auslaufen lassen. Deswegen auf Ersatz in Anspruch genommen, erhob er den Einwand, der Schaden sei dadurch ausgeglichen, daß er das spätere Bier dünner eingebraut und infolgedessen Überschußbottiche erzielt habe.

Das Reichsgericht lehnt die Anrechnung ab.

> „Denn der Braumeister hat das beseitigte Bier nicht aus seinen Mitteln, sondern durch die ihm nicht gestattete Manipulation des dünneren Einbrauens aus dem Vermögen der Gesellschaft ersetzt. Er kann sich auf diesem Wege nicht von der Pflicht zur Restitution des beseitigten Bieres oder zum Ersatze seines Wertes befreien, weil, wenn er das Bier nicht beseitigt hätte, die Brauerei beides haben würde, das beseitigte Bier und die Überschußbottiche.“

β) Ein Brothändler stand mit einem Bäcker in der Weise in Geschäftsverbindung, daß er bei ihm den in Kiepen dorthin gebrachten Teig gegen ein Backgeld backen ließ. Der Bäcker entnahm heimlich davon mehrfach Quantitäten bis zu 5 Pfund und eignete sich dieselben an.

Auf Schadensersatz belangt, erhob er den Einwand, daß der Kläger durch die Entziehung des Teiges

> „einen Schaden in Wirklichkeit nicht erlitten habe, da die für ihn vom Beklagten fertig gestellten Brote ungeachtet der Verringerung des dazu gelieferten Stoffs stets zu den vollen Preisen verkauft seien.“

Das Oberlandesgericht verwirft die Anrechnung mit den Worten:

> „Es ist für den Eintritt des Schadens und die Verpflichtung des Beklagten zum Schadensersatz gleichgültig, wenn dieser Schaden aus andern, von der Thätigkeit des Beklagten unabhängigen Ursachen sich nicht fühlbar gemacht oder nachher ausgeglichen haben sollte.“

Man mag über die diesen Entscheidungen beigefügte Begründung streiten — soviel scheint mir sicher, daß sie selbst dem Rechtsgefühl durchaus entsprechen. Vor allem deshalb, weil bei gegenteiliger Annahme für ein doloses, vielleicht gar verbrecherisches Thun geradezu ein Freibrief ausgestellt werden würde.[1])

[1]) Die Ansicht von Eichhoff S. 252, wonach hier der dem Geschädigten zugeflossene Vorteil durch das schädigende Ereignis gar nicht bedingt sei, ist un-

Anders hat freilich vordem in einem verwandten Fall das Obertribunal zu Stuttgart am 4. XII. 1867 (Seuffert XXII Nr. 29 S. 47) entschieden. Gegenüber einem Minderungsanspruch, den es — in schon an sich nicht unanfechtbarer Weise — als Interesseanspruch auffaßt, erklärt das Gericht den Einwand, der Kläger habe den gelieferten mangelhaften Gegenstand mit Vorteil weiter verkauft, für begründet. Denn es seien alsdann

> „die Abnehmer des Käufers, deren Interesse zunächst durch die Mängel der Ware berührt wird. Das Interesse des ersten Käufers wurde erst dann und nur insoweit berührt, wenn und inwieweit er von seinen Abnehmern auf Gewährleistung in Ansprüche genommen würde oder ihm solche gegen ihn gerichtete Ansprüche in Aussicht ständen. Insoweit dies nicht der Fall ist, steht seinem Anspruch auf Preisminderung, welchen die Mängel der Ware an sich zu begründen geeignet wären, die Thatsache entgegen, daß die Mängel der Ware auf sein Vermögen keinen nachteiligen Einfluß geäußert haben.“

Jedenfalls zeigen uns die meisten Entscheidungen der Gruppen a und b, daß der oben S. 98 aufgestellte Satz durch eine sogut wie ständige Praxis unterstützt wird.

Und das mit Recht! Daß nicht jeder durch eine freie Handlung des Beschädigten[1]) entstandene Vorteil in Anrechnung gebracht werde, ist nach dem in § 10 Gesagten selbstverständlich; wäre es anders, so würden unsere bisherigen Aufstellungen geradezu umgestoßen werden, während sie andererseits in ihrer Unterscheidung der einzelnen Fälle durch die gleichfalls differenzierende Praxis eine neue Bestärkung erfahren.

In der That enthält die Behandlung der hier erwähnten Fälle im Grunde nichts Besonderes. Wie wir früher zwischen dem durch den verantwortlich machenden Umstand verursachten und dem dadurch nur bedingten Vorteil unterschieden, so müssen wir eine ganz entsprechende Scheidung auch in unserem Spezialfall vollziehen; bezw. wir können, nach der Kries-Rümelinschen Kausalitätstheorie, bei

---

haltbar. Das lucrum, dessen Anrechnung begehrt ward, bestand nicht im Verkauf als solchem, sondern im Verkauf zum vollen Preise trotz des Mangels.

[1]) Auch im Falle b α hat dieser den Vorteil herbeigeführt, nicht der schädigende Braumeister. Denn der Vorteil konnte nur im Verkauf des Bieres zum bisherigen Preise, nicht in der Herstellung eines qualitativ verschlechterten Bieres gefunden werden.

den unmittelbar durch das Verhalten des Beschädigten hervorgerufenen Vorteilen sondern zwischen solchen, zu deren Herstellung bereits das schädigende (die Verantwortlichkeit begründende) Ereignis als generell geeignet erschien, und solchen, bei denen das nicht der Fall war.

Nun lassen sich offenbar Eventualitäten denken, und die Praxis zeigt eine reiche Ausbeute davon, wo in der That das zum Schadensersatz verpflichtende Verhalten in dem Beschädigten normalerweise den Entschluß hervorrufen mußte, durch sein Eingreifen den entstandenen (oder drohenden) Schaden zu beseitigen, oder durch Herbeiführung eines Vorteils thunlichst auszugleichen. Ist dann durch solche, um mit Eichhoff (S. 218) zu reden „nächstliegende Handlungen der Interessenwahrung" ein lucrum entstanden, so hindert uns selbst die strengste Kausalitätstheorie nicht, dieses als durch das verantwortlich machende Ereignis mittelbar verursacht anzusehen. Das letztere hat ja unmittelbar eine Situation geschaffen, welche das den Vorteil herbeiführende Verhalten des Beschädigten nach der Regel des Lebens erwarten ließ. Oder ist es nicht das Normale, um nicht zu sagen Selbstverständliche, daß der entlassene Dienstbote, Arbeiter einen neuen Dienst sucht, daß der Käufer, dem sein Verkäufer nicht liefern will oder kann, sich durch anderweite Abschlüsse zu decken unternimmt? Unbefangene Beurteilung wird diese Frage mit einem unbedenklichen „Ja" beantworten. Haben dann die als selbstverständlich zu unterstellenden Bemühungen zu einem entsprechenden Erfolge geführt, so ist dieser gewiß nicht von ungefähr eingetreten, sondern als mittelbare Folge des schädigenden Ereignisses.

Damit ergiebt sich auch die notwendige Begrenzung. Wo das den Vorteil mit sich bringende Eingreifen des Beschädigten, oder auch nur die Erlangung des Vorteils selbst, nach der Anschauung des Lebens nicht als die natürliche Konsequenz des schädigenden Verhaltens zu erachten ist, erscheint eine Anrechnung nicht am Platze. Andernfalls müßte man sie schon anerkennen, wenn der Geschädigte zur Einbringung des ihm zugefügten Schadens in der Lotterie oder an der Börse spielt und gewinnt — ein offenbar widersinniges Ergebnis!

Damit kommen wir wieder auf die oben zu b, α und β, erwähnten Fälle. Daß die Brauerei das minderwertige Bier, der Brothändler die leichteren oder durch Schwerspat vollgewichtig gemachten Brote zum alten Preise weiterveräußert, kann unmöglich als „normal" oder „generell wahrscheinlich" angesehen werden; schon deshalb nicht, weil ein derartiger Verkauf trotz guten Glaubens des Verkäufers mindestens objektiv rechtswidrig, oder doch rechtlich gemißbilligt wäre, daher auch durch die Käufer angefochten werden könnte. Nebenbei ist aus letzterem Grunde, und weil der schlechte Ware liefernde Verkäufer gar leicht in seinem Absatz geschädigt werden kann, in den besprochenen Fällen von einem wahren endgültigen „Vorteil“ desselben überhaupt kaum die Rede.

Aus ähnlichen Erwägungen kann auch die zuletzt mitgeteilte Stuttgarter Entscheidung keinen Beifall verdienen. Unmöglich ist der weitere Verkauf der mangelhaften Sache zu höherem Preise als die „generell wahrscheinliche“ oder „normale“ Konsequenz des den Käufer schädigenden ersten Verkaufes anzusehen. Ganz davon abgesehen, daß auch hier die Annahme eines „Vorteils“ sehr problematisch bleibt: denn entweder kannte der neue Käufer den Mangel, dann wird er sicher seinem Verkäufer einen um so geringeren Preis gezahlt haben; oder er kannte ihn nicht, dann bleibt über dem Haupte des letzteren geraume Zeit das Damoklesschwert der ädilicischen Rechtsmittel oder gar der Schadensersatzklage ex emto schweben.

Und nicht anders ist es bei der Übernahme des belasteten Grundstückes durch den getäuschten oder sonst geschädigten Hypothekar. Sie stellt ein novum negotium dar, zu dem es zwar ziemlich häufig kommen wird, das aber, schon wegen des damit verbundenen Risikos, der erforderlichen Kapitalkraft, nimmermehr als die normale oder generell wahrscheinliche Folge des schädigenden Ereignisses gelten kann. Kauft der Geschädigte das Grundstück, so führt er dabei im Guten wie im Bösen *sein* Geschäft; wie er bei Fehlschlagen der Spekulation vom Cessionar oder sonst Ersatzpflichtigen nicht darum höheren Ersatz verlangen darf, so ist ihn auch unmöglich der Vorteil des Gelingens in Ansatz zu bringen!

---

§ 12. Fortsetzung: Vorteile, die unmittelbar durch eine Handlung des Beschädigers oder eines Dritten entstanden sind.

Die in der Überschrift genannten Eventualitäten anders als die im vorigen Paragraphen besprochenen zu behandeln, liegt an sich kein Anlaß vor, es bieten aber auch das positive Recht und die Judikatur keine abweichende Entscheidung.

1. Wenn der Ersatzpflichtige selbst dem Beschädigten um der Beschädigung willen eine Zuwendung macht, so wird er damit, wie schon oben (§ 5) dargelegt, in der Regel nicht die Absicht verfolgen, ihm ein zunächst gegenüber dem Schaden selbständiges und erst durch

besondere Anrechnung zur Minderung des Ersatzanspruches dienendes lucrum zu verschaffen; er wird vielmehr meist damit die ihm obliegende Ersatzpflicht tilgen wollen. Dann kommt es nicht zur compensatio lucri cum damno, vielmehr liegt gewöhnliche Zahlung oder Hingabe an Zahlungsstatt vor.

Nötig ist das aber nicht. Einmal kann der Fall so geartet sein, daß der Beschädiger von seiner juristischen Ersatzpflicht keine Vorstellung hat und mit der Leistung an den Beschädigten lediglich eine, allenfalls von Moral wegen ihm obliegende, Liberalität zu üben meint. Zum andern fehlt vielleicht die Mitwirkung des Beschädigten, wie sie zur Hingabe an Zahlungsstatt immer, zur Zahlung in der Regel notwendig ist; z. B. der Ersatzpflichtige schickt dem Beschädigten durch Postanweisung Geld, und dieser irrt sich über die Person des Absenders, oder nimmt die Summe nur vorbehaltlich des Ersatzanspruches an.

Die in solchen Fällen nicht als Zahlung wirksame Zuwendung nicht wenigstens als Anrechnungsposten in Betracht zu ziehen, dazu fehlt es an genügendem Anlaß. Denn einerseits wird man dabei den zum Ersatz verpflichtenden Umstand im allgemeinen nicht nur als eine entfernte Vorbedingung, sondern als die entscheidende Ursache für die Zuwendung anzusehen haben; andererseits dürfte dem Zuwendenden ein — auch sonst nicht zu unterstellender — animus donandi meist fehlen. In dem zuerst erwähnten Falle ist dies nur scheinbar anders. Denn wenn der Geber auch ohne Vorstellung einer ihm obliegenden Rechtspflicht handelt, so wollte er doch das Vermögen des Beschädigten nicht einfach vermehren, sondern nur den entstandenen Schaden ausgleichen. Es wäre vom Gegner dolos und hieße die immerhin edle Absicht des Zuwendenden „denaturieren", wenn man ihm aus dem Fehlen des animus solvendi einen Nachteil erwachsen lassen wollte. Das hat auch das Reichsgericht, C.S. V vom 23. VI. 1880, Seuffert Bd. XXXVI Nr. 42 S. 58, in einem Falle angenommen, wo der haftpflichtige Unternehmer die Hinterbliebenen des Verunglückten mit Rücksicht auf den Unfall, „in Erfüllung einer gewissen moralischen Verpflichtung", unterstützt hatte. Es begründet seine Entscheidung damit, daß die Unterstützungen „mit dem Vorbehalt der eventuellen Anrechnung auf den etwa zu leistenden Ersatz" gewährt seien. S. auch Eichhoff S. 173.

Natürlich kann auch hier nicht jede Zuwendung, die ohne die Schädigung vermutlich nicht gemacht wäre, zur Anrechnung verwendet werden — es ist vielmehr, wie nach den früheren Ausführungen, wiederum zu prüfen, ob der Kausalzusammenhang[1]) zwischen dem verantwortlich machenden Ereignis noch vorhanden war oder nicht. Ist jemand z. B. als Beschädiger zur Zahlung einer Rente verurteilt und giebt dem Beschädigten neben dem ihm obliegenden Betrage gelegentlich, etwa zu Weihnachten, eine Extrazuwendung, so kann er das natürlich auf die später fälligen Posten nicht anrechnen.

2. Wendet ein Dritter dem Beschädigten mit Rücksicht auf den erlittenen Schaden einen Vermögensvorteil zu, so kann damit die Absicht verbunden sein, die Schuld des Ersatzpflichtigen zu tilgen — der Zulassung einer solchen „Zahlung fremder Schulden“ steht, wie sonst, in der Regel keinerlei Bedenken entgegen.

Aber damit eine solche Zahlung anzunehmen sei, muß den dritten Zahler eine entsprechende Absicht geleitet haben — die Zahlung muß, wie die römischen Quellen sagen, pro debitore oder gar nomine debitoris erfolgt sein.[2]) Und eine solche Absicht wird nicht immer, nicht einmal in der Mehrzahl der Fälle, obwalten. Um sie anzunehmen, müssen wir, von einer ausdrücklich dahingehenden Erklärung des Zuwendenden abgesehen, Umstände vorfinden, aus denen sich entnehmen läßt, jener habe allein oder vorwiegend im Interesse des Ersatzpflichtigen gehandelt — so, wenn er ein Verwandter, Ehegatte, Freund des Schuldners war, dagegen zum Zahlungsempfänger keine näheren Beziehungen unterhielt.

Gerade umgekehrt lag die Sache in den oben § 10 am Ende mitgeteilten Fällen. Wenn der neue Prinzipal dem vom früheren entlassenen Handlungsgehilfen „Geschenke“ macht, so thut er das offenbar nicht im Interesse des ersatzpflichtigen Prinzipals, den er vielleicht gar nicht kennt und der ihm mindestens höchlich gleichgültig sein wird. Ebensowenig ist anzunehmen, daß die zum Neubau der eingestürzten Kirche spendenden frommen Seelen damit dem ersatzpflichtigen Baumeister eine Erleichterung zu teil werden lassen wollen. Sie schenken offenbar nur der ihnen nahestehenden Kirchengemeinde, während deren Verhältnis zum Baumeister sie wenig kümmert.

Daher hat die preußische Praxis ständig (s. die Erkenntnisse bei Kisch, Unmöglichkeit der Erfüllung S. 129 No. 14) die Anrechnung abgelehnt, wenn dem Kläger die vom Beklagten geschuldete und nicht gelieferte Kost und Wohnung inzwischen durch einen Dritten gewährt ist.

---

[1]) Oder, im Sinne Rümelins: der adäquate Kausalzusammenhang.

[2]) s. darüber meinen Aufsatz: die Zahlung fremder Schulden, im Archiv f. d. civ. Praxis Bd. 82 S. 367 fg.

Wo nach dem Gesagten die Leistung des Dritten nicht den Charakter einer für den Ersatzpflichtigen vollzogenen **Zahlung** hat, ist freilich noch immer die Anrechnung unter dem Gesichtspunkt der compensatio lucri cum damno möglich. Aber das wieder nur unter den bisher aufgestellten Voraussetzungen. Die Zuwendung muß durch das zum Schadensersatz verpflichtende Ereignis gerade verursacht — resp. „adäquat verursacht" —, nicht bloß bedingt sein. Das trifft in den eben angezogenen Fällen des § 10 offenbar nicht zu. Niemand wird behaupten, daß etwa die Zuwendungen zum Wiederaufbau der Kirche die normale, generell voraussehbare Folge von deren Einsturz gewesen seien.[1])

Ähnlich insoweit der interessante vom Reichsgericht, C.S. II, unter dem 5. II. 1889 (Bolze Bd. VII No. 194 bezw. 214), entschiedene Fall. Bei der Post ward ein Geldbeutel entwendet; der Fiskus machte den mit Begleitung der Postsachen betrauten Postschaffner verantwortlich und erhielt von ihm einen Teil des Betrages ausgezahlt. Nachher ergab sich, daß ein anderer Postschaffner der Thäter gewesen sei. Auf Schadensersatz belangt, will dieser nun den von seinem Kollegen bereits geleisteten Betrag in Anrechnung gebracht wissen. Das R.G. lehnt die Anrechnung — mit Recht — ab: denn der zahlende Schaffner habe lediglich zur Erfüllung seiner eigenen Schuld bezahlt, und es müsse ihm überlassen bleiben, das Geleistete vom Fiskus zurückzufordern.

Wie aber, wenn die Dritten dem Beschädigten die Leistung nicht freiwillig, sondern auf Grund einer infolge der Schädigung in ihrer Person entstehenden Verpflichtung gewähren? Das führt uns zu einem Fall, der an praktischer Wichtigkeit und Bestrittenheit wohl alle andern in diesem Buche zu behandelnden Fragen übertrifft: zu der Frage der Anrechnung der Alimenten- und Versicherungsgelder auf den Ersatzanspruch.[2])

---

[1]) So auch Hellwig, Verträge auf Leistung an Dritte S. 83, mit der Begründung, daß die Leistung des Dritten ex alia causa erfolgt sei.

[2]) Denkbar ist auch, daß die Leistung des Dritten den Schaden selbst beseitigt und daher der Ersatzpflicht des Schädigers den Boden entzieht. Dies aber natürlich nur, soweit sie gerade den Zustand vor der Schädigung wiederherstellt, insbesondere dem Beschädigten die entzogene species zurückverschafft. Alsdann erlischt die Ersatzpflicht wegen Wegfall des Zweckes, wie beim concursus duarum

§ 13. Anrechnung der Unterhaltsansprüche?

Daß das bloße Bestehen eines Unterhaltsanspruches des Beschädigten gegenüber Dritten — etwa seinem Ehegatten, seinen Eltern oder Kindern — in der Regel den Entschädigungsanspruch nicht ausschließe, ist in der gemeinrechtlichen Praxis allgemein anerkannt. Gilt das aber vom Unterhaltsanspruch, so wird auch die vom Dritten wirklich vollzogene Leistung von Unterhaltsgeldern oder Naturalunterhalt keine andere Wirkung ausüben dürfen.

Jener Grundsatz ist insbesondere ausgesprochen in den Entscheidungen des Reichsoberhandelsgerichts vom 5. März 1874, Bd. XIII Nr. 9 S. 24, und vom 19. Oktober 1874, Bd. XIV Nr. 128 S. 407, sowie in der grundlegenden Entscheidung des Reichsgerichts bei Seuffert Bd. XLVIII Nr. 32 S. 45, C.S. III vom 11. Februar 1890. Ein Kind war beim Betriebe der Pferdebahn verletzt worden; gegen den auf Grund des Haftpflichtgesetzes erhobenen Entschädigungsanspruch erhob die beklagte Gesellschaft den Einwand, daß „auch die Eltern des Klägers kraft ihrer Alimentationspflicht zur Bestreitung des Aufwandes herangezogen werden könnten".

Das Reichsgericht bemerkt dagegen:

> „Selbst wenn dies der Fall, ist nicht einzusehen, unter welchem Titel und mit welchem Rechtsgrunde die Beklagte jenes zwischen Dritten existierende, außer allem Zusammenhang mit der eigenen Verbindlichkeit stehende Obligationsverhältnis zu ihren Gunsten sollte geltend machen, und wie sie mit dem Hinweise hierauf die Befreiung von ihrer gesetzlichen Verpflichtung gegen den Kläger sollte erreichen können."

Es trete dazu noch die Erwägung hinzu, daß der Ersatzanspruch ein

> „dem Kläger zustehendes Aktivum, andererseits die Alimentationspflicht durch Mangel eigenen Vermögens beim Berechtigten bedingt sei. Folglich könnten die Eltern den Kläger rücksichtlich der Heilungskosten auf jenes Aktivum verweisen und jede Alimentationsleistung von ihrer Seite insoweit verweigern."

---

ucrativarum causarum. S. Eichhoff S. 98, 125, der aber in der Verfolgung dieses Gesichtspunktes zu weit geht und ihn anscheinend auch da verwertet, wo der Dritte dem Beschädigten nur ein gleichwertiges Quantum, nicht gerade dieselbe species, verschafft.

Das R.O.H.G. hatte daneben auch den Gesichtspunkt verwertet, daß bei gegenteiliger Annahme dem Endergebnis nach statt des Betriebsunternehmers die Alimentationspflichtigen den durch den Tod entstandenen Schaden tragen würden, was zu dem Prinzip des H.Pf.G. § 2 „in vollem Widerspruch stände“.

Denselben Standpunkt finden wir beim obersten Gerichtshof in Wien, laut einer bei Seuffert Bd. XXXVII Nr. 116 S. 167 abgedruckten Entscheidung vom 13. April 1881 (= Österr. Gerichtszeitung 1881 S. 344), mit Erwägungen, die sich mit dem zweiten Teil der reichsgerichtlichen Begründung fast durchaus decken.

Dieser schon bisher vorherrschenden Lehre ist nunmehr im B.G.B. gesetzlicher Ausdruck verliehen, s. dazu die ausführliche Begründung in den Mot. II S. 782. Es heißt in § 843 Abs. 4 in Bezug auf den Ersatzanspruch des Verletzten wegen einer, seine Erwerbsfähigkeit aufhebenden oder mindernden, Körper- oder Gesundheitsverletzung:

> „Der Anspruch wird nicht dadurch ausgeschlossen, daß ein Anderer dem Verletzten Unterhalt zu gewähren hat.“

Ob die Unterhaltungspflicht des Dritten, deren Berücksichtigung hier ausgeschlossen wird, durch Gesetz — wegen Verwandtschaft, §§ 1601 fg., s. auch §§ 1708 fg. —, durch Vertrag oder durch letztwillige Verfügung entstanden war, kann bei dem allgemein redenden Wortlaut keinen Unterschied machen. Ebenso ist es selbstverständlich, daß der bereits geleistete Unterhalt auf den Ersatzanspruch keinen größeren Einfluß ausüben könne, als der Unterhaltsanspruch als solcher. Denn auch dieser ist bereits ein erworbener Vermögensbestandteil und müßte, wenn hier überhaupt Vorteilsausgleichung stattfinden sollte, nicht minder berücksichtigt werden, als ein unmittelbar körperlich erlangtes lucrum. [1])

Von dieser Nichtanrechnung der Unterhaltsansprüche giebt es aber eine Ausnahme:

Ist einer Witwe auf Grund von § 3 des Reichshaftpflichtgesetzes wegen Tötung ihres zum Unterhalte verpflichteten Mannes eine

---

[1]) Anders, wenn man die Verpflichtungen des Schädigers und des sonstigen Unterhaltspflichtigen als solidarische auffaßte. Aber zu solcher Konstruktion liegt nicht der mindeste Anlaß vor; nicht nur der Entstehungsgrund, sondern vor allem Zweck und Umfang sind bei beiden wesentlich verschieden. Hätte das Gesetzbuch sie so aufgefaßt, so wäre § 843 [4] ganz überflüssig, denn daß die Verpflichtung des Einen vor der Erfüllung den Andern noch nicht befreie, liegt ja schon im Begriffe der Solidarität.

Entschädigungsrente zu zahlen, so soll dieses Recht nach § 7 daselbst — wegen veränderter Umstände — herabgesetzt oder entzogen werden können, wenn die Witwe wiederheiratet und fortan von ihrem zweiten Manne unterhalten wird. So nach dem Erkenntnis des Reichsoberhandelsgerichts, Senat I, vom 12. November 1878, Entsch. Band XXIV Nr. 96 S. 366, und den inhaltlich übereinstimmenden kürzeren Erkenntnissen desselben Gerichtes, Sen. III vom 24. Dezember 1877, Entsch. Bd. XXII Nr. 13 S. 347, sowie des Reichsgerichts, C.S. VI, vom 5. Dezember 1892, Seuffert Bd. XLVIII Nr. 266 S. 419. Hier wird überall dargethan, daß die Wiederverheiratung zwar nicht als solche den Rentenanspruch beeinträchtige, wohl aber möglicherweise insofern, „als durch dieselbe thatsächlich das Bedürfnis des Unterhalts wegfällt oder sich mindert."

Die Richtigkeit solcher Entscheidung wird vom unbefangenen Rechtsgefühl allgemein zugegeben werden.

Aber worauf der Unterschied gegenüber den anders zu entscheidenden früheren Fällen beruhe, ist nicht ganz leicht zu bestimmen.

α) Abzulehnen ist zunächst mit dem R.O.H.G. die Anschauung, daß durch die zweite Heirat „die Unterhaltspflicht des getöteten Ehemanns als erloschen und die Entziehung des Unterhalts nicht mehr als durch den Todesfall verursacht betrachtet werden dürfe," so daß die Voraussetzungen des § 3 Abs. 2 des H.Pfl.G. nicht mehr zutreffen. Hiergegen bemerkt der Gerichtshof zutreffend:

> „daß, wenn der getötete Ehemann am Leben geblieben, selbstverständlich eine Wiederverheiratung nicht hätte stattfinden können, vielmehr der Ehefrau die Rechte auf Unterhalt, wie sie zur Zeit des Todes bestanden, verblieben sein würden; hieraus aber folgt, daß allerdings die Entziehung des Unterhalts auch nach der Wiederverheiratung als durch den Todesfall verursacht gelten muß."

Nach der gegenteiligen Anschauung müßte die Wiederverheiratung als solche ohne weiteres den Rentenanspruch vernichten, was von allen Erkenntnissen übereinstimmend abgelehnt wird.

β) Man könnte ferner zu sagen geneigt sein: beim gewöhnlichen Unterhaltsanspruch bestand das begründende Verhältnis schon vor der Schädigung, während in unserem Spezialfall sein Eintritt erst durch die Tötung des ersten Ehemannes ermöglicht wurde.

γ) Vielleicht führt auch folgende Erwägung zum Ziele: die

Ehefrau ist im Gegensatz zu den in § 843 B.G.B. genannten Personen gar nicht unmittelbar verletzt, sondern nur mittelbar: insofern, als ihr der Tod ihres Mannes das Recht auf den Unterhalt entzieht. Andererseits begründet dieser Tod für sie die sonst nicht vorhandene Möglichkeit, wieder zu heiraten und dadurch einen neuen Ernährer zu finden. Macht sie davon Gebrauch, so erlangt sie damit ein durch die zum Schadensersatz verpflichtende Thatsache mittelbar verursachtes lucrum, das sie sich, soweit es reicht, nach unseren früheren Ausführungen anrechnen lassen muß. Freilich nur „soweit es reicht" — denn, wie auch sonst der eingetretene Vorteil den Ersatzanspruch nicht notwendig ganz aufhebt, sondern nur nach Maßgabe seines Wertes mindert, so ist hier ein Gleiches anzunehmen.

Etwas anders begründet Eichhoff S. 171 das von ihm gleichfalls gebilligte Ergebnis: „Wird (der Witwe) infolge des Unglücksfalls von anderer Seite Unterhalt zu teil, so ist sie insoweit durch den Unglücksfall nicht in den Zustand der Entbehrung des bisherigen Unterhaltsbetrages versetzt, weshalb der Betriebsunternehmer insoweit nicht ersatzpflichtig ist." Danach würde der Schaden nicht sowohl durch den Vorteil ausgeglichen, als vielmehr selbst weggefallen sein. Das scheint mir eine bedenkliche Annahme. Der Unterhaltsanspruch gegen den A. ist durch dessen Tötung doch endgültig verloren und wird auch dadurch nicht wiederhergestellt, daß hernach ein — möglicherweise — ökonomisch gleichwertiger, aber niemals identischer Anspruch gegen den B. zur Entstehung gelangt. Sind doch die Unterhaltsansprüche nach Umfang und Eigenart mehr fast, als irgendwelche sonstige Ansprüche, durch die individuellen Verhältnisse des Verpflichteten beeinflußt!

Bei sonstigen Unterhaltsansprüchen fehlt es dagegen nach dem Obigen durchaus an dem zur Anrechnung erforderlichen Kausalzusammenhang zwischen Schädigung und Entstehung des Vorteils, sodaß wir jene auch ohne die vorhandene positive Gesetzesbestimmung ablehnen müßten.

Nach dem hier Gesagten wird es als allzu radikal erscheinen, wenn einzelne Schriftsteller die Ansprüche der Witwe durch ihre Wiederverheiratung entweder schlechthin beseitigt werden oder umgekehrt schlechthin unberührt bleiben lassen; ersterer Ansicht ist z. B. Dernburg, Privatrecht II § 297 No. 6 und Eccius, Privatrecht II § 151 No. 44 — beide allerdings zunächst nur für das Preußische

Recht wegen § 107 Allg. Landr. I, 6 [1]) — letzterer Koch zu § 107 cit., Goldmann-Lilienthal a. a. O. Wie hier Fischer-Henle zu § 844 No. 11. Behandelt man den Fall vorurteilslos als Anwendungsfall der compensatio lucri cum damno, so kann an der Richtigkeit der hier vertretenen mittleren Meinung kaum ein Zweifel bleiben. Freilich scheint sich nach dem neuen Recht gegen die Anrechnung auch in dem hier verteidigten beschränkteren Umfange ein Bedenken zu erheben: in dem zum Schadensersatzanspruch der Hinterbliebenen handelnden § 844 wird ausdrücklich die oben S. 108 mitgeteilte Bestimmung des § 843 [4] als „entsprechend anwendbar" aufgeführt. Indes handelt es sich in diesem Absatz vielleicht schon dem Wortlaut, jedenfalls dem Sinn nach nur um solche Unterhaltsansprüche, die wenigstens potentiell auch ohne die beschädigende Handlung bestanden, während die Entstehung des Unterhaltsanspruches gegen den zweiten Mann für die beschädigte Frau erst infolge des Deliktes möglich geworden ist. Anders Goldmann-Lilienthal, d. bürg. Gesetzb. S. 224 No. 7, Dernburg, Bürg. Recht II, § 391 Nr. II, 3e, der einer Wiederverheiratung wegen § 843 jeden Einfluß abspricht.

---

§ 14. Vorteilsausgleichung wegen der Versicherungsansprüche und Versicherungsgelder?

a) Stand der Lehre.

I. Die Praxis.

Die Frage, welchen Einfluß es auf den Schadensersatzanspruch ausübe, wenn der Beschädigte durch einen Versicherer anderweiten Ersatz zu beanspruchen oder gar schon erhalten hat, wird gemeinhin verneint, und zwar für beide erwähnten Eventualitäten. So besonders in einer großen Anzahl von Entscheidungen aus Deutschlands erster Handelsstadt Hamburg:

a) Hamburgische Handelsgerichtszeitung von 1869 Nr. 8 (Entsch. d. Hand.-Ger. vom 18. Dezember 1868): denn der Verletzte müsse ja seinen Anspruch dem Versicherer cedieren, bezw. für ihn ausüben.

[1]) „In Ansehung der Witwe des Entleibten dauert die Verpflegungsverbindlichkeit des Beschädigers so lange, bis dieselbe wieder heiratet, oder in Umstände kommt, da sie einer solchen Unterstützung füglich entbehren kann."

Aber diese Bestimmung bezieht sich nur auf die Tötung aus mäßigem Versehen; über ihre Ausdehnung besteht die im Text angegebene Kontroverse.

b) Hanseat. Gerichtszeitung 1881, HBl. Nr. 103, Erk. d. L.G. vom 13. Juli 1881. Anders sei es nur, sofern der, gezwungen oder freiwillig leistende, Dritte (Versicherer) dem Beschädigten solvendi animo für den Beschädiger geleistet habe.

c) Das. 1887, Nr. 68, Erk. des O.L.G. vom 27. Juni 1887. Das etwaige lucrum würde der Beschädigte höchstens auf Kosten des Versicherers machen, nicht des Beschädigers. Der Anspruch gegen jenen habe einen ganz selbständigen Grund, stelle eine andere obligatio dar, als die gegen diesen gerichtete. Nur eine vorgängige, animo solvendi gemachte, Zahlung des Versicherers könne den Haftpflichtigen gegebenenfalls befreien.

d) Ähnliche Entscheidungen siehe daselbst 1887, Nr. 118 und 1888, Nr. 80.

Daneben bietet auch Seufferts Archiv eine Anzahl hierhergehöriger Entscheidungen:

e) Band XXIV Nr. 154 S. 234, Erk. des Ob.Trib. Berlin vom 16. Juni 1868:

Die rheinische Eisenbahn hatte einen Gütertransport übernommen; die Güter verbrannten vor Ablieferung auf dem Güterbahnhofe. Die Einwendung der Beklagten, der Kläger sei bereits durch eine Transportversicherungsgesellschaft entschädigt, wird abgelehnt, weil es sich um zwei „nach Inhalt und Gegenstand ganz getrennte Rechtsverhältnisse" handele.

f) Band XXX Nr. 146, Erkenntnis des O.A.G. Berlin vom 19. Januar 1874.

Das Gericht befaßt sich vorwiegend mit der nicht zu unserem Thema gehörigen Frage, ob der Versicherungsgesellschaft ein direkter Ersatzanspruch gegen den Töter des Versicherten zustehe, und verneint sie mit Recht. Sodann heißt es am Schluß:

> „Es kann im Umfange der gezahlten Versicherungssumme nicht auch zugleich eine Tilgung der, der Eisenbahndirektion gegen die Hinterbliebenen des (Getöteten) obliegenden, Unterhaltungsverpflichtung gefunden werden."

g) Bd. XLIII, Nr. 52, Erkenntnis des O.L.G. Hamburg vom 27. März 1886. Der Einwand, der Beschädigte habe den Schaden ersetzt erhalten, stelle eine exceptio ex jure tertii vor. Anders sei es nur für den Fall, daß der Kläger auch beide Leistungen endgiltig behalten und dadurch einen ungerechten Gewinn machen würde.

Davon sei aber insofern keine Rede, als er seinen Anspruch gegen den Thäter nur kraft seiner Vertragspflicht gegenüber dem Versicherer und im Interesse dieses geltend mache.

h) Eine ähnliche Entscheidung, die sich aber in ihrer, nicht sehr durchsichtigen, Begründung wesentlich auf die Besonderheiten des entschiedenen Einzelfalles stützt — es war Baumwolle infolge eines vom Verfrachter zu vertretenden Umstandes durchnäßt, und es stand nun die Anrechnung des dem Kläger aus einer Versicherung des „imaginären Gewinnes" Gezahlten in Frage — traf das Reichsgericht, C.S. I vom 19. September 1885, Entscheid. Bd. XV Nr. 20.

i) Seuffert Bd. XLVII Nr. 14, Erk. des O.L.G. Dresden vom 18. Mai 1890, eine besonders beachtenswerte Entscheidung: Ein Gastwirt ward für ein bei ihm eingestelltes und in seinem Stall von einem anderen Tiere geschlagenes Pferd auf Ersatz belangt. Sein Einwand, daß der Kläger die von der Viehversicherung erhaltene Summe abzuziehen habe, wurde verworfen. Denn die beiden Ansprüche gegen den Schädiger und den Versicherer verfolgten nicht „beiderseits die juristische Ausgleichung eines und desselben bestimmten Schadens als Endzweck", letzterer vielmehr nur die ökonomische Ausgleichung desselben durch Erlangung der Versicherungssumme, welche sich der Versicherte als Gegenleistung für die von ihm gemachten Aufwendungen vom Versicherer, „für diesen wirtschaftlichen Zweck" ausbedungen habe. „Nicht weil der Unfall sich überhaupt zugetragen hatte, sondern weil der Kläger sich gegen den ihm aus einem solchen erwachsenden Schaden versichert hatte, erlangte er eintretendenfalls Ansprüche auf Gewährung der Versicherungssumme".

k) Das. Bd. LV Nr. 74, Erk. des Reichsgerichts, C.S. III, vom 29. September 1899:

Eine Anrechnung der gezahlten Versicherungsgelder auf den Ersatz ist ausgeschlossen,

> „weil die beiden aufzurechnenden Ansprüche auf völlig verschiedenen Rechtsgründen beruhen, es somit, wenn auch der Unfall einen äußeren Zusammenhang herstellt, doch an einem Zusammenhang im Rechtssinn zwischen beiden fehlt.
>
> Insbesondere beruht der Versicherungsanspruch nicht auf dem Unfall und dem dadurch herbeigeführten Schaden, sondern auf dem Versicherungsvertrage, er bildet keinen reinen Schadensersatzanspruch, sondern einen Vermögenserwerb aus einem ge-

wagten Rechtsgeschäft, der sich lediglich nach dem Betrag der eingezahlten Prämien richtet. (?) Es ist nicht richtig, wenn die Revision behauptet, daß dies nur bei Lebensversicherungen zutreffe; auch bei der Unfallversicherung beschränkt sich die Leistung des Versicherers nicht auf den thatsächlich eingetretenen Schaden, sie besteht vielmehr in einer der Höhe der geleisteten Prämien entsprechenden Versicherungssumme, die den thatsächlich erwachsenen Schaden ebenso überschreiten, wie sie hinter demselben zurückbleiben kann. Es treffen daher auch die Gesichtspunkte nicht zu, die bei bestimmten Versicherungsarten (Feuerversicherung u. dergl.) für den Ausschluß einer doppelten Schadensregulierung im Fall der Doppelversicherung sprechen, nämlich, daß eine solche Schadensregulierung der Natur des konkreten Versicherungsgeschäfts widerspreche."

l) Ebenso entschied endlich das Württemb. Landesoberhandelsgericht am 22. Mai 1875, Württemb. Archiv Bd. XVII Nr. 47 S. 393, „weil der Haftpflichtige sich sonst auf Kosten anderer der ihm (durch das Haftpflichtgesetz) auferlegten Verpflichtung entschlagen könne."

Nur in einer Entscheidung wird, soweit ich sehe, der gegenteilige Standpunkt vertreten, und zwar in einer in Hamburg unter dem 16. März 1868 erlassenen, Hamb. Hand.-Gerichtszeitung 1868, Beiblatt Nr. 12. Zwar nicht das Vorhandensein des Versicherungsverhältnisses, aber doch die erfolgte Zahlung daraus schließe den Anspruch des Versicherten gegen den Schädiger aus; anders nur, wenn jener beweise, daß er die Rechte des Versicherers auf Ersatz noch verfolgen dürfe, bezw. ihm dazu verpflichtet sei. Solcher Beweis treffe ihn schon wegen der Möglichkeit einer cessio actionis.

2. Die Nichtanrechnung nimmt die Praxis nicht minder, wie bei den auf Grund privater Versicherungsverträge, bei den dem Beschädigten durch Krankenkassen, Berufsgenossenschaften und öffentliche Alters- und Invaliditätsversicherungsanstalten zufließenden (oder geschuldeten) Beträgen, grundsätzlich an. So bezüglich der Krankenkassengelder das Erkenntnis des O.L.G. Kiel vom 8. März 1886 bei Seuffert XLI Nr. 172:

„Da der Kläger die Versicherungssumme nur beanspruchen konnte, wenn er krank war, so steht die Krankheit im natürlichen Sinn mit dem Anspruch auf die Versicherungsgelder in ursächlichem Zusammenhang; im rechtlichen Sinn ist dies aber nicht der Fall. Letzteres würde nur dann der Fall sein, wenn der Vorteil, der dem Kläger erwachsen ist, nicht zugleich in einer selbständigen Ursache seinen Entstehungsgrund hätte. Wenn der dem Kläger erwachsene Anspruch infolge der Krankheit allein, ohne besondere weitere Voraussetzungen nach dem natürlichen Lauf der Dinge entstanden wäre, so würde ein ursächlicher Zusammenhang im rechtlichen Sinne vorhanden sein; allein dieser Zusammenhang ist hier ausgeschlossen, weil das Recht auf Zahlung der Krankengelder in erster Linie durch den Abschluß des Versicherungsvertrags und die Zahlung der Versicherungsprämie erworben worden ist, und die Krankheit nur die Bedingung war, bei deren Eintritt der Anspruch geltend gemacht werden konnte."

Außerdem habe der Kläger ja, um den Anspruch auf die Krankengelder zu erlangen, selbst erst Vermögensaufwendungen machen müssen, so daß von einem Gewinn für ihn eigentlich gar nicht die Rede sein könne.

Ganz ähnlich ein Erkenntnis des O.L.G. Dresden vom 28. März 1888, Seufferts Archiv Bd. XLIII Nr. 269 S. 405:

Der Grundsatz der **compensatio lucri cum damno** findet zwar, wenn Vorteil und Nachteil einer und derselben Thatsache entstammen, unbestritten Anwendung, aber doch nur da, wo beides mit der die Verpflichtung zum Schadensersatze erzeugenden Thatsache im rechtlichen Sinne ursächlich zusammenhängt. Wenn der verletzte Kläger auf Grund seiner Mitgliedschaft zu einer Krankenkasse gegen diese Ansprüche auf Krankengeld hatte, so trifft darauf das Gesagte nicht zu — denn das Krankengeld bildet nur die vom Eintritt der Krankheit bedingte vertragsmäßige Gegenleistung für die vom Kläger entrichteten Beiträge. Der dem Kläger erwachsene Vorteil ist also „in erster Linie auf eine selbständige Thatsache", Abschluß des Vertrags und Zahlung der Prämien, zurückzuführen, „er charakterisiert sich demnach auch nicht als eine eigentliche Bereicherung desselben, sondern als Vermögenserwerb aus einem gewagten Rechtsgeschäft."

Für einzelne hierhergehörige Fälle findet sich eine gesetzliche besondere Regelung im Reichshaftpflichtgesetz § 4:

„War der Getötete oder Verletzte unter Mitleistung von Prämien oder anderen Beiträgen durch den Betriebsunternehmer bei einer Versicherungsanstalt, Knappschafts-, Unterstützungs-, Kranken- oder ähnlichen Kasse gegen den Unfall versichert, so ist die Leistung der letzteren an den Ersatzberechtigten auf die Entschädigung einzurechnen, wenn die Mitleistung des Betriebsunternehmers nicht unter einem Drittel der Gesamtleistung beträgt."

Aber fast allgemein herrscht in der Praxis die Annahme, daß diese, unten näher zu würdigende, Bestimmung lediglich eine analoger Anwendung unfähige lex singularis darstelle. So die Erkenntnisse des Reichsgerichts C.S. VI vom 18. Oktober 1886, Seuffert XLII Nr. 120 (s. unten Nr. 3b) und des C.S. II vom 22. Jan. 1884, Entsch. d. R.G. Bd. XI Nr. 5 S. 22; ähnlich auch schon, wenngleich nicht ganz so entschieden, das Reichsoberhandelsgericht, Sen. 1, im Erkenntnis vom 5. März 1874, Entsch. Bd. XIII Nr. 9.

Eine gegenteilige, nicht gedruckte Entscheidung des Landgerichts Mülhausen i. E. vom 18. X. 1892 teilt Hiestand in der Schrift „Der Schadensersatzanspruch des Versicherers", 1896, S. 65 No. 8, mit. Danach sind bei Festsetzung der Höhe der Haftpflicht die vom Kläger bezogenen Unfallentschädigungen in Rücksicht zu ziehen, da der Beschädigte durch das H.Pfl.G. schadlos gehalten, nicht bereichert werden solle.

3. Nicht anzurechnen auf den Ersatzanspruch sind nach der vorherrschenden Praxis auch die auf privaten Verträgen beruhenden Invaliden- und sonstigen Pensionen oder Renten, ebensowenig auf die Ansprüche der Hinterbliebenen (§ 844 B.G.B.) die ihnen auf Grund eines derartigen Vertrages gebührenden Witwen- und Waisengelder. In dieser Richtung hat namentlich das Deutsche Reichsgericht wiederholentlich befunden:

a) Entsch. Bd. X Nr. 13 S. 50 (Seufferts Archiv Bd. XXXIX, Nr. 111), Erk. des C.S. V. vom 11. Juli 1883: Der beim Eisenbahnbetriebe des Beklagten getötete Ehemann der Klägerin hatte sie bei der Preußischen Allgemeinen Witwenverpflegungsanstalt mit einer jährlichen Pension versichert. Das Anfordern des Beklagten, die von ihm der Klägerin auf Grund des H.Pfl.G. von 1871, § 1, zu zahlende Rente um den Betrag dieser Pension zu kürzen, wurde vom R.G. abgelehnt. Es komme bei dieser Frage darauf an, ob der neben dem Schaden stehende Vorteil gerade entstanden sei durch das schädigende Ereignis, oder ob er eine besondere Entstehungsursache habe, und durch dasselbe vielleicht nur eine noch erforderliche Bedingung für seine Existenz erfüllt worden sei. Letzteres sei hier der Fall. Nur im natürlichen, nicht im rechtlichen Sinne sei der Kausalzusammenhang vorhanden, da das Recht auf die Pension „in erster Linie durch den Abschluß des Versicherungsvertrags und durch Zahlung der Versicherungsprämien, also durch selbständige Entstehungsursachen, mitbedingt war."

b) Seufferts Archiv Bd. XLII Nr. 120 S. 172, Erk. des C.S. VI vom 18. Okt. 1886:

Eine Privatpension ist von der vom Haftpflichtigen zu leistenden Rente nicht abzurechnen; nur ausnahmsweise hat das R.H.Pfl.G. singulari modo, in analoger Anwendung nicht zugänglicher Weise, bei gewissen Leistungen derartiges vorgeschrieben (§ 4).

Anders entscheidet das Reichsgericht dagegen hinsichtlich der Anrechnung gesetzlicher Pensionen, Witwen- und Waisengelder:

a) Entsch. Bd. XV Nr. 24 S. 114 (Seufferts Archiv Bd. XLII, Nr. 119), Erk. des C.S. II vom 19. Januar 1886:

„Die gesetzlichen Witwen- und Waisengelder sind von der vom Haftpflichtigen geschuldeten Rente abzuziehen, denn der Anspruch darauf beruht nicht auf einem Versicherungsvertrage (§ 4 R.H.Pfl.G.), vielmehr lediglich auf dem Gesetz, welches durch Gewährung von Pensionen an die Hinterbliebenen der Beamten für deren Unterhalt Sorge trifft, und bildet nicht ein neben dem Entschädigungsanspruch erworbenes, selbständiges Vermögensobjekt; hieran wird auch dadurch nichts geändert, daß zur Bestreitung dieser Reichsausgaben von den Beamten besondere Beiträge, und zwar in nicht unerheblichem Betrage, erhoben werden."

b) Entsch. Bd. XVII Nr. 11 S. 47, Erk. des C.S. III vom 14. Dez. 1886:

Gesetzliche Pensionen unterliegen der Anrechnung, weil das Haftpflichtgesetz dem Beschädigten nur volle Schadloshaltung gewährt, jede Bereicherung dagegen ausschließt. Der infolge des Unfalls pensionierte Beamte aber sei nicht um seine volle Besoldung, sondern nur um seine Besoldung unter Abzug der Pension geschädigt. Anders sei es, wo der Anspruch auf diese nicht unmittelbar durch gesetzliche Vorschrift, sondern durch eigene selbständige Leistungen begründet ist und daher ein besonders erworbenes Vermögensrecht darstellt.

Auch der Umstand, daß der Beamte zur Pensionskasse etwa Zuschüsse habe leisten müssen, ändere daran nichts — alsdann habe der Kläger in Wahrheit „sein ihm beigelegtes Gehalt nur nach Abzug dieser Beiträge zu fordern gehabt und erhalten".[1])

Nach alledem ist die Behauptung unanfechtbar, daß die Praxis mit einer fast ausnahmslosen, seltenen Einmütigkeit die Anrechnung der Versicherungs-, Kranken- und Witwengelder auf den Ersatzanspruch überall da ablehnt, wo jene auf Grund eines besonderen Vertragsverhältnisses, nicht unmittelbar auf Grund Gesetzes, vom Verletzten oder seinen Angehörigen erlangt sind. Allerdings besteht Einstimmigkeit nur über das Ergebnis; in der Begründung zeigt sich eine nicht unerhebliche Mannigfaltigkeit der Gesichtspunkte.

Und zwar bezieht sich die Praxis ebensowohl auf die Schadensversicherung im engeren Sinne — sie stand z. B. in den Fällen 1, e und i in Frage — als auf die Lebens- und sonstige „Summenversicherung".

Wenn Hiestand für erstere eine „Anrechnung" als zweifellos erklärt (S. 64), so thut er das, wie sich aus S. 71 ergiebt, nur, weil und soweit er bei ihr eine Subrogation des Versicherers in die Rechte des Beschädigten anerkannt wähnt, neben der freilich ein voller Anspruch des letzteren nicht wohl stattfinden kann. Allein solche Subrogation ist in Deutschland keineswegs allgemein anerkannt. Anders

---

[1]) Angeführt sei noch die nicht unmittelbar zum Thema gehörige, dasselbe aber streifende Entscheidung des Reichsgerichts C.S. V vom 3. Oktober 1894, Entscheidungen Bd. XXXIV Nr. 3.

Es handelt sich hier um die Frage, ob die Knappschaftskasse auf die einem zu ihr gehörigen Arbeiter zu zahlende Invalidenrente denjenigen Betrag in Anrechnung bringen dürfe, den der Kläger an Reichsinvalidenrente bezieht.

Die Anrechnung wird, in Bestätigung der beiden Vorentscheidungen, verworfen. Allerdings bestimmten einzelne Gesetze eine Anrechnung, so § 4 des H.Pfl.G., „aber das sind Ausnahmen, die gerade bestätigen, daß der von dem Beklagten behauptete allgemeine Rechtssatz nicht besteht". Das R.G. habe in dem (obigen) Urteil Bd. X S. 50 „mit Recht" gefolgert, „daß der Unternehmer einer Eisenbahn, der einer Beamtenwitwe aus dem Unfalle ihres Mannes zur Entschädigung verpflichtet ist, hierauf die Witwenpension, die sie aus der allgemeinen Witwenverpflegungsanstalt bezieht, nicht in Abzug bringen darf, weil beide Renten auf verschiedenen Rechtsgründen beruhen."

Der Unterschied von den vorigen Fällen und vom Thema liegt darin, daß es hier nicht ein Schadensersatz-, sondern selbst ein versicherungsartiger Anspruch war, auf den die Anrechnung anderweiter Vorteile in Frage stand.

freilich meist im Ausland. Aber auch die ausländische Praxis steht für die Lebensversicherung wenigstens vorwiegend auf dem die Anrechnung verneinenden Standpunkt, so die Entscheidungen des Schweizerischen Bundesgerichts Bd. X S. 130 fg. und Bd. XVIII S. 314 fg. Die französische Praxis (und Litteratur) ist nicht einmütig, s. die Angaben bei Crome-Zachariae Bd. II § 370 No. 2 und Hiestand S. 63. Soweit sie dem Versicherer einen direkten Ersatzanspruch gegen den Schädiger giebt, müßte sie folgerichtig diesen dem unmittelbar Beschädigten gegenüber befreit sein lassen. Trotzdem wird solche Folgerung nicht allgemein gezogen, so nicht von Laurent (XX Nr. 537), weil das Recht gegen die Versicherungsanstalt nichts mit dem Anspruch gegen den Schädiger gemeinsam habe.

II. In der Litteratur finden wir, nur knapper und spärlicher als in der Judikatur, die bei dieser vorherrschende Meinung von der Nichtanrechenbarkeit der Versicherungsgelder fast überall wieder. So in einem besonderen Artikel von Dreyer (Sächsisches Archiv Bd. I S. 425 fg.), ferner bei Dernburg, Pandekten II § 45 No. 12 sowie bei den meisten Spezialschriftstellern zum Reichshaftpflichtrecht, § 4, (z. B. Endemann S. 143, Eger S. 426 fg., Genzmer) und denjenigen über unser Thema — so Larenz S. 33 fg., Walsmann S. 94 fg. und in meinem Aufsatz S. 18—24. Von ihnen vertritt nur Eichhoff S. 276 fg. mit großer Energie und Gründlichkeit den gegenteiligen Standpunkt.

Was die Begründung anlangt, so geben Dernburg und Larenz wesentlich die von der Praxis, vornämlich vom Reichsgericht, angeführten Gesichtspunkte wieder; Walsmann schließt sich an die von mir aufgestellten, im nächsten Paragraphen zu entwickelnden Gesichtspunkte an. Dort soll auch auf Eichhoffs Gegengründe eingegangen werden.

In kurzer, aber zum Teil sehr beachtenswerter Weise haben neuerdings mehrere Schriftsteller die herrschende Meinung selbständig zu stützen versucht:

a) Degenkolb[1]) sieht den Grund der Nichtanrechnung in einem angeblichen Charakter der Versicherungsansprüche als „Satisfaktions-

[1]) civ. Archiv Bd. 76 S. 26/7.

ansprüche." Bezweckten sie wahren Schadensersatz, so würde sich die Anrechnung kaum vermeiden lassen.

b) Stammler in der bei § 4 a. E. genannten Schrift S. 52 lehnt die Einrede der dem Beschädigten zugefallenen Versicherungsgelder ab, weil sie eine exceptio de iure tertii sei. „Eine solche aber setzt voraus: daß der sie Vorschützende nur in einer Nebenpflicht, als der Erstreckung einer Hauptpflicht, verbunden sei." „Das liegt hier nicht vor, weil eben beide Ansprüche aus ganz getrennten Rechtsgründen, als zwei Hauptansprüche, herstammen, die jeweils eigenartig und selbständig bestehen."

Diese scharfsinnige Erklärung ist m. E. deshalb nicht beweiskräftig, weil auch abgesehen vom echten Gesamtschuldverhältnis die Leistung des einen Schuldners den andern vielfach befreit, selbst wenn dieser „aus ganz getrenntem Rechtsgrund" verpflichtet war: dies, wenn und soweit mit der Tilgung der einen Schuld auch für die andere der Zweck erledigt ist. So in dem Iheringschen Fall Nr. 66 (94), wo von zwei Lieferanten jeder durch seine Zögerung den Gläubiger an der rechtzeitigen Benutzung seines neuerbauten Restaurationslokales gehindert hatte.

Stammler hat nicht erwiesen, wieso die hier zur Diskussion stehende Frage von derartigen Fällen der „unechten Solidarität", die er in seiner verdienstvollen Studie leider nicht beachtet, verschieden zu behandeln sei.

c) Rümelin[1]) meint, daß, wenn die Entscheidung nur auf die Frage nach dem vorhandenen oder fehlenden Kausalzusammenhang gestellt werde, die Anrechnung anerkannt werden müsse. Denn „die Tötung ist die letzte Veränderung, an die sich die Rechtswirkung unmittelbar anknüpft. Was sollte hier zu einem adäquaten Kausalzusammenhang fehlen?"

Aber es komme darauf nicht an; entscheidend für die Frage sei nur die Natur „der durch das Ereignis ausgelösten Ansprüche." Für die Ansprüche aus freiwilliger Versicherung könne man der reichsgerichtlichen Entscheidung wohl beitreten. „Es wäre aber das Urteil auf die Bedeutung der Versicherungsanträge zu gründen." Also im Grunde ähnlich wie Degenkolb!

d) Enneccerus (bürg. Recht S. 371) leugnet nicht die Kausalität, lehnt aber die Anrechnung ab, weil der Gewinn in unserem Fall „nur dem Geschädigten, nicht dem Verletzer zugedacht ist."

[1]) civ. Archiv Bd. 90 S. 280.

e) Dagegen kann Matthiaß[1]) nicht in diese Reihe gezählt werden. Nach Rümelin No. 133 freilich soll seine einschlägige Bemerkung — und Rümelin hält den Gesichtspunkt für verwertbar — bedeuten, „daß man unter analoger Verwertung des § 254 zu dem Resultat kommt zu sagen, der Beschädigte, der durch Versicherung vorbeugende Maßregeln ergriffen hat, habe den ihm nun zufließenden Vorteil vorwiegend selbst verursacht."

Nun ist aber Matthiaß' Gedankengang (in der dritten Auflage) folgender: Er stellt zunächst fest, daß in gewissen Fällen keine Vorteilsanrechnung stattfinde, und fährt dann fort:

> „Anders wird es liegen (d. h. offenbar: es sind die erlangten Vorteile anzurechnen), wenn die Deckung des Schadens infolge von eigenen vorbeugenden Maßregeln des Geschädigten eintritt, zu denen er als vernünftiger und ehrlicher Mann gehalten war. Diese vorbeugenden Maßregeln des Geschädigten können wohl nicht anders behandelt werden, als die entsprechenden abwehrenden und mindernden in § 254 Abs. 2."

§ 254 lautet:

> „Hat bei der Entstehung des Schadens ein Verschulden des Beschädigten mitgewirkt, so hängt die Verpflichtung zum Ersatze sowie der Umfang des zu leistenden Ersatzes von den Umständen, insbesondere davon ab, inwieweit der Schaden vorwiegend von dem einen oder dem anderen Teile verursacht worden ist.
>
> Dies gilt auch dann, wenn sich das Verschulden des Beschädigten darauf beschränkt, daß er unterlassen hat, den Schuldner auf die Gefahr eines ungewöhnlich hohen Schadens aufmerksam zu machen, die der Schuldner weder kannte noch kennen mußte, oder daß er unterlassen hat den Schaden abzuwenden oder zu vermindern. Die Vorschrift des § 278 findet entsprechende Anwendung."

In dem allein angezogenen Absatz 2 ist also nicht von dem vorwiegenden Verursachen die Rede, das sich nur in Abs. 1 findet; Matthiaß will vielmehr die vorbeugenden Maßnahmen des Beschädigten, zu denen er offenbar die Versicherungsverträge rechnet, den abwehrenden und mindernden gleichstellen. Indem bei letzteren aber sogar die Unterlassung die Ansprüche des Beschädigten mindernd beeinflußt, gilt dasselbe natürlich erst recht, wenn derlei Maßnahmen

---

[1]) Lehrbuch I § 76 Nr. VI., Aufl. 3, Bd. I S. 348.

beobachtet sind und den entstehenden Schaden wirklich gemindert haben. Also sind nach Matthiaß dem Beschädigten unter Umständen selbst die nicht abgeschlossenen Versicherungen bei Berechnung des Ersatzanspruches in Ansatz zu bringen, woraus sich eine Anrechnung der wirklich erhaltenen Versicherungsgelder a fortiori ergiebt.

Ich glaube also Matthiaß zu den Vertretern der gegenteiligen Meinung stellen zu müssen, wodurch natürlich der Gedanke, den Rümelin bei ihm ausgesprochen findet, nichts von seiner möglichen Verwertbarkeit verliert. Übrigens hatte für das frühere Recht bereits Baron in seinem Gutachten über die Regreßrechte der Unfallversicherungsanstalten, 1892, S. 6/7 einen ähnlichen ausgesprochen.

Eine vermittelnde, m. E. wenig befriedigende Stellung nehmen zwei Spezialschriftsteller über das Haftpflichtrecht ein.

Nach v. Weinrich[1]) hat man es bei der Anrechnung der Versicherungsgelder nur mit einer Thatfrage zu thun, der Richter sei dabei in seinem Ermessen vollkommen frei. Vorwiegend komme es darauf an, wie groß der Betrag sei, den der Kläger über das den bereits gezahlten Prämien entsprechende Äquivalent (vom Versicherer) erhalte.

Eger[2]) scheidet: a) Pensionen sind nicht anzurechnen, wenn sie den Charakter einer „Gehaltskompetenz" haben, andernfalls findet Anrechnung statt. Statuiere man die Anrechnung der Pension ausnahmslos, so würde der besser stehen, der sich bei einem entsprechend höheren Gehalt privatim versichere.

b) Die private Versicherungsforderung ist nicht anzurechnen, weil sie in Wahrheit keine Schadloshaltung ist, sondern nur eine „an die Bedingung der Erwerbsunfähigkeit oder Unterhaltslosigkeit geknüpfte kontraktliche Gegenleistung des einen Kontrahenten für die vorausgegangenen Leistungen des anderen Kontrahenten."

Ebensowenig sei umgekehrt die erhaltene Schadensersatzleistung auf den Pensionsanspruch anzurechnen, weil dieser keine Entschädigungsleistung darstelle. Die beiden Obligationen seien rechtlich etwas völlig Verschiedenes, ständen nicht im Verhältnis der Solidarität.

---

[1]) „Die Haftpflicht wegen Körperverletzung und Tötung eines Menschen", 1883, S. 185.

[2]) Kommentar zum Haftpflichtgesetz, Aufl. 5, S. 420 fg.

§ 15. b) Eigene Meinung.

Ich will vorausschicken, daß ich der die Anrechnung der Versicherungsgelder ablehnenden Praxis beitrete. Und zwar teils aus theoretischen Erwägungen, teils aus praktischen Gesichtspunkten.

1. Zunächst sei das bemerkt: Eine eigentliche Anrechnung der Versicherungsgelder könnte normalerweise höchstens wegen der schon gezahlten, nicht der dem Beschädigten erst geschuldeten eintreten. Ob er diese wirklich eintreiben kann, ist noch keineswegs sicher. Eine Anrechnung wäre also keinesfalls schlechthin bezüglich des Nominalbetrages, sondern höchstens bezüglich des abzuschätzenden wahren Wertes des Versicherungsanspruches gerechtfertigt. Das würde aber wieder zu schwierigen und unpraktikabeln Berechnungen im Einzelfall führen.

Aus der Unthunlichkeit einer Anrechnung folgt aber keineswegs diejenige einer Vorteilsausgleichung überhaupt; sie könnte sich vielmehr gegebenenfalls dafür in Form einer Abtretung der Ansprüche gegen den Versicherer vollziehen, s. unten Kap. V. Ja, der Schluß von einer Anrechnungspflicht der gezahlten auf eine Abtretungspflicht der erst geschuldeten Versicherungsgelder wäre geradezu notwendig. Denn, jene als erwiesen angenommen, kann es sicherlich nicht dem Belieben des Beschädigten anheimgegeben sein, durch Inanspruchnahme des Schädigers vor dem Versicherer ersteren um die bei Wahl der umgekehrten Reihenfolge eintretende Anrechnungschance zu bringen.

Sollte andererseits eine solche Abtretungspflicht der Versicherungsansprüche nicht existieren, so würde das ein Moment dafür abgeben, daß auch die Zahlung der Versicherungssummen dem Beschädigten seine Ansprüche gegen den Schädiger nicht nehme — zum mindesten nicht aus dem Gesichtspunkt der **compensatio lucri cum damno**.

Aus andern Gründen hat man allerdings bisweilen eine Einwirkung der Zahlung des Versicherers auf das Verhältnis des Beschädigten zum Schädiger darzuthun versucht:

a) Hin und wieder findet sich, wenn auch nur mehr angedeutet, die Annahme, die Verpflichtungen des Schädigers und des Versicherers ständen in einem solidarischen Verhältnis, so namentlich bei Windscheid, Pandekten II, § 298, Note 17. a. E. Solche Annahme bedeutet zwar, wie gesagt, durchaus nicht die Zubilligung einer **compensatio lucri cum damno**: auf letztere würde sich nur der Schädiger, nicht der Versicherer berufen können, jener aber dafür schon wegen des bloßen Bestehens des Versicherungsverhältnisses. Dagegen die Solidarität führt nur dazu, durch die Zahlung des einen den anderen befreit werden lassen, dann aber auch den Versicherer ebenso durch die des Schädigers, wie umgekehrt. Insofern hängt die Beantwortung dieser Frage mit dem Thema nicht direkt zusammen. Indes ist sie für meine Zwecke interessant und wichtig genug, um ein Verweilen dabei zu rechtfertigen. Soviel ist zunächst sicher, daß wir es hier nicht mit einem Fall der Korrealität im römischen Sinn — im Gegensatz zur bloßen Solidarität — zu thun haben, mag man den Unterschied beider Arten im Sinne der bisher herrschenden oder aber der neuen, m. E. richtigen Eiseleschen Lehre, wonach es auf die Einheit oder Verschiedenheit des Entstehungsgrundes (der causa) ankommt, verstehen. Denn beide Schuldverhältnisse sind hier von einander ganz unabhängig: das eine beruht auf dem Versicherungsvertrag, das andere auf dem, sei es unmittelbar normwidrigen, sei es vertragsverletzenden Verhalten des Beschädigers. Die Gemeinsamkeit könnte höchstens in der Identität des Zweckes gefunden werden.

Für solche Fälle aber paßt, wie ich schon in meinem Kommentar zum Recht der Schuldverhältnisse, Vorbem. 5 c vor § 420, ausgeführt habe (übereinstimmend Enneccerus, Das Bürgerliche Recht, S. 508), in keiner Weise der im B.G.B. aufgestellte einheitliche Begriff des „Gesamtschuldverhältnisses." Kann doch von einem „Verhältnis" der mehreren Schuldner zu einander dann offenbar keine Rede sein, wenn ihre Verpflichtungen nur das Eine mit einander gemeinsam haben, daß sie alle zur Befriedigung desselben Interesses dienen.[1]) Ist somit auch nach dem neuen Recht der wesentlich dem römischen entsprechende Begriff der „unechten Solidarität" beizubehalten, so können auf die einschlägigen Fälle die im B.G.B. nur für die wahren Gesamtschuldverhältnisse aufgestellten Sätze nicht oder doch nicht ohne weiteres Anwendung finden. Insbesondere fehlt es an jeder Berechtigung, die Bestimmung des § 426:

> „Die Gesammtschuldner sind im Verhältnisse zu einander zu gleichen Anteilen verpflichtet, soweit nicht ein Anderes bestimmt ist,"

auf Fälle zu erstrecken, in denen ein „Verhältnis" der mehreren Schuldner zu einander nicht vorliegt. In richtiger Erkenntnis dessen

---

[1]) s. das Nähere in meinem Kommentar a. a. O.; dort ist auch auf die übereinstimmenden, mehr rechtspolitischen Bemerkungen von Ihering, Hartmann und Eisele hingewiesen.

lehnen selbst solche Schriftsteller für die hier als „unechte Solidarität" bezeichneten Fälle einen Regreßanspruch des zahlenden Schuldners ab, die, wie Hruza (Sächsisches Archiv Bd. V S. 57) und Dernburg (Bürgerliches Recht II, § 160 Nr. V und § 163 Nr. IV) den Begriff des Gesamtschuldverhältnisses durch eine Einheit des Entstehungsgrundes der einzelnen Verbindlichkeiten nicht bedingt sein lassen. Dernburg betont gerade in Hinblick auf unseren Fall,

„daß der Brandstifter, welcher den Brandschaden ersetzte, keineswegs vom Versicherer, welcher infolgedessen den Schaden zu vergüten hat, die Hälfte des Aufgewandten beanspruchen kann."

Somit könnte hier höchstens eine unechte Solidarität ohne Regreßpflicht vorliegen. Die Frage, ob eine solche anzunehmen sei, muß m. E. verschieden beantwortet werden für die sog. Summen- und für die echte Schadensversicherung.

a) Mag auch die Lebensversicherung nebst den ihr nahestehenden Versicherungsfällen, die man heute nicht unpassend unter dem Begriff der „Summenversicherung" zusammenzufassen pflegt, im weiteren wirtschaftlichen Sinne einen Schadensersatzzweck verfolgen — die verschiedenen in dieser Richtung gemachten geistvollen Erörterungen der versicherungsrechtlichen Litteratur brauche ich hier nicht zu wiederholen — so läßt sie sich doch mit nichten im Rechtssinne einfach als auf Schadensersatz gerichtet bezeichnen. Schon, daß dem geltenden Recht ein Verbot der Doppel- und der Überversicherung insoweit nicht angehört, zeigt das mit unwiderleglicher Deutlichkeit. Hat man anerkannt, daß der Versicherte gegen die mehreren Versicherer kumulativ vorgehen kann — und das bedarf schwerlich noch eines Beweises, jedenfalls nicht an dieser Stelle (s. z. B. Entsch. des Schweizer Bundesgerichts XVIII, 314 fg.), — so liegt nicht der mindeste Grund vor, den so zarter Rücksicht am allerwenigsten würdigen Delinquenten neben dem Versicherer nur solidarisch statt gleichfalls kumulativ haften zu lassen.

b) Anders steht es mit der eigentlichen Schadensversicherung. Sie will nicht nur ökonomisch einen Schaden ausgleichen, sondern bewährt diesen Zweck auch durchaus in ihrer rechtlichen Ausgestaltung. Doppel- und Überversicherung sind bei ihr regelmäßig ausgeschlossen, und die Höhe des Anspruches bestimmt sich nicht einfach nach der Versicherungssumme, sondern innerhalb der ihr durch diese gewiesenen Grenze nach der wirklichen Höhe des entstandenen Schadens.

Daß der Anspruch auf einem Vertrage beruht, kann natürlich seinem Charakter als Schadensersatzanspruch nichts nehmen — steht doch auch sonst nichts im Wege, durch Vertrag den Ersatz eines drohenden oder auch schon entstandenen Schadens zu übernehmen. Ebensowenig spricht dies Moment gegen die Annahme einer Solidarverpflichtung des Versicherers und des Schädigers; auch sonst finden sich Fälle genug — der zweite Teil der Arbeit bietet daher eine Reihe von Klagen —, wo der eine kontraktlich, der andere deliktisch für den Ersatz desselben Schadens in solidum haftet.

Wenn somit von manchen, wie Degenkolb und Rümelin, geleugnet wird, daß der Versicherungsanspruch ein Ersatzanspruch sei; wenn das O.L.G. Dresden (bei Seuffert XLVII, 14) es als „unzweifelhaft" erklärt, daß Versicherer und Schädiger keine Solidarschuldner seien, ebenso Dreyer S. 438, so trifft das alles nur auf die Summen-, nicht auf die Schadensversicherung zu.

Durch dies mein Zugeständnis bez. der Schadensversicherung wird die Lehre, wonach die Leistung des Versicherers den Schädiger befreit, auch für deren Gebiet mit nichten zum Siege gebracht. Das nachzuweisen, insbesondere aus dem deutschen B.G.B. (§ 255), muß ich mir für den zweiten Teil meiner Arbeit, als mit den dort zu behandelnden Problemen untrennbar verbunden, vorbehalten; er wird uns eine Reihe von Fällen zeigen, in denen zwar die Leistung des Solidarschuldners a den Solidarschuldner b befreit, aber nicht umgekehrt die des b den a. Giebt es aber solche Fälle, so ist auch für den hier zu behandelnden mit Annahme einer Solidarität die uns beschäftigende Frage nicht entschieden.

b) Bisweilen findet sich die Neigung, einer Zahlung des Versicherers an den Versicherten insoweit eine Einwirkung auf das Verhältnis des letzteren zum dritten Schädiger einzuräumen, daß durch solche Zahlung unmittelbar eine gesetzliche Cession der Ersatzansprüche des Versicherten auf den Versicherer stattfinde. Nun ist es zunächst richtig und kommt sogar außerordentlich häufig vor, daß sich der Versicherer laut der Vertragsbedingungen das Recht auf eine Cession dieser Ansprüche ausbedingt. Aber das begründet einen ipso iure-Übergang der Ersatzansprüche natürlich nicht, selbst nicht durch Beifügung des üblichen Passus der „Bedingungen", daß die Rechte von selber auf den Versicherer übergehen sollen und es einer förmlichen Abtretung nicht bedarf, s. Ehrenberg Versicherungsrecht S. 518; hierin kann man höchstens eine antizipierte Abtretungserklärung sehen, wie sie z. B. das Reichsgericht für zulässig erachtet, Entsch. Bd. XXII, S. 148.

Ein wahrer ipso iure-Übergang der Ansprüche des Versicherten gegen Dritte auf den zahlenden Versicherer ist allerdings vielfach gesetzlich ausgesprochen, namentlich im Seeversicherungsrecht, so insbesondere deutsches Handelsgesetzbuch §§ 804 (früher: Art. 808), 859 (863); nicht minder findet sich bisweilen ein gesetzlicher Anspruch auf Klageabtretung, s. daselbst §§ 805 (Art. 809) und 861 (Art. 865). Ob das Sonderrecht oder, wie einzelne Vertreter des Versicherungsrechts meinen, als „ratio scripta" einer analogen Anwendung auch auf andere Fälle der Versicherung fähig sei, ist zweifelhaft und nicht hier zu beantworten. Denn so viel Interesse die Frage an sich darbietet — für das Problem der compensatio lucri cum damno kann ihr um deswillen keine Bedeutung im Sinne der gegnerischen Lehre beigelegt werden, weil es für uns nicht darauf ankommt, wem der Entschädigungsanspruch zustehe, sondern ob und daß er trotz der Leistung des Versicherers überhaupt noch bestehe.

Dies aber wird durch die seerechtlichen Bestimmungen so wenig in Frage gestellt, daß sie vielmehr ein gewichtiges Moment für solche Annahme bilden. Denn um auf den Versicherer überzugehen, müssen die fraglichen Ansprüche selbstverständlich noch existieren.

Dies Argument könnten nur diejenigen ablehnen, die analog, wie es für gewisse ähnliche Fälle des Unfallversicherungsrechtes (s. unten) unlängst geschehen ist, die Konstruktion als wahre gesetzliche Cession ablehnen und in den dem Versicherer nach §§ 804 fg. H.G.B. zugestandenen Gerechtsamen selbständige Ersatzansprüche anerkannt sehen.

Aber eine derartige Konstruktion ist bedenklich, ja verzweifelt. Ihr steht einmal der Wortlaut des Gesetzes gegenüber, das in den beregten Fällen anstandslos von einem „Eintritt in die Rechte des Versicherten" (§ 804) oder von einem „Übergang der Rechte des Versicherten" (§ 859) redet. Und wenn auch solch gesetzliche Konstruktion nicht bindet — jedenfalls zeigt sie uns, daß die nunmehr dem Versicherer zustehenden Ansprüche sich in ihrer Höhe lediglich durch das Interesse des Versicherten bestimmen. Das wäre sinnlos, wenn man dem Versicherer in Wahrheit, lediglich unter falscher Flagge, einen selbständigen Anspruch infolge seiner Leistung hätte zuwenden wollen. Denn ein solcher hätte doch sinngemäß auf das eigene, das des Versicherten vielleicht übersteigende (man denke an Lebens- und Unfallversicherung) Interesse des Versicherers gegeben werden müssen: ein eigener Ersatzanspruch, der sich aber inhaltlich nach dem Interesse eines Dritten richtet, ist doch ein Unding!

Es kommt hinzu, daß in gewissen Fällen (§§ 805 und 861) das Gesetz dem Versicherten keine gesetzliche Cession, sondern nur einen Anspruch auf Abtretung „seiner Rechte gegen den Schuldner" zubilligt. Hier steht also von vornherein ein selbständiger Ersatzanspruch des Versicherers nicht in Frage. Welcher vernünftige Grund aber könnte obwalten, die ähnlich gelagerten Fälle in der Konstruktion so völlig zu zerreißen und nicht neben der „cessio necessaria" der §§ 805 und 861 in den §§ 804 und 859 eine wahre „cessio legitima" anerkannt zu sehen?

Daß vor der Zahlung das Vorhandensein eines Anspruches des Beschädigten gegen den Versicherer sein Recht gegen den dritten Schädiger vollständig unberührt läßt, geht auch aus dem Wortlaut von § 805 Abs. 2 H.G.B. hervor:

> „Der Versicherte ist nicht verpflichtet, die ihm gegen den Schuldner zustehenden Rechte geltend zu machen, bevor er den Versicherer in Anspruch nimmt."

2. Gehen wir nunmehr zur unmittelbaren Beantwortung der Hauptfragen des Paragraphen über!

a) Die Nichtanrechnung der Versicherungsgelder kann, wie man auch sonst darüber denken mag, nicht einfach darauf gestützt werden, daß der Anspruch auf sie nicht ohne den Abschluß des Versicherungsvertrages hätte ins Leben treten können. Denn zweifellos hat ein und dasselbe Verhalten einerseits — unmittelbar oder mittelbar — den Schaden hervorgerufen, andererseits den Eintritt der Bedingung ausgelöst und damit dem Versicherten ein präsentes Recht verschafft. Für den Bedingungseintritt ist das Ereignis selbst im Sinne der strengsten Kausalitätstheorieen als Ursache zu bezeichnen.

Aus dieser richtigen Beobachtung versucht Eichhoff (S. 285) in scharfsinniger Weise die Anrechnung der Versicherungsgelder zu rechtfertigen. Er sagt:

> „Folge der schädigenden Thatsache ist jedenfalls dies, daß der Geschädigte nunmehr sein Forderungsrecht ausüben, d. h. von dem Versicherer die Versicherungssumme herausverlangen kann und erhält; dies ist unbestreitbar die vorteilhafte Folge, um deren Zurechnung es sich handelt."

Und auf S. 250 heißt es:

> „Die durch die schädigende Thatsache bedingte Veränderung besteht also darin, daß der Geschädigte die Leistung fordern kann, bezw. erhalten hat. Und in dieser Veränderung liegt der durch die schädigende Thatsache herbeigeführte Vorteil, um dessen Zu-

rechnung es sich handelt. — Der Vorteil ist also gleich dem Wert der ohne die schädigende Thatsache nicht vorhandenen Berechtigung, die Leistung zu verlangen, d. h. gleich dem Wert der Forderung, oder gleich dem auf die Forderung hin Erhaltenen."

Ich glaube, daß diese Anschauung auf einer erheblichen Überschätzung der durch den Bedingungseintritt entstehenden Rechtsänderung beruht.

α) Sie paßt zunächst in keiner Weise auf die sehr zahlreichen Fälle der Versicherung (Lebensversicherung!), wo die Ansprüche des Versicherten nicht bloß bedingte, sondern unter einem dies certus an, incertus quando stehende, also befristete sind. Hier führt das schädigende Ereignis nur den Fälligkeitstermin herbei, und der dadurch dem Versicherten zugefügte Vorteil gegenüber seiner sonstigen Vermögenslage besteht lediglich in dem Mehrwert der Gegenwartsleistung gegenüber der andernfalls erst in der Zukunft — zu einem event. auf Grund der vermutlichen Lebensdauer des Versicherten zu berechnenden Termin — fälligen Leistung. Es könnte also dabei vernünftiger Weise höchstens das interusurium in Anrechnung kommen.

β) Aber auch für die andern Fälle geht Eichhoff viel zu weit. Er würde Recht haben, wenn die Situation beim Versicherten so läge, wie in dem Fall der oben besprochenen l. 2 § 44 D. 38, 17, s. oben S. 86, wo die Anrechnung in der That quellenmäßig und innerlich berechtigt erscheint. Aber dem ist nicht so. Allerdings hat das schädigende Ereignis das bisher bedingte Recht des Versicherten in ein unbedingtes verwandelt. Aber damit wird keineswegs das Vermögen des Betroffenen um den ganzen Nominalbetrag des erlangten Forderungsrechtes vermehrt. Denn er hatte dieses bereits als bedingtes, und würde es ohne das schädigende Ereignis als ein solches auch jetzt noch haben. Eichhoffs Berechnung träfe also nur dann zu, wenn man den Wert dieser Chance (spes), des als solchen aufgehobenen bedingten Forderungsrechtes, einfach gleich Null ansetzen dürfte. Und das ist selbstverständlich durchaus unstatthaft.

Somit dürfte die Beweisführung meines Gegners als mißlungen gelten.

b) Aber damit ist die Frage noch nicht entschieden. Auch den Ausdruck „Bedingung", auf den in der mitgeteilten Judikatur öfters hingewiesen ist und aus dem ich in meinem früheren Aufsatz allzu weitgehende Schlüsse gezogen habe, kann dafür nicht ohne weiteres verwendet werden. Es ist nicht bewiesen, daß der Begriff der „Bedingung" im Rechte ebenso, wie in der Lehre von der natürlichen Kausalität, demjenigen der „Ursache" entgegengestellt werden könne. Überhaupt steht sehr dahin, ob der Kausalbegriff ein für die Lehre von der Entstehung und Endigung der Rechte verwendbarer ist.

Von hervorragender Seite hat man zwar eine solche Verwendbarkeit wiederholt behauptet. So Zitelmann in seinem bekannten Werk über „Irrtum und Rechtsgeschäft," S. 203 fg., 221 fg. Wenn auch das zwischen der natürlichen Thatsache und der Rechtsfolge bestehende Verhältnis nicht die natürliche Kausalität selbst ist, so doch „eine von Menschen ganz nach Analogie der natürlichen geschaffene eigene juristische Kausalität," S. 221. Dem stimmt Schuppe[1]) nicht nur zu, sondern er geht in der Verwendung der Kausalbegriffe für die rechtlichen Phänomene noch über Zitelmann hinaus (s. S. 351: „Das Kausalgesetz ... hat meines Erachtens auf diesem [d. h. dem Rechts-] Gebiete gerade soviel Recht resp. Unrecht, wie auf jenem [dem des natürlichen Geschehens"]).

Auf der andern Seite hat diese Lehre heftige Gegner gefunden. Schon vor Zitelmann hatte Schloßmann in seinem Werke „Der Vertrag" (S. 18 fg., 247 fg.) mit Entschiedenheit die gegenteilige Anschauung vertreten: „Nicht Kausalität, sondern Motivation vermittelt den Zusammenhang, wo wir bei rein geistigen Vorgängen von Entstehen, Erzeugen, Zerstören reden." .... „Die Entstehungsgründe der Obligation klassifizieren heißt, nach Abstreifung des Tropus, nichts anderes als: die Thatbestände klassifizieren, welche einen zureichenden Grund für uns einschließen, jemanden für verpflichtet zu erklären."

An dieser Anschauung hat Schloßmann in seiner Kritik Zitelmanns[2]) nicht nur festgehalten, sondern des letzteren Lehre in einer nicht gerade durch Europens übertünchte Höflichkeit ausgezeichneten, dabei m. E. wenig beweiskräftigen, Art angegriffen. An Schloßmann schließt sich neuerdings Brodmann ziemlich unselbständig an.[3])

Seitdem ist die Frage noch nicht entscheidend gefördert worden,

---

[1]) in Grünhuts Zeitschrift Bd. X. S. 349 fg., auch in dem Buche „Der Begriff des subjektiven Rechts," 1887, passim.

[2]) In Grünhuts Zeitschr. Bd. VII S. 541 fg., nam. 547/8.

[3]) „Vom Stoffe des Rechts und seiner Struktur," Berlin 1897, S. 35 fg.

und die neuesten Schriftsteller begnügen sich meist damit, sie als eine offene zu bezeichnen. So sagt Rümelin (S. 280), offenbar skeptisch, in Bezug auf die Anrechnung der Versicherungsgelder auf den Ersatzanspruch:

„Versucht man überhaupt die auf dem Gebiet des natürlichen Kausalzusammenhanges zur Anwendung kommenden Grundsätze auf solche Fälle der Rechtskausalität analog zu übertragen, so müßte man gewiß zur Annahme eines Kausalzusammenhanges gelangen."

Weitere Citate beizubringen, ist weder nötig noch ratsam. Jedenfalls habe ich auf Grund meiner Kenntnis der modernen Litteratur den Eindruck gewonnen, daß die Auffassung, es handele sich bei den Vorgängen der Rechtswelt nicht sowohl um Kausalität, als vielmehr um Motivation, mit mehr oder minder großer Klarheit und Entschiedenheit derzeit die Mehrzahl der juristischen — auch wohl philosophischen — Schriftsteller beherrscht.

An dieser Stelle zu der fundamental wichtigen Streitfrage Stellung nehmen, hieße den zur Verfügung stehenden Raum ungebührlich überlasten. Aber es scheint mir für meine Zwecke auch nicht erforderlich; wir können, wie ich hoffe, ohne die Zuhilfenahme der angefochtenen Rechtskausalität zu einer Entscheidung unserer Frage gelangen.

Selbstverständlich erachten auch Schloßmann, Brodmann und ihre Gesinnungsgenossen das Recht nicht als etwas „Nichtseiendes"; es ist mindestens etwas in der Vorstellung oder im Gefühl der davon betroffenen oder beeinflußten Menschen Existierendes. Als solches setzt es zweifellos gewisse Entstehungsgründe voraus; es müssen, um mit Schloßmann zu reden, gewisse Thatbestände vorliegen, welche einen zureichenden Grund für die „Motivation" der Beteiligten abgeben.

Bereits aus diesem Grunde möchte man die Anwendung des Kausalbegriffes auf die juristischen Phänomene zu verteidigen geneigt sein. Man könnte sagen: Zugegeben, das Recht ist Motivation, so muß doch diese im korrekt denkenden Menschen entstandene Motivation ihrerseits eine Ursache haben. Zumal wenn man erwägt, daß jene wie jeder psychologische Vorgang, eine zwar zunächst innerliche, aber doch der Welt des körperlichen Geschehens angehörende Thatsache ist.

Aber auch wer soweit nicht geht, wird und kann den Begriff des „Entstehungsgrundes" für die Welt des Rechtes, sowohl des objektiven wie des subjektiven, nicht entbehren. Thäte er es, so setzte er sich in krassen Widerspruch mit der gesamten bisherigen Terminologie, in der von „Rechtsquellen", „rechtserzeugenden Faktoren", „juristischen Thatsachen" und dergleichen allüberall gesprochen wird.

Wendet man aber den Begriff des Entstehungsgrundes auf die Rechtswelt an, so sind wir nicht nur berechtigt, sondern vom Standpunkt der praktischen Vernunft aus geradezu verpflichtet, unter den rechtserzeugenden Thatsachen je nach ihrer Bedeutung für die Entstehung des Rechts, einen ähnlichen Unterschied aufzustellen, wie ihn für die Welt des natürlichen Geschehens die im Civilrecht herrschende Lehre zwischen Ursache und Bedingung aufgestellt hat. Wie die Bedingungen zum Eintritt eines realen Erfolges, so mögen auch die zum Eintritt eines Rechtserfolges notwendigen Voraussetzungen, rein formalistisch betrachtet, gleichwertig, weil gleichnotwendig erscheinen. Aber daß die formalistische Betrachtungsweise nicht die richtige ist, das lehrt uns hier nicht nur allgemeine Erwägung, sondern unmittelbar das geltende Recht. Über die grundsätzliche Verschiedenwertigkeit der zur Entstehung des Rechtes notwendigen Thatsachen und die daraus sich ergebenden Konsequenzen haben uns bereits Karlowa[1]) und Dernburg[2]) aufgeklärt; des letzteren treffliche Worte hier wörtlich anzuführen, kann ich mir nicht versagen:

> „Die Logik scheint zu fordern, daß Rechte erst von dem Momente an datieren, in welchem sich sämtliche ihre Existenz bedingenden Thatsachen vollzogen haben. Dies ist aber keineswegs der Fall. Vielmehr sind zu unterscheiden rechtschaffende — konstitutive, und rechtbestätigende — konfirmatorische Thatsachen. Das Recht datiert mit der Vollziehung der konstitutiven Thatsachen, vorausgesetzt freilich, daß sich die konfirmatorischen später gleichfalls verwirklichen. In der Zwischenzeit ist das Recht in der Schwebe — in pendenti. Realisieren sich die konfirmatorischen Thatsachen, so tritt Rückziehung — Retrotraktion — ein, d. h. es ergiebt sich hinterher, daß das fragliche Recht von der Vollziehung der konstitutiven Thatsachen an bestanden hat."

Dieser von Dernburg zunächst nur für die Lehre vom Datum der Rechte aufgestellte Unterschied der konstitutiven und konfirma-

---

[1]) Das Rechtsgeschäft und seine Wirkung, 1877, nam. S. 10 fg.

[2]) Pandekten I § 82.

torischen — oder, wie Karlowa letztere nennt, entscheidenden — Entstehungsthatsachen dürfte auch darüber hinaus beachtenswert und verwertbar sein. Mit Recht weisen Karlowa wie Dernburg auf die Verwandtschaft der Unterscheidung mit dem Begriff nicht nur der gewillkürten, sondern auch der Rechtsbedingungen (condiciones iuris) hin. Wie man auch über diesen schwierigen und weiterer Klärung dringend bedürftigen Begriff denken möge: das dürfte zweifellos sein, daß seine Existenzberechtigung mit der nach Karlowa und Dernburg auch hier vertretenen Unterscheidung steht und fällt. Sind alle zum Eintritt des Rechtserfolgs in abstracto erforderlichen Thatsachen gleichwertig, so fehlt jedwede Berechtigung, trotz Fehlens der einen oder andern von ihnen in gewissen Fällen das zu begründende Recht bezw. Rechtsgeschäft als „unter einer condicio iuris bereits entstanden" zu bezeichnen.

Und das gewöhnliche „bedingte Recht" wäre, da ihm noch ein Entstehungserfordernis fehlt, einfach etwas noch gar nicht Vorhandenes, dem zu konstituierenden Grundeigentum vor vollzogener Eintragung im Grundbuche vergleichbar — während doch die Rechtsordnung in Wahrheit darin bereits eine Anwartschaft erblickt, die veräußerlich und meist vererblich ist, gegen gewisse Beeinträchtigungen des bedingt Verpflichteten geschützt wird und zu gewissen prozessualen Sicherungsmaßnahmen, möglicherweise (so Hellwig, Anspruch und Klagerecht, S. 284) selbst zur Klaganstellung gegen den bedingten Schuldner berechtigt.

Daß der Eintritt der Bedingung, sei sie condicio „iuris" oder „facti" — als bloß konfirmatorische Thatsache — nicht ein gleichwertiges Entstehungsmoment neben dem Vertrage oder sonstigen Vorgange, dem sie beigefügt ist, bildet, ergiebt sich aus der Möglichkeit und Häufigkeit der Rückziehung. Mag ihre Anwendung im römischen Recht auch von der früheren Lehre übertrieben sein; hat auch das B.G.B. § 159 sie wenigstens in ihrer dinglichen Bedeutung abgeschafft[1]) — schon ihr Vorkommen in gewissen Fällen, ihre Möglichkeit wäre unerklärlich, wenn der Bedingungseintritt erst die eigentlich rechtsbegründende Thatsache bildete. Wo es wirklich an einer solchen fehlt, tritt eine Rückziehung, abgesehen vielleicht auf Grund eines, nur persönlich wirkenden, besonderen Parteiwillens nimmermehr ein.

[1]) Dies übrigens nicht radikal! Daß auch für ein erst bedingt vorhandenes Recht der Rang reserviert werden kann, ist nach den Bestimmungen des Grundbuchrechts zweifellos, s. namentlich § 883.

Wer dem Gesagten seine Zustimmung versagen will, der müßte den ganzen Begriff des bedingten Rechtsgeschäfts auf eine neue Basis stellen, wie es der kleine und auf alle Fälle durch Originalität ausgezeichnete Aufsatz von Pietzcker im civilistischen Archiv Bd. LXXIV, S. 462 ff., ohne daraus übrigens auf unsere Frage Rückschlüsse zu ziehen, in der That versucht hat. Nach Pietzcker liegt in der bedingten Willenserklärung ein Wille des Inhalts, daß der Eintritt eines gewissen Ereignisses Rechtsfolgen nach sich ziehen, eine Verpflichtung begründen soll, S. 468, 469. Ein „bedingter Kauf" hat als Vertrag nur die Rechtsfolge, das fragliche Ereignis mit der ausgemachten Wirkung zu bekleiden und daneben die Parteien schon vorher zu verpflichten, nicht gegen den Sinn des Vertrags zu handeln; aber die Verkaufswirkung selbst entsteht durch den Eintritt des (bedingenden) Ereignisses. Dieses ist die wahre rechtserzeugende Thatsache. Wie das Gesetz gewisse Ereignisse mit Rechtsfolgen versehen kann (z. B. Geburt, Tod), so kann es der Parteiwille, und thut es im bedingten Geschäft.

Mir scheint dadurch die Wahrheit glücklich geradezu auf den Kopf gestellt. Pietzckers Lehre führt zu dem schier unerhörten Ergebnis, die ganze Vertragsnatur der aus einem bedingten Geschäft nach Eintritt der Bedingung entspringenden Rechtsverhältnisse völlig zu beseitigen und eine Abart der gesetzlichen Obligationen an ihre Stelle zu setzen. „Ein bedingter Kauf ist die Abmachung, daß ein Ereignis dieselben Folgen haben solle, die ein Kaufkontrakt haben würde." Also nicht Vertrags-, sondern sozusagen „Ereignisobligationen"! Danach müßte es inkonsequent, ja unerklärlich sein, daß die Quellen aus solchen nicht vertragsmäßigen Thatbeständen stets die Kontraktsklagen gewähren, daß sie aus der **bonae fidei**-Natur des Vertragsverhältnisses heraus die Rechtsfolgen bestimmen, vor allem aber auch, daß sie trotz Nichterfüllung der Bedingung in gewissen Fällen die verabredeten Rechtsfolgen eintreten lassen. Denn nach meinem Gegner fehlt es ja dann an einer rechtserzeugenden Thatsache! Die ganze Unterscheidung von den konstitutiven und den bloß konfirmatorischen Thatsachen fällt für die Pietzckersche Lehre vollkommen in sich zusammen; oder richtiger, er drückt die ersten zu bloßen Voraussetzungen herab, die vorhanden sein müssen, damit die letztern ihrerseits wirken können! Das ist eine Auffassung, gegen die man mit den Mitteln der formalen Logik vielleicht nichts einwenden kann, die aber der praktischen Vernunft schlechterdings ins Gesicht schlägt. Sie noch weiter zu bekämpfen, scheint mir nicht notwendig, vielmehr genügt die Feststellung, daß diese Lehre bisher meines Wissens kaum einen Überläufer gefunden, jedenfalls auf die Darstellungen in den Lehrbüchern und sonstigen Bearbeitungen der Lehre keinerlei Einfluß ausgeübt hat. Nur Eichhoff (S. 256) findet, daß Pietzckers „ausgezeichnet klare Deduktionen, auf jede Fiktion verzichtend, die Dinge einfach so darstellen, wie sie sind". Ich finde davon leider das gerade Gegenteil, und vermag insbesondere Eichhoffs einziges Argument, das bedingte Recht sei noch nicht entstanden, nicht als beweisend anzuerkennen. Angesichts der Scheidung konfirmatorischer und konstitutiver Thatsachen kann daraus unmöglich etwas gegen die hier vertretene Lehre entnommen werden.

c) Zu diesen begrifflichen Erwägungen treten praktisch-wirtschaftliche hinzu. Allerdings löst die Schädigung die Bedingung für den Anspruch des Beschädigten auf die Versicherungsgelder aus; er erlangt insofern ein „lucrum". Aber er hat dasselbe nicht unentgeltlich, sondern durch erhebliche Gegenleistungen erkaufen müssen, in Gestalt der gezahlten Prämien. Diese bilden das vollinhaltliche Äquivalent für die ihm nach Eintritt des schädigenden Ereignisses gebührende Versicherungssumme; müßte er diese von dem Ersatzanspruch gegen den Schädiger abziehen, so würde er dem Endeffekt nach die Prämien ohne Gegenleistung aufgegeben haben, obwohl die Bedingung für seinen Gegenanspruch eingetreten ist. Man hat zwar diese Erwägungen dadurch zu bekämpfen versucht, daß man auf das mögliche Minus der gezahlten Prämien gegenüber dem gewonnenen Anspruch hinwies. Allein sehr mit Unrecht. Denn wenn auch im einzelnen Fall, und meinethalben recht häufig, die Summe der Leistungen des Versicherten den Betrag der nunmehr zu beanspruchenden Gegenleistung nicht aufwiegt, so ist das doch etwas rein Zufälliges, von dem in eben so viel, ja noch mehr Fällen gerade das Gegenteil wahr ist. Denn unsere Renten-, Unfall-, Feuer- und Lebensversicherungsanstalten müssen ja ihre Prämiensätze selbstverständlich so einrichten, daß sie insgesamt mehr an Prämien einnehmen, als sie an Renten und sonstigen Versicherungssummen auszuzahlen haben werden. Der einzelne Versicherungsvertrag aber ist ein solches Geschäft, zu dessen Wesen gerade die Möglichkeit eines nicht durch Gegenleistung vollauf ausgeglichenen Gewinns des Kontrahenten gehört — niemand darf darin folgerecht eine ungerechtfertigte Bereicherung erblicken.

Die gegnerische Lehre führt also geradezu zu einer Bestrafung des Vorsichtigen, der um den Betrag der gezahlten Prämien sich im Ergebnis schlechter steht, als der Unvorsichtige, der sich nicht versichert hat.[1]) Und das zum Besten des eine sonderliche Rücksichtnahme gewißlich nicht verdienenden Schädigers. Je mehr die Versicherung sich einbürgert, desto geringer würde das mit einer schuldhaften Einwirkung auf fremde Lebensgüter verbundene ökonomische Risiko; denn desto häufiger müßte der Einwand der compensatio lucri cum damno durchdringen. Ein solches Ergebnis ist für jedes unbefangene Rechtsgefühl geradezu skandalös!

Mit Recht bezeichnet man die erlangten Lebensversicherungsgelder als ökonomisches Produkt einer Ersparungsthätigkeit des Versicherten — wo aber in aller Welt liegt der Grund dafür, Ersparnisse des Beschädigten, die ihm die Folgen der Beschädigung erleichtern, um deswillen in Anrechnung bringen zu lassen!

Ich habe hiermit die Nichtanrechnung der Versicherungsgelder auf das andernfalls verletzte Interesse des Versicherten zu stützen versucht. Dagegen liegt ein Einwurf nahe, der namentlich von Eichhoff nicht ohne Geschick verwertet wird: In vielen, vielleicht den meisten Fällen, führt die Nichtanrechnung zur Verbesserung der Lage des Versicherers, nicht des Versicherten! Denn mindestens durch Vertrag, zum Teil auch schon kraft Gesetzes, geht ja der Anspruch gegen den Schädiger auf den zahlenden Versicherer über; in anderen Fällen übt, wie die früher mitgeteilte Praxis vielfältig beweist, der Versicherte seinen Ersatzanspruch in Erfüllung der im Versicherungsvertrag übernommenen Pflichten nur im Interesse des Versicherers aus und muß ihm das Beigetriebene herausgeben!

So ist es denn auch kein Wunder, daß die Gegner der Anrechnung ihre Lehre vielfach allein oder neben dem Interesse des Versicherten auf das durch die ihm seinen Regreß nehmende Anrechnung beeinträchtigte Interesse des Versicherers zu stützen versuchen!

Entgegen meinen früheren Ausführungen gebe ich Eichhoff zu, daß es ein Widerspruch ist, gegen die Anrechnung das Interesse sowohl des Versicherten als des Versicherers auszuspielen. Im übrigen aber scheinen mir seine Einwände nicht begründet. Vielmehr bleibt der Versicherte an der Nichtanrechnung unter allen Umständen interessiert.

---

[1]) S. dazu auch Dreyer S. 434.

α) Das zeigt sich zunächst mit einer keines Beweises bedürftigen Deutlichkeit, wenn er — praktisch wohl ausnahmsweise — weder durch Gesetz noch durch Vertrag dem Versicherer seine Ansprüche abzutreten bezw. sie in dessen Interesse geltend zu machen verpflichtet ist.

β) Aber es trifft nicht minder zu, wenn aus den früher genannten Gründen der Versicherer die Ansprüche des Beschädigten erlangt. Denn man kann unschwer einsehen, daß der Versicherer wegen der dadurch erlangten Anwartschaft, Ersatzansprüche gegen den Schädiger erlangen zu können, vom Versicherten um so geringere Prämiensätze zu erheben imstande ist und wohl auch meist erheben wird. Offenbar ist der Gesamtaufwand, den er an Versicherungsgeldern bezahlen muß, um ein, in der Totalität den Zufälligkeiten des Einzelfalles entrücktes, erhebliches Quantum geringer, als er andernfalls sein würde. Der Versicherer kann bei seiner der Prämienfixierung zu Grunde zu legenden Berechnung von der Summe der vermutlich zu zahlenden Versicherungsgelder (d) diejenige der vermutlich einzutreibenden Ersatzgelder (l) absetzen, und die Prämie mit Rücksicht auf die dadurch zu erhoffende Minderung seines Gesamtaufwandes ermäßigen.

Daraus folgt: Die Nichtanrechnung der Versicherungsgelder nützt da, wo es zur Abtretung der Ansprüche an den Versicherer kommt, zwar nicht dem einzelnen Versicherten. Aber der abstrakte Satz, daß keine Anrechnung stattfindet, kommt der Gesamtheit aller Versicherten zu gute, indem sie zusammen soviel weniger an Prämien zu zahlen haben, als der Gesamtwert aller zu erhoffenden Ersatzansprüche gegen die dritten Schädiger beträgt. Um dieses Gesamtquantum würde die gegnerische Ansicht die Versicherten bringen, und zwar zu Gunsten der vorsätzlichen oder fahrlässigen Schädiger — ein wenig anmutendes Ergebnis!

Nur insofern ließe sich den hier angestellten Erwägungen entgegentreten, als man dem Versicherer gegen den Töter oder Verletzer des Versicherten einen selbständigen Ersatzanspruch aus unerlaubter Handlung zubilligte.

Es ist nun zwar des öfteren in der ausländischen Litteratur und Judikatur, namentlich Frankreichs (Belege s. bei Ehrenberg a. a. O. S. 517 No. 5), und neuestens in der kleinen Schrift des Schweizers Dr. Paul Hiestand („Der Schadensersatzanspruch des Versicherers gegen den Urheber der Körperletzung oder Tötung des Versicherten“, Stuttgart 1896, S. 60—68), behauptet worden, daß der Versicherer, ohne einer Cession zu bedürfen, aus eigenem Rechte einen solchen Anspruch gegen den Beschädiger habe. Aber diese Lehre unterliegt begründeten Bedenken, sowohl vom Standpunkt des geltenden Rechts, als de lege ferenda, s. dagegen namentlich Ehrenberg a. a. O., Baron in seinem Gutachten über die Regreßansprüche der Versicherungsgesellschaften gegen die Jura-Simplon-Bahn, 1892, für den Bereich der Lebensversicherung auch die Erkenntnisse des O.A.G. Berlin vom 19. Januar 1874, Seufferts Archiv Bd. XXX Nr. 146 S. 217, und des Reichsoberhandelsgerichts vom 9. Juni 1874, Entsch. Bd. XIII Nr. 136 S. 426. Es dürfte Hiestand durchaus nicht gelungen sein, den nötigen Kausalnexus zwischen dem Thun des Verletzers und dem der Versicherungsgesellschaft entstandenen „Schaden" nachzuweisen, und es fehlt, namentlich im Falle bloßer Vertragsverletzungen, ihr gegenüber an jeder Rechtswidrigkeit. Das näher auszuführen muß ich mir hier versagen; ich habe es an anderer Stelle[1]) unlängst nachzuweisen unternommen, und ich halte meine mit der heute wohl unbestritten herrschenden Auffassung[2]) übereinstimmenden Sätze durchaus aufrecht.

Daß ausnahmsweise — nach römischem Recht bei nachweisbarem dolus (s. die von Eichhoff herangezogene l. 18 § 5 D. IV, 3), nach bürgerlichem Recht unter den Voraussetzungen des § 826 — der Versicherer einen eigenen Ersatzanspruch gegen den Schädiger erlangen kann, macht für die weitaus große Mehrzahl der Fälle als bloßer Ausnahmesatz nichts aus. Im übrigen wird die hier vertretene Meinung gerade für das neue Recht noch viel bestimmter vertreten werden müssen, als sie schon bisher für das weniger unzweifelhafte gemeine und — entgegen dem bedenklichen Wortlaut des Gesetzes — preußische Recht vertreten wurde. Selbst Dernburg, der die aquilische Klage dem bloß obligatorisch Berechtigten zugesprochen hatte, scheidet die Forderungsrechte aus dem Bereiche der nach § 823 [2] geschützten „Rechte" nunmehr sehr entschieden aus. Angesichts dessen ist Eichhoffs (S. 313) Prophezeiung, „daß ein selbständiger Ersatzanspruch des Versicherers sehr bald anerkannt sein werde", wenigstens für unser deutsches Recht als überkühn zu bezeichnen.

Die Bedeutung dieser Frage für mein Thema liegt auf der Hand. Denn, das bemerkt auch Hiestand ausdrücklich: hätte

---

[1]) Oertmann, Der Schadensersatzanspruch des obligatorisch Berechtigten, Berliner Festgabe für Dernburg, 1900, S. 61 fg.

[2]) S. jetzt auch Dernburg, Das bürgerliche Recht, Bd. II S. 615.

der Versicherer einen eigenen Anspruch gegen den Thäter, so könnte daneben nicht auch dem versicherten Beschädigten ebenfalls ein solcher zustehen. Ihm gegenüber hätte vielmehr der Haftpflichtige die Befugnis, Anrechnung der von jenem erlangten Versicherungssumme auf seine Verpflichtung zu verlangen; sei es der ganzen, sei es, wie bei der Lebensversicherung, wenigstens ihres Überschusses über die gezahlten Prämien. Freilich soll das keine eigentliche compensatio lucri sein, „weil beides, die Leistung des Versicherers sowohl als die des Dritten, Schadensersatz bildet."

Ist nun aber das bisher Gesagte, insbesondere die Unterscheidung zwischen Bedingung und Verursachung, zutreffend, dann fallen Hiestands Deduktionen mit ihrer Grundlage — der Versicherungsvertrag bilde nicht in höherem Grade die Ursache der Zahlung als das Schadensereignis, ja letzteres stelle die eigentliche Ursache, die „wirksamste Bedingung" dazu dar,[1]) — in sich zusammen. Aber er hält in Wahrheit auch gar nicht einmal selbst an ihnen fest. Denn er will, und zwar in weit größerem Umfang als die herrschende Lehre, sowohl für die Schadens-, Sachen- wie für die Personenversicherung (S. 73), für den Versicherer neben (s. S. 74) seinem eigenen Ersatzanspruch nach der Zahlung an den Versicherten eine gesetzliche Subrogation in die Rechte des Gläubigers statuieren, S. 70. Von einer solchen aber kann vernünftigerweise nur dann die Rede sein, wenn der Versicherte seinerseits Rechte hatte, die durch die cessio legis übertragen zu werden vermögen. Und das hat Hiestand ja gerade bestritten. M. E. sind Subrogation und Ersatzanspruch des Versicherers aus eigenem Rechte unvereinbare Gegensätze.

Nach alledem scheint mir die Nichtanrechnung der Versicherungsgelder für die Regel der Fälle zweifelsfrei erwiesen.

Wer noch nach einem weiteren Beweis sucht, der könnte nach Rümelins Vorgang leicht einen solchen in § 254 B.G.B. finden. Denn wenn danach zum Nachteil des Ersatzberechtigten solcher Schaden nicht in Ansatz kommt, den er „vorwiegend verursacht" hat, so ist das im Interesse der ausgleichenden Gerechtigkeit analog dahin zu erstrecken, daß er sich andererseits solche Vorteile nicht in Abzug zu bringen habe, die zwar auch infolge des schädigenden Ereignisses eingetreten, aber immerhin von ihm selbst „vorwiegend verursacht" sind.

3. Das Gesagte wird nicht widerlegt, sondern bestätigt, durch die

[1]) a. a. O. S. 27.

Ausnahmen, in denen eine solche Anrechnung in der That anerkannt ist.

So insbesondere in dem oben S. 115 bereits wiedergegebenen § 4 des Reichshaftpflichtgesetzes. Denn wäre die Versicherungssumme schon, wie die Gegner wollen, nach allgemeinen Rechtsgrundsätzen auf den Ersatzanspruch anzurechnen, so wäre es höchst überflüssig, daß das Gesetz das hier als etwas ganz Besonderes, von mehrfachen genau umschriebenen Bedingungen Abhängiges, festsetzt. Der § 4 kann offensichtlich nur als lex singularis verstanden werden, aus der sich a contrario ergiebt, daß bei Nichterfüllung der dort angegebenen Voraussetzungen eine Anrechnung nicht statthaft sein soll. Das ist auch in den oben mitgeteilten Entscheidungen durchaus anerkannt worden. Dafür erklären sich nicht minder aus der Litteratur u. a. Mandry-Geib, Civilrechtl. Inhalt der Reichsgesetze, S. 530, Walsmann S. 102 und die meisten Spezialschriftsteller über das Haftpflichtgesetz, z. B. Endemann (Aufl. 3, S. 146), der geradezu sagt, daß von dem Fall des § 4 abgesehen, die Ersatzverbindlichkeit des Unternehmers als absolute nicht durch anderweite Abzüge des Ersatzberechtigten gemindert werden solle. Demgegenüber kann die Äußerung des Bundesratsbevollmächtigten bei Beratung des Gesetzes, daß auch ohne die Bestimmung des § 4 dasselbe Resultat sich schon aus allgemeinen Prinzipien ergebe, nicht in Betracht kommen, eben so wenig die nach derselben Richtung neigenden Bemerkungen von v. Weinrich S. 185, Hiestand S. 66 und die vermittelnden Ausführungen von Eger (Kommentar a. a. O.).

Es liegt auch ein guter innerer Grund dafür vor, daß gerade im Fall von § 4 cit. in weiterem Umfange als nach den allgemeinen Regeln eine Anrechnung stattfinde. Denn wenn der Betriebsunternehmer, auch ohne eigenes Verschulden, ersatzpflichtig, also einem ihm nachteiligen Sonderrecht unterworfen ist, so mußte diese Haftung wenigstens insoweit milde gestaltet werden, als nicht ein legitimes Interesse Dritter durch solche Milde benachteiligt wird. Das ist aber hier nicht der Fall. Denn die Prämien hat ja, damit die Anrechnung stattfinden kann, der Betriebsunternehmer — und daß es sich gerade um Beiträge des nach §§ 1—2 ersatzpflichtigen Unternehmers, nicht des etwaigen dritten Dienstherrn des Beschädigten handeln muß, läßt sich nach Wortlaut und Sinn des § 4 nicht bezweifeln (s. auch Mandry-Geib a. a. O.: „der haftpflichtige Betriebsunternehmer ...") — wenigstens zum großen Teil selbst geleistet. Wollte man ihm ihre Anrechnung nicht gestatten, so würde ein wichtiger

Antrieb für ihn wegfallen, den Arbeiter unter Beihilfe eigener Mittel zu versichern. Gestattet man ihm andererseits die Anrechnung, so enthält das einen Anreiz für ihn, solche Versicherungsverträge abzuschließen, also ein im sozialen Interesse wünschenswertes Verhalten einzuschlagen. Somit ist die Anrechnung durch die Motivationspolitik dringend gerechtfertigt. Andererseits fehlt jeder vernünftige Grund dafür, anzunehmen, daß durch § 4 die Anrechnung, falls sie im allgemeinen stattfinde, gerade für den Anwendungsbereich des Haftpflichtgesetzes beschränkt worden sei.

Nach dem Gesagten kann der Lehre Egers nicht zugestimmt werden, wonach das Kassengeld auch anzurechnen sei, wenn ein Dritter die geforderten Beiträge zu den Prämien gezahlt habe. Dem ist mit Walsmann S. 102 nur für den Fall beizupflichten, daß der Zahler im Auftrage oder doch im vermeintlichen Interesse des Betriebsunternehmers gehandelt hat.

Die Streitfrage ferner, ob nach § 4 nur die bereits gezahlten, oder auch die erst geschuldeten Beiträge anzurechnen seien (für die letztere, herrschende Ansicht R.O.H.G. Bd XXII, S. 259, ferner Endemann Aufl. 3, S. 139, Eger S. 428, Genzmer S. 119, v. Weinrich S. 188), muß im zweiten Sinne entschieden werden, schon deshalb, weil die Leistungen der Kassen meist in Renten bestehen, so daß eine Beschränkung der Anrechnung auf das bereits Gezahlte die Anrechnung allzusehr verringern würde.

Den Ersatzberechtigten kann das nur dann gefährden, wenn die Kasse zahlungsunfähig wird. Aber in diesem — zudem seltenen — Falle kann er nach C.P.O. § 323 eine die ihm gemäß § 7 des H.Pfl.G. vom Betriebsunternehmer zu zahlende Rente entsprechend erweiternde Abänderung des Urteils verlangen. So auch Endemann a. a. O.

Eine ähnliche Bestimmung findet sich im Reichs-Unfallversicherungsgesetz vom 6. VII. 1884, § 95, nach der Fassung vom 30. VI. bezw. 5. VII. 1900: § 135. Die nach Maßgabe dieses Gesetzes versicherten Personen haben einen Ersatzanspruch wegen des, infolge des Unfalles erlittenen, Schadens gegen den Betriebsunternehmer nur dann, wenn dieser den Unfall laut strafgerichtlichen Urteils vorsätzlich herbeigeführt hat. Es heißt sodann im Abs. 2:

> „In diesem Falle beschränkt sich der Anspruch auf den Betrag, um welchen die den Berechtigten nach anderen gesetzlichen Vorschriften gebührende Entschädigung diejenige übersteigt, auf welche sie nach diesem Gesetz Anspruch haben.“

Auch hier ist der Grund für die Anrechnung klar: der Arbeitgeber muß seine Arbeiter gegen Unfälle versichern, und zwar aus seiner Tasche. Es wäre ungewöhnlich hart und unbillig, ihn auf seine nach dem Prinzip des Gesetzes ohnehin singuläre Individualhaftung des § 135 das den Arbeitern durch seine Leistungen verschaffte Versicherungsgeld nicht anrechnen zu lassen. Der Fall liegt von denen der gewöhnlichen Versicherung innerlich ganz verschieden; er stellt offenbar ein ius singulare dar, „quod non est producendum ad consequentias." S. auch die gleichartigen bezw. den § 135 für entsprechend anwendbar erklärenden Bestimmungen des landwirtschaftlichen Unfallversicherungsgesetzes vom 5. V. 1886, § 116 (neue Fassung 146); des Bauunfallversicherungsgesetzes vom 10. VII. 1887, § 49 (45); des Seeunfallversicherungsgesetzes vom 13. VII. 1887, § 109 (133); des Beamtenfürsorgegesetzes vom 15. III. 1886, § 8.

Die bisherigen Erörterungen bezogen sich ausschließlich auf Versicherungsgelder und andere dem Beschädigten auf Grund besonderer Rechtsgeschäfte geschuldete oder geleistete Emolumente.

Anders steht es bei Amtspensionen, auf die der Angestellte nicht kraft eines besonderen Vertrages, sondern unmittelbar aus seinen Anstellungsbedingungen heraus Anspruch hat. Sie haben keine propria causa, stellen vielmehr juristisch ein fortdauerndes Gehalt in verkümmerter Form dar, wie es dem Angestellten angesichts der durch das schädigende Ereignis entzogenen oder verringerten Arbeitsfähigkeit noch zusteht, bilden einen (nachträglichen) Teil der Gegenleistung für seine der Vergangenheit angehörigen Dienste.[1]) Hat also die Schädigung in einem vertretbaren Verhalten eines Dritten ihren Grund, so besteht der eingetretene ökonomische Schaden nicht in voller Entziehung, sondern nur in einer Verkümmerung des Amtseinkommens für den Verletzten; sein ihm zu ersetzendes Interesse erschöpft sich folgerecht in der Differenz der einstigen und jetzigen Bezüge. Der Erfolg ist ein durchaus einheitlicher, und selbst von einer compensatio lucri wird man dabei kaum reden können, da das damnum um den Betrag der Pension kleiner ist, nicht erst durch ein besonderes lucrum kompensiert wird.

---

[1]) S. über das Wesen der Pensionen auch Laband, Staatsrecht, Aufl. 3, Bd. I, S. 463/5.

Das haben auch die Gerichte, vor allem das Reichsgericht in den oben mitgeteilten Erkenntnissen, mit guten Gründen angenommen, und sie haben zutreffend selbst dann die Anrechnung solcher Pensionen auf den Ersatzanspruch ausgesprochen, wenn der Beamte zu den Pensionskassen Zuschüsse zu leisten hatte. Denn auch darin liegt nicht ein besonderes Versicherungsverhältnis; sondern der Staat, die Gemeinde mindern dann eben nur das Amtseinkommen ihrer Beamten anstellungsgemäß um die Beträge, die sich als zur demnächstigen Versorgung der arbeitsunfähig gewordenen nach dem Durchschnitt als notwendig ergeben.

Man kann darin auch nicht, wie gelegentlich behauptet ist, eine Benachteiligung des beschädigten Beamten im Vergleich mit einem, der ohne Pension zu einem höheren Gehalte angestellt ist, erblicken. Eine solche Vergleichung läßt sich bei Staats- und Kommunalbeamten, wo die Anstellung mit oder ohne Pension nicht im Einzelfalle vereinbart wird, sondern die Pension ein für allemal kraft gesetzlicher Bestimmung festgesetzt ist, überhaupt nicht anstellen.

Auch des Staates oder sonstigen Dienstherrn halber nötigt uns nichts zur Aufstellung von Bedenken. Denn auch beim Versicherungsvertrag war, wie wir sahen, die Nichtanrechnung nicht des Versicherers halber ausgesprochen; kommt sie ihm zu Gute, so ist das nur zufällig und, soweit er wegen der Anwartschaft auf solche Vorteile die Prämien niedriger ansetzt, auch nur virtuell.

Dagegen haben einzelne, so Endemann a. a. O. S. 135, zum Teil auch Eger, für das Gebiet des Haftpflichtrechtes die Anrechnung der Pensionen um deswillen abgelehnt, weil das Gesetz eine Anrechnung anderer als der in § 4 genannten lucra nicht wolle, sowie aus dem inneren Grunde, weil der Beschädigte durch ein entsprechend geringeres Gehalt für die demnächstige Pension ein Äquivalent gezahlt habe, und weil er sich „mit seiner vollen Arbeitskraft in den dauernden Dienstnexus gestellt und dadurch einen Anspruch auf Lebensunterhalt erworben habe.“

Dieser innere Grund ist schwerlich durchschlagend, und ein argumentum a contrario aus § 4 für diese Frage zu bilden, vollends mißlich. Denn § 4 entscheidet doch nur, inwieweit die auf Grund besonderer Verhältnisse, nicht schon auf Grund des Anstellungsvertrages, erlangten Reichnisse anzurechnen seien.

Zweifelhafter als bei den bisher besprochenen Amts- liegt die Frage der Anrechnung bei den auf Grund des Gesetzes gezahlten Witwen-

und Waisenpensionen. Die Praxis, so die oben mitgeteilte Entscheidung des R.G. Bd. XV Nr. 24, auch Bolze Bd II Nr. 360, ist auch ihrer Bejahung günstig, nicht minder die Theorie. Doch fehlt gewöhnlich eine überzeugende Begründung.

Weist man darauf hin, daß das „lucrum“ hier erst durch die Tötung des Ernährers entstanden sei, so läßt sich darauf erwidern, daß eben so gut der Eintritt des Getöteten in den Staatsdienst als eigentliche Ursache erachtet werden kann. Auch der für die Anrechnung der Amtspensionen angeführte Grund, daß das Einkommen durch die Verletzung nicht sowohl vernichtet, als nur um die Differenz zwischen Gehalt und Pension vermindert sei, läßt sich den Hinterbliebenen gegenüber nicht ausspielen.

Der Ausweg Walsmanns S. 98, wonach die Ansprüche der Hinterbliebenen gegen den Töter einer-, den Staat andererseits im Verhältnis von Solidarobligationen stehen, begegnet hier ähnlichen Bedenken, wie ich sie oben bei Besprechung der Versicherungsansprüche für das Gebiet der Summenversicherung geäußert habe. Es ist zu bestreiten, daß der in seiner Höhe nach dem Gehalt des Getöteten ein für allemal fixierte Pensions-, und der bewegliche Ersatzanspruch einfach auf dasselbe Ziel gehen. Auch ist das nach W.s Lehre kaum vermeidliche Ergebnis, daß der Staat oder der sonst Pensionsleistungspflichtige von der Zahlung der Pension frei wird, wenn die berechtigten Hinterbliebenen vom Töter ihres Ernährers Ersatz verlangt haben, unbewiesen und höchst bedenklich.

Andererseits würde eine verschiedene Behandlung der dem Beschädigten selbst gezahlten Amts-, und der seinen Hinterbliebenen gebührenden Witwen- und Waisenpensionen innerlich wenig befriedigen; sie würde zu dem höchst anstößigen Ergebnis führen, die Hinterbliebenen wegen des Fehlens der Anrechnung besser zu stellen, als den unmittelbar Beschädigten, obwohl doch das Gesetz mit gutem Grunde dem letzteren einen viel weiter gehenden Ersatzanspruch zugesteht, als den nur nach einer bestimmten Richtung — in Bezug auf das „infolge der Tötung entzogene Recht auf den Unterhalt“ — ersatzberechtigten Hinterbliebenen.

Für die verschiedene Behandlung läßt sich auch nicht der Grund anführen, daß der Getötete seinen Hinterbliebenen das Recht auf den Genuß der Pension durch Beiträge an die Witwen- und Waisenpensionskasse erkauft habe. Denn, ganz abgesehen davon, daß eine Einheit der leistenden und der genießenden Person zu vermissen bliebe, ist die Leistung solcher Beiträge nichts Notwendiges, auch gerade im modernen Beamtenrecht vielfach beseitigt. Und wo sie zu leisten sind, ist der Aufwand des Beamten deshalb nur virtuell ein größerer als bei den Amtspensionen, weil wirtschaftlich ein zur Bestreitung der letzteren erforderlicher Betrag als ein, zu diesem Zwecke vom Staat von vornherein einbehaltener, Teil des Gehaltes angesehen werden muß. Indem der eigentliche Gehalt sich also um den entsprechenden Betrag vermindert, nicht voll zur Auszahlung gelangt, hat in Wahrheit der Beamte für seine Pension Gegenleistungen zu machen.

Lassen sich somit höchstens formalistische Gründe für eine verschiedene Behandlung beider Arten von Pensionen geltend machen, so wird man geneigt sein, eine solche überhaupt zu leugnen und für beide Fälle gleichmäßig entweder eine Anrechnung oder aber eine Nichtanrechnung zu vertreten. Da die zweite Alternative nach meinen früheren Ausführungen für die Amtspensionen bedenklich erscheint, so bin ich geneigt, das dort gewonnene Ergebnis im Wege der Analogie auch für die Pensionen der Hinterbliebenen zu verwenden. Doch steht die Entscheidung der Frage, wie ich zugebe, auf des Messers Schneide.

Vielleicht ließe sich noch anführen: indem der Getötete bei Lebzeiten eine mit dem Anrecht auf Witwen- und Waisenpension versehene Stellung erlangte, hat er dafür vorgesorgt, daß den Hinterbliebenen auch für die Zeit nach seinem Tode das Recht auf den Unterhalt in Höhe der zu beanspruchenden Pension erhalten blieb. Faßt man die letztere als solche residuäre Unterhaltsgewährung auf, so ist das Recht der Hinterbliebenen auf den Unterhalt durch die Tötung des Ernährers zwar verkümmert, aber nicht ganz vernichtet, und sie können daher auch nach § 844 von vornherein den Töter nur nach Maßgabe der entzogenen Differenz in Anspruch nehmen. Es läge dann wieder keine compensatio lucri cum damno vor, sondern es wäre überhaupt nur ein um so viel geringerer Schaden entstanden.[1])

---

[1]) Ähnlich die oben angeführten Reichsgerichtserkenntnisse. Dagegen ließe sich m. E. aus dem in § 844 auf den Anspruch der Angehörigen anwendbar erklärten § 843 Abs. 4 ein Bedenken nicht herleiten. Denn die allgemeine Voraussetzung des § 844, daß den Angehörigen durch die Tötung das Recht auf den Unterhalt entzogen sein muß, bleibt natürlich trotz jener Verweisung bestehen, und sie ist hier insoweit eben nicht erfüllt!

§ 16. c) Besondere Bestimmungen der Reichsversicherungsgesetze.

Die Reichsversicherungsgesetze enthalten, auch abgesehen von dem in § 15 citierten § 135 des U.V.G., mehrfach Bestimmungen, die mit dem Thema mehr oder minder nahe zusammenhängen und daher hier einer kurzen Darstellung bedürfen:

1. Dahin gehört an erster Stelle der § 98 (§ 140 neue Fassung) des Unfallversicherungsgesetzes:

> „Die Haftung dritter, in den §§ 135, 136 nicht bezeichneter Personen, welche den Unfall vorsätzlich herbeigeführt oder durch Verschulden verursacht haben, bestimmt sich nach den sonstigen gesetzlichen Vorschriften. Insoweit den nach Maßgabe dieses Gesetzes entschädigungsberechtigten Personen ein gesetzlicher Anspruch auf Ersatz des ihnen durch den Unfall entstandenen Schadens gegen Dritte erwachsen ist, geht dieser Anspruch auf die Berufsgenossenschaft im Umfang ihrer durch dieses Gesetz begründeten Entschädigungspflicht über.“[1])

Über die Bedeutung dieser in der Litteratur und Judikatur des Arbeiterversicherungsrechtes viel erörterten Bestimmung ist hier nicht im allgemeinen zu handeln; ich verweise auf die ausführliche und scharfsinnige Monographie von Riesenfeld: „Das besondere Haftpflichtrecht der deutschen Arbeiterversicherungsgesetze“, 1894. Nur auf die Konstruktion des Anspruches aus § 140 kommt es, als für seine Verwertbarkeit für mein Thema präjudiziell, hier an.

a) Durch die Ausdrucksweise des Gesetzes wird die Annahme nahegelegt, und ihr huldigen denn auch die Meisten,[2]) daß unsere Bestimmung einen wahren Übergang des zunächst in der Person des Versicherten entstandenen Anspruches, eine cessio legis vorschreibe.

b) Demgegenüber stellen einzelne, wie Piloty (Reichsunfallversicherungsrecht, Bd. I S. 147) und vorzüglich Riesenfeld, eine ganz andere Lehre auf, die ich am besten mit des letzteren eigenen Worten wiedergebe:

> „In Wahrheit hat das Gesetz für die Versicherungsträger auch hier einen nicht auf Rechtsgründen, sondern auf wirtschaftlichen Rücksichten basierenden, ganz neuen, selbständigen Er-

[1]) Satz 2 lautete in der ursprünglichen Fassung: „Jedoch geht die Forderung der Entschädigungsberechtigten von dem Dritten an die Genossenschaft insoweit über, als die Verpflichtung der letzteren zur Entschädigung durch dieses Gesetz begründet ist.“

[2]) S. die reichhaltigen Angaben bei Riesenfeld, S. 222 No. 334.

stattungsanspruch geschaffen, welcher nur durch die Voraussetzungen seiner Entstehung und durch die Beschränkung seines Umfanges auf die Höhe des dem Verletzten nach bisherigem Haftpflichtrechte bereits zustehenden Ersatzanspruchs mit dem letzteren zusammenhängt, im übrigen aber als ein ursprüngliches, nicht erst von dem Verletzten abzuleitendes Forderungsrecht, als eine dem Regreß aus § 96 I U.V.G. rechtsähnliche obligatio ex lege aufzufassen sein dürfte."

Huldigt man dieser Ansicht, so fehlt es an einer die etwaige compensatio lucri cum damno ermöglichenden Situation. Denn soweit er Ansprüche an die Berufsgenossenschaft hat, hindert danach das Gesetz von vornherein die Entstehung eines Ersatzanspruches für den Beschädigten; er hat einen solchen überhaupt nur so weit, als sein „lucrum" nicht reicht.

Dagegen nach der herrschenden Lehre liegt ein Fall vor, in dem die Vorteilsanrechnung in Frage stände. Der Beschädigte erlangt durch die Schädigung uno actu einen Anspruch auf die Versicherungsgelder; dem damnum steht also ein lucrum gegenüber. Und die Anrechnung dieses lucrum wird abgelehnt! Allerdings nicht im Interesse des Beschädigten, sondern der Berufsgenossenschaft, auf welche der Anspruch von Rechtswegen übergeht. Aber das verschlägt natürlich nichts: um wirksam übertragen zu werden, muß der Anspruch zunächst in der Person des Beschädigten entstanden sein. Und zwar als ein keiner Einrede ausgesetzter — denn da solche nach §§ 406, 412 B.G.B. dem Cessionar entgegengesetzt werden könnten, muß das Gesetz, das der Berufsgenossenschaft offenbar einen wirksamen Anspruch hat zuwenden wollen, von der Vorstellung ausgegangen sein, daß der Ersatzanspruch in der Person des Beschädigten trotz des lucrum als ein vollwirksamer zur Entstehung gelangt sei.

Welche der beiden Konstruktionen ist aber die richtige? Ich glaube mich mit voller Sicherheit für die gewöhnliche, ältere entscheiden zu sollen. [1])

Zunächst fällt der Wortlaut des Gesetzes dafür bedeutsam ins Gewicht. Ist auch die gesetzliche Konstruktion für den Ausleger nicht bindend, so können ihn doch nur gewichtige Gründe zu einem Abweichen davon veranlassen, zumal wenn das Gesetz seine Auffassung

[1]) So jetzt auch Mandry-Geib Aufl. 4 S. 426 No. 14 im Gegensatz zu den beiden ersten Auflagen des Werkes, wo von einer actio negotiorum gestorum die Rede war.

mit so zweifelsfreier Präzision und Deutlichkeit ausspricht, wie in unserem Paragraphen, sowohl nach dessen alter wie neuer Lesart.

Wichtiger noch ist folgender Grund: Es unterliegt nach dem Wortlaut der Bestimmung keinem Zweifel und wird auch von Riesenfeld nicht bestritten, daß der Umfang des Anspruches sich nur nach dem Interesse des Verletzten, nicht nach demjenigen der Berufsgenossenschaft, bemißt. Letzteres Interesse ist nur insoweit bedeutsam, als der Übergang des Anspruches sich nur in Höhe der ihr obliegenden Verpflichtungen gegen den Beschädigten vollzieht. Übersteigt also der Betrag dieser Verpflichtungen den des übergehenden Ersatzanspruches, oder hat die Genossenschaft durch die Verletzung des Versicherten noch andere Nachteile erlitten, so führt der § 140 nicht zu ihrer vollen Schadloshaltung.

Enthielte nun der citierte Paragraph einen neuen, selbständigen Anspruch der Genossenschaft, so müßte eine solche Beschränkung Wunder nehmen. Man sollte meinen, daß, wenn das Gesetz jemandem einen Schadensersatzanspruch zubilligte, es für dessen Umfang auch das Interesse des damit zu Versehenden, nicht das davon vielleicht ganz verschiedene eines Dritten zu Grunde legen würde.

Daß speziell das Unfallversicherungsgesetz nach solchem allein vernünftigen Grundsatz verfährt, dafür brauchen wir nach einem Beispiel nicht lange zu suchen. Die den Unfall durch Vorsatz oder Fahrlässigkeit herbeiführenden Betriebsunternehmer sollen nach § 136 den Berufsgenossenschaften oder Krankenkassen „für alle Aufwendungen" haften, welche von diesen infolge des Unfalls auf Grund des Unfalls- oder des Krankenversicherungsgesetzes gemacht worden sind. Hier ist von keiner cessio legis die Rede; der Anspruch des Verletzten entsteht von vornherein, soweit er überhaupt zur Entstehung gelangt (s. den oben in § 15 citierten § 135), in einem um seinen Anspruch gegen das Versicherungsorgan geminderten Betrage, und dies Organ erhält daneben von vornherein einen nach seinem Interesse bemessenen Ersatzanspruch.

Hätte das Gesetz in § 140 eine den §§ 135—136 entsprechende Gestaltung einführen wollen, so wäre es gerade nach dem unmittelbaren Vorbild dieser Paragraphen leicht, ja fast selbstverständlich gewesen, dafür eine entsprechende Formulierung zu wählen. Findet sich statt dessen eine so völlig andere, so ist a priori anzunehmen, daß das Gesetz für die beiden in Frage stehenden Ansprüche auch in Wahrheit eine verschiedene Grundlage hat aufstellen wollen. Mit Riesenfeld demungeachtet annehmen, die Ansprüche der §§ 136 und 140 seien wesentlich ein und derselben Art, hieße dem Gesetz grund- und nutzlos den Vorwurf einer fast unerträglichen Liederlichkeit machen.

Was Riesenfeld an positiven Gründen für seine Lehre vorbringt, ist leicht zu widerlegen. Wieso es an einer „causa“ für den Rechtsübergang fehlen soll, ist mir unverständlich — die formelle causa ist eben das Gesetz, und an einer materiellen Rechtfertigung für den Übergang fehlt es keineswegs (s. unten vor Nr. 2).

Daß nur die gegnerische Konstruktion dazu führen könne, dem Verletzten eine Verfügung über den der Genossenschaft gebührenden Teil des Ersatzanspruches und damit eine Verkümmerung der Rückgriffsrechte jener unmöglich zu machen, ist beim besten Willen nicht einzusehen. Denn der Übergang des Ersatzanspruches vollzieht sich nach dem zweifelsfreien Wortlaut des Gesetzes nicht erst mit der Leistung der Genossenschaft, sondern „insoweit“, also auch von dem Momente an, als die Pflicht derselben begründet ist. Also geht der Anspruch unmittelbar nach seiner Entstehung auf die, infolge des Unfalles gleichfalls bereits leistungspflichtige, Genossenschaft in dem geschilderten Umfange über. Dieser Umfang mag allerdings vorläufig, bis zur endgültigen Feststellung der Unfallrente, noch subjektiv, vielleicht auch objektiv, ungewiß sein. Aber das thut nach dem Wortlaut und Sinn des Gesetzes seinem Übergang keinen Abbruch — er teilt das Schicksal der vorläufigen Unbestimmtheit mit dem gewöhnlichen Ersatzanspruch, dessen Abtretbarkeit dadurch doch auch sonst nicht in Frage gestellt wird. Ist die Feststellung der Unfallrente erfolgt, so ergiebt sich ex post facto, zu welchem Betrage der Ersatzanspruch als mit dem Moment der Schädigung auf die Genossenschaft übergegangen anzusehen ist. Daran kann auch die teilweise abweichende Judikatur des Reichsgerichts (s. Entsch. Bd. XXIV Nr. 23 S. 131, weitere Angaben bei Riesenfeld S. 224), wonach die Abtretung erst mit der Feststellung der Rentenpflicht, oder gar erst mit dem Beginn der Unterstützung oder der vollständigen Leistung eintreten soll, nichts ändern — sie widerspricht dem Wortlaut des Gesetzes und hat in der That die von Riesenfeld geäußerten praktischen Bedenken gegen sich.

Auch durch die zweideutige Stelle der Motive S. 83 — gegenüber dem Gesetzestext ein recht fadenscheiniges Argument — wird die Gegenmeinung nicht bestätigt und scheitert an der Unmöglichkeit, einen einheitlichen Zeitpunkt für den Übergang der Entschädigungsforderung anzugeben. Da die Unfallrenten ratenweise, eine unter Umständen außerordentlich lange Zeit hindurch, gezahlt werden, so müßte nach der gegnerischen Auffassung sich auch der **transitus legalis** in der entsprechenden Weise nach und nach vollziehen — ein gewißlich höchst anstößiges Ergebnis!

Nach alledem ist der § 140 cit. dem Gebiete des hier behandelten Problems zuzuweisen, und es fragt sich somit, wie die darin vollzogene Regelung sich zu unseren bisherigen Ergebnissen stellt? Sicherlich erfahren dieselben dadurch weniger einer Erschütterung, als vielmehr eine Bestätigung. Denn das Bestehen eines — ungeachtet seiner möglicherweise publizistischen Natur — mindestens versicherungsartigen Verhältnisses läßt den Beschädigten seines Anspruches gegen den Verletzer nicht verlustig gehen. Freilich überträgt er den bestehen gebliebenen mittels cessio legis dem Versicherungsorgane; aber das ist erstlich mit unserer Lehre viel eher, als mit der eine Anrechnung der Versicherungsgelder heischenden gegnerischen verträglich, und hat zum andern auch einen guten inneren Grund. Denn da der Versicherte an den Aufwendungen für das Versicherungsverhältnis hier im Gegensatz zur privatrechtlichen Versicherung nicht teilgenommen hat, entspricht die Zuweisung der Ersatzansprüche an das Versicherungsorgan, also indirekt an die dadurch in ihren Beitragsleistungen entlasteten Arbeitgeber, als an die von den Kosten der Unfallversicherung betroffenen Personen, durchaus der materiellen Gerechtigkeit.

2. Eine verwandte Bestimmung enthält das Krankenversicherungsgesetz vom 15. Juni 1883 (resp. 10. April 1892) in § 57:

„Die auf gesetzlicher Vorschrift beruhende Verpflichtung von Gemeinden oder Armenverbänden zur Unterstützung hülfsbedürftiger Personen, sowie die auf Gesetz, Vertrag oder letztwilliger Anordnung beruhenden Ansprüche der Versicherten gegen Dritte werden durch dieses Gesetz nicht berührt.

Soweit auf Grund dieser Verpflichtung Unterstützungen für einen Zeitraum geleistet sind, für welchen dem Unterstützten auf Grund dieses Gesetzes ein Unterstützungsanspruch zusteht, geht der letztere im Betrage der geleisteten Unterstützung auf die Gemeinde oder den Armenverband über, von welchen die Unterstützung geleistet ist.

Das Gleiche gilt von den Betriebsunternehmern und Kassen, welche die den bezeichneten Gemeinden und Armenverbänden obliegende Verpflichtung zur Unterstützung auf Grund gesetzlicher Vorschrift erfüllt haben.

Ist von der Gemeinde-Krankenversicherung oder von der

Orts-Krankenkasse Unterstützung in einem Krankheitsfalle geleistet, für welchen dem Versicherten ein Entschädigungsanspruch gegen Dritte zusteht, so geht dieser Anspruch in Höhe der geleisteten Unterstützung auf die Gemeinde-Krankenversicherung oder die Orts-Krankenkasse über.[1])

In Fällen dieser Art gilt als Ersatz der im § 6 Absatz 1 Ziffer 1 bezeichneten Leistungen die Hälfte des gesetzlichen Mindestbetrages des Krankengeldes."

Von diesem Paragraphen interessiert uns unmittelbar nur der Abs. 4. Es kann nach dem zu 1. Gesagten keinem Zweifel unterliegen, daß auch hier — trotz Widerspruches von Riesenfeld — eine wahre gesetzliche Cession anzunehmen sei, sodaß also damit auch dem Bestehen eines Anspruches auf Krankenversicherungsgelder, wie der Auszahlung derselben eine Einwirkung auf den Entschädigungsanspruch nicht zuerkannt wird. Indem also auch hier das Versicherungsverhältnis eine compensatio lucri nicht begründet, ergiebt sich ein weiteres Argument für die im vorigen Paragraphen vertretene Lehre.

Übrigens ist ein nicht unerheblicher Unterschied zwischen den Bestimmungen des § 57⁴ gegenüber dem zu 1. besprochenen § 140 U.V.G., zu beachten. Während nach dem letzteren der gesetzliche Übergang schon wegen und in Höhe der begründeten Entschädigungspflicht der Genossenschaft eintritt, geht der Schadensersatzanspruch des Erkrankten an die Krankenkasse erst mit der ihm wirklich geleisteten Unterstützung über.

Diese Gestaltung kann hier, bei der Krankenversicherung, die oben unter 1. geschilderten Bedenken nicht oder doch nur in sehr gemindertem Umfange erregen. Denn die Leistungen der Krankenkassen sind auf die verhältnismäßig kurze Frist von längstens 13 Wochen beschränkt (s. Kr.V.G. §§ 6, 20); mit Ablauf derselben hat sich somit, wenn die Zahlung wirklich erfolgt ist, der Umfang der auf die Kasse übergehenden Ansprüche endgiltig fixiert.

3. Eine ähnliche Bestimmung findet sich weiterhin im Reichsgesetz über die Alters- und Invalidenversicherung vom 13. Juli 1899 § 54 (§ 39 der früheren Fassung):

„Insoweit den nach Maßgabe der reichsgesetzlichen Bestimmungen zum Bezuge von Invalidenrenten berechtigten Personen ein gesetzlicher Anspruch auf Ersatz des ihnen durch die Invalidität entstandenen Schadens gegen Dritte zusteht, geht

---

[1]) Durch die Novelle von 1892 auf eingeschriebene Hilfskassen ausgedehnt, § 76 d. Ges.

derselbe auf die Versicherungsanstalt bis zum Betrage der von dieser zu gewährenden Rente über."

Auch hier ist gemäß dem zu 1. Gesagten eine wahre gesetzliche Cession anzunehmen. Im Gegensatz zum Krankenversicherungsgesetz vollzieht sich der Übergang nicht bis zum Betrage der gewährten, sondern der zu gewährenden, also auch der noch nicht geleisteten Rente. Es wird keiner Auslegungskunst gelingen, diesen jeder Mißdeutung unfähigen Ausdruck wegzudeuten. Der Grund ist derselbe, wie ich ihn früher bez. der Unfallrenten anführte. Die gegnerische Anschauung würde zu einem seltsamen und unpraktikabeln stückweisen Übergang des Entschädigungsanspruches führen.

4. Zu erwähnen ist ferner die Bestimmung des U.V.G. § 8, jetzt: §§ 25 und § 27 n. F.

„Die Verpflichtung der eingeschriebenen Hilfskassen, sowie der sonstigen Kranken-, Sterbe-, Invaliden- und anderen Unterstützungskassen, den von Betriebsunfällen betroffenen Arbeitern und Betriebsbeamten, sowie deren Angehörigen und Hinterbliebenen Unterstützungen zu gewähren, sowie die Verpflichtung von Gemeinden oder Armenverbänden zur Unterstützung hilfsbedürftiger Personen wird durch dieses Gesetz nicht berührt.

Wenn auf Grund solcher Verpflichtung Unterstützungen für einen Zeitraum gewährt sind, für welchen dem Unterstützten nach Maßgabe dieses Gesetzes ein Entschädigungsanspruch zustand oder noch zusteht, so ist hierfür den die Unterstützung gewährenden Kassen, Gemeinden oder Armenverbänden durch Überweisung von Rentenbeträgen Ersatz zu leisten."

(Abs. 3—5 enthalten einzelne für uns minder wichtige Spezialbestimmungen.)

§ 27: „Das Gleiche gilt von den Betriebsunternehmern und Kassen, welche die den bezeichneten Gemeinden und Armenverbänden obliegende Verpflichtung zur Unterstützung Hülfsbedürftiger auf Grund gesetzlicher Vorschrift erfüllten."

Meistens wird es sich freilich bei den hiernach zu übertragenden[1]) Ansprüchen nicht um Schadensersatzansprüche handeln, sodaß auch von einer Ablehnung der **compensatio lucri cum damno** in der angezogenen Bestimmung nicht die Rede sein kann. Indem aber das U.V.G. in gewissen Fällen — namentlich nach §§ 135 fg., s. oben

[1]) Nach der ursprünglichen Bestimmung (§ 8) sollte der Entschädigungsanspruch auf den Unterstützer in Höhe von dessen Leistung direkt übergehen.

— wahre Schadensersatzansprüche gewährt bezw. zuläßt, ist auch auf diese die Bestimmung des § 25 anwendbar — also wieder eine mit compensatio lucri für den Schädiger unverträgliche gesetzliche Cession. S. auch Entsch. des R.G. Bd. XXV Nr. 27.

5. Endlich ist hierhin zu stellen der § 62 des Reichsgesetzes über den Unterstützungswohnsitz vom 12. März 1894, der, als einem ursprünglich der Zeit des Norddeutschen Bundes entstammenden Gesetz angehörig, sogar als Erstling der in diesem Paragraphen mitgeteilten Bestimmungen anzusehen ist:

> „Jeder Armenverband, welcher nach Vorschrift dieses Gesetzes einen Hülfsbedürftigen unterstützt hat, ist befugt, Ersatz derjenigen Leistungen, zu deren Gewährung ein Dritter aus anderer, als den durch dieses Gesetz begründeten Mitteln verpflichtet ist, von dem Verpflichteten in demselben Maße und unter denselben Voraussetzungen zu fordern, als dem Unterstützten auf jene Leistungen ein Recht zusteht. Der Einwand, daß der unterstützende Armenverband den Ersatz von einem anderen Armenverbande zu fordern berechtigt sei, darf demselben hierbei nicht entgegengestelltwerden."

Allerdings ist hier im Texte nicht direkt von einem Übergange der Ansprüche die Rede. Aber indem Maß und Voraussetzungen des Regreßanspruches ausdrücklich als sich nach dem ursprünglichen Anspruche des Unterstützten bestimmend bezeichnet werden, kann es sich inhaltlich nicht um ein selbständiges Recht des Armenverbandes, sondern nur um das mittels cessio legis übergehende Recht des Unterstützten handeln. Sofern also letzteres Recht ein Schadensersatzanspruch war, gehört die Bestimmung zu unserem Thema. Sie giebt einen weiteren Beleg für meine Behauptung, daß das Bestehen eines anderweiten Unterstützungsanspruches für den Beschädigten dem Beschädiger noch kein Recht auf compensatio lucri gewährt. Allerdings ist dieser anderweite Anspruch hier nicht — und darum stelle ich den § 62 trotz seiner zeitlichen Priorität erst an den Schluß — ein Versicherungs-, sondern eine Art von publizistischem Alimentenanspruch. Aber auch dessen Nichtanrechnung harmoniert mit dem eben Vorgetragenen, s. § 13 der Abhandlung.

---

§ 17. Die Vorteilsausgleichung bei der Enteignung.

Außer bei der Versicherung ist die Frage nach der compensatio lucri in einem anderen hochbedeutsamen Fall des modernen Rechtslebens besonders oft verhandelt worden: bei der Enteignung.

1. Als selbstverständlich ist zunächst festzustellen, daß ein etwaiger Ausspruch der Spezialgesetzgebung für die Beantwortung der Frage in dem betreffenden Rechtsgebiet natürlich bindend ist. Solche Bestimmungen finden sich in der That in vielen Deutschen Partikularrechten, aber auch in ausländischen Staaten, s. dazu die Nachweisungen bei Grünhut, Enteignungsrecht, S. 127 fg.

a) In den deutschen Rechten wird die Frage meist verneint, so namentlich in den Thüringischen Staaten; entgegengesetzt entscheidet dagegen u. a. das hamburgische Gesetz vom 5. Mai 1886 (revidiert unter dem 27. September 1899), § 6:

> „. . . wohingegen bei teilweiser Expropriation etwaige Werterhöhungen, welche für den nachbleibenden Teil durch die Anlage unmittelbar entstehen, bei der Entschädigung für den abzutretenden Teil in Anrechnung kommen.
>
> Diese Anrechnung darf jedoch den Entschädigungswert des abzutretenden Teils, unter Zuschlag des Belaufs der auf etwaige Einrichtungen zur Fortsetzung der bisherigen Benutzung des nachbleibenden Teils von den Unternehmern zu verwendenden Kosten (§ 5), nicht überschreiten."

b) In Preußen findet sich eine unmittelbare Entscheidung der Frage nicht. Das Gesetz vom 11. Juni 1874 stellt im § 8 nur das Prinzip der Entschädigung in Höhe „des reellen Wertes des abzutretenden Grundstücks" auf; bei teilweiser Enteignung

> „umfaßt die Entschädigung zugleich den Mehrwert, welchen der abzutretende Teil durch seinen örtlichen oder wirtschaftlichen Zusammenhang mit dem Ganzen hat, sowie den Minderwert, welcher für den übrigen Grundbesitz durch die Abtretung entsteht."

In § 10 Abs. 2 heißt es sodann:

> „Eine Werterhöhung, welche das abzutretende Grundstück erst infolge der neuen Anlage erhält, kommt bei der Bemessung der Entschädigung nicht in Anschlag."

Mit Unrecht sieht Dernburg[1]) in dieser Bestimmung eine Verneinung der uns hier beschäftigenden Frage. Denn offenbar unterstellt § 10 nicht die Werterhöhung des dem Expropriaten verbleibenden Restgrundstückes, sondern des enteigneten Teiles selbst, also eines Vermögensstückes, das der Expropriat nach der Enteignung gar nicht mehr hat. Ein mit dem „damnum" aufzurechnendes „lucrum"

---

[1]) Pr. Privatrecht I § 34 No. 29; II § 76 No. 16.

ist also nicht vorhanden. Die Frage des § 10 ist vielmehr einfach eine solche der Schadensberechnung; indem das zu ersetzende Interesse nach allgemeinen Grundsätzen sich auch auf den entgangenen Gewinn erstreckt, ließe sich mit einem gewissen Schein von Berechtigung der Satz verteidigen, daß der Expropriat mit dem Werte des Grundstückes zu entschädigen sei, den es unter dem Einfluß der neuen Anlage erlangt haben würde. Denn ohne die Enteignung würde er das Grundstück in seinem mehrwertigen Zustand behalten haben — der Mehrwert ist also ein „lucrum“ um das ihn die Enteignung gebracht hat, indem er dasselbe ohne sie, um mit B.G.B. § 252 zu reden, „nach den besonderen Umständen, insbesondere nach den getroffenen Anstalten und Vorkehrungen“ mit Wahrscheinlichkeit erwarten konnte.

Eine derartige Erwägung hält aber eindringender Kritik nicht Stand.

Jene Werterhöhung konnte ja erst durch die neue Anlage eintreten; um diese herzustellen, war aber die Enteignung gerade auch des in Frage stehenden Grundstückes notwendig — denn nur, soweit die „Ausführung des Unternehmens es erfordert“ (§ 1 des Gesetzes), ist die Enteignung statthaft. Also konnte die Werterhöhung auch nicht ohne die Enteignung eintreten. Indem das Entschädigungsprinzip nur erheischt, daß der Expropriat in den Vermögenszustand versetzt werde, wie er ohne die Enteignung sein würde, muß bei dieser gedanklichen Abschätzung ein erst den Vorteil mit sich bringendes Moment weggedacht werden — der Vorteil kommt also vernünftigerweise nicht in Anschlag. Mit der compensatio lucri hat die, danach durchaus sachgemäße, Bestimmung des § 10 nicht das Mindeste zu thun, und wir sind in der Entscheidung unserer Frage für das preußische Recht ebensosehr auf innere Erwägungen angewiesen, wie es für das einer gesetzlichen oder gewohnheitsrechtlichen Regelung des Enteignungsrechtes entbehrende gemeine Recht der Fall ist.

c) In außerdeutschen Gesetzen ist die Anrechnung der Vorteile, wenn nicht vorwiegend, so doch mindestens großenteils vorgeschrieben worden. Das gilt namentlich — nach den Nachweisungen von Grünhut und Schelcher[1]) — von den Gesetzgebungen Frankreichs, Italiens, Belgiens, Englands, Nordamerikas. So bestimmt das französische Gesetz von 1843:

„si l'exécution des travaux doit procurer une augmen-

[1]) Dr. W. Schelcher, Die Rechtswirkungen der Enteignung nach gemeinem und sächsischem Recht, 1893, S. 424.

tation de valeur immédiate et spéciale au restant de la propriété, cette augmentation sera prise en considération dans l'évaluation du montant de l'indemnité.“

2. Soweit die Wissenschaft und die Praxis in der Beurteilung der Frage frei sind, haben sie sich von jeher meist für die Verneinung entschieden, doch fehlt es nicht an Vertretern einer mehr oder minder weitgehenden Anrechnungspflicht.

a) Zu den grundsätzlichen Gegnern der Anrechnung zählen von den Spezialschriftstellern über das Enteignungsrecht G. Meyer,[1]) Prazak,[2]) v. Rohland,[3]) und Treichler;[4]) ferner Dernburg a. a. O., Roth[5]) und Stobbe-Lehmann.[6]) Endlich Scherer in seinem Kommentar zu § 252 B.G.B., No. 3, sowie Bähr-Langerhans und Seydel in ihren Kommentaren zum preußischen Enteignungsgesetz S. 47 bezw. 36 — dieser auf Grund der Landtagsverhandlungen. Auch das Reichsgericht neigt derselben Ansicht zu, freilich nur in mehr gelegentlichen Bemerkungen anläßlich der Entscheidung anderer Fragen, s. besonders die Erkenntnisse in Bd. 30 S. 399 und Bd. 44 S. 287, und überhaupt nur in einer eigentlich eine Mittelmeinung darstellenden Abschwächung, s. unten.

Gegen die Anrechnung auch das Erk. des O.A.G. Darmstadt vom 15. IX. 1847 bei Seuffert XXIII Nr. 143.

b) Umgekehrt soll die dem Restgrundstück zugeführte Werterhöhung unter allen Umständen angerechnet werden nach Eger;[7]) als Vertreter dieses radikalen Standpunktes ist außerdem nur noch Bluntschli[8]) zu nennen.

c) Zahlreich sind die Vertreter einer beschränkten Anrechnung. Es sollen danach nur diejenigen Vorteile anrechenbar sein,

α. welche nur den Expropriaten speziell treffen, nicht auch allgemein anderen, nicht enteigneten Grundbesitzern zu Gute kommen. So namentlich Grünhut[9]) und von den Schriftstellern

---

[1]) Das Recht der Expropriation, 1868, S. 288 fg.

[2]) Das Recht der Enteignung in Österreich, 1877, S. 167 fg.

[3]) Zu Theorie und Praxis des deutschen Enteignungsrechts, 1877, S. 81 fg.

[4]) Zeitschrift f. deutsches Recht, 1848, Bd. XII, S. 123 fg.

[5]) Deutsches Privatrecht, § 246 No. 70.

[6]) Deutsches Privatrecht, Aufl. 3, Bd. II, 1, S. 522 No. 63.

[7]) Preuß. Archiv f. Eisenbahnwesen, 1891, S. 442 fg.; derselbe, Kommentar zum Preußischen Enteignungsgesetz, 1887, Bd. I, S. 202 fg.

[8]) Allgemeines Staatsrecht I S. 221.

[9]) Enteignungsrecht, 1873, S. 122 fg.

des preußischen Rechts Löbell[1]) und Thiel;[2]) im wesentlichen jetzt auch Schelcher.[3])

Von den Genannten haben, was insbesondere das Preußische Recht anlangt, Eger und Löbell mit vollem Recht dargelegt, daß die Entstehungsgeschichte des Gesetzes von 1874 der Stellung zu unserer Frage nicht präjudizieren kann — standen auch die Mehrheit des Abgeordneten-, nicht des Herrenhauses, und die Regierung auf dem Standpunkt der herrschenden Lehre, so ist sie doch im Gesetz nicht festgelegt; gerade der Umstand, daß man in einer Resolution die Regierung zu einer entsprechenden Vorlage aufforderte, beweist, daß man die Frage de lege **lata** als zweifelhaft ansah.

β. Statt dessen oder — meistens — daneben macht eine Anzahl von Anhängern der Anrechnung eine weitere Einschränkung. Man geht davon aus, daß bei der Enteignung ein zweifacher Schaden zu ersetzen sei, einmal der Wert des entzogenen Grundstücks selbst, zum anderen die durch die Anlage dem verbleibenden Recht zugefügte Wertminderung. Nur auf den Schaden der zweiten Kategorie sollen nach dieser Lehre die etwaigen Werterhöhungen angerechnet werden. So entscheiden Grünhut S. 125, Löbell S. 70, Thiel S. 51 und neuestens mit ausführlicher und guter Begründung Schelcher S. 434 fg.

Eine Annäherung an diese modifizierte Anrechnungstheorie findet sich andererseits bei einzelnen grundsätzlichen Gegnern der Anrechnung. So heißt es bei Stobbe-Lehmann unter Berufung auf die Entscheidung des Reichsgerichts Bd. XXX Nr. 85:

> „Wohl aber ist für Beurteilung der Frage, ob auch eine zu entschädigende Wertsminderung der dem Eigentümer verbleibenden Restparzellen eintritt, deren durch die Ermöglichung einer lukrativeren Bewirtschaftung oder Verwendung etwa herbeigeführte Werterhöhung zu beachten."
>
> Ähnlich Prazak S. 169 No. 37.

Somit herrscht eine bei der praktischen Wichtigkeit der Frage doppelt beklagenswerte Mannigfaltigkeit der Meinungen. Daß die Lehre noch immer nicht weitergekommen ist, muß man mit Schelcher,

[1]) Kommentar z. Preuß. Gesetze vom 11. VI. 74, 1884, S. 69 fg.

[2]) Expropriationsrecht, 1866, S. 31 fg.

[3]) a. a. O. S. 431.

dem jüngsten verdienten Spezialdarsteller des Enteignungsrechtes, wohl großen-, wenn nicht größtenteils dem Umstande zuschreiben, daß das Problem „immer nur von dem unsicheren Standpunkte des Gerechtigkeits- und Billigkeitsgefühls aus behandelt ist". Weitaus die meisten der genannten Schriftsteller sind Vertreter des öffentlichen, insbesondere des Verwaltungsrechtes, denen vielfach zwar nicht die Kenntnis, aber doch die konsequente Verwendung der privatrechtlichen Begriffe mangelte. Nur mit Zuhilfenahme solcher aber kann das Problem in einer über subjektive Stimmungen und Empfindungen hinausgehenden Weise seiner Lösung entgegengeführt werden.

Gegen die Verwertung unserer Lehre von der Vorteilsanrechnung hat man allerdings den Einwand erhoben, daß der Anspruch des Enteigneten gar kein Schadensersatzanspruch sei. Wie mir scheint, mit wenig Grund. Welcher von den verschiedenen Theorieen von der Enteignung und der dabei zu leistenden Entschädigung man auch immer huldigen möge — stets wird man daran festhalten müssen, daß die dem Expropriaten gebührende Leistung sachlich Ersatz des durch die Entziehung seinem Vermögen zugefügten Minus, also Schadens- (Interesse-)ersatz ist; allenfalls, wie nach dem Wortlaut des preußischen Enteignungsgesetzes, unter Beschränkung auf den Grundstückswert, eine übrigens nach dem allgemeinen Enteignungsprinzip (s. Schelcher S. 192 fg., Meyer S. 272, Prazak S. 159) nicht haltbare Einengung. Selbst die Theorie des „Zwangskaufes" kann nicht leugnen, daß der zu ermittelnde „Kaufpreis" sich inhaltlich nach dem Werte des enteigneten Gegenstandes einschließlich des sonstigen Interesses bestimmt; sie darf also auch nicht bestreiten, daß die sonst für die Interesseberechnung maßgebenden Gesichtspunkte hier verwertbar sind. Vollends die Theorie der öffentlichrechtlichen Entschädigung kann nicht wohl anders, als die Regeln des civilrechtlichen Schadensersatzrechtes zur Anwendung zu bringen. Denn worin sonst, als im Ersatz seines Interesses, soll die Entschädigung des Expropriaten geschehen?

Was vom R.G., Bd. XII Nr. 120 S. 406, das sich übrigens mit Entschiedenheit auf den Standpunkt der öffentlichrechtlichen Entschädigung stellt, hiergegen gesagt wird, kann als durchschlagend nicht anerkannt werden. Sind denn Ersatz eines entzogenen Wertes und Schadensersatz grundsätzlich verschiedene Begriffe?

1. Nun ist es von vornherein klar, daß die Enteignung das Vermögen des Expropriaten in zweifach verschiedener Weise nachteilig beeinflussen kann: einmal durch die völlige oder teilweise Entziehung

eines Vermögensobjektes (Grundstückes) selbst, zum andern durch die infolge der Enteignung dem verbleibenden Rest zugefügte Entwertung. Soll das Interesse des Expropriaten volle Befriedigung finden, so muß er wegen beider Arten von Nachteilen entschädigt werden, wie das auch sowohl von der allgemeinen Theorie, wie von den meisten positiven Enteignungsgesetzen[1]) anerkannt wird.

Aber damit ist die Frage noch nicht erschöpft. Unter den das verbleibende Restgrundstück entwertenden Nachteilen müssen wieder zwei Klassen geschieden werden: α) der Minderwert, den ihm die Abtretung als solche, unmittelbar, zufügt, z. B. es ist ihm dadurch die Verbindung mit der Straße entzogen; der verbliebene Rest ist zum Bauplatz zu klein, während er in Verbindung mit dem enteigneten Teile als Hof- oder Hausgartenraum lohnende Verwendung hätte finden können.[2])

β) Diejenigen Nachteile, die sich nicht aus der Enteignung selbst, sondern erst aus der in Verfolg des Enteignungsverfahrens errichteten Anlage ergaben, z. B. das Restgrundstück diente zum Lagerplatz feuergefährlicher Stoffe, und kann nach Eröffnung des Eisenbahnbetriebes auf dem enteigneten Teil wegen überfliegender Funken und dergl. nicht mehr in dieser Weise verwendet werden; oder der mit dem Bahnbetriebe verbundene Lärm beinträchtigt die Verwendbarkeit des auf dem Restgrundstücke errichteten oder zu errichtenden Gebäudes als Wohnhaus.

Daß der Expropriant dem Expropriaten auch wegen derartiger Nachteile Ersatz leisten müsse, ist in den Enteignungsgesetzen nicht überall vorgesehen — so wird sich der § 8 cit. des preußischen Gesetzes nicht ohne weiteres darauf beziehen lassen.

---

[1]) S. z. B. Preußisches Gesetz von 1874, § 8 Abs. 2:

„Wird nur ein Teil des Grundbesitzes desselben Eigentümers in Anspruch genommen, so umfaßt die Entschädigung zugleich den Mehrwert, welchen der abzutretende Teil durch seinen örtlichen oder wirtschaftlichen Zusammenhang mit dem Ganzen hat, sowie den Minderwert, welcher für den übrigen Grundbesitz durch die Abtretung entsteht.“

[2]) Hierher gehört auch der vom Reichsgericht C.S. V am 14. X. 1891 (Bolze XIII Nr. 99, 132) entschiedene Fall:

Der Expropriat betrieb Bergbau und mußte infolge der Enteignung den Flutgraben aufgeben bezw. verlegen, mittels dessen er bisher die Grubenwässer ableitete.

Daß sich darauf die ihm zu leistende Entschädigung erstrecke, war in dem damaligen Prozesse außer Streit.

Trotzdem wird man nicht umhin können, die Entschädigungspflicht auch ihretwegen anzuerkennen. Der Einwand, daß sie gar nicht Folgen der allein die Ersatzpflicht begründenden Enteignung, sondern der für sich nicht eine solche Pflicht mit sich bringenden Anlage darstellen, kann als zutreffend nicht anerkannt werden.

Richtig ist allerdings, daß die Anlage als solche, wenn sie nicht zur Enteignung der beteiligten Grundeigentümer geführt hat, zu einer Entschädigung an dieselben den Unternehmer wenigstens grundsätzlich nicht verpflichtet. Der bloße Umstand, daß der Betrieb einer Eisen- oder Straßenbahn den Anliegern Unannehmlichkeiten und selbst Schädigungen zufügt, reicht nach allgemeinen Rechtsgrundsätzen wie nach den meisten positiven Gesetzgebungen zur Begründung einer Entschädigungspflicht nicht aus. Aber daraus folgt, wie das Reichsgericht in einer Entscheidung des C.S. III vom 21. X. 1890 (Seuffert XLVI Nr. 195 S. 310) zutreffend ausführt, mit nichten, daß auch der enteignete Eigentümer wegen der ihm durch die Anlage für sein Restgrundstück zugefügten Schäden nicht ersatzberechtigt sei. [1])

Eine gegenteilige Auffassung würde den inneren Zusammenhang zwischen der Enteignung und der Anlage in ganz unzulässiger, den Lebensverhältnissen nicht gerecht werdender Weise zerreißen. Gewiß ist die Anlage nicht die logisch notwendige Folge der Enteignung. Aber andererseits erfolgte diese doch nur um der zu errichtenden Anlage willen, ja wurde nur ihretwegen zugelassen. Nur um seinen Endzweck — die Ausnutzung der Anlage — erreichen zu können, hat der Unternehmer die Enteignung durchgesetzt. Allerdings kann man die Enteignung nicht als die einzige, aber man muß sie bei ihrem engen und untrennbaren Zusammenhang als eine Mit-Ursache der Anlage bezeichnen. Wer gerade in der Absicht, dadurch die Anlage zu ermöglichen, die Enteignung durchsetzt, der hat folgerecht den Expropriaten auch für die mit der Anlage verbundenen Nachteile als mittelbare Folgen der Enteignung zu entschädigen.

Dem entspricht auch die in Theorie und Praxis des Enteignungs-

---

[1]) In dem betreffenden Fall war enteignet worden „zu Gunsten des Eisenbahnfiskus und zwar zum Zweck der Tieferlegung der Chaussee, welche infolge der Höherlegung der Bahnlinie notwendig wurde. Die Kläger waren dadurch nach ihrer Behauptung in der Weise geschädigt, „daß sie durch die Tieferlegung der an ihren Grundstücken vorüberführenden Straße zu Ausgaben genötigt wurden, um sich wieder den Zugang zu der Straße zu verschaffen und ihre Lagerplätze in ihrer früheren Brauchbarkeit wiederherzustellen.“

rechtes allgemein anerkannte Lehre, s. namentlich Schelcher S. 244 fg. und die dort citierten Schriftsteller und reichsgerichtlichen Entscheidungen (cfr. Bd. V S. 251, VII S. 262, XIII Nr. 57 S. 245 sowie die oben im Text mitgeteilte aus Seuffert). Es wäre überflüssig, das allgemein anerkannte Ergebnis an dieser Stelle noch weiter zu verteidigen.

Dabei müssen allerdings zwei Einschränkungen gemacht werden.

a) Ist die Benachteiligung des Expropriaten aus Gründen erfolgt, die — Worte des R.G. — „mit der Enteignung und deren Zwecken in keiner nachweisbaren Verbindung standen", so würde deswegen kein Ersatzanspruch begründet sein. So z. B., wenn die Enteignung nur zwecks Anlage einer Straße vollzogen ward, und die enteignende Gemeinde später, ohne inneren Zusammenhang mit der früheren Enteignung und Straßenanlage, eine Straßenbahnlinie durch das enteignete Gebäude legt. Denn hier ist von einem Kausalzusammenhang zwischen der Enteignung und dem durch den Straßenbahnbetrieb für das Restgrundstück herbeigeführten Schaden [1]) keine Rede.

b) Nicht in Betracht kommen solche Schäden, die nachweislich auch ohne die Enteignung eingetreten wären. Denn bei ihnen fehlt es wieder am Kausalzusammenhang zwischen der Enteignung und dem eingetretenen Schaden. Dahin gehören solche Unannehmlichkeiten und Benachteiligungen, die notwendig oder doch zweifellos die Gesamtheit aller in der Nähe der Anlage befindlichen Grundstücke treffen, z. B. die mit dem Betriebe der elektrischen Straßenbahn verbundenen Geräusche, welche die bisherige idyllische Ruhe der ganzen Straße beeinträchtigen.

Dagegen kann die bloße Möglichkeit, daß die Anlage auch ohne die Enteignung den Schaden herbeigeführt hätte, zur Beseitigung des Ersatzanspruches nicht in Betracht gezogen werden. Das hat das R.G. in den angeführten Entscheidungen Bd. XIII S. 246 und bei Seuffert Bd. XLVI S. 311 mit Nachdruck betont. Wird also, um den Fall der ersteren Entscheidung aufzunehmen, dem teilweise enteigneten Grundeigentümer durch die Bahnanlage, um derentwillen die Enteignung geschah, die Benutzung eines bisherigen Fußweges entzogen, so kann die bloße Möglichkeit, daß die Bahnanlage auch

[1]) Daß der Straßenbahnbetrieb solchen Schaden nur ausnahmsweise herbeiführen wird, macht gegen die Verwertbarkeit des Beispiels nichts aus.

ohne die Teilenteignung den Schaden mit sich gebracht hätte, nicht zur Beseitigung des Ersatzanspruches in Betracht gezogen werden.

Zweifelhaft erscheint die Frage bei denjenigen Einwirkungen, welche zwar allgemein alle Grundstücke einer bestimmten Lage oder Gegend treffen, aber nur gerade für dies enteignete wegen seiner individuellen Benutzung mit einem besonderen Nachteil verbunden sind, z. B. ein astronomisches Observatorium kann wegen der durch den elektrischen Straßenbahnbetrieb eintretenden Störungen nicht weiter benutzt werden; ein Sanatorium findet wegen des verursachten Lärms keine Insassen mehr.

Hier läßt sich die Entschädigung so rechtfertigen: War auch die Einwirkung, physisch betrachtet, bei allen Grundstücken die gleiche, so hat sie doch nur wegen der besonderen Beschaffenheit resp. Benutzungsart des in Frage stehenden Grundstückes derartige Nachteile zeitigen können — es handelt sich also dem Ergebnis nach um besondere Nachteile, die ersetzt werden müssen.

Der Einwand, daß derselbe Nachteil auch ohne die Enteignung durch die Anlage eingetreten wäre, daß zwischen ihm und der allein ersatzpflichtig machenden Enteignung also kein Kausalzusammenhang bestehe, schlägt nicht durch. Denn, ob die Anlage auch ohne die Enteignung überhaupt möglich gewesen wäre, ist nicht sicher, und jedenfalls ist die etwaige abstrakte Möglichkeit nicht zur Wirklichkeit geworden.

---

2. Was bisher von den mit der Enteignung verbundenen Nachteilen gesagt wurde, ist auf die daraus möglicherweise entspringenden Vorteile entsprechend anzuwenden; auch sie können einen sehr verschiedenen Charakter haben:

α) Soweit nur das enteignete Objekt selbst in Frage steht, ist die Erlangung eines Vorteils für den Expropriaten undenkbar. Denn, wie Schelcher S. 435 insoweit treffend sagt, „um diesen Wert wird sein Vermögen jedenfalls verringert. Auch kann die Entziehung eines Wertobjektes als solche immer nur einen Nachteil darstellen, nie einen Vorteil erzeugen."

β) Vorteile können sich vielmehr nur ergeben im Falle der Teilenteignung, zu Gunsten des nicht enteigneten Restgrundstückes.

Und zwar ist es wiederum einmal die Enteignung selbst, die den Vorteil mit sich bringen kann. Das scheint freilich auf den ersten

Blick seltsam; es sei, möchte man meinen, zwar wohl denkbar, daß die Entziehung eines Teiles des Grundstückes dessen Rest entwerte; unmöglich aber könne sie seinen Wert erhöhen.

Daß solche Erwägung indes nicht immer durchgreife, ergiebt sich aus dem bereits oben S. 159 No. 2 angeführten Erkenntnis des R.G. bei Bolze XIII Nr. 99. Die Teilenteignung hatte der expropriierten Bergbaugesellschaft zwar einerseits ihren Flutgraben entzogen, aber dafür andererseits die Möglichkeit verschafft, auf dem bisher durch den kassierten Graben dem Abbau entzogenen Teil ihres Grubenfeldes Kohlen abzubauen.

Indem die Enteignung hier die schädigende Maßnahme — Verlegung des Flutgrabens — mit sich brachte bezw. notwendig machte, hat man in ihr zwar nicht die unmittelbare, aber immerhin die mittelbare Ursache des durch die Verlegung entstandenen Vorteils zu sehen.

Werterhöhend für das Restgrundstück kann ferner die Anlage wirken — indem sie etwa bessere Wege- oder Bahnverbindungen für das Restgrundstück schafft, oder indem mit ihr eine werterhöhende Ent- oder Bewässerung des Grundstückes eintritt.

Wie steht es nun mit der Anrechnung der in dieser Weise entstandenen Vorteile auf die dem Enteigneten zu zahlende Entschädigung? Es gilt zunächst das streitige Gebiet thunlichst einzuschränken:

a) Fast alle Vertreter der Anrechnungstheorie geben zu, daß die allgemeinen, auch den nicht enteigneten Grundstücken durch die Anlage zufließenden Vorteile nicht der Anrechnung unterliegen. Eine solche verneint insbesondere das Reichsgericht, citiert bei Eger, Eisenbahnrechtl. Entscheidungen Bd. VI S. 229, Entsch. vom 9. XI. 1887, während es bez. der dem Restgrundstück zufließenden besonderen Vorteile die Frage dahingestellt sein läßt.

Das gilt insbesondere von den Wertsteigerungen, welche infolge der mit der Anlage verbundenen Verkehrsverbesserung allgemein den Grundstücken jener Lage zufließen. Zwar daß ein Kausalzusammenhang zwischen der Enteignung und dem eingetretenen Vorteil fehle, wie man meist annimmt, ist zu bezweifeln. Ziehen auch die anderen Grundstücke von der Anlage den gleichen Vorteil, so trifft es doch zu, daß ohne die für die Anlage erforderliche Enteignung dieser Vorteil nicht hätte eintreten können.[1])

[1]) Egers (Kommentar I S. 202 fg.) Satz, daß es sich bei solchen Nachteilen, „doch immer um Folgen der Enteignung“ handle, ist also nicht als falsch

Die gegenteilige Annahme würde aber zu einer höchst ungerechten Begünstigung der nicht enteigneten Grundeigentümer gegenüber den enteigneten führen — sie erhalten nach dem derzeit geltenden Recht[1]) den Wertzuwachs unentgeltlich, während er dem Enteigneten auf seinen Ersatz danach in Ansatz gebracht wird.

Ferner würde man bei gegenteiliger Entscheidung zu einem Widerspruch zu dem allgemein anerkannten obigen Satz gelangen, wonach dem Enteigneten auch nicht diejenigen Nachteile zu ersetzen sind, welche infolge des Unternehmens allgemein allen Grundstücken der betroffenen Gegend zu teil werden. Wollte man Nachteile und Vorteile solcher Art verschieden behandeln, so würde man jenes Gleichmaß der Behandlung schroff verletzen, welches zwecks befriedigender Lösung der Frage nach der compensatio lucri cum damno allüberall zu oberst in Rücksicht gezogen werden muß.

Mit diesem Ergebnis fallen die meisten jener Bedenken weg, die man gegen die Vorteilsanrechnung bei der Enteignung wieder und wieder verwenden zu können glaubte.

b) Auf der anderen Seite wird sich auch wohl darüber Einverständnis erzielen lassen, daß der Enteignete keinen Ersatz insoweit beanspruchen kann, als durch die Teilabtretung zwar „die bisherige Verwertungsweise beseitigt, eine mindestens gleich gute aber an deren Stelle gesetzt wird." Diese Auffassung vertritt nicht nur das Reichsgericht in der Entsch. Bd. XXX Nr. 85 S. 295, der die letzten Worte entnommen sind, sondern auch einzelne Gegner der Anrechnungstheorie, s. oben. S. 157.

Ähnlich sagt das Reichsgericht in der Entscheidung des C.S. V vom 23. November 1898, Entsch. Bd. XXX Nr. 99 S. 399:

„Es liegt nicht in der Konsequenz des vom Reichsgericht anerkannten Grundsatzes, wonach die Vorteile der neuen, durch die Enteignung ermöglichten Anlage bei Bemessung des Minderwertes des dem Expropriaten verbliebenen Restgrundstückes nicht in Betracht zu

---

zu erachten. Seine Behauptung aber, die Unterscheidung zwischen den allgemeinen und den speziellen Vorteilen sei „begrifflich nicht durchführbar," ist mindestens seltsam, wird auch von ihm selbst alsbald im Grunde zurückgenommen.

[1]) Daß die Zuweisung eines solchen Wertzuwachses an die betheiligten Eigentümer aus den Taschen der Gemeinde oder des Staates nicht einer gesunden Bodenpolitik entspricht, ist mir natürlich wohlbekannt. Aber solange das politisch Verfehlte geltendes Recht darstellt, muß man daraus die dessen Prinzipien entsprechenden Konsequenzen ziehen.

ziehen sind, wenn vom Berufungsrichter angenommen worden ist, daß die neue Anlage auch insoweit als nicht vorhanden anzusehen sei, als es sich darum handelt, ob die Restparzelle nach ihrer bisherigen Bestimmung nicht mehr zweckmäßig benutzt werden kann. Beides ist dem Grunde und Zwecke nach verschieden, und an sich steht nichts entgegen, die durch die Enteignung geschaffene neue thatsächliche Situation zu berücksichtigen, um zu einem Schlusse darüber zu gelangen, ob eine zweckmäßige Benutzung der Restparzelle ihrer bisherigen Bestimmung entsprechend stattfinden kann."

Man wird wohl auch die bereits mehrfach angezogene Entscheidung des R.G. bei Bolze XIII Nr. 99 unter denselben Gesichtspunkt bringen können: War durch die Teilenteignung einerseits der Flutgraben beseitigt oder seine Verlegung erforderlich geworden, andererseits ein bisher wegen des Grabens ungeeigneter Teil des Grubenfeldes zum Kohlenabbau frei geworden, so heißt das doch: die eine Benutzungsart des Grundstücks ist weggefallen, dadurch aber zugleich eine andere ermöglicht worden. Soweit der Wert der letzteren reicht, kann folgerecht auch der Enteignete keinen Ersatz verlangen. So hat das Reichsgericht seinerzeit mit gutem Grunde entschieden, indem es unter Heranziehung des Gesichtspunktes der compensatio lucri cum damno betonte, daß ein und derselbe Umstand, die Kassierung des Grabens, zugleich den Nachteil wie den Vorteil herbeigeführt habe. Gegenüber der abweichenden Anschauung der zweiten Instanz hat das R.G. insbesondere bemerkt, der Vorteil der Klägerin liege nicht erst in dem durch den Bergbaubetrieb zu erzielenden Gewinn, sondern schon in der Beseitigung des den Abbau bisher hindernden Grabens als solcher.

c) Die zuletzt genannten Erkenntnisse nähern sich bereits stark der Anrechnungstheorie. Dieser gebührt aber darüber hinaus im allgemeinen der Beifall, da sie allein mit den allgemeinen Grundsätzen über die compensatio lucri cum damno harmoniert, von denen abzuweichen wir mangels besonderer gesetzlicher Vorschriften nicht den mindesten Anlaß haben.

α) Am meisten hat die Anrechnung für sich, wenn die Nachteile und Vorteile in gleicher Weise erst durch die Anlage herbeigeführt sind. Denn hier ist es ja derselbe Umstand, der die einen wie die anderen verursacht hat, sodaß selbst die strengsten Anforderungen an die Einheit des schadenden und nützenden Ereignisses erfüllt sind. So, wenn die Verwendung des Restgrundstückes zum Obst- oder Ziergarten durch die dem Gedeihen der Bäume abträgliche Nähe der Eisenbahn gestört, das Grundstück aber zugleich geeignet geworden ist, als Baustelle, Lagerplatz oder zu ähnlichen durch die Eisenbahnanlage nahegelegten Zwecken Verwertung zu finden.

β) Aber auch dann muß die Anrechnung stattfinden, wenn die Beeinträchtigung unmittelbar durch die Enteignung, der Vorteil dagegen erst durch die Anlage entstanden ist. Das ergiebt sich als einfache Anwendung unserer oben in §§. 9, 10 gewonnenen Ergebnisse. Die zur Anrechnung erforderliche Einheit des schädigenden und nützenden Ereignisses liegt in der Identität der Ursache — der Enteignung — die als causa proxima den Nachteil, als causa remota den Vorteil hervorgebracht hat.[1] Leugnet man solche Kausalverbindung zwischen der Enteignung und den infolge der Anlage entstehenden Vorteilen, so müßte dasselbe offenbar auch von den dadurch entstehenden Nachteilen gelten, und man müßte folgerecht die Entschädigungspflicht des Exproprianten für sie in Abrede stellen. Indem man aber allgemein umgekehrt entscheidet, wird man zur Vermeidung einer Inkonsequenz und Unbilligkeit genötigt, die durch die Anlage hervorgerufenen Vorteile ebenso zu Gunsten des Exproprianten in Rücksicht zu ziehen, wie man es bei derlei Nachteilen zu seinen Ungunsten thut.

Zweifelhaft ist nur noch, ob man als den um den Betrag der Vorteile als subtrahendus zu kürzenden minuendus die ganze Entschädigungssumme verwendet, oder nur den zur Deckung der dem Restgrundstücke zugefügten Nachteile angesetzten Betrag. Bei der zweiten Berechnungsweise kann zwar der zu erstattende Minderwert äußerstenfalls auf Null zusammenschmelzen; auf den Wert des enteigneten Stückes aber behält der Expropriat unter allen Umständen einen ungeschmälerten Anspruch. Dagegen bei der ersten kann der Abzug der commoda ihm selbst diesen Betrag schmälern. Im Gegensatz zu Grünhut S. 125, Schelcher S. 435 und meiner eigenen früheren Auffassung S. 25 glaube ich mich jetzt der ersten Berechnungsweise anschließen zu sollen. Die einheitliche Berechnung der in Betracht zu ziehenden unmittelbaren und mittelbaren Folgen der Enteignung als des zum Ersatz verpflichtenden Ereignisses führt zu ihr hin. Das Argument Schelchers ferner, die Entziehung

---

[1] Richtig Eger, Kommentar I S. 202 fg. gegen v. Rohland.

eines Objektes könne als solche immer nur einen Nachteil darstellen, enthält für die hier unterstellte Sachlage eine petitio principii; es trifft sie nur, wenn man allein an die unmittelbaren Folgen der Entziehung denkt. Schelcher reißt hier die Enteignung und die Anlage in einer ihrem nahen inneren Zusammenhang wenig entsprechenden Weise auseinander und gefährdet damit die von ihm selbst verteidigte, nur durch die Annahme eines Kausalzusammenhanges zwischen beiden aufrechtzuerhaltende Möglichkeit, den Enteigner auch für die nachteiligen Folgen der Anlage allein auf Grund der Enteignung für verantwortlich zu erklären.

Sind die Vorteile für das Restgrundstück größer als die in Folge der Enteignung ihm zugefügten Nachteile, so ist es dem Erfolge nach gar nicht wahr, daß des Expropriaten Vermögen durch die Enteignung „mindestens um den Wert des entzogenen Objektes verringert werde.“ Rechnet man ihm den Überschuß der commoda nicht in dem hier vertretenen Sinne an, so würden wir dem von Schelcher S. 432 mit Recht aufgestellten „Prinzip der Ersatzleistung, welches darin besteht, daß dem Enteigneten die Differenz seines Vermögens im Zustande vor und nach der Enteignung zu vergüten ist“, nicht gerecht. Ist der Wert des zur Hälfte enteigneten Grundstückes 20000, der durch die Anlage entstehende Minderwert des Restes 1000, so daß dem aber ein auf besserer Verbindung, Verwendbarkeit und dergl. beruhender Vorteil von 3000 gegenübersteht, so würde sich nach Schelcher das Resultat ergeben, daß der Expropriat 10000 bar erlangt und außerdem ein den Wert von 10000—1000 + 3000 = 12000 repräsentierendes Restgrundstück behält. Da die zu ersetzende Differenz des Vermögensbestandes ohne die Enteignung und unter dem Einfluß derselben nur 8000 beträgt (10000 + 1000—3000), so stimmt Schelchers Berechnungsart nicht mit seiner These überein.

Durch die Beschränkung der Anrechnung auf die „konkreten“, dem Restgrundstück aus besonderen Gründen zufallenden Vorteile, die ich hier nochmals als wesentliches Stück meiner Auffassung bezeichne, verliert diese alle etwa obwaltenden Bedenklichkeiten. Die von Meyer, v. Rohland und anderen vorgebrachten Gegengründe prallen an der zugegebenen Einschränkung unschädlich ab, da sie fast nur mit der „Ungerechtigkeit“ arbeiten, die darin liege, daß der Expropriat die von „jedem anderen Grundeigentümer der betreffenden Gegend umsonst genossenen“ (Meyer S. 290) Vorteile bezahlen muß. Auch wir verpflichten den Expropriaten nicht zu einer „speziellen Leistung“, sondern mindern nur um den Betrag der erlangten Vorteile dasjenige, was der Expropriant ihm leisten muß.

Ebensowenig verfangen v. Rohlands mehr theoretische Erwägungen, wonach der Nachteil und der Vorteil hier auf verschiedenen Ursachen beruhen, jener auf der Enteignung, dieser auf der Anlage. Sie gehen von einer viel zu engen Auffassung der Kausalität aus und verkennen, daß für die Zusammenrechnung von Nachteil und Vorteil die Identität der mittelbaren Ursache genügen muß. Die Ausführung vollends: „wären beide Wirkungen derselben Ursache, so müßten sie auch gemeinsam und gleichzeitig entstehen,“ ist so zweifellos verfehlt — s. wiederum das oben § 9 Gesagte mit den dortigen Beispielen — daß sie weiterer Widerlegung nicht bedarf. Übrigens würde v. R.s Theorie, selbst als richtig angenommen, der Anrechnung in den zahlreichen Fällen nicht widerstreiten, wo sowohl Nachteil als Vorteil unmittelbar erst durch die Anlage entstehen; denn hier ist die Einheit der Ursache selbst in seinem strengen Sinn gegeben.

Die weiteren Gründe v. Rohlands berühren sich mit den bereits angegebenen von Meyer. Von einer nachteiligen „Ausnahmestellung des Enteigneten im Vergleich mit seinen Nachbarn“ ist nach der hier vertretenen Theorie ebensowenig die Rede, wie von einer evt. aufzurechnenden „Forderung“ des Enteigners. Eine solche läßt sich freilich nicht konstruieren, ist aber von der richtig verstandenen Theorie der compensatio lucri cum damno auch noch niemals angenommen worden. Der bedeutsamste Gesichtspunkt ist immerhin der: die Anrechnungstheorie lasse das Prinzip der Geldentschädigung fallen, indem sie den Enteigneten mit einer Anweisung auf die Werterhöhung seines Restgrundstückes abfinde, S. 89. Aber demgegenüber kann man auf das dem Enteigneten bekanntlich oft, so im preußischen Recht, zugebilligte Recht auf Ausdehnung der Enteignung verweisen, s. darüber unten im Anhang.

Nur das muß ich v. Rohland zugeben: die von vielen Vertretern der Anrechnung verteidigte Anrechnung nur auf den Minderwert enthält in der That eine „Halbheit, die zur Selbstvernichtung dieser Theorie führt;“ ein Argument, das ich freilich in dem ihm gerade entgegengesetzten Sinn verwerte.

Daß endlich die Anrechnung nicht stattzufinden habe hinsichtlich der schon vor dem die Enteignung aussprechenden Beschlusse, wennschon mit Rücksicht auf das Projekt der betreffenden Anlage, eingetretenen Vorteile, ist selbstverständlich und mit Recht in der Praxis angenommen, s. Erkenntnis des O.A.G. Lübeck vom 30. XI. 1865 bei Kierulff, Entscheidungen, 1865 Nr. 89.

---

§ 18. Vorteilsausgleichung bei den Ersatzansprüchen der Straßenanlieger?

Die hier genannte Frage bedarf nur einer ganz kurzen Erwähnung. Sie kann aufgeworfen werden allein vom Standpunkt derer, welche den Anliegern einer Straße wegen Beseitigung oder Verlegung derselben überhaupt einen Ersatzanspruch, auch ohne daß es dabei zur Enteignung gekommen wäre, generell zubilligen — eine Ansicht, die bekanntlich in Theorie und Praxis von jeher stark bestritten war und noch in der neuesten ausführlichen Darstellung der Frage[1]) im wesentlichen eine verneinende Beantwortung erfahren hat.

Da es nicht zum Thema gehört, zu jener schwierigen Frage Stellung zu nehmen, so will ich nur hypothetisch unterstellen, daß den Straßenanliegern solche Entschädigungsansprüche zuständen.

Alsdann kann es keinem begründeten Zweifel unterliegen, daß sie sich auf ihre Ansprüche auch die Vorteile anrechnen lassen müssen, welche die Änderung der Straße mit sich bringt. Das hat mit Recht das Reichsgericht in einer seiner neueren Entscheidungen, C.S. V vom 18. April 1899, Entsch. Bd. XLIV Nr. 68 S. 287, ausgesprochen. Denn

> „es handelt sich hier um einheitliche Vorgänge und Maßnahmen, und es entspricht weder den allgemeinen Forderungen des Rechtes und der Billigkeit, noch auch im besonderen der rechtlichen Natur des oben erörterten, zwischen dem einzelnen Hausbesitzer und der Gemeinde bestehenden Verhältnisses, anzunehmen, daß jener berechtigt sein sollte, aus diesem einheitlichen Ganzen diejenigen Wirkungen, die ihm schadenbringend gewesen sind, gesondert auszulösen und auf sie eine Schadensersatzforderung zu gründen; die Vorteile dagegen, die ein und derselbe Vorgang für ihn zugleich mit im Gefolge gehabt hat, in seinem Verhältnisse zur Gemeinde nicht zu berücksichtigen."

Dieser Grundsatz ist angesichts des oben in §§ 9—10 und 17 Gesagten zweifellos als billigenswert anzusehen; sicherlich ist es der-

---

[1]) v. Blume in der Königsberger Festschrift für Schirmer, 1900, S. 101 fg.

selbe Umstand, dem Vorteil und Nachteil, und zwar hier meist unmittelbar, ihre Entstehung verdanken. Mit Recht hat sich denn auch, wie der Einsender des mitgeteilten Erkenntnisses mitteilt, die französische Praxis auf denselben Standpunkt gestellt, s. die Angaben bei Sirey, recueil, 1887, 3, 11; 1888, 38; 1892, 3, 40.

Dagegen wird die Anrechnung schwerlich dann Platz greifen, wenn ein Grundstück durch die Anlage einer Straße beschädigt ist, andererseits aber von ihr Vorteil zieht. Denn hier ist Schaden und Vorteil, weder unmittelbar, noch wenigstens mittelbar, auf denselben zum Ersatz verpflichtenden Umstand zurückzuführen. Den Vorteil hatte der Anlieger durch den Bau der Straße als solchen; zum Schadensersatz verpflichtet aber nicht der Bau, sondern die dabei vorgekommene — schuldhafte — Beschädigung des Grundstückes. Der Vorteil steht also in gar keinem kausalen Abhängigkeitsverhältnis zu dem zum Schadensersatz verpflichtenden Ereignis. Das hat auch die Praxis angenommen laut einer Entscheidung in Seufferts Archiv Bd. VII Nr. 166, Erk. des O.App.G. Darmstadt v. 13. Febr. 1852:

Gegen den Anspruch auf Ersatz des durch den Bau einer Landstraße entstandenen Schadens findet keine Kompensation statt mit dem daraus zugleich erwachsenen Vorteil; denn dieser ist nach der — freilich höchst mangelhaften[1]) — Begründung nur zufällig, und es fehlt an den Voraussetzungen der negotiorum gestio.

Kapitel III.

Nachteil und Vorteil sind nicht auf denselben Umstand zurückzuführen.

§ 19. Der Stand der Frage.

Daß derjenige, der einem andern durch eine von mehreren selbständigen Handlungen Nachteil, durch eine andere Vorteil zugefügt hat, gegenüber dem Ersatzanspruch des Beschädigten keine Anrechnung des Vorteils begehren könne, ist von der großen Mehrheit der Schriftsteller von jeher angenommen worden. Sie sprechen es entweder direkt aus, oder indirekt dadurch, daß sie nur den Fall der Einheit des schädigenden und nützenden Ereignisses als zur compensatio lucri

[1]) S. darüber auch Eichhoff S. 181/2.

cum damno geeignet erwähnen. Sie alle hier aufzuzählen, wäre überflüssig; ich verweise auf die oben § 6 aufgeführten Namen.

Doch fehlt es andererseits auch nicht an solchen, welche die Anrechnung der Vorteile über den bezeichneten Fall hinaus erstreckt wissen wollen. Eine große Rolle hat in den Erörterungen darüber von jeher die in § 20 zu besprechende l. 10 (11) D. III, 5 gespielt.

1. Vorwiegend auf dieser Stelle fußend, bilden einzelne Schriftsteller für die erweiterte Zulassung der Vorteilsanrechnung ein Prinzip:

a) Fritz[1]) nimmt sie überall da an, wo es sich um die Haftung für kasuellen Schaden handelt.

b) v. Vangerow[2]) lehrt unter Berufung auf A. Faber, es komme darauf an, „ob die Handlung, aus welcher der in Frage stehende Vorteil hervorging, ganz freiwillig ist, oder ob durch die Vornahme derselben der Handelnde nur seine Pflicht erfüllt.“ Ersterenfalls greife die Kompensation „natürlich“ Platz, während sie im zweiten Fall — „welcher offenbar bei socii eintritt“ — „begreiflich hinwegfalle.“

Dem schließt sich Cohnfeldt[3]) im wesentlichen an.

c) Komplizierter ist die Ansicht von M. Voigt, Jus naturale Bd. III S. 489—90. Abzuziehen vom Ersatz sei die Summe des Erwerbs, den der Beschädigte innerhalb desjenigen Rechtsverhältnisses an dem einen Gute machte, innerhalb dessen er an dem anderen eine Einbuße erlitt. Nur bei Kontrakten und Quasikontrakten sei es anders, indem das durch eine andere pflichtmäßige Handlung Gewonnene nicht einbezogen würde.

2. Dagegen gehen einzelne andere, darunter gerade die neuesten Spezialschriftsteller über die comp. lucri, über das von ihnen grundsätzlich beibehaltene Erfordernis der Einheit des schädigenden und nützenden Ereignisses nur für gewisse Ausnahmefälle hinweg.

a) Larenz in seiner Dissertation (s. nam. S. 24, 44) sieht den Grund der ausnahmsweise zuzulassenden Kompensation in gewissen Billigkeitserwägungen, aus denen sich die Entscheidung der in Betracht kommenden Quellenstellen rechtfertigen soll. Erforderlich sei ferner überall, „daß die verschiedenen Handlungen auf Grund eines einheit-

---

[1]) Erläuterungen zu v. Wening-Ingenheim, H. III S. 72.

[2]) Pandekten, Aufl 7, Bd. III § 571 Anm. 1.

[3]) Lehre vom Interesse, S. 172/3.

lichen Rechtsverhältnisses, sei es Kontrakts- oder Quasikontrakts-verhältnisses, vorgenommen sind."

b) Ähnliche Gedanken vertritt Eichhoff in seiner Dissertation. Die Kompensation findet zunächst nie bei dolus statt, „nur aus Billigkeitsrücksichten, die bei dolus nicht am Platze sind, darf man sie zulassen," S. 31. Aber sie hat als „anormale Erscheinung" daneben noch eine Reihe weiterer Voraussetzungen; allen in den römischen Quellen vereinzelt vorfindlichen Fällen ist wenigstens die folgende gemeinsam:

> „Die gewinnbringende und die schadende Handlung des Verpflichteten stehen in einer gewissen Verbindung miteinander; die eine ist zwar keineswegs durch die andere bedingt; aber das Band, welches beide verknüpft, besteht darin, daß beide durch ein und dasselbe zwischen den Parteien bestehende Rechtsverhältnis veranlaßt worden sind; durch ein Rechtsverhältnis, welches den Schädiger verbindet, eine Reihe von einzelnen Handlungen nach seinem pflichtgemäßen Ermessen für den Geschädigten vorzunehmen." (S. 37.)

Die „Detailvoraussetzungen" der Einzelfälle seien wieder ganz verschieden; allgemeines lasse sich weiter nicht sagen.

c) Verwandt ist die Lehre von Walsmann S. 52:

> „In allen Fällen, wo Vorteil und Nachteil nicht durch ein und dieselbe Handlung bezw. Verhalten entstanden sind, ist die compensatio lucri cum damno prinzipiell zu verwerfen. Wo sie trotzdem vom Recht gebilligt werden sollte, liegt der Grund in der besonderen Gestaltung des konkreten Falls oder einer bestimmten Gruppe von Fällen, keineswegs aber in generellen Gesichtspunkten."

Diese Anschauungen haben das mit einander gemeinsam, daß sie auf allgemeine Formeln verzichten und nur das Minimum von Erfordernissen angeben, unter denen die Anrechnung stattfinden kann, wennschon keineswegs stattfinden muß. Wieweit sie anerkannt sei, läßt sich danach schließlich nur aus den Einzelsätzen des positiven Rechts entscheiden — wo dasselbe, wie unser deutsches B.G.B., solche nicht enthält, kann also in Konsequenz dieser Schriftsteller von einer Anrechnung der nicht durch das schadenbringende Ereignis verursachten Vorteile keine Rede sein.

§ 20. Das Quellenmaterial.

Bevor wir zur eigenen Stellungnahme übergehen, haben wir das aus den römischen und anderen Quellen zu gewinnende Material einer vorurteilslosen Prüfung zu unterziehen, anstatt mit vorgefaßten Meinungen an die Frage heranzutreten.

Und zwar empfiehlt es sich dabei, die in Betracht kommenden Stellen nach den Arten der einschlägigen Rechtsverhältnisse zu gruppieren; ist doch möglicherweise die Entscheidung gerade durch die Eigenart des Verhältnisses bestimmt!

1. Einige beziehen sich auf das Recht der Sozietät und finden sich im im titulus Dig. pro socio (XVII, 2):

a) l. 25 D. t. c., Paulus libro sexto ad Sabinum:

„Non ob eam rem minus ad periculum socii pertinet quod neglegentia eius perisset, quod in plerisque aliis industria eius societas aucta fuisset: et hoc ex appellatione imperator pronuntiavit.“

b) l. 26 D. t. cit., Ulpianus libro trigesimo primo ad edictum:

„Et ideo si socius quaedam neglegenter in societate egisset, in plerisque autem societatem auxisset, non compensatur compendium cum neglegentia, ut Marcellus libro sexto digestorum scribsit.“

In beiden Stellen wird besonders betont, daß von den Handlungen des ersatzpflichtigen socius die einen nachteilig, die anderen vorteilhaft gewesen seien: quaedam neglegenter egit; in plerisque (aliis) societatem auxit. Sie gehören daher zweifellos in diesen Zusammenhang und thun dar, daß der socius nach römischer Auffassung nicht berechtigt ist, auf die ihm wegen nachlässiger Geschäftsführung im einen Fall obliegende Ersatzpflicht das durch andere pflichtgemäße Handlungen der Sozietät zugeführte „lucrum“ in Anrechnung zu bringen.

c) Nicht ganz so zweifellos ist die Bedeutung einer zweiten Stelle, l. 23 § 1 D. t. cit., Ulpianus libro trigesimo ad Sabinum:

„Idem (Pomponius) quaerit, an commodum, quod propter admissum socium accessit, compensari cum damno, quod culpa praebuit, debeat. et ait compensandum. quod non est verum, nam et Marcellus libro sexto digestorum scribit, si servus unius ex sociis societati a domino praepositus neglegenter versatus sit, dominum societati qui praeposuerit praestaturum nec compensandum commodum, quod per servum societati accessit, cum damno: et ita divum Marcum pronuntiasse, nec posse dici socio: „abstine commodo, quod per servum accessit, si damnum petis.“

Zwar die herrschende Lehre, vertreten von Dernburg (Pandekten II § 45 No. 12), Mommsen S. 195, v. Vangerow a. a. O., Windscheid II § 258 No. 4, hat wegen der Hierhergehörigkeit der Stelle kein Bedenken. Nach ihr steht darin nicht ein aus einer einzigen Thatsache entspringendes damnum und commodum, sondern die Haftung für das allgemeine Verhalten des Sklaven überhaupt, dessen Wirken der Sozietät teils Nachteile, teils Vorteile gebracht hat, in Frage. Für diesen Fall wollte Pomponius die Kompensation zulassen, er wird aber sowohl von Marcellus wie vom Verfasser der l. 22, Ulpian, mit Entschiedenheit („quod non est verum“) berichtigt, wofür auch noch zum Überfluß eine Entscheidung von Marc Aurel angerufen werden kann.

Zur theoretischen Rechtfertigung fügt Windscheid bei: „Die admissio socii und die praepositio servi lösen sich auf in so viele einzelne Gestattungen der Geschäftsführung, als einzelne Gesellschaftsgeschäfte zu führen sind“.

Eine ganz andere Auslegung giebt Eichhoff der Stelle. Die zum Schadenersatz verpflichtende Thatsache ist ihm die Übertragung der Geschäftsführung an einen Dritten, Diss. S. 41. Ist daraus indirekt — vermittelst der Nachlässigkeit des Angestellten — ein Schaden entstanden, so kann der socius nach Ansicht des Pomponius, theoretisch richtig, verlangen, daß ihm auf den zu ersetzenden Nachteil der gleichfalls durch jene unstatthafte Übertragung mittelbar verursachte Vorteil angerechnet werde. Nur aus durchschlagenden praktischen Gründen habe Ulpian sich gegen diese Argumentation gewendet, indem sie dazu führen würde, den bestimmungsgemäß selbst handelnden socius, der nach ll. 25/6 citt. das commodum mit dem damnum nicht kompensieren darf, schlechter zu stellen, als den, der vertragswidrig die Geschäfte durch einen Dritten führen läßt. Oder Pomponius habe es für billig erachtet, die Haftung des auch für die nicht von seiner eigenen Schuld umfaßten schädigenden Handlungen des Angestellten verantwortlichen socius abzumildern, was Ulpian wieder aus den angeführten Gründen bekämpfte.

Walsmann (S. 57) versucht die Verschiedenheit der Ansichten des Pomponius und des Marcellus aus der Verschiedenheit der Verhältnisse bei der admissio socii einer-, der praepositio servi andererseits zu erklären. Ulpian habe dann — wieder „mit Rücksicht auf die praktischen Verhältnisse in der Sozietät" — der im Grunde nur für die praepositio passenden Entscheidung des Marcellus auch für die admissio den Vorzug gegeben.

M. E. liegt kein Anlaß vor, von der herrschenden Auslegung der Stelle abzugehen. Daß bereits die Bestellung des „socius admissus" oder des „servus praepositus" als mittelbare Ursache des Schadens angesehen werden dürften, ist nicht unzweifelhaft, aber auch gar nicht nötig. Denn wenn der socius vertragswidrig solche Bestellung vornahm, so würde er dadurch seinen Socien gegenüber natürlich von Recht wie Pflicht der Geschäftsführung nicht frei; entsteht nachher ein Schaden, so haftet er für diesen nicht sowohl wegen der Anstellung, als vielmehr wegen der fortdauernden Vernachlässigung der ihm obliegenden Geschäftsführungspflicht. Bestenfalls kann er verlangen, daß die durch den admissus oder praepositus vollzogenen Geschäftsführungshandlungen in seinem Verhältnis zu den Sozien als von ihm selbst vorgenommen anzusehen seien.

Somit ist die Auffassung des Marcellus und des Ulpian auch theoretisch möglich und korrekt. Was den Pomponius zu seiner abweichenden Entscheidung gebracht hat, läßt sich schwer ermitteln; es ist natürlich denkbar, daß er von dem ihn nach Eichhoff leitenden Gedankengange ausging; werden wir doch aus l. 10 (11) D. III, 5 erfahren, daß Pomponius überhaupt einen besonders anrechnungsfreundlichen Standpunkt vertreten hat. Daß andererseits Marcellus und Ulpian in der l. 23 an eine Mehrheit von teils schädlichen, teils nützlichen Handlungen gedacht haben, liegt um so näher, als sie auch in der l. 26 cit. nachweislich gerade für einen solchen Fall die Frage der Anrechnung geprüft und verneint haben.

Stimmen die drei Stellen somit sowohl im Thatbestand wie in der Endentscheidung miteinander überein, so enthalten sie andererseits auch keinen Widerspruch zu der bekannten Äußerung des Paulus in l. 30 D. t. c., „neque enim lucrum intelligitur nisi omni damno deducto neque damnum nisi omni lucro deducto."

Das ist schon a priori um so weniger anzunehmen, als dem Paulus nicht zugetraut werden darf, sich in demselben Buche derselben Schrift (libro sexto ad Sabinum) bei einer so bedeutsamen Frage selbst widersprochen zu haben. Aber auch der Inhalt nötigt nicht zu einem solchen Verdachte, wie ich schon oben in § 7 unter Nr. 3 ausführlich darzulegen versuchte.

2. Wohl keine Stelle aus der ganzen Lehre hat soviel Kopfzerbrechen gemacht, als die einen Fall der negotiorum gestio behandelnde l. 10 (11) D. de negotiis gestis III, 5, Pomponius libro vicesimo primo ad Quintum Mucium:

> „Si negotia absentis et ignorantis geras, et culpam et dolum praestare debes. sed Proculus interdum etiam casum praestare debere, veluti si novum negotium, quod non sit solitus absens facere, tu nomine eius geras: veluti venales novicios coemendo vel aliquam negotiationem ineundo. nam si quid damnum ex ea re secutum fuerit, te sequetur, lucrum vero absentem: quod si in quibusdam lucrum factum fuerit, in quibusdam damnum, absens pensare lucrum cum damno debet."

Es ist nicht zu leugnen, daß dieses Citat auf den ersten Blick in einem auffälligen Widerspruch zu den ll. 23, 25/6 pro socio citt. zu stehen scheint, und so haben sich denn auch von jeher die Bearbeiter unserer Lehre hauptsächlich mit der Aufhellung desselben beschäftigt, s. darüber namentlich v. Holzschuher III, § 218, Cohnfeldt S. 174. Zahlreich sind die Vereinigungsversuche:

a) Hin und wieder findet man in der Stelle eine Sondermeinung des Pomponius, der nach dem Referat des Ulpian in l. 23 cit. in unserer Frage ja überhaupt seine besonderen, von den Übrigen nicht anerkannten Bahnen verfolgte. Alsdann könnte sie gegenüber der Überzahl abweichender Stellen nicht aufkommen, oder müßte doch bestenfalls auf ihren besonderen Anwendungsfall beschränkt bleiben. So namentlich Cuiacius (Opera omnia, edit. Neapol., 1758, tom. IX, p. 918) und unter den Neueren v. Wening-Ingenheim (citiert bei Holzschuher a. a. O.).

b) Andere erklären die Entscheidung aus dem Mangel der culpa, so Fritz, Erläuterungen III, S. 72, Eichhoff, Diss. S. 53 fg.; anscheinend auch Windscheid II, § 430, No. 5, 7. Der gestor haftet, wenn er ein ungewöhnliches Geschäft vornahm, auch ohne culpa, aber immerhin mit der Erleichterung unserer lex.

c) Wieder andere sehen in dem Fragment eine Spezialbestimmung für das besondere Institut der negotiorum gestio und erklären sie mit deren Eigentümlichkeiten. So Brinz, Pandekten Aufl. 1, Bd. I S. 451 — der aber in Aufl. 2, § 321 No. 89 der Ansicht zu b beitritt — und Dernburg, Pandekten II, § 122, No. 29. Der Geschäftsherr, meint letzterer, kann zwar eine nicht nützliche Geschäftsführung zurückweisen, aber die einheitlich unternommene nur ganz oder gar nicht. Nicht darf er dabei die günstig verlaufenen Unternehmungen von den ungünstigen trennen. Dagegen meinte Cuiacius, daß bei n. G. und societas „ubique par incurrit ratio".

d) Noch andere, und wohl die meisten, Juristen gehen davon aus, daß im Gegensatz zum socius der l. 23 dem gestor eine Rechtspflicht zu weiteren nützlichen Handlungen nicht obgelegen habe. Es wäre aber „unbillig, daß der, der es auf sein Risiko unternimmt, einem andern, ohne dazu verpflichtet zu sein, Vorteil zu verschaffen, selbst Schaden leiden soll, während der andere den reinen Gewinn zieht, den er lediglich dem Eifer des ersteren verdankt, und sich so gewissermaßen mit dem Schaden desselben bereichert," Cohnfeldt S. 172. So auch, im Anschluß an A. Faber, v. Vangerow a. a. O.

Gegen diese Ansicht dürfte, insofern sie in der Stelle den Ausdruck eines allgemeinen Prinzips erblickt, zu bemerken sein, daß die Freiwilligkeit seiner Handlung dem gestor doch mit nichten einen wirklichen (Gegen-)Anspruch auf Erstattung des zugefügten Vorteils verleiht, also doch auch wohl den einmal aus einer andern nachlässigen Handlung entstandenen Ersatzanspruch noch weniger ipso iure mindern kann. Sofern man aber in der l. 10 einen besondern, durch die Billigkeit für diesen Fall gerechtfertigten Spezialsatz findet, nähert man sich bis zur völligen Vermischung der unter c besprochenen Ansicht.

e) Vielverbreitet ist auch eine letzte Erklärung, nach der die Abweichung der l. 10 von der l. 23 darin ihren Grund hat, daß der Schaden und der Vorteil im Falle der einen aus derselben, in dem der andern aus verschiedenen Thatsachen herstamme. So lehren, nach dem Vorgang von U. Huber (Eunomia iuris p. 623), Holzschuher a. a. O., Mommsen a. a. O. S. 193, Hasenöhrl a. a. O. No. 49. Dagegen hat sich besonders Cohnfeldt erklärt; aber sein Grund, in solchem Falle wäre eine Kompensation vorweg undenkbar, trifft nach meinen früheren (§ 3) Ausführungen nicht zu.

Man wird vielmehr diese Auslegung für möglich und, da sie einen sonst lästigen Widerspruch glatt beseitigt, selbst für sehr plausibel erachten. Das „si in quibusdam" kann sich freilich auf die zu Eingang der Stelle erwähnten „negotia" beziehen, oder es möchte auch, wie sonst öfters, das Wort „negotia" dazu zu ergänzen sein. Es kann aber grammatikalisch wie nach dem Sinn eben so gut auf die gekauften Sklaven („novicii") gehen, die der gestor von verschiedenen Seiten zusammengekauft hat („coemendo"), und deren Erwerb teils von Vorteil, teils von Nachteil begleitet war. Das ist eine einheitliche, weil zu einem bestimmten Zweck unternommene „negotiatio", und die Folgen derselben („ex ea re") sind einheitlich zu betrachten, nicht von einander zu trennen.

Diese Interpretation,[1]) von mir schon in meinem Aufsatz vertreten, ist zwar neuerdings von Eichhoff, Diss. S. 63, abgelehnt worden, aber ohne beweiskräftigen Grund, wie ihm gegenüber wiederum Walsmann S. 60 moniert hat. Die Beziehung des „in quibusdam" auf negotia entbehrt schon deshalb der Wahrscheinlichkeit, weil in dem vorhergehenden, mittleren Satze des Fragmentes nur von einem novum negotium, dagegen von einer Mehrheit von Sklaven die Rede war. Indem der dritte Satz mit dem Hinweis „ex ea re" sich deutlich an den zweiten, und nicht etwa nach Erledigung des Proculus-Citates an den ersten, anschließt, und indem das „in quibusdam" sich sprachlich nicht wohl auf den Singularis negotium beziehen kann, bleibt nur die Beziehung auf „venales novicios" übrig.

Mit dem Gesagten ist freilich bestenfalls die Anschauung des Pomponius erklärt. Ob sie aber mit den unter 1. citierten Stellen inhaltlich vereinbar ist; ob sie, einen Widerspruch angenommen, ihnen entgegen auf Anerkennung Anspruch erheben kann, bedarf noch näherer Untersuchung.

Dabei soll vorderhand unterstellt werden, daß es sich in l. 10 wirklich um eine compensatio lucri handle. Ich bin zwar, wie in § 21 darzulegen ist, nicht dieser Ansicht; da die Frage jedoch immerhin zweifelhaft bleibt, will ich zunächst für die lex auch vom Standpunkt der sie dazu rechnenden herrschenden Meinung eine befriedigende Erklärung versuchen.

Die Annahme einer Antinomie läßt sich jedenfalls nicht mit Cuiacius einfach so begründen, daß die Nichtanrechnung des lucrum bei der societas und seine Anrechnung bei der negotiorum gestio mit-

---

[1]) Die übrigens schon der Glossator Azo vertrat, s. glossa ord. zu l. 25 D. XVII, 2.

einander wegen der „par incurrens ratio" unvereinbar seien. Denn die societas begründet, wennschon nicht immer („societas unius negotii"), so doch in den meisten, und speziell auch gerade in den in den ll. 23, 25 und 26 citt. behandelten Fällen, ein mehr oder minder lange andauerndes Verhältnis; die Geschäftsführung des socius ist dabei nicht auf ein einzelnes Unternehmen, sondern auf eine möglicherweise unübersehbare Vielzahl von Unternehmungen gerichtet, die nur das miteinander gemeinsam haben müssen, daß sie sämtlich in den Rahmen des Gesellschaftszweckes fallen.

Dagegen die auftraglose Geschäftsführung ist viel mehr spezialisiert. Daß jemand sich, etwa zu Gunsten eines Abwesenden, der Führung einer Mehrzahl von nur durch ihre gemeinsame Beziehung auf dieselbe Person oder denselben Vermögenskomplex miteinander verbundenen Geschäften unterziehe, mag denkbar sein — sicherlich ist es unter den Fällen der negotiorum gesto seltene Ausnahme und in der l. 10 cit. nach deren klarem Wortlaut nicht vorausgesetzt. Es steht dort vielmehr die gestio „unius negotii", das einheitliche Spezialgeschäft des Ankaufes einer Sklavenheerde, in Frage. Daß dieser Geschäftszweck nur durch eine Mehrzahl von zunächst getrennten Kaufakten („coemendo") realisiert werden kann, thut seiner Einheitlichkeit keinen Abbruch — nur die Mittel sind mannigfach; der Zweck ist einheitlich geblieben.[1])

Danach ist die Anrechnung der Vorteile im Falle der l. 10 mit den unter 1. besprochenen Entscheidungen nicht schlechthin unvereinbar.

Andererseits gebe ich Eichhoff und Walsmann (S. 58) zu, daß die „Einheitlichkeit des Geschäftszweckes", welche die Anrechnung der Vorteile nach l. 10 cit. rechtfertigen möchte, nicht identisch ist mit der „Einheit des schädigenden und nützenden Ereignisses", von der in Kap. II dieser Abhandlung die Rede war. Es ist richtig, „daß damnum und lucrum durch die verschiedenen, einzelnen Käufe, also mehrere Handlungen, entstanden sind: dieser Kauf bringt Vorteil, jener wieder Nachteil." In den Fällen des vorigen Kapitels war es ein und das-

[1]) Allerdings liegt auch bei den einzelnen Geschäften der Sozietät die gemeinsame Beziehung auf den Gesellschaftszweck vor. Aber diese allgemeine Einheit des Gesellschaftszweckes ist offenbar etwas anderes, viel lockereres, als die Einheit des konkreten Geschäftszweckes. Wäre dem nicht so, so ließe sich die bekannte Unterscheidung der societates omnium bonorum, quaestus, negotiationis und unius negotii nicht mehr aufrechterhalten.

selbe Handeln, das nicht weggedacht werden konnte, ohne mit einem Schlage sowohl die eingetretenen Schäden als auch die Vorteile auszulöschen, die es als teils unmittelbare, teils wenigstens mittelbare Ursache hervorgebracht hatte. Von einer Einheit der **causa proxima** war allerdings auch dort nicht notwendig die Rede. Aber es ist mir mindestens zweifelhaft, ob man den Akt der Geschäftsübernahme auch nur im Sinne der **causa remota** als Ursache der mit den einzelnen Ausführungshandlungen verbundenen teils nützlichen, teils schädlichen Folgen bezeichnen darf. Jene ist höchstens eine Bedingung, ohne die es nicht zu solchen verschiedenen Ergebnissen kommen konnte; dagegen, sie als „Ursache" zu bezeichnen, sträubt sich der unbefangene Sprachgebrauch.

Aber gerade damit stoßen wir auf einen Gesichtspunkt, der m. E. zu einer befriedigenden Auffassung der Stelle führen kann. Liegt hier kein eigentlicher oder, im Sinne von v. Kries und Rümelin, kein adäquater Kausalzusammenhang zwischen dem die Verantwortlichkeit begründenden Verhalten und dem Erfolge vor, und muß demnach nach l. 10 der Geschäftsführer den letzteren vertreten, so haben wir einen jener Ausnahmefälle vor uns, in denen, nach Rümelins Worten,[1]) jemand „für jeden Schaden verantwortlich gemacht wurde, der ohne den haftungbegründenden Vorgang nicht entstanden wäre". Rümelin rechnet dahin die Fälle der furtum, der mora und „vielleicht" auch den des absichtlich kontraktwidrigen Handelns (nach B.G.B. insbesondere die des § 287 und des § 848). Folgende Erwägung wird beweisen, daß in dieselbe Reihe auch derjenige der — nicht nützlich unternommenen und daher mangels Genehmigung unverbindlichen — Geschäftsführung gehört:

„Der Geschäftsherr kann" — Worte Dernburgs[2]) — „eine nicht nützlich unternommene und von ihm auch nicht genehmigte Geschäftsführung zurückweisen. Dann darf er Wiederherstellung des früheren Zustandes fordern." In der Anm. 29 setzt Dernburg unter Berufung auf l. 10 cit. hinzu: „Da der Vermögensherr die Geschäftsführung zurückweisen kann, so folgt, daß der Geschäftsführer den Zufall seiner Unternehmungen, die ihm bleiben, zu tragen hat."

Ähnlich Windscheid II § 430 No. 7.

Und zwar ist diese Zufallshaftung, ähnlich wie die des in mora

---

[1]) Rümelin in der öfters citierten Abhandlung, civ. Archiv Bd. 90, S. 273.

[2]) Pandekten II § 122 Nr. 3b.

befindlichen Schuldners, auch eine solche für die inadäquaten Folgen seines Thuns. Denn weist der Herr das für ihn geführte Geschäft zurück, so trifft es im Erfolg den Geschäftsführer mit allen sich daraus ergebenden Situationen, mögen sie aus der Übernahme der Gestion „adäquat“ oder „inadäquat“ gefolgt sein. Es genügt, daß sie sich überhaupt in der jetzt vorliegenden Weise entwickelt haben. Wäre es anders, so würde ja ein Rest von Einwirkungen der Gestion im Vermögen des Herrn zurückbleiben, was eben vermieden werden soll.

Macht man aber mit diesem Gesichtspunkt Ernst, so muß man ihn im Interesse der ausgleichenden Gerechtigkeit, wie zum Nachteil, so auch zum Vorteil des Geschäftsführers verwerten. Hatten wir in den Fällen des vorigen Kapitels überall den Parallelismus zwischen Haftung und Vorteilsanrechnung zu beobachten Gelegenheit, so wird seine Wiederkehr an dieser Stelle nicht Wunder nehmen dürfen.

Die Übernahme der Geschäftsführung ist allerdings nur eine Vorbedingung des durch den Ankauf einiger Sklaven erwachsenen Nachteils. Aber nicht minder ist sie zugleich Bedingung des bei anderen, im Interesse desselben Geschäftszweckes vorgenommenen, Einkäufen erzielten Vorteils. Macht die Lockerung der Kausalbeziehung nichts aus für die Ersatzpflicht des Gestion wegen jener, so darf sie umgekehrt nicht verwendet werden gegen eine Anrechnung dieser. Je weiter die Haftung reicht, desto weiter auch die compensatio lucri!

Trifft das Gesagte zu, so kommt schließlich Dernburgs Bemerkung (II § 45 No. 12), die l. 10 erkläre sich aus besonderen Gründen der negotiorum gestio, in gewissem Sinne ebenso dem Richtigen nahe, wie die Ansicht anderer Schriftsteller, welche die Entscheidung mit der casus-Haftung in Beziehung setzen. Nur wäre beides zu verbinden: allein die, als nicht nützlich unternommene, mit einer Haftung für Schadensersatz verbundene Geschäftsführung erzeugt die in l. 10 geschilderte Wirkung. Aus einem negotium utiliter coeptum haftet der Geschäftsführer nur bei culpa und nur für die adäquaten Folgen seines culposen Thuns. Aber dafür wird ihm alsdann auch keine Anrechnung der Vorteile in weiterem Umfange zuzubilligen sein, als sie sich aus den allgemeinen Regeln des vorigen Kapitels ergiebt, d. h. als die Vorteile sich als (adäquate) Folgen gerade des verantwortlich machenden, culposen Verhaltens darstellen. So auch in der Sache Windscheid II § 430 No. 5.

Danach wäre die l. 10 mit unseren früheren Ergebnissen nicht unverträglich; aber sie muß andererseits streng auf solche Fälle be-

beschränkt werden, in denen der geschilderte besondere Grund einer erweiterten Vorteilsanrechnung obwaltet.

Dabei ist noch eines Zweifels über den Sinn der l. 10 zu gedenken.

Bestimmt sie, daß bei teils günstigem, teils ungünstigem Ausfall der verschiedenen Anschaffungen der Geschäftsherr seine Entscheidung über Annahme oder Ablehnung nur einheitlich treffen kann, oder nimmt sie an, er könne wegen der ungünstigen Ersatzansprüche erheben und brauche sich darauf nur das durch die günstigen Akte erzielte plus in Anrechnung bringen lassen? Der Wortlaut scheint der zweiten Auslegung günstig (absens pensare lucrum cum damno debet). Indes ist zu beachten, daß es nach dem Thatbestand der Stelle zu einem Ersatzanspruch gar nicht kommen kann, weil das coemere der Sklaven nur ein subjektiv fremdes Geschäft ist (s. unten § 21). Auch sonst redet Pomponius ungenau, indem er die Schadentragung durch den gestor einfach als Folge des „damnum secutum" bezeichnet, während sie doch erst aus der — in solchem Fall allerdings naheliegenden — Ablehnung des Geschäftes durch den dominus hervorgeht. Auch ist nicht von einem pensare posse des gestor, sondern von einem pensare debere des Herrn die Rede.

Sonach hat Pomponius wohl gemeint:

Hat das coemere nur Vorteil gebracht, so wird der Herr natürlich ratihabieren und den Vorteil einheimsen; hat es nur Nachteil gebracht, so wird er die Genehmigung verweigern und damit den gestor mit dem Schaden belasten; hatte es teils günstige teils ungünstige Ergebnisse, so muß der Herr, um das etwaige plus an Vorteilen zu erlangen, das minus an Nachteilen auf sich nehmen; will er dem gestor das plus an Nachteilen aufbürden, so kann er auch nicht das minus an Vorteilen sich selbst aneignen.

So versteht auch Dernburg die Stelle, wenn er mit Berufung auf sie sagt (Pandekten II § 122 Nr. 3b):

> „Aber er (der Geschäftsherr) muß die einheitlich geführte Verwaltung entweder ganz verwerfen oder ganz anerkennen. Es ist ihm also nicht verstattet, die günstig auslaufenden Unternehmungen für sich in Anspruch zu nehmen, die ungünstigen aber zurückzuweisen."

Faßt man die Stelle in diesem, wie ich zugebe, nicht über jeden Zweifel erhabenen Sinn, so gehört sie überhaupt nicht in die Lehre von der eigentlichen compensatio lucri cum damno. Das ist im § 21 näher darzulegen.

Es mag sein, daß diese Ausführungen über die Bedeutung der l. 10 keine allgemeine Zustimmung finden werden. Aber auch wenn wir statt dessen mit Cuiaz einen Widerspruch der Stellen annehmen, können wir zu dem fast gleichen Schlußresultat kommen: Pomponius hat ja überhaupt in der Frage der compensatio lucri seinen Sonderstandpunkt gehabt, und dieser ist von den späteren Juristen wie von den Kaisern erweislich allgemein abgelehnt worden. Das darf zwar bei der Aufnahme der l. 10 in die Kompilation kein Grund sein, dieser überhaupt die Anerkennung zu versagen, aber es berechtigt und verpflichtet uns andererseits, sie auf den besonderen darin entschiedenen Fall als ius singulare zu beschränken.

Damit es in dem in l. 10 cit. enthaltenen Falle zur Anrechnung der Vorteile komme, muß, wie zum Schluß nochmals zu betonen ist, eine einheitliche Geschäftsführung vorliegen. Daß eine solche bei Einheit des Zweckes anzunehmen sei trotz Mehrheit der Ausführungshandlungen, hat schon Paulus in der l. 15 (16) D. h. t. III, 5 (libro septimo ad Plautium) treffend bemerkt:

„Sed et cum aliquis negotia mea gerat, non multa negotia sunt, sed unus contractus, nisi si ab initio ad unum negotium accessit, ut finito eo discederet: hoc enim casu si nova voluntate aliud quoque adgredi coeperit, alius contractus est.“

Ganz dieselbe Bemerkung findet sich in der unmittelbar voraufgehenden l. 14 (15) D. h. t.:

„... nisi si ab initio quasi unum negotium gesturus accessero, deinde alio animo ad alterum accessero ... hic enim quasi plura negotia gesta sunt et pro qualitate personarum et actio formatur et condemnatio moderatur.“

Dabei kann es für meine Zwecke dahingestellt bleiben, ob die Worte hinter nisi in beiden Fragmenten von Paulus, ihrem ursprünglichen Verfasser, herrühren, oder, wie bekanntlich in der Regel bei den nisi-Sätzen, erst einer Justinianeischen Interpolation ihre Entstehung verdanken.

3. Eine compensatio lucri cum damno soll nach Eichhoff, Dissertation S. 33/34, auch in Frage stehen in dem bekannten, zur Lehre von der locatio conductio gehörigen Fall der l. 15 § 4 D. XIX, 2:

„Papinianus libro quarto responsorum ait, si uno anno remissionem quis colono dederit ob sterilitatem, deinde sequentibus annis contigit uberitas, nihil obesse domino remissionem, sed integram pensionem etiam eius anni quo remisit exigendam, hoc idem et in vectigalis damno respondit. sed et si verbo donationis dominus ob sterilitatem anni remiserit, idem erit dicendum, quasi non sit donatio, sed transactio. quid tamen, si novissimus erat annus sterilis, in quo ei remiserit? verius dicetur et si superiores uberes fuerunt et scit locator, non debere eum ad computationem vocari.'- In der That wird hiernach ein Zusammenhang insofern angeordnet, als der eine remissio mercedis heischende Pächter sich auf seinen Remissionsanspruch das durch überdurchschnittliche „uberitas" der andern Pachtjahre Gewonnene in Ansatz bringen lassen muß. Da nun die sterilitas des einen und die uberitas des andern Jahres offenbar verschiedene „thatsächliche Umstände" sind, so läge hier, wenn überhaupt, ein in dieses Kapitel gehöriger, also exceptioneller, Fall der Vorteilsanrechnung vor. Zur analogen Erstreckung wäre der Satz der l. 15 § 4 um so weniger geeignet, als man es in dem ganzen Institut der remissio mercedis bekanntlich überhaupt mit einem aus volkswirtschaftlichen Erwägungen „contra rationem iuris" geschaffenen Sondergebilde zu thun hat.

Aber ich muß gegenüber Eichhoff (s. auch Walsmann S. 52 No. 2, 68) die Zugehörigkeit des Falles zur compensatio lucri überhaupt in Abrede stellen. Der Remissionsanspruch ist keineswegs ein Anspruch auf Ersatz des Interesses — weder des positiven: denn der Pächter erlangt damit nur seinen Pachtzins, ganz oder teilweise, zurück, nicht das, was er bei normaler Ernte vielleicht darüber hinaus eingeheimst hätte; noch des negativen: denn es wird nicht in Rücksicht gezogen, was er ohne diesen Pachtvertrag durch anderweite Verwendung seiner Kapital- und Arbeitskraft gewonnen haben würde. Das betont ausdrücklich die l. 15 § 7 D. h. t.: „non id quod sua interest conductor consequitur, sed mercedis exonerationem pro rata." Liegt aber kein Anspruch auf das Interesse vor, so kann es auch kein solcher auf Schadensersatz sein — der von Eichhoff zwischen beiden aufgestellte Unterschied ist ganz unverständlich. Der Anspruch hat vielmehr, wenn er die Rückzahlung des pränumerierten Zinses erzielen will, einfach einen kondikticischen Charakter, nicht anders als der durchaus verwandte Erstattungsanspruch, den der pränumerierende Mieter nach Untergang der Sache wegen des Satzes „locatoris est periculum“ zu erheben berechtigt ist.

4. Eine Anzahl vielbesprochener Stellen bezieht sich auf die Frage, wie weit die Verwalter eines fremden Vermögens, insbesondere Vormünder, tutores und curatores, auf das von ihnen zu ersetzende damnum das dem Vertretenen andererseits verschaffte lucrum in Anrechnung bringen dürfen. Es gehören dahin:

a) l. 11 D. de usuris XXII, 1, Paulus libro vicesimo quinto quaestionum:

„Gaius Seius qui rem publicam gerebat faeneravit pecuniam publicam sub usuris solitis: fuit autem consuetudo, ut intra certa tempora non inlatis usuris graviores infligerentur: quidam debitores cessaverunt in solvendis usuris, quidam plus intulerunt et sic effectum est, ut omne quod usurarum nomine competebat etiam pro his, qui cessaverant in usuris, suppleatur. quaesitum est,! an illud, quod amplius ex consuetudine poenae nomine a quibusdam exactum est, ipsi Seio proficere deberet an rei publicae lucro cederet. respondi, si Gaius Seius a debitoribus usuras stipulatus esset, eas solas rei publicae praestari oportere, quae secundum formam ab is exigi solent, etiamsi non omnia nomina idonea sint. Quid si servus publicus obligationem usurarum rei publicae adquisiit? aequum est, quamvis ipso iure usurae rei publicae debeantur, tamen pro defectis nominibus compensationem maiorum usurarum fieri, si non sit parata res publica universorum debitorum fortunam suscipere. eadem fere in tutoribus Marcellus refert.“

b) l. 16 D. de administratione et periculo tutorum XXVI, 7 Paulus libro sexto ad Sabinum:

„Cum quaeritur iudicio tutelae, quae nomina a tutore facta agnoscere pupillus debeat, Marcellus putabat, si tutor pecuniam pupilli mutuam dedisset et suo nomine stipulatus esset, posse dici nomina integra pupillo salva esse, deperdita et male contracta ad tutorem pertinere. sed verius se putare posse tutorem eam condicionem adulescenti deferre, ut id quod gessisset tutor in contrahendis nominibus aut in totum agnoscere aut a toto recedere, ita ut perinde esset ac si tutor sibi negotium gessisset. idem est et si pupilli nomine credidisset.“

c) l. 7 § 6 D. t. cit. XXVI, 7, **Ulpianus libro trigesimo quinto ad edictum**:

„si tutor pecuniam pupillarem suo nomine faeneravit, ita demum cogetur usuras quas percepit praestare, si suscipiat pupillus ceterorum nominum periculum."

d) Aus dem Vormundschaftsrecht entnommen ist auch die l. 39 § 14 D. t. cit. XXVI, 7, doch gehört sie inhaltlich im Sinne meines Themas in einen anderen Zusammenhang, s. darüber oben § 6 S. 30.

Hat der Vormund, so ergiebt sich aus l. 16 in Verbindung mit dem Schluß von l. 11, des Mündels Kapital an verschiedene Schuldner ausgeliehen, und sind einzelne dieser Darlehnsposten verloren gegangen, andere aber „integra", so soll der wegen der „deperdita et male contracta" verantwortliche Vormund den Mündel „vor die Alternative stellen können, entweder alle nomina anzuerkennen, oder alle nomina abzulehnen." (Worte von **Eichhoff** S. 85.)

Entsprechendes gilt von den Vermögensverwaltern der Stadtgemeinden nach l. 11 cit. Allerdings redet § 1 das. von einem „servus actor",[1]) der iure civili seiner Herrin gegenüber weder berechtigt noch verpflichtet ist. Darum aber den § 1 nicht auf das Verhältnis des Geschäftsführers zum Geschäftsherrn zu beziehen — so anscheinend **Pernice** a. a. O. S. 139 — sind wir um deswillen nicht genötigt, weil zwischen Sklaven und Herrin wenigstens ein „naturaliter debere" möglich ist.[2]) Um den Umfang dieser naturalen Verpflichtungen des Geschäftsführers gegenüber der Stadt festzustellen, hatte die in § 1 cit. enthaltene Erörterung ihren guten Sinn.

Dürfen Vormund und städtische Vermögensverwalter das bei dem einen Posten an Zinsen und dergl. erzielte „lucrum" auf das durch den Verlust des andern entstandene damnum in Anrechnung bringen, so scheint darin ein Fall der compensatio lucri cum damno von einer uns bisher noch nicht aufgestoßenen Tragweite zu liegen. Denn an der Einheit des die Verantwortlichkeit begründenden mit dem den Nutzen herbeiführenden Ereignis dürfte es durchaus fehlen — die verschiedenen Darlehensanlagen sind doch völlig verschiedene Thatbestände!

---

[1]) S. **Pernice** in der Zeitschrift der Savigny-Stiftung, rom. Abt. Bd. XIX S. 138 No. 3.

[2]) Die Quellen gebrauchen für solches Schuldverhältnis zwischen dominus und servus auch wohl das Wort debitum schlechtweg, s. z. B. l. 1 § 18 i. f. Dig. de separ. XLII, 6.

Um unsere Stellen gegenüber den sonstigen Regeln über compensatio lucri cum damno zu rechtfertigen, hat man zu verschiedenen Aushilfsmitteln gegriffen:

a) Nach der von Pernice[1]) und Wlassak[2]) vertretenen Anschauung „liegt der Grund der Zusammenwerfung in dem inneren Zusammenhange, der zwischen den Forderungen durch die Einheit der Verwaltung hergestellt wird", Pernice S. 139. Denn, so führt Wlassak aus, während die ältere römische Jurisprudenz, nach l. 37 pr. D. h. t. 26, 7 noch Sabinus und Cassius,[3]) die Verhaftung des tutor durch jede einzelne in Angelegenheiten des Mündels unternommene Handlung neu erzeugt werden ließ, trat „in der Vorstellung der späteren Juristen das einheitliche officium an die Stelle der plures causae des Sabinus".

Es liegt mindestens in der Richtung dieser Auffassung, in der l. 16 nicht eine Ausnahme, sondern den analoger Erstreckung fähigen Ausfluß eines Prinzipes des entwickelten Rechtes zu sehen: die Einheit des (dauernden) Rechtsverhältnisses, in dessen Verfolg sich teils günstige, teils ungünstige Einzelunternehmungen vollzogen haben, ist zur Annahme einer compensatio lucri cum damno erforderlich und ausreichend.

b) Dagegen erblickt Ruhstrat[3]) in der Entscheidung der l. 16 ebenso, wie in der l. 10 (11) D. cit. III, 5, eine singuläre Ausnahme. Er bestreitet unter Berufung auf die unter 1. mitgeteilten Stellen aus der Lehre von der Sozietät „dem Prinzip der Einheitlichkeit die von neueren Schriftstellern behauptete weitgehende Bedeutung" und sieht in l. 16 einen angesichts der strengen römischen Grundsätze über die Haftung des Vormunds bei Anlage des Mündelgeldes angenommenen „Satz der Billigkeit".

Ähnlich versucht Eichhoff[4]) in der l. 16 eine Milderung der ohnedies allzu rigorosen Haftung des Vormundes zu finden, die um so billiger erscheine, als sie ohne Schädigung des Mündels möglich sei. Übrigens leugnet E. aus unten zu würdigenden Gründen, daß

---

[1]) Labeo Bd. II S. 303; ausführlicher jetzt in der Zeitschrift a. a. O. XIX S. 137 fg.

[2]) Geschichte der negotiorum gestio S. 68 fg.

[3]) „tutorem, qui tutelam egit, Sabinus et Cassius prout gerit, in singulas res per tempora velut ex pluribus causis obligari putaverunt."

[3]) Iherings Jahrbücher Bd. XXVII S. 71 fg., nam. 86/8.

[4]) Dissertation S. 87.

die Stelle eine eigentliche comp. l. c. d. im strengen Sinne des Wortes enthalte.

c) Eine eigentümliche Auffassung vertritt v. Petrazycki.[1]) Er verficht im Gegensatz zur herrschenden Meinung eine Verantwortlichkeit des tutor bei verzinslicher Anlegung des Mündelgeldes selbst für Zufall. Um aber den Vormund nicht von solcher Anlegung „abzuschrecken", sei nach dem Vorgang des Marcellus folgende Modifikation eingeführt: „Wenn der Vormund das Kapital in mehrere Kreditforderungen verteilt hat, so ermäßigt sich die Gefahr dahin, daß der Verlust aus mißglückten Geschäften durch den Gewinn aus gelungenen gedeckt wird. Zum Schutz des Unmündigen genügt es, daß er die Auswahl hat, ob er das ganze System der

„sich gegenseitig versichernden nomina übernimmt, oder dieses System im ganzen dem Vormund beläßt. Im letzteren für den Vormund eventuell unangenehmen Fall ist das periculum jedenfalls gemildert und zum Teil oder ganz durch den Gewinn aus den gelungenen Geschäften neutralisiert".

Die Bestimmung der l. 16 enthält also einen „scharfsinnigen Versicherungsgedanken", indem sie für den Vormund als Motiv wirkt, das auszuleihende Kapital zu verteilen und verschiedenen Risikos zu unterwerfen. „Die Summe solcher Geschäfte auf Teile des Kapitals bildet ein System der einander versichernden Handlungen."

Auch nach dieser beachtenswerten, allerdings von Pernice a. a. O. als „willkürlich" abgelehnten, Auffassung kann der in den ll. 11 und 16 enthaltenen Satz, als eine aus Gründen der Motivationspolitik für den Vormund erlassene Sonderbestimmung, nicht ohne weiteres auf andere Fälle analog erstreckt werden.

Wie man sieht, bedeuten die Erklärungsversuche unserer Stellen ausnahmslos mehr oder minder einleuchtende Hypothesen — eine strenge Begründung ist noch nicht gegeben, auch wohl bei dem Zustande der Quellen nicht möglich. Jedenfalls muß Folgendes beachtet werden:

a) Die von Pernice herangezogene „Einheit der Verwaltung" ist etwas anderes, minder Gefestigtes als die unter 2. erwähnte „Einheitlichkeit des konkreten Geschäftes", wie sie nach der l. 10 D. III, 5 als Voraussetzung der Vorteilsanrechnung anzunehmen sein könnte.

[1]) Die Lehre vom Einkommen, Bd. II S. 197 fg., nam. 199.

Die Vormundschaftsführung bringt ja eine Masse von vornherein nicht zu übersehender Einzelakte mit sich, die in keinem anderen inneren Zusammenhang stehen, als in ihrer gemeinsamen Beziehung auf das Vermögen des Mündels.

Daß aber ein solcher persönlicher Zusammenhalt nicht unter allen Umständen genügt, um die in den ll. 11 und 16 zugelassene Zusammenrechnung zu rechtfertigen, beweist deutlich die gegenteilige Behandlung bei der Sozietät, ll. 23, 25 und 26 D. XVII 2 (oben Nr. 1), bei der doch die „Einheit der Verwaltung" mindestens in demselben Sinne, wie bei der Vormundschaft, obwaltet. Wenn trotzdem beide Verhältnisse in Bezug auf die Zusammenrechnung der Geschäftsergebnisse verschieden behandelt werden, so werden dafür vermutlich praktische Gründe bestimmend gewesen sein; die von Pernice urgierte „Einheit der Gestion" kann höchstens den theoretischen Scheingrund abgegeben haben, die idealistische Verbrämung, hinter der sich, wie auch sonst so oft in der Rechtsentwickelung, die in Wahrheit entscheidenden realen Gründe versteckten.

Welcher Art diese gewesen seien, ist um so schwerer zu sagen, als sie von den Römern nicht nur nicht mitgeteilt worden, sondern kaum klar erkannt worden sind. Doch ist stark zu vermuten, daß sie mit der ausnahmsweise scharfen Haftung des Vormunds für Anlage von Mündelkapital in innerem Zusammenhang stehen. Es ist in der That durch v. Petrazycki m. E. sehr wahrscheinlich gemacht, daß der Vormund dabei auch ohne den Nachweis besonderer culpa für den Verlust des Kapitals verantwortlich gewesen sei. Dafür spricht einmal die Analogie des nach l. un. Cod. de his qui ex officio XI, 39 (38)

> — „fenoris rei publicae, quod non tua culpa perditum esse apparuerit, sufficit sortis damnum, non etiam usurarum sustinere" —

in dieser strengen Weise haftenden städtischen Vermögensverwalters, der gerade in unserer l. 11 cit. bezüglich der Haftung mit dem Vormund auf eine Stufe gestellt wird.

Zum Andern ist der Wortlaut der Quellen der strengen Haftung das tutor günstig. Zwar wenn v. Petrazycki sich (S. 196) auf die l. 24 C. de admin. tut. V, 37, beruft, wo es in Bezug auf die dem Vormund mangels Anlagemöglichkeit des Mündelgeldes in praedia idonea gestattete Hingabe desselben auf verzinsliches Darlehen heißt:

> „quarum exactio ad periculum tutoris pertinet",

so kann man mit Pernice (S. 136) bezweifeln, ob sich das auf das

Kapital und nicht vielmehr nur auf die Zinsen beziehe. Letzteres wird sogar durch den Urtext (l. 6 C. Theod. III, 30, s. Pernice S. 136) wahrscheinlich gemacht. Immerhin kann die Stelle für das justinianeische Recht vielleicht auch in dem weiteren Sinne verstanden werden. Noch deutlicher spricht dafür die von Pernice m. E. nicht entkräftete l. 43 pr. D. h. t. (cum post mortem pupilli desinit esse nomen idoneum, tutor periculo eximitur), aus der sich a contrario ergiebt, daß eine nachträgliche (also unvorhersehbare) Insolvenz des Schuldners bei Lebzeiten des Mündels dem Vormund zur Last fällt; nicht minder die l. 35 das. und die l. 18 C. V 37. Endlich auch der Text unserer l. 16 D 26, 7 — nicht nur ist von einem Verschulden des Vormunds als der Grundlage seiner Haftung nicht die Rede, sondern es werden die „deperdita" den „male contracta nomina" als besondere Kategorie an die Seite gestellt. Soll diese Unterscheidung mehr als eine sinnlose Phrase bedeuten, so kann sie sich nur darauf beziehen, daß gewisse Gelder von vornherein schlecht angelegt, andere infolge späterer, vielleicht absolut unvorhersehbarer, Zufälle nachträglich „faul" geworden oder verloren gegangen sind.

Muß der Vormund aber auf der einen Seite so streng haften, so hat der Gedanke, ihn anderseits durch eine weitgehende Anrechnungsmöglichkeit zu entlasten, von vornherein viel für sich. Mag dabei eine bloße „Billigkeit", mag ein Akt der „Motivationspolitik" im Sinne Petrazyckis obgewaltet haben — jedenfalls hängt die Anrechnungsbefugnis des Vormundes mit seiner strengen Haftung zusammen. Je weiter diese ausgedehnt ist, desto weiter greift auch jene: wenn der negotiorum gestor nur für den Ausfall der im Rahmen des konkreten Geschäftszweckes ausgeführten Maßnahmen einstehen muß, kann er auch nur innerhalb derselben Schranken Anrechnung der Vorteile erlangen. Wenn andererseits der Vormund, nur weil er Vormund ist, wegen aller in dieser Eigenschaft für den Mündel unternommenen Kapitalsanlagen den Zufall zu vertreten hat, kann er folgerecht auch den Vorteil aus allen Geschäften solcher Art, wegen deren die Haftung hypothetisch begründet ist, in Ansatz bringen.

5. Weitere Beispiele für compensatio lucri bieten uns, soviel ich sehe, die römischen Quellen nicht. Insbesondere nicht in betreff des den letzterwähnten Verhältnissen ähnlichen Mandates.

Dem Beauftragten eine weitere Anrechnungsbefugnis zu gewähren, als sie nach allgemeinen Grundsätzen statthaft ist, liegt auch kein innerer Anlaß vor. Die obigen (Nr. 4) Sätze über den städtischen

Vermögensverwalter können als ius singulare auf den nur für culpa haftenden gewöhnlichen Mandatar nicht angewendet werden; ebensowenig die Bestimmungen über den tutor. Aber auch die l. 10 (11) D. III, 5 ist für seine Behandlung unverwertbar. Ist er zu einem speziellen Geschäfte bestellt, so kann von einem die casus-Haftung begründenden negotium inutiliter coeptum nicht die Rede sein. Ist er aber Generalmandatar, so kann der Geschäftsherr nicht einfach einzelne ihm nicht genehme Geschäfte zurückweisen, sondern ihn von vornherein nur wegen einer bei Eingehung oder Ausführung derselben vorgekommenen culpa verantwortlich machen. Dagegen ist dann dem Beauftragten eine compensatio lucri aus anderen Geschäften ebensowenig gestattet, wie dem socius (s. oben Nr. 1); was über diesen die l. 25 D. XVII, 2 sagt, paßt durchaus auch für jenen.

---

§ 21. Ergebnis für das römische Recht.

Versuchen wir aus dem bisher besprochenen Material das Ergebnis für das römische Recht zu gewinnen, so ist klar, daß eine compensatio lucri cum damno höchstens in den unter 3. und 4. besprochenen, bei ihren Besonderheiten einer Erweiterung nicht fähigen Fällen vorliegt.

Aber ich muß weiterhin bestreiten, daß diese Fälle überhaupt eine wahre compensatio lucri cum damno aufweisen:

a) Einmal stehen dabei — wenn die in § 20 Nr. 2 am Schluß verfochtene Auslegung zutrifft — keine eigentlichen Schadensersatzansprüche in Frage. Überall finden wir in den Stellen Geschäfte, die jemand im Interesse eines andern vorgenommen hat, die aber dieser andere aus diesem oder jenem Grunde nicht als für seine Rechnung geschlossen anzuerkennen braucht. Dadurch wird der Effekt der Geschäfte bei Ausbleiben der Anerkennung auf den gestor gewälzt, was dessen Vermögen regelmäßig — denn bei günstigem Ausfall wird die Anerkennung durch den Herrn selten ausbleiben — nachteilig beeinflußt. Aber Schadensersatz ist das schon um deswillen nicht, weil dem Geschäftsherrn, sofern er die Genehmigung nicht erteilt, ein Schaden überhaupt nicht erwachsen ist, also auch nicht ersetzt werden kann. Hat der Geschäftsführer — so in den Fällen des sogenannten subjektiv fremden negotium, zu denen offenbar gerade derjenige der l. 10 cit. zählt — zunächst aus eigenen Mitteln das Geschäft vollführt, so bewirkt die Ablehnung desselben durch den Herrn nicht sowohl die Entstehung eines Anspruches für diesen, als vielmehr nur das Ausbleiben der andernfalls begründeten beiderseitigen Geschäftsführungsklagen.

Aber auch da, wo der Geschäftsführer direkt in die Vermögenssphäre des Geschäftsherrn eingegriffen hat und daher bei inutilitas negotii auf Wiederherstellung des früheren Zustandes und Ersatz des sonstigen Schadens haftet, ist der Schadensersatzanspruch nicht die hauptsächliche und unmittelbare Folge der Gestion. Das negotium inutiliter coeptum stellt an sich keine rechtswidrige und zum Ersatz verpflichtende, sondern nur eine unverbindliche und daher juristisch neutrale Handlung dar. Der Geschäftsherr hat ein Wahlrecht zwischen Anerkennung und Ablehnung des Aktes, und einen Ersatzanspruch erlangt er erst dann, wenn er das Wahlrecht im letzteren Sinne ausgeübt hat. Hätte schon die Gestion selbst einen solchen erzeugt, so bedürfte es zu einer Liberierung des Geschäftsführers eines zweiseitigen Ersatzaktes, denn der einseitige Erlaß einer bestehenden Schuld ist dem römisch-gemeinen wie dem bürgerlichen Recht unbekannt. Das widerspricht aber bekannten Grundsätzen der negotiorum gestio, nach denen die einseitige Erklärung die an sich unverbindliche Geschäftsführung zur verbindlichen erhebt. S. statt aller, wohl überflüssigen, Citate die l. 8 (9) D. III, 5:

> „Pomponius scribit, si negotium a te quamvis male gestum probavero, negotiorum tamen gestorum te mihi non teneri. videndum ergo ne in dubio hoc, an ratum habeam, actio negotiorum gestorum pendeat: nam quomodo, cum semel coeperit, nuda voluntate tolletur.“

Also schon die Römer haben mit vollem Bewußtsein sich mit der hier erörterten Frage beschäftigt und die Konstruktion eines Schwebens des Ersatzanspruches bis zur Entscheidung des Geschäftsherrn verwertet. Wenn Scaevola im weiteren Verlauf der Stelle auch trotz Ratihabition eine a. negotiorum gestorum für statthaft erklärt, so thut er das ausgesprochener Maßen nur, um dem einen Beteiligten zu dem zu verhelfen, was in Verfolg der Geschäftsführung an den andern gelangt ist („quemadmodum recipiam“ . . . „igitur“); übrigens billigt er des Pomponius Ansicht mit den Worten „sed eo dictum (dicto? dumtaxat?) te mihi non tenere, quod reprobare non possim semel probatum.“

Wenn sich also der Geschäftsherr über die Frage der Genehmigung entscheidet, so findet er nicht sowohl einen Ersatzanspruch bereits vor, als er vielmehr erst, falls er sie verweigert, einen solchen zur Entstehung bringt.

Legt ihm also die Rechtsordnung die Pflicht auf, alle zu einem einheitlichen Zwecke unternommenen Akte des gestor einheitlich zu billigen oder zu verwerfen, so ist das unmöglich eine compensatio lucri cum damno. Denn erst die Ausübung der Wahl kann ergeben, ob ein zu ersetzender Schaden überhaupt vorhanden ist.

Ähnliches gilt von den dem Vormundschaftsrecht angehörigen Stellen. Ja, hier wird es zu einem eigentlichen Ersatzanspruch des Mündels um deswillen nur selten kommen, weil dasselbe den Vormund einfach so behandeln kann, als habe er das darlehensweise angelegte Mündelgeld, dessen Verwendung das Mündel nicht genehmigt, in eigenem Interesse angelegt („ac si tutor sibi negotium gessisset", l. 16 cit.) oder die Anlegung überhaupt unterlassen. Nach beiden Gesichtspunkten haftet er einfach mit der Vormundschaftsklage auf Ersatz des Geldes nebst Zinsen, l. 15 D. XXVI, 7.:

> „si tutor . . . pecunias non collocaverit, ipse in debitam pecuniam et in usuras eius pecuniae quam non faeneravit convenitur."

Denn kraft der Weigerung des Mündels, die Akte anzuerkennen, liegt eine für dasselbe in Betracht kommende Anlage der Gelder überhaupt nicht vor.

Dagegen kann das Mündel den Vormund nicht in der bekannten strengen Weise als einen in Anspruch nehmen, qui pecuniam pupillarem in usus suos converterit. Denn ein solches convertere ist nach l. 46 § 2 D. t. c. nicht schon stets deshalb anzunehmen, weil der Vormund das Mündelgeld „suo nomine faeneravit," also sicherlich nicht in unserem Fall, wo der Vormund von gewinnsüchtiger Absicht durchaus frei war und nur kraft der Ablehnung des Mündels behandelt wird, als wenn er „suum negotium gessisset."

Unsere Stellen behandeln demnach nicht die Frage nach der Ausdehnung der Schadensersatzpflicht, sondern die davon durchaus verschiedene andere, wieweit der die Anerkennung gewisser für ihn geführter Geschäfte ablehnende Geschäftsherr die einzelnen Akte getrennt behandeln darf, oder aber seine Entscheidung einheitlich abgeben muß. Die für eine Einheitlichkeit der Entscheidung gerade in den streitigen

Fällen sprechenden Gründe sind bereits im vorigen Paragraphen angegeben.

b) Die Unterscheidung der Fälle von der compensatio lucri cum damno hat nicht nur theoretische Bedeutung; es läßt sich vielmehr leicht zeigen, daß auch das praktische Ergebnis bei jenen unter Umständen ein anderes ist, als bei dieser:

α) Wenn der Geschäftsherr oder Mündel alle Kapitalanlagen oder Anschaffungen genehmigt (erste Alternative), so ist das in seiner Wirkung freilich genau dem gleich, wenn der Schadensersatzpflichtige wegen der Notwendigkeit, sich das lucrum in Anrechnung bringen zu lassen, auf Geltendmachung seines Ersatzanspruches von vornherein verzichtet. Die volle Gesamtwirkung fällt im guten wie im bösen auf das Vermögen des Geschäftsherrn.

β) Wählt er dagegen die zweite Alternative und lehnt alle Geschäfte gleichmäßig ab, so steht er anders, als der einer compensatio lucri unterworfene Ersatzberechtigte.

Denn dieser schwebt allerhöchstens in Gefahr, seinen Ersatzanspruch durch den ihm entgegenstehenden Anrechnungseinwand auf Null herabgedrückt zu sehen; er muß aber keineswegs, falls sich bei der Untersuchung und Abschätzung das lucrum als das damnum übersteigend herausstellt, den Überschuß dem Gegner herausgeben.

Wer dagegen alle für ihn geschlossenen Geschäfte gleichmäßig ablehnt, der überweist ihr wirtschaftliches Gesamtergebnis dem Gegner restlos selbst dann, wenn eine Abschätzung aller durch die einzelnen erzielten lucra und damna einen Überschuß der ersteren ergeben sollte. Er muß also die Abschätzung der verschiedenen Geschäftsergebnisse selbst vornehmen und hat die Folgen eines dabei vorkommenden Rechenfehlers zu tragen — ihn trifft das Risiko der richtigen Wahl zwischen beiden Alternativen. Der Schadensersatzberechtigte dagegen, der ungünstigstenfalls eine ihm den Überschuß der lucra belassende Abweisung der Klage zu gewärtigen hat, kann die Abschätzung der Vorteile und Nachteile durch den Richter auf Gefahr des Ersatzpflichtigen vollziehen lassen.

Mit anderen Worten: der etwaige Überschuß der lucra über die damna bleibt dem Schadensersatzberechtigten unter allen Umständen; dem Geschäftsherrn nur dann, wenn er sich zur Anerkennung der verschiedenen für ihn geführten Geschäfte bereit erklärt. Der Geschäftsführer steht also wegen der in unseren Stellen erheischten einheitlichen Behandlung der Geschäfte nicht unerheblich besser, als der Schadensersatzpflichtige wegen seines Rechtes auf compensatio lucri cum damno.[1])

Damit scheiden diese Fälle aus dem eigentlichen Bereiche unseres Themas aus. Sollte man aber auch in Bezug auf die l. 10 D. III, 5 anderer Ansicht sein, so ist gerade sie nach dem in § 20 Ausgeführten mit der sonstigen Lehre von der compensatio lucri cum damno wohl vereinbar. Bei der vormundschaftsrechtlichen Stelle wäre das nicht der Fall; aber hinsichtlich ihrer dürfte die Nichtzugehörigkeit zu dem Gebiet der Vorteilsanrechnung dafür auch zweifellos feststehen. Es ist mithin kein einziger nachweisbarer Fall der wahren compensatio lucri cum damno übrig geblieben, in dem die Rechtsordnung von den in Kapitel II aufgestellten Voraussetzungen — der Einheit des zum Schadensersatz verpflichtenden und zugleich den Nutzen herbeiführenden Ereignisses — Abstand genommen hätte.

Weder die Quellen noch die Judikatur geben für eine weitere Ausdehnung Belege; ja sie lehnen eine solche ausdrücklich ab, s. die oben § 20 besprochenen ll. 23, 25 und 26 D. XVII, 2. Wer von mehreren für eine Sozietät übernommenen Geschäften das eine nachlässig führt, darf den aus dem andern erzielten Gewinn nicht aufrechnen. Der Grund ist schon oben besprochen: das erzielte commodum aus den glücklichen Geschäften ist kein solches, auf das die Sozien nicht schon ohnedies Anspruch gehabt hätten; es entsprang nur aus dem pflichtmäßigen Verhalten des Handelnden. Und es waren auch ganz verschiedene, jedes die Haftung für seine Folgen selbständig begründende Ereignisse, von denen das eine den Schaden, das andere den Nutzen abwarf. Beide lassen sich hier nicht auf eine gemeinsame mittelbare Ursache zurückführen. Und wenn man selbst dafür hielte, der socius brauche nur für ein einheitliches Gesamtergebnis aufzukommen, so dürfte er das doch nicht durch ein ordnungswidriges Verhalten „in quibusdam" ungünstiger färben, als es ohne solches geworden wäre.

Daß die Folgen mehrerer, selbständig die Haftung begründender Ereignisse nicht zusammen gerechnet werden dürfen, entspricht auch den allgemeinen Prinzipien des Schadensersatzes. Denn ist einmal aus dem Ereignis A ein Ersatzanspruch begründet, so ist nicht abzusehen,

[1]) Mit dem hier Gesagten stimmt bez. der die Haftung des tutor behandelnden Stellen im wesentlichen überein Eichhoff, Dissertation S. 87 fg. Dagegen Windscheid II § 439 No. 7 vermengt den Fall des l. 16 D. 26, 7 mit der Vorteilsanrechnung („oder mit anderen Worten . . .")

wieso der glückliche Ausgang des Ereignisses B dafür eine rechtsvernichtende oder -mindernde Thatsache sollte darstellen können. Das wäre höchstens dann der Fall, wenn der Ersatzpflichtige aus der glücklichen Führung dieses letzteren seinerseits einen Anspruch gegen den dominus negotii gewinnen würde. Allein es ist bekannt, daß ein solcher wenigstens im allgemeinen selbst dann nicht entsteht, wenn das negotium alienum freiwillig übernommen war: der gestor hat auf Lohn wegen glücklich abgewickelter negotia keinen Anspruch. Und auch wofern das ausnahmsweise anders sein sollte, würde dieser doch nur den Charakter eines Gegenanspruchs haben, der zwar zur Kompensation im technischen Sinne gegen den aus dem mißlungenen Geschäft wider den gestor erwachsenen Ersatzanspruch verwendet werden möchte, aber nimmer diesen um seinen Betrag ipso iure minderte. Nur eine Kompensation der beiderseitigen Forderungen, nicht eine, der Feststellung des einheitlichen Ersatzanspruchs vorausgehende, Kompensation von Nachteil und Vorteil, könnte hier eintreten. Die weitergehende Ansicht von Cohnfeldt und Vangerow ist aus äußeren und inneren Gründen gleich unhaltbar.

---

§ 22. Neuere Gesetzgebungen.

Von den bisher für das römische Recht festgestellten Ergebnissen weichen die neueren Gesetzgebungen, soweit sie sich überhaupt mit dem Problem der Vorteilsanrechnung beschäftigen, nicht ab. Sie leben auch in diesem Punkte fast ausnahmslos von dem Gedankenschatze des Corpus Juris.

1. Insbesondere ist der in § 20 mitgeteilte Satz von der Nichtanrechnung des durch ein anderes Geschäft der Gesellschaft zugeführten Vorteils seitens des ersatzpflichtigen socius meist übernommen.

a) Preußisches Allgemeines Landrecht Teil I Titel 17 § 215:

„Ein Gesellschafter kann sich von seiner Verbindlichkeit zum Schadensersatze dadurch nicht befreien, daß er der Gesellschaft in anderen Fällen besondere Vorteile erworben hat."

b) Code civil Art. 1850:

„Chaque associé est tenu envers la société, des dommages qu'il lui a causés par sa faute, sans pouvoir compenser avec ces dommages les profits que son industrie lui aurait procurés dans d'autres affaires."

c) Österreichisches Bürgerliches Gesetzbuch § 1191:

„Jedes Mitglied haftet für den Schaden, den es der Gesellschaft durch sein Verschulden zugefüget hat. Dieser Schaden läßt sich mit dem Nutzen, den es der Gesellschaft sonst verschaffte, nicht ausgleichen. Hat aber ein Mitglied durch ein eigenmächtig unternommenes neues Geschäft der Gesellschaft von einer Seite Schaden, von der anderen Nutzen verursacht, so soll eine verhältnismäßige Ausgleichung stattfinden."

Der letzte Satz bedeutet offenbar eine Reminiscenz an die gemeinrechtliche Bestimmung der l. 10 D. III, 5, wie das auch die Kommentare zu § 1191 durch Verweisung auf die §§ 1035 fg. über Geschäftsführung anerkennen.

d) Allgemeines deutsches Handelsgesetzbuch von 1861, Art. 94:

„Jeder Gesellschafter ist verpflichtet, in den Angelegenheiten der Gesellschaft den Fleiß und die Sorgfalt anzuwenden, welche er in seinen eigenen Angelegenheiten anzuwenden pflegt.

Er haftet der Gesellschaft für den Schaden, welcher ihr durch sein Verschulden entstanden ist. Er kann gegen diesen Schaden nicht die Vorteile aufrechnen, welche er der Gesellschaft in anderen Fällen durch seinen Fleiß verschafft hat."

Durch die Worte „in anderen Fällen" weist das Gesetz deutlich darauf hin, daß eine Vorteilsanrechnung nicht ausgeschlossen sein soll, wenn gerade die nachlässige und daher zum Ersatz verpflichtende Führung des in Frage stehenden Geschäftes selbst auf der anderen Seite einen Vorteil für die Gesellschaft bewirkt hat. So auch Staub zu Art. 94 § 2, der freilich das Wesen der compensatio lucri cum damno nicht ganz richtig erfaßt. [1])

e) Dresdener Entwurf eines allg. deutschen Gesetzes über Schuldverhältnisse von 1866, Art. 788:

„Hat ein Gesellschafter durch seine Verschuldung Schaden verursacht, so hat er Ersatz zu leisten, ohne daß er dagegen den

[1]) „Ob Schaden entstanden ist, richtet sich nach dem Gesamtergebnis des Geschäfts; in diesem übertragenen Sinn kann man davon sprechen, daß Vorteil und Schaden aus demselben Geschäft zu kompensieren sind. Eine wirkliche Kompensation ist jedoch nur denkbar bei dem Ergebnisse verschiedener Geschäfte, hier aber ist sie gesetzlich ausgeschlossen."

Vorteil aufrechnen kann, welchen er der Gesellschaft in anderen Fällen durch seine Sorgfalt verschafft hat."

Ähnliche Bestimmungen finden sich auch im Hessischen Entwurf Art. 373, im Bayrischen Entwurf Art. 548 und im Schweizerischen Bundesgesetz über das Obligationenrecht Art. 538 (s. die Nachweisungen in den Motiven zum Entwurf eines B.G.B. f. d. Deutsche Reich II S. 608 No. 3).

f) Dagegen lehnt das deutsche bürgerliche Gesetzbuch die Aufnahme einer entsprechenden Bestimmung ab, und ihm folgend hat man bei der Neuredaktion des Handelsgesetzbuches den bisherigen Art. 94 ausgeschaltet. Das nicht, weil man eine Bestimmung dieser Art für bedenklich, sondern weil man sie für überflüssig erachtete. Die Motive Bd. II S. 608 bemerken in dieser Hinsicht:

„Es handelt sich (aber) um einen allgemeinen Grundsatz, daß derjenige, welcher eine ihm obliegende Verpflichtung verletzt hat und dadurch zum Schadensersatze verpflichtet worden ist, zur Ablehnung dieser Verpflichtung sich nicht darauf berufen kann daß er andere in demselben Rechtsverhältnisse sich gründende Verpflichtungen vollständig und mit bestem Erfolg erfüllt habe. Von selbst ergiebt sich hierbei, daß, insofern es sich um die Bemessung eines zu ersetzenden Schadens handelt, der aus der Pflichtverletzung entsprungene Vorteil auf die Ersatzsumme abzurechnen ist."

Und in Bezug auf den bisherigen Art. 94 bemerkt die Denkschrift zum Entwurf des neuen Handelsgesetzbuchs (Ausgabe Carl Heymann, 1896, S. 262).

„daß der zweite Teil der Vorschrift, welcher die Unzulässigkeit einer Aufrechnung der Vorteile und Nachteile ausspricht, die der Gesellschaft aus der Thätigkeit eines Gesellschafters entstehen, selbstverständlich erscheint und deshalb (gleichfalls) entbehrlich ist."

Die prinzipielle Richtigkeit dieser Bemerkungen ergiebt sich aus den Erwägungen in § 21. Es ist somit über jeden Zweifel erhaben, daß auch nach dem neuen deutschen Reichsrecht der Gesellschafter nicht in weiterem Umfange Anrechnung der Vorteile begehren darf, als das nach Kapitel II in anderen Fällen von Schadensersatzpflichten statthaft ist.

2. Eine den römischen Sätzen der ll. 11 D. XXII, 1 und 16

D. XXVI, 7 entsprechende Bestimmung ist nicht nur dem deutschen B.G.B., sondern auch, soweit ich sehe, den andern modernen Gesetzgebungen fremd. Ihr ist insofern der Boden entzogen, als der Vormund nach dem heutigen Recht allgemein nur für Verschulden haftet, während ihn eine Ersatzpflicht wegen schuldlos verlorener Außenstände des Mündels nicht mehr trifft. Folglich liegt auch zu der dargestellten, als Korrelat seiner strengen Haftung zu erachtenden Begünstigung im Sinne der römischen Sätze kein Grund mehr vor.

3. Betreffs des Geschäftsführers finden sich besondere Bestimmungen nur

a) im Allgemeinen Landrecht Teil I Titel 13, §§ 240 fg.:

§ 240. „Soweit der, dessen Geschäft besorgt worden, die Genehmigung versagt, muß er sich auch des aus der Besorgung entstandenen Vorteils begeben."

§ 241. „Hat er sich den Vorteil einmal angeeignet, ungeachtet er weiß, daß derselbe aus der ohne seinen Auftrag geschehenen Besorgung entstanden sei, so muß er dem Besorger, jedoch nur soweit, als der Vorteil hinreicht, wegen Schadens und Kosten gerecht werden."

§ 242. „Entschlägt sich der, dessen Geschäfte ohne seinen Auftrag besorgt werden, des Vorteils, so muß der Besorger die Sache auf seine Kosten wieder in den vorigen Stand setzen, und den Eigentümer entschädigen."

§ 243. „Kann die Sache nicht mehr in den vorigen Stand gesetzt werden, und wird der Nachteil von dem Vorteil, welcher dem Eigentümer durch die Besorgung des Geschäfts zuwächst, offenbar überwogen, so muß der Eigentümer sich beides zugleich gefallen lassen."

§ 244. „Ist aber das Übergewicht des Vorteils nicht klar, so kann der Eigentümer verlangen, daß der Besorger das ganze Geschäft für eigene Rechnung übernehme, und ihn deshalb entschädige."

Ferner heißt es in § 251 in Bezug auf den Fall einer Geschäftsbesorgung gegen den Willen des Geschäftsherrn:

„Will aber der Eigentümer den Vorteil, welcher aus dem gegen sein Verbot besorgten Geschäfte entstanden ist, sich zueignen, so findet auch in diesem Falle die Vorschrift des § 241 Anwendung."

Es bedarf keiner weiteren Auseinandersetzung, daß hiermit im wesentlichen — nur in genauerer Ausführung — die obigen gemeinrechtlichen Sätze reproduziert sind.

b) im Österr. Gesetzbuch § 1312:

„Wer in einem Notfalle jemandem einen Dienst geleistet hat, dem wird der Schade, welchen er nicht verhütet hat, nicht zugerechnet; es wäre denn, daß er einen andern, der noch mehr geleistet haben würde, durch seine Schuld daran verhindert hätte. Aber auch in diesem Falle kann er den sicher verschafften Nutzen gegen den verursachten Schaden in Rechnung bringen."

Das deutsche Bürgerliche Gesetzbuch enthält ebensowenig wie die meisten andern modernen Gesetzgebungen eine besondere Bestimmung. Es begnügt sich damit, den Geschäftsführer wegen des unternommenen, für den Herrn unverbindlichen Geschäftes für schadensersatzpflichtig zu erklären, § 678:

„Steht die Übernahme der Geschäftsführung mit dem wirklichen oder dem mutmaßlichen Willen des Geschäftsherrn in Widerspruch und mußte der Geschäftsführer dies erkennen, so ist er dem Geschäftsherrn zum Ersatze des aus der Geschäftsführung entstehenden Schadens auch dann verpflichtet, wenn ihm ein sonstiges Verschulden nicht zur Last fällt."

Ob und inwieweit wir auf Grund dieser Bestimmung berechtigt sind, ein den früher mitgeteilten römischen und preußischen Sätzen entsprechendes Ergebnis zu gewinnen, ist nicht unzweifelhaft. Doch glaube ich die Frage aus folgenden Gründen bejahen zu dürfen:

Trotz des Wortlautes von § 678 entspringt aus der unverbindlichen Geschäftsführung nicht sofort und nicht unter allen Umständen ein Ersatzanspruch. Denn da nach § 683 Satz 2 eine solche Geschäftsführung zwar genehmigungsbedürftig, aber auch genehmigungsfähig ist, so kann sich die Frage, ob aus dem Akte ein Ersatzanspruch entspringt, erst durch die Erteilung oder Verweigerung der Genehmigung entscheiden.

Man wird ferner für das neue Reichsrecht wiederum den Satz verfechten müssen, daß die Entscheidung des Geschäftsherrn betreffs der ganzen, zu einem einheitlichen Zweck unternommenen Geschäftsführung nur einheitlich ausfallen kann. Wollte man dem Geschäftsherrn gestatten, sich aus den derart ausgeführten Akten die gewinnbringenden auszusuchen und die mit Verlust verbundenen dem Geschäftsführer zuzuschieben, so würde das nicht nur dem bewährten Vorbild der bisherigen Rechte widersprechen, sondern auch mit dem das neue

Schuldrecht rückhaltlos beherrschenden Prinzip von Treu und Glauben (§ 242) schwerlich vereinbar sein.

Für meine Behauptung läßt sich auch die positive Bestimmung des § 684 S. 1 anführen:

„Liegen die Voraussetzungen des § 683 [1]) nicht vor, so ist der Geschäftsherr verpflichtet, dem Geschäftsführer alles, was er durch die Geschäftsführung erlangt, nach den Vorschriften über die Herausgabe einer ungerechtfertigten Bereicherung herauszugeben."

Daraus in Verbindung mit dem § 678 ergiebt sich das Prinzip, daß der Geschäftsherr aus einer unverbindlichen und auch nicht durch Genehmigung verbindlich werdenden Geschäftsführung zwar keinen Nachteil, aber auch keinen Vorteil erhalten bezw. behalten soll. Will er den Nachteil ersetzt verlangen, so muß er sich zugleich zur Herausgabe des erlangten Vorteiles bequemen. Darauf kann er nötigenfalls sogar im Wege der Klage in Anspruch genommen werden; und, sofern die sonstigen Voraussetzungen, insbesondere Gleichartigkeit des Leistungsgegenstandes, vorhanden sind, steht zweifellos nichts im Wege, daß der Geschäftsführer sich von einer Schadensersatzpflicht aus § 678 durch gewöhnliche Aufrechnung mit seinem Bereicherungsanspruch aus § 684 befreit.

Somit ergiebt sich eine Gestaltung, die dem Endergebnis nach für den Geschäftsführer noch günstiger ist, als die gewöhnliche compensatio lucri cum damno; er kann nämlich, anders als bei dieser, den etwaigen Überschuß des „lucrum" (§ 684) über das „damnum" (§ 678) in Anspruch nehmen.

Aber nicht jede unverbindliche Geschäftsführung bringt dem Geschäftsherrn ohne weiteres, sei es Schaden, sei es Nutzen. In den Fällen des nur subjektiv fremden Geschäftes, wie es in der l. 10 D. III, 5 cit. vorlag, wird das Vermögen des Geschäftsherrn im guten wie im bösen erst dann berührt, wenn er sich die Geschäftswirkungen durch Genehmigung aneignet. Kauft jemand für mich Waren, so wirkt das auf mein Vermögen nicht eher ein, als bis ich die Geschäftsführung als verbindlich anerkenne; verweigere ich die Genehmigung, so bedarf es keines besonderen Ersatzanspruches für mich, sondern die Sache regelt sich einfach so, daß der Geschäftsführer das Erstandene behält,

[1]) d. h. Übereinstimmung der Geschäftsübernahme mit dem Interesse und dem wirklichen oder vermutlichen Willen des Geschäftsherrn.

aber auch den Kaufpreis aus seiner Tasche bezahlen muß, den bereits gezahlten nicht erstattet erhält.

Wollte nun der Geschäftsherr betreffs eines Teiles der Waren — die der Geschäftsführer etwa zu besonders günstigen Bedingungen erlangt hat — die Genehmigung erteilen, betreffs der anderen, minder vorteilhaft erstandenen, sie verweigern, so würde das wiederum nicht nur einen Verstoß gegen die, auch vom Gläubiger dem Schuldner gegenüber zu beobachtenden, Grundsätze von Treu und Glauben bilden, sondern auch mit Berufung auf § 634 zurückgewiesen werden können. Denn die Geschäftsführung war, da zu einem einheitlichen Zweck unternommen, eine einheitliche; sie ist ferner, weil der Geschäftsherr sie nicht so, wie sie einmal geschehen und ausgefallen ist, genehmigt hat, eine unverbindliche, aus der nach § 684 dem Geschäftsherrn wie kein Nachteil, so auch kein Vorteil verbleiben soll. Müßte aber jener sogar den erlangten Vorteil aus solcher Geschäftsführung zurückgeben, so kann er unmöglich zunächst auf Erlangung des Vorteils ein Klagrecht haben — dolo facit, qui petit, quod statim redditurus est.

Nach alledem ist auch für das bürgerliche Recht der Satz zu verteidigen, daß der Geschäftsherr nicht den gelungenen Teil der einheitlich unternommenen Geschäftsführung von dem mißlungenen eigenmächtig trennen und sich die Vorteile des einen zueignen darf, während er den andern zurückweist. So auch schon mein Kommentar zu § 678 Nr. 2c.

Dabei ist noch eins zu bemerken: wie bei der unverbindlichen Geschäftsführung der Geschäftsführer nach § 678 nur den Schaden zu ersetzen hat, der „aus der Geschäftsführung" entstanden ist, so erstreckt sich der Umfang seines Bereicherungsanspruches aus § 684 auch nur auf das, was der Geschäftsführer „durch die Geschäftsführung" erlangt hat. Daraus ist zu folgern, daß nicht jedwedes Bedingungsverhältnis zwischen der Geschäftsführung und dem entstandenen Schaden oder erlangten Nutzen genügt, um den Ersatz- oder Bereicherungsanspruch zu rechtfertigen. Wie bei jenem in der Litteratur schon anerkannt ist, daß er sich nicht erstrecke auf den nur anläßlich, gelegentlich der Geschäftsführung durch Zufall entstandenen Schaden (so Planck zu § 678 Nr. 3, Oertmann daselbst Nr. 2a), so muß auch für diesen angesichts des wesentlich gleichen Wortlautes und der offenbar gleichen ratio dasselbe behauptet werden. Es ist ein „adäquater Kausalzusammenhang" im Sinne v. Kries' und Rümelins erforderlich. Wer einen fremden Ziergarten in Ackerland umwandelt, kann nicht um deswillen, weil er infolge ausbleibender Genehmigung des Geschäftsherren ersatzpflichtig wird, die Grundeigentümerhälfte des beim Umpflügen des Bodens gefundenen Schatzes nach § 684 in Anspruch nehmen!

Nach alledem ist auch nach bürgerlichem Recht ein Fall der wahren compensatio lucri cum damno, der uns verpflichtete, über die in Kapitel II aufgestellten Grundsätze hinauszugehen, nicht aufzufinden.

Kapitel IV.

Die Arten der auszugleichenden Vorteile.

§ 23. Allgemeines.

Schon bisher haben wir einen durchgängigen Parallelismus beobachtet zwischen Schadensersatz und Vorteilsanrechnung. Es läßt sich von vornherein annehmen, daß sich derselbe nicht auf die allgemeinen Voraussetzungen der Ersatz- und Anrechnungspflicht beschränkt, sondern auch bei der Abgrenzung und Einteilung der anzurechnenden Vorteile wiederfindet. Danach ist folgendes zu sagen:

1. Anzurechnen sind nur juristisch erhebliche, nicht bloß thatsächliche Vorteile. Wenn der Ersatzpflichtige für die Zufügung bloß faktischer Nachteile nicht verantwortlich ist, so kann ihm auch andererseits eine Anrechnung solcher Vorteile nicht zuerkannt werden. Jener Satz aber findet sich in den Quellen des römischen Rechts deutlich ausgesprochen, s. z. B. l. 26 D. XXXIX, 2 de damno infecto:

> „non debet videri is damnum facere, qui eo veluti lucro, quo adhuc utebatur, prohibetur, multumque interest, utrum damnum quis faciat, an lucro, quod adhuc faciebat, prohibeatur,"

eine Stelle, in der das Wort lucro sicherlich „einen Vorteil bedeutet, zu dem man kein Recht hat", Cohnfeldt, Interesse S. 93.

Für das neue Recht bestätigt denselben Grundsatz u. a. der § 844 Abs. 2: nur, wem durch die Tötung das Recht auf den Unterhalt entzogen ist, nicht schon, wer vom Getöteten nur faktisch Unterhalt genoß, ist ersatzberechtigt.

2. Zu ersetzen ist im allgemeinen nur ökonomischer, nicht immaterieller Schaden. Ebensowenig kommt bei Abschätzung des — an sich ökonomischen — Schadens das Affektionsinteresse in Betracht. S. l. 33 pr. D. IX, 2; B.G.B. § 253.

Die Vermutung, daß entsprechend auch bei der compensatio lucri nur ökonomischer, in Geld abschätzbarer Vorteil in Betracht zu ziehen sei, wird durch die römischen Quellen wie durch die Judikatur des gemeinen Rechts in der That bestätigt. Ich verweise auf die l. 5 § 5 D. de praescr. verb. XIX, 5, Paulus libro quinto quaestionum:

„Si ergo haec sunt, ubi de faciendo ab utroque convenit, et in proposita quaestione idem dici potest et necessario sequitur, ut eius fiat condemnatio, quanti interest mea servum habere quem manumisi, an deducendum erit, quod libertum habeo? sed hoc non potest aestimari."

Es handelt sich um einen Vertrag, in dem sich zwei Eigentümer wechselseitig verpflichtet hatten, je einen Sklaven, der ein filius naturalis des andern Kontrahenten war, freizulassen. Nachdem der eine die Manumission vollzogen, weigerte sich der andere der Erfüllung seiner Pflicht, und es fragt sich nun, worauf der erste ihn in Anspruch nehmen könne. Die Antwort giebt unser § 5.

Mit Recht hat schon Mommsen (S. 198 No. 5) darauf aufmerksam gemacht, daß diese Stelle eine compensatio lucri nicht ablehnt, sondern als im allgemeinen zulässig voraussetzt und nur für den besprochenen Fall für unthunlich erklärt, weil der durch die Freilassung erzielte Vorteil — Gewinn des Patronatrechts — eine Schätzung nicht zulassen soll.

Aus der Judikatur betont besonders die Entscheidung des O.L.G. Hamburg vom 1. November 1888, Hanseat. Gerichtszeitung 1889 Hauptbl. Nr. 12, es setze die Vorteilsanrechnung voraus, „daß der Vorteil auch wirklich einen Geldwert hat und schätzbar ist".

Die Anrechnung nicht abschätzbarer Vorteile in Fällen, wo an sich eine compensatio lucri begründet wäre, verwirft auch das Reichsgericht, Entsch. Bd. XIII Nr. 61 S. 258, Erk. des C.S. IV vom 9. April 1885:

Ein preußischer Baubeamter hatte beim Bau des Regierungsgebäudes in Schleswig schuldhafter Weise den Voranschlag um über 20000 Mark überschritten. Er kompensiert nun, auf Ersatz belangt, den durch die Mehraufwendungen entstandenen Mehrwert des Gebäudes. Das R.G. will das nicht zulassen. Freilich entspreche die compensatio lucri einem „natürlichen Grundsatz"; freilich könne der Wert einer Sache auch durch einen erhöhten Luxus, eine erhöhte Annehmlichkeit gesteigert werden — allein es sei vom Standpunkte des Klägers aus und bei der festgestellten Bestimmung des Gebäudes als Dienstgebäude in der Verwendung der Mehrlieferungen ein berechenbarer Vorteil nicht zu finden.

Die Entscheidung ist offenbar nur durch die Eigenschaft des Gebäudes als Dienstgebäude gerechtfertigt. Wäre das Haus zur Spekulation gebaut gewesen, so würde die Erhöhung des Verkaufswertes; wäre es ein Miethaus, so würde diejenige des Mietwertes zweifellos haben in Anrechnung kommen müssen. Etwas anders begründet Walsmann S. 87 die auch von ihm gebilligte Entscheidung: die compensatio lucri hat zu unterbleiben, wenn die Vorteile zwar an sich schätzbar sind, aber dem Beschädigten nach der konkreten Sachlage jede Verwertungsmöglichkeit fehlt.

Hierhin gehört auch das Erkenntnis des Reichsoberhandelsgerichtes vom 26. September 1870, Entsch. Bd. I Nr. 6 S. 33:

Ein Lehrling hatte vorzeitig die Lehre verlassen und wurde auf Ersatz belangt wegen des Gehaltes, das der Lehrherr einem statt seiner eingestellten Kommis zu bezahlen hatte. Die wegen der angeblich wertvolleren Leistungen des Kommis begehrte compensatio lucri wird abgelehnt, weil „das Mißverhältnis oder die Unvergleichbarkeit der Leistungen eines Kommis und eines in der Ausbildung bereits vorgeschrittenen Lehrlings nicht so klar und zweifellos vorliege", der Beklagte aber Näheres zur Begründung seines Einwandes nicht vorgebracht habe.

Wenn die — auch sonst nicht sonderlich klare — Entscheidung, soweit ich sie recht verstehe, des weiteren alle Vorteile als nicht anrechenbar ansieht, welche „als Folge der Vertragsverletzung des Beklagten und als ein durch dieselbe dem Kläger aufgenötigter Vorteil zu betrachten sind," so ist das freilich eine seltsame und abwegige Anschauung.

3. Von dem zu ersetzenden Schaden werden bekanntlich in der Regel zwei Bestandteile geschieden: einmal der Betrag, um den das Vermögen infolge der schädigenden Handlung gegenüber seinem früheren Bestande positiv kleiner geworden ist; zum andern derjenige, um den es ohne Dazwischentreten des schädigenden Ereignisses „nach dem gewöhnlichen Lauf der Dinge oder nach den getroffenen Veranstaltungen" vergrößert worden wäre: das „damnum emergens" und das „lucrum cessans".

Eine entsprechende Unterscheidung kann man für die Lehre von der Vorteilsanrechnung vertreten. Mit Eichhoff werden wir scheiden zwischen den infolge des schädigenden Ereignisses dem Vermögen des Ersatzberechtigten positiv zugeflossenen Beträgen („lucrum emergens“), und den dafür durch Wegräumung einer ohnedies bevorstehenden Ausgabe oder sonstigen Vermögensminderung enstandenen Vorteilen (damnum cessans). Beides soll im folgenden nacheinander behandelt werden.

---

§ 24. Positive Vorteile (lucrum emergens).

1. Der einfachste und erste Fall ist der, daß dem Beschädigten infolge des schädigenden Ereignisses das Eigentum an Geld oder andern Gegenständen verschafft worden ist. Das kann geschehen sowohl durch Erlangung einer neuen wie durch Umschaffung einer dem Betroffenen bisher schon gehörigen Sache. Handelt es sich letzterenfalls freilich nur um residuäre Reste des früheren Gegenstandes, so ist ein dem Nachteil gegenüber selbständiger Vorteil nach dem in § 3 Gesagten nicht vorhanden; wohl aber bei der positiven Umschaffung in eine andere Spezies.

Beispiele liegen nahe und brauchen hier nicht in größerem Umfange angeführt zu werden. Ich greife nur kurz folgende heraus:

a) Jemand fällt unberechtigter Weise in einem fremden Garten Bäume — der Eigentümer muß sich auf seinen Ersatzanspruch den Wert der Stämme, die in sein Eigentum gelangt sind, in Ansatz bringen lassen.

b) Jemand veranlaßt mich betrügerisch zum Abschluß eines Geschäftes mit einem gutgläubigen Dritten. Er muß mir den Kaufpreis erstatten, kann aber Anrechnung des Wertes der Kaufsache verlangen.

c) Ein drittes Beispiel gewährt folgender Fall aus der reichsgerichtlichen Praxis, Bolze Bd. XXIII Nr. 217 (C.S. VI vom 18. Juni 1896). Jemand hat die ihm obliegende Reinigung eines Teiches unterlassen und wird deswegen auf Ersatz der Reinigungskosten in Anspruch genommen. Das Reichsgericht entscheidet, daß sich der Ersatzberechtigte den Vorteil abziehen lassen müsse, der ihm aus dem bei der Reinigung gewonnenen Schlamm zugefallen sei.

Einen ähnlichen Fall erwähnt Larenz S. 22: Ein Hirt treibt seine Herde auf einen fremden Acker. Gegen den Ersatzanspruch des Eigentümers kann er den dem Acker durch den hinterlassenen Dünger zugefügten Vorteil in Anrechnung bringen: Die von Walsmann S. 89 dagegen erhobenen Bedenken sind unbegründet — daß der

Eigentümer der Tiere den Dünger vor der Umpflügung hätte vindizieren können (!), ist nicht nur praktisch eine unmögliche Vorstellung, sondern auch theoretisch verfehlt: wer sein Vieh auf fremdem Gelände weiden läßt, bei dem ist von vornherein bezüglich des Düngers ein genereller Dereliktionswille anzunehmen; fehlt ihm dieser, so muß er dafür sorgen, daß seine Tiere sich auf eigenem Boden oder in abgegrenzten Gehegen aufhalten.

2. Der Vorteil kann ferner bestehen in der höheren Bewertung einer schon früher dem Ersatzberechtigten gehörigen Sache. Dahin zählen folgende Beispiele:

a) Ein Baumeister überschreitet schuldhaft die veranschlagten Baukosten, führt dadurch aber zugleich dem errichteten Gebäude einen höheren Gebrauchs- oder Verkaufswert zu.

b) Infolge der Anlage, deretwegen ein Teilgrundstück enteignet wurde, steigt der Wert des Restgrundstückes.

c) Jemand kauft zwei Grundstücke, von denen sich das eine um ebenso viel größer gegenüber dem vertragsmäßigen Areal herausstellt, als das andere dahinter zurückbleibt — Fall der l. 42 D. XIX, 1, s. oben § 10.

d) Ein gutes Beispiel giebt Eichhoff S. 178: ein Maschinenbauer nimmt eigenmächtig an einer fremden Maschine eine Verbesserung vor; während der Reparaturarbeiten muß aber die Maschine einige Zeit still liegen.

e) Eine besondere Gruppe bilden die Fälle, wenn eine dem Ersatzberechtigten gehörige Sache zwar nicht physisch besser wird, aber infolge des verantwortlich machenden Umstandes noch zu einer Zeit in seinem Vermögen bleibt, wo ihr Wert infolge allgemeiner Preissteigerungen ein höherer ist, als er früher war.

So in dem vom Reichsgericht, C.S. I vom 13. November 1897, Entsch. Bd. XL Nr. 46 S. 172 fg., entschiedenen recht interessanten und komplizierten Fall:[1])

Eine Exportfirma hatte des öfteren Uhren — auf Grund fester Vorverkäufe — nach China zu liefern; sie pflegte das erforderliche Quantum bei einer deutschen Fabrik zu bestellen und sich alsdann nach erfolgter Lieferung den von ihr zu zahlenden Preis dadurch zu verschaffen, daß sie auf ihr chinesisches Haus Wechsel in Taëls ausstellte und bei einer Hamburger Bank diskontierte. Die Fabrik geriet

---

[1]) Ein anderes, ähnliches Beispiel bildet Eichhoff S. 185.

mit einer Lieferung in Verzug, und dadurch entstand insofern ein Schaden, als wegen Sinkens des Taël-Kurses[1]) auf den vom chinesischen Hause (dem Kommittenten, dessen Schaden die Exportfirma als Kommissionär geltend macht) einzulösenden Wechseln ein entsprechend größerer Nominalbetrag an Taëls angesetzt werden mußte.

Ist dabei auf den erhobenen Ersatzanspruch das in Anrechnung zu bringen, was in China für die zu spät gelieferten Uhren in Taëls wegen deren gesunkener Kaufkraft mehr erlöst ward, als bei rechtzeitiger Lieferung — also vor der Kurssenkung der chinesischen Münze — erlöst sein würde?

Das Reichsgericht beantwortet die Frage unter Berufung auf Fr. Mommsens oben mitgeteilte Formel, vorbehaltlich des noch zu erhebenden Beweises, mit ja. Wenn das China-Haus auch für die Uhren wegen der Verspätung einen größeren Nominalbetrag in Taëls habe leisten müssen, so sei es andererseits infolge derselben den Lieferanten zum Schadensersatz verpflichtenden Thatsache möglicherweise „in Bezug auf den Weiterverkauf der gelieferten Waren in eine günstigere Lage versetzt". Der Schaden sei dadurch insoweit ausgeglichen, als „bei den nach der wirklichen Ankunft der Waren in China vorgenommenen Weiterverkäufen das Verhältnis zwischen dem Verkaufserlöse und den auf die Wechsel gezahlten Beträgen für das Chinahaus nicht ungünstiger war, als es bei den Weiterverkäufen nach rechtzeitiger Ankunft der Waren gewesen sein würde", S. 176.

3. Der Ersatzberechtigte hat infolge des zum Schadensersatz verpflichtenden Umstandes die Möglichkeit des Gebrauches einer fremden Sache erlangt.

Nach den Quellen und der Praxis muß derjenige, der wegen Verwendungen auf eine fremde Sache Ansprüche hat — etwa den Ersatz der Fütterungskosten eines fremden Tieres beansprucht — damit den Vorteil aufrechnen, der ihm aus dem etwaigen „ministerium" des Tieres erwachsen ist, und kann infolgedessen in solchem Falle nichts ersetzt verlangen, l. 18 § 2 D. comm. XIII, 6: „nam cibariorum impensae naturali scilicet ratione ad eum pertinent, qui utendum accepisset"; l. 30 § 1 D. XXI, 1: „sed cibaria servo data non esse imputanda Aristo; nam nec ab ipso exigi, quod in ministerio eius fuit"; s. auch die Entscheidungen bei Seuffert, V, 120;

---

[1]) Die sich aus dem Erkenntnis S. 177 ergebende weitere Komplikation bleibt hier als sachlich belanglos weg.

XXVI, 118; XXVIII, 119; XXXII 121 und 311; XXXIV, 27; XLIX, 244; LII, 229.

Eine compensatio lucri liegt darin freilich nur unter der Voraussetzung, daß wahre Ersatzansprüche in Frage stehen, nicht einfache Vertragsansprüche, wie z. B. im Fall der l. 18 § 2 cit. Aber auch letzterenfalls beruht die Anrechnungspflicht auf einem gleichartigen Gesichtspunkt. Hat man nun im Wandlungsanspruch des Käufers, mit dem es die citierten Erkenntnisse überall zu thun hatten, einen Schadensersatzanspruch zu erblicken? Mit Eichhoff S. 204 bin ich der Ansicht, daß jenem in der That nach gemeinem Recht die Funktion einer Ersatzklage, natürlich unter Beschränkung auf das sog. negative Vertragsinteresse, zukomme.[1]) Dies namentlich in Erweiterung des in den Quellen hinsichtlich der Kosten Bestimmten, l. 27 D. XXI, 1 („sed et si quid emtionis causa erogatum est").

Ist das richtig, so bieten uns die angeführten Entscheidungen überall Fälle der compensatio lucri cum damno, und zwar solche, bei denen der Vorteil wie der Nachteil beide gleichmäßig bloß mittelbare Folgen der zum Schadensersatz verpflichtenden Thatsache — des Verkaufes — waren. Unmittelbar entsprangen beide aus dem faktischen Halten der Sache.[2])

Man könnte vielleicht meinen, daß es sich bei der actio redhibitoria nicht um eine Vorteilsanrechnung, sondern um eine wahre Kompensation von Forderung und Gegenforderung handle, indem nach dem für sie maßgeblichen Gesichtspunkte der quodammodo in integrum restitutio der Verkäufer gegen den Käufer wegen des ihm entzogenen Gebrauches der Sache einen selbständigen Anspruch habe. Indes ist ein solcher den Quellen in Wahrheit fremd; gerade in

---

[1]) So auch P. Dehn, Die actio redhibitoria in ihrer Funktion als Schadensersatzklage, Erlanger Dissert. von 1896. Zweifelnd R.G. Bd. XXXIX Nr. 43, S. 174.

[2]) Keinen vollen, aber wenigstens einen verkümmerten Ersatzanspruch giebt das B.G.B. in § 304 nach dem Muster des gemeinen Rechts dem Schuldner gegen den in Annahmeverzug befindlichen Gläubiger auf „Ersatz der Mehraufwendungen, die er für das erfolglose Angebot, sowie für die Aufbewahrung und Erhaltung des geschuldeten Gegenstandes machen mußte".

Daß der klagende Schuldner sich auch auf diesen Anspruch den Betrag der erlangten Gebrauchsvorteile anrechnen lassen muß, kann keinem Zweifel unterliegen. So auch die citierte Entscheidung bei Seuffert XXXII Nr. 311, ferner Eichhoff S. 208.

unserer l. 30 § 1 cit. wird er vielmehr ausdrücklich abgelehnt: „nam nec ab eo exigi, quod in ministerio eius fuit.“

Andererseits könnte man annehmen, die Römer seien in den hier besprochenen Fällen über die allgemeinen Grundsätze der Vorteilsanrechnung insoweit hinausgegangen, als sie wegen der dem Ersatzberechtigten zugekommenen Gebrauchsvorteile ihm den Verwendungsanspruch von vornherein abschneiden. Danach würde nicht der besonders auszumittelnde Betrag jener den Subtrahendus für den konkreten Anspruch bilden, sondern die abstrakte Möglichkeit oder Wahrscheinlichkeit der Gebrauchsvorteile das legislativpolitische Motiv für die grundsätzliche Beseitigung des sonst stattfindenden Ersatzanspruches. Eine solche Regelung würde sich zweifellos durch die Schwierigkeit rechtfertigen, im Einzelfall den Wert der Gebrauchsvorteile einer-, der Fütterungskosten andererseits genau festzustellen.

Trotzdem hieße eine solche radikale Annahme den Sinn und die Tragweite der Stellen überspannen. Zwar die älteren Schriftsteller, wie z. B. Glück (Kommentar Bd. XX S. 85), nahmen auf Grund derselben in der That meist an, der Käufer könne die Unterhaltskosten nur dann ersetzt verlangen, wenn er die Sache „um des Fehlers willen gar nicht habe nutzen können“. So auch noch Windscheid II § 394 No. 8.

Mit Fug hat jedoch die neuere Judikatur mit dieser Auffassung gebrochen. So namentlich die Entscheidung des O.A.G. Oldenburg vom 24. Oktober 1851 bei Seuffert V, Nr. 120 S. 141. Zwar könne man angesichts der beiden Stellen nicht mit Unterholzner auf die Fütterungskosten nur den wirklich gezogenen Nutzen in Anrechnung bringen. Aber:

> „am richtigsten werden jene Worte (cibaria non esse u. s. w.) als eine Vorschrift für den in iudicio bonae fidei urteilenden Richter anzusehen sein: daß zur Vermeidung kleinlicher und weitläuftiger Erklärungen und Beweisführungen, einerseits über gegebene Nahrungsmittel, anderseits über gezogene Nutzungen u. s. w., Fütterungskosten und Nutzungen in der Regel aufzurechnen sind, falls nicht aus besonderen Gründen, z. B. bei einer wegen schlechter Beschaffenheit der verkauften Sache unverhältnismäßig geringen Nutzung, dem Richter diese Aufrechnung unbillig, unangemessen erscheint.“

Die Entscheidung des O.L.G. Hamburg vom 13. März 1894,

Seuffert XLIX Nr. 244 S. 415, eignet sich diese Gründe einfach an; während schon früher, im Erkenntnis des 2. Senates vom 9. September 1871, Seuffert XXVI Nr. 118, das Reichsoberhandelsgericht sich kurz dahin aussprach, daß durch l. 30 § 1 cit. keineswegs der Anspruch auf Ersatz unbedingt ausgeschlossen, sondern nur bestimmt sei, daß auf Grund einer stattgehabten entsprechenden Benutzung der Kaufsache die Vorteile der Benutzung gegen die Fütterungskosten aufzurechnen seien. Auch die neuesten Entscheidungen der ganzen Reihe, die des O.L.G. Braunschweig vom 20. Januar 1896 und vom 11. März 1897, Seuffert LII Nr. 229 S. 406, nehmen einen ähnlichen Standpunkt ein. Nach der ersteren setzt die l. 30 § 1 cit. voraus, „daß die Nutzungen als für die aufgewandten Kosten ausreichenden Ersatz bietend zu erachten und nicht ganz geringfügig gewesen sind," während die letztere ausführt: von dem in ll. 60, 23 §§ 1 und 7 D. XXI, 1 enthaltenen Gesichtspunkte der quodammodo in integrum restitutio würde man gar zu weit abweichen,

> „wenn man dem Käufer den Ersatz der von ihm aufgewandten Fütterungskosten selbst da versagen wollte, wo sie bei weitem nicht aufgewogen werden durch den Nutzen, den er von dem gekauften Tiere hat ziehen können. Dann hat der Käufer für den nachweisbaren Mehraufwand Ersatz zu beanspruchen."

Ähnlich sagt Eichhoff S. 205: wenn der Gebrauchsvorteil nicht wesentlich hinter den laufenden Ausgaben zurückbleibe, dann solle kurzweg angenommen werden, die beiden Faktoren seien einander gleich.

Man wird dieser neueren Ansicht grundsätzlich beizutreten haben. Aber immer müssen besondere Gründe dafür nachgewiesen werden daß im konkreten Falle der Gebrauchsvorteil als ein ungefähres Äquivalent für die Fütterungskosten nicht angesehen werden könne. So z. B., wenn das gekaufte Tier ein $1^1/_2$ jähriges Fohlen war, das nach den Worten des O.G. Wolfenbüttel vom 9. Mai 1865 (Seuffert XXVIII Nr. 119) „erfahrungsgemäß und ohne daß es noch des Beweises bedürfte, als nutzbares Haustier nicht betrachtet werden kann". Ferner, wenn gerade der die Wandlung rechtfertigende Mangel eine nutzbringende Verwendung des Tieres gehindert oder doch beeinträchtigt hat.

Für das bürgerliche Recht fehlen entsprechende Sonderbestimmungen über den Wandlungsanspruch. Obwohl derselbe nicht mehr als Schadensersatzanspruch aufzufassen ist und somit streng genommen nicht hierher gehört, soll kurz eine Entscheidung der Frage gegeben werden. Da nach § 467 für Art und Umfang der aus der Wandlung entspringenden Verpflichtungen die dort genannten Sätze über das vertragsmäßige Rücktrittsrecht entsprechende Anwendung finden, so sind auch für unsere Frage die §§ 346/7 maßgebend. Danach ist „für die Überlassung der Benutzung einer Sache der Wert zu vergüten." Andererseits bestimmt sich sowohl der Anspruch auf Vergütung von Nutzungen wie der auf Ersatz von Verwendungen laut § 347 vom Empfang der Leistung an „nach den Vorschriften, welche für das Verhältnis zwischen dem Eigentümer und dem Besitzer von dem Eintritte der Rechtshängigkeit des Eigentumsanspruchs an gelten." Wohin die hier angezogenen Bestimmungen der §§ 987 fg. einer-, der §§ 994 fg. andererseits führen, bedarf nicht der Erörterung: jedenfalls steht fest, daß die dem Käufer erwachsenen Gebrauchsvorteile nicht nur ein deducendum innerhalb seines Ersatzanspruches mehr darstellen, er vielmehr im Gegensatz zum römischen Recht dem Verkäufer auf Herausgabe derselben haftet. Soweit andererseits der Käufer wegen der zu den Verwendungen zählenden Fütterungskosten Ersatzansprüche hat, kann er diese gegen den gegnerischen Anspruch auf Erstattung der Nutzungen in der gewöhnlichen Art aufrechnen — für eine compensatio lucri cum damno bleibt dagegen kein Platz.[1]) Andererseits ist klar, daß wie der Anspruch des Käufers sich auf die wirklich ausgelegten Verwendungen, so auch der des Verkäufers auf die vom Käufer wirklich gezogenen sowie (wegen § 987) diejenigen Nutzungen erstreckt, die er nach den Regeln einer ordnungsmäßigen Wirtschaft hätte ziehen können. Auf den Überschuß der Fütterungskosten besteht also, entgegen der älteren gemeinrechtlichen Lehre, der Anspruch des Käufers auch nach vollzogener Aufrechnung noch fort.

Dagegen wird es im Falle des § 304 auch in Zukunft bei einer bloßen Vorteilsanrechnung sein Bewenden haben (s. oben S. 209 No. 2).

---

[1]) Insbesondere für den Tierkauf bestimmt § 487 Abs. 4:

„Nutzungen hat der (wandelnde) Käufer nur insoweit zu ersetzen, als er sie gezogen hat."

Insoweit aber wird dem Verkäufer offenbar ein klagbarer Anspruch auf den Nutzungsersatz gewährt, mit dem er in gewöhnlicher Weise aufrechnen kann. Für eine compensatio lucri ist also auch hier kein Raum. Übereinstimmend Eichhoff S. 208.

4. Hieran reiht sich der Fall, daß der Ersatzberechtigte nicht nur den Gebrauch, sondern auch den Fruchtgenuß einer Sache infolge des den Gegner zum Schadensersatz verpflichtenden Umstandes erlangt. Insofern er dadurch Eigentümer der Früchte geworden ist, gehört dieser Fall eigentlich zu Nr. 1, er soll aber doch wegen seiner nahen Verwandtschaft mit Nr. 3 hier besonders erwähnt werden.

Dahin würde z. B. das von Eichhoff S. 202 angeführte Beispiel zählen, daß jemand einen andern doloser Weise zum nachteiligen Kaufe einer kranken Kuh bestimmt. Auf den Ersatzanspruch sind die von der Kuh der Krankheit ungeachtet etwa gewonnenen Früchte (die Milch, das von ihr geworfene Kalb, auch der Dünger) anzurechnen, während natürlich auf der anderen Seite wieder die aufgewendeten Fütterungskosten zu dem zu ersetzenden Schaden gehören.

Wählt der Käufer statt des Ersatzanspruches den Weg der Wandlung, so ist er dem Verkäufer auf Herausgabe der gewonnenen Früchte nach dem Gesichtspunkte der quodammodo in integrum restitutio verpflichtet. Dieser Anspruch des Verkäufers ist kein bloßes deducendum gegenüber den Ansprüchen des Käufers, sondern selbständig klagbar. Er mag in gewöhnlicher Weise ihnen gegenüber aufgerechnet werden, aber eine compensatio lucri cum damno ist das natürlich wiederum nicht.

5. Der Schadensersatzberechtigte erwirbt dingliche Rechte an fremden Sachen, ferner sonstige absolute Rechte. Dahin würde das in l. 5 § 5 D. XIX, 5 erwähnte Patronatrecht dann gehören, wenn es eine Schätzung in Geld zuließe, s. oben § 23.

6. Er erwirbt eine Forderung. Dafür lassen sich im Gegensatz zu der praktisch belanglosen vorigen Gruppe zahlreiche Beispiele finden:

a) Es würden dahin die Ansprüche auf Versicherungsgelder und Pensionen zählen, wenn nicht bei ihnen, wie ich oben § 15 nachzuweisen versuchte, die Anrechnung für die Regel der Fälle ausgeschlossen wäre.

b) Nicht hierhin rechne ich die Abtretungspflicht der Ansprüche aus § 255, weil ich darin keine „lucra“ in dem hier erörterten Sinne erblicke. Darüber unten in Abt. II. Wer darüber anders denkt, muß den § 255 hier anziehen.

c) Ein Forderungsrecht erlangt der Ersatzberechtigte in den zahlreichen Fällen, wenn er infolge des schädigenden Ereignisses in den Stand gesetzt oder doch veranlaßt wird, ein anderweites Vertragsverhältnis einzugehen. Indem jedoch dieses Verhältnis meist ein zweiseitig-verpflichtendes ist, besteht das in Ansatz zu bringende lucrum dabei nicht sowohl in dem Wert der erlangten Forderung an sich, als vielmehr nur darin, um was infolge des eingegangenen Vertragsverhältnisses das Vermögen des Ersatzberechtigten verbessert worden ist. So namentlich beim Deckungskauf: anzurechnendes lucrum ist nicht der Wert der dabei erstandenen Waren, sondern nur der Betrag, um den sie der Käufer billiger erstanden hat, als der wegen Leistungsverzuges verantwortliche Verkäufer sie ihm nach den zwischen beiden bestehenden Vertragsbedingungen zu liefern gehabt haben würde. Man kann also nicht sowohl die neuerworbene Forderung, als vielmehr nur den ökonomischen Gewinn aus dem neu eingegangenen Geschäft in Ansatz bringen, so daß derartige Fälle streng genommen nicht in diese, sondern in eine neu zu bildende selbständige Gruppe gehören würden.

Anders aber liegt die Sache, wenn der Dienstpflichtige oder Werkmeister wegen Vertragsbruches des Gegenkontrahenten zu einer anderweiten Verwertung seiner Arbeitskraft in den Stand gesetzt wird. Da er in solchem Fall der Notwendigkeit, für den ursprünglichen Dienstherrn oder Besteller thätig zu sein, enthoben wird, schmälert die dem neuen Arbeitgeber geschuldete Leistung nicht sein Vermögen gegenüber dem Bestande, wie es ohne den zum Schadensersatz verpflichtenden Vertragsbruch des ersten Arbeitgebers sein würde: der vermittelst des neu eingegangenen Arbeitsverhältnisses erworbene Lohnanspruch ist also ein in seiner Totalität anzurechnendes reines lucrum. So namentlich im Falle des § 642 B.G.B.

Was der Geschädigte durch die Erfüllung der Forderung real erlangt hat, ist natürlich nicht minder anzurechnen, wie ein sonstiger Vorteil — man kann unmöglich dulden, daß der Ersatzberechtigte sich durch vorgängige Eintreibung der Forderung einer sonst begründeten comp. lucri entziehe. Theoretisch läßt sich das so rechtfertigen, daß die erlangte Leistung ihre mittelbare Ursache in dem zugleich den Schaden wie die Forderung (das lucrum) begründenden Thatbestand hat.

7. Der Geschädigte erwirbt infolge des die Ersatzpflicht begründenden Ereignisses eine Erbschaft oder ein Vermächtnis, so in dem oben besprochenen Fall der l. 2 § 44 D. XXXVIII, 17.

Allerdings wird es hier nur ausnahmsweise zur Anrechnung kommen, weil die eigentlich rechtsbegründenden Thatsachen für den Erwerb schon anderweit vorhanden waren, und das in Frage stehende Ereignis meist nur eine den endgültigen Erwerb bislang hemmende Bedingung ausgelöst hat.

8. Eine weitere Möglichkeit ist die, daß der Geschädigte von einer auf seinem Vermögen oder einem dazu gehörigen Gegenstande bisher ruhenden Last oder sonstigen Beschränkung frei wird. Ein Beispiel giebt die interessante Entscheidung des O.L.G. Hamburg vom 1. November 1888, Hanseatische Gerichtszeitung 1889, Hauptbl. Nr. 12. Ein Vertrag, in dem der eine Kontrahent dem andern die Ausübung seines Patents überlassen hatte, war infolge vertretbaren Verhaltens des letzteren aufgelöst worden. Von dem zu leistenden Schadensersatz soll der im Wiedergewinn der freien Verfügung über das Patent liegende Vorteil abzuziehen sein. Jedoch liegt dem Berechtigten nicht ob, besondere Vorkehrungen zur wirklichen Realisierung solcher Vorteile zu treffen.

Einen andern hierhergehörigen Fall konstruiert Eichhoff S. 179: Jemand tötet einen andern, der als Vater eines Dritten diesem gegenüber unterhaltspflichtig war, andererseits aber an seinem Vermögen (kraft väterlicher Gewalt) das Nutzungsrecht hatte. Er kann auf seine Ersatzpflicht zwar nicht den ganzen Wert der wegfallenden Belastung in Anrechnung bringen, aber doch den Vorteil, der dem Sohne durch den vorzeitigen Wegfall des väterlichen Nutznießungsrechtes gegenüber dessen bei natürlichem Verlauf der Dinge anzunehmender wahrscheinlicher Dauer erwachsen ist.

9. Endlich kann auch eine bloße Besitzerlangung einen anzurechnenden Vermögenswert darstellen; dies wenn und soweit der Besitz im konkreten Fall einen selbständigen Vermögenswert darstellt, s. l. 3 D. XLIII, 17; l. 21 § 2 D. IV, 2; l. 53 § 4 D. XLVII, 2. Wann dem so sei, das bedarf, als schon oft verhandelt und über mein Thema hinausgehend, hier keiner weiteren Untersuchung, s. dazu neuestens Stieve, der Gegenstand des Bereicherungsanspruches, 1899, S. 66 fg.

---

§ 25. Verhinderung anderweiter Nachteile (damnum cessans).

Die zweite Möglichkeit, daß der Ersatzberechtigte infolge des einen Andern zum Schadensersatz verpflichtenden Umstandes von einem sonst unvermeidlichen oder doch wahrscheinlichen Nachteil verschont geblieben ist, weist zwar keine so große Mannigfaltigkeit von Anwendungsfällen auf, wie der vorige Paragraph, aber doch immerhin eine Reihe wichtiger und interessanten Kombinationen. Dahin gehört:

1. Ersparung von Auslagen und Aufwendungen, die ohne das schädigende Ereignis notwendig geworden wären. Ihre Anrechnung auf den Ersatzanspruch unterliegt nicht dem geringsten Bedenken.

So haben sich in dem bekannten Iheringschen Civilrechtsfall Nr. 19 (Aufl. 8: Nr. 14) die im Hafen wegen Verzögerung der Abfahrt aufgehaltenen Passagiere von ihrem Ersatzanspruch wegen der Zehrungskosten das abrechnen zu lassen, was sie in der gleichen Zeit zu Hause ausgegeben haben würden. Dasselbe gilt vom Eigentümer des eingestürzten Hauses wegen der bei Verwendung minderwertigen Gebälks durch den Baumeister erzielten Minderkosten, s. das Erkenntnis bei Seuffert X, 257.

Wenn Walsmann S. 93 den ersten Fall nicht zur Vorteilsanrechnung stellt, weil der Ersatzanspruch von vornherein nur auf den Mehraufwand am Hafenort gerichtet sei, so ist dagegen zu bemerken, daß zur Gewinnung des, natürlich richtigen, Ergebnisses zwei zunächst ganz verschiedene Faktoren in Betracht zu ziehen sind: einmal der Betrag der Gasthausrechnung, zum andern der durch den Aufenthalt im Hafenort ersparte Aufwand in eigener Wirtschaft, bei Verwandten oder sonst in der Heimat.

Ein weiterer hierhergehöriger Fall ist vom O.A.G. Rostock unter dem 13. Mai 1852, Seuffert XVIII Nr. 269 S. 426, beurteilt. Klagt ein Fuhrmann, dessen vereinbarte Leistung der Besteller nicht angenommen hat, auf den bedungenen Fuhrlohn, so muß er sich zur Vermeidung unbilligen Gewinnes den Betrag in Ansatz bringen lassen, um den seine Gerätschaften durch die Ausführung des opus abgenutzt worden wären.

Dagegen hat das deutsche Reichsgericht im Erkenntnis vom 8. April 1891 (Seufferts Archiv, Bd. XLVII Nr. 99 S. 145) das Abzugsrecht ersparter Auslagen in folgendem Falle abgelehnt: Der Beklagte hatte für den Kläger eine Partie Petroleum auf Lager genommen und sodann unbefugt an einen Dritten ausgeliefert. Auf Ersatz belangt, wollte er das Lagergeld in Abzug bringen, das Kläger bei ordnungsmäßigem Verlauf der Sache ihm hätte bezahlen müssen. Dagegen bemerkt das R.G., unter prinzipieller Anerkennung des Abzugsrechts wegen ersparter Aufwendungen, dies könne nicht angewendet werden auf den Fall, daß der Beschädiger bei Unterbleiben der schädigenden Handlung und im übrigen gleichem Verlauf der Dinge eine nunmehr fortfallende Forderung gegen den Beschädigten erworben haben würde. „Gerade sein eigenes Verschulden ist es ja, durch welches die Möglichkeit, jenen Verdienst zu machen, dem Beschädiger entzogen ist." Es fehle hier an dem den Ausgleich erheischenden Gebote der aequitas, möge selbst der Eigentümer nunmehr im Effekt besser gestellt werden, als er es bei vertragsmäßiger Abwickelung der Angelegenheit gewesen wäre.

Man wird dieser Entscheidung kaum beistimmen könen. Schon Eichhoff S. 324 fg., hat sie einer scharfen ablehnenden Kritik[1]) unterzogen und zum mindesten erwiesen, daß die Begründung manches zu wünschen übrig läßt. Es handelt sich nicht um einen dem Beklagten durch sein eigenes Verhalten entgangenen Verdienst, sondern um eine dem Kläger dadurch ersparte Auslage. Daß diese gerade dem Beklagten gegenüber entstanden wäre, kann schwerlich die, wenn sonst berechtigte, Vorteilsanrechnung ausschließen.

In meinem Aufsatz versuchte ich die Entscheidung dadurch zu rechtfertigen, daß im Falle einer rechtswidrigen Verfügung über fremde Waren eine sog. mora ex re eintrete, die den Schuldner für den etwa höheren Wert der Schuldsache bei Eintritt des Verzuges haftbar mache — das aber sei hier der reine Sachwert ohne Abzug des erst für die spätere Zeit auflaufenden Lagergeldes.

Diese Argumentation gebe ich nunmehr auf. Sie scheitert schon daran, daß laut Thatbestand der Kläger als Schadensersatz den Marktpreis des Tages gefordert hatte, an welchem er die Auslieferung der Ware verlangt hatte.

Außerdem spricht folgendes gegen die Richtigkeit der Entscheidung:

Der Beklagte macht nicht seinen Anspruch auf Lagergeld im Wege der Kompensation geltend, sondern beruft sich nur auf das dem Kläger Ersparte als Abrechnungsposten von dessen Ersatzanspruch. Freilich, sachlich besteht dieses deducendum in dem Äquivalent, das der Kläger für die Aufbewahrung hätte zahlen müssen. Ein solches kann füglich nicht mehr in Betracht kommen für die Zeit, wo eine Aufbewahrung der Güter im Interesse des Klägers gar nicht mehr

[1]) Gebilligt ist die Entscheidung dagegen bei Walsmann S. 87.

stattfand. Wären der Lagerhalter und der Schädiger verschiedene Personen, so würde der Kläger vom Moment der rechtswidrigen Beiseiteschaffung seiner Waren an auch dem dabei unbeteiligten Lagerhalter kein Lagergeld mehr geschuldet haben und das etwa pränumerierte haben kondizieren können, sowohl nach gemeinem Recht als nach B.G.B. § 323.

Aber diese Ersparnisse hätte der dritte Schädiger zweifellos in Anrechnung bringen dürfen: denn ohne sein Verhalten wäre es nach dem gewöhnlichen Laufe der Dinge zu einer vorzeitigen Aufhebung des Lagergeschäftes und damit zu einer Befreiung des Klägers von seiner Vertragspflicht nicht gekommen.

Der zufällige Umstand, daß der Schädiger in unserem Falle zugleich der Lagerhalter ist, kann an dem Gesagten nichts ändern. Was der Beklagte als Lagergeld nicht verlangen kann, kann er darum doch als Schadensersatzpflichtiger in Ansatz bringen. Daß, die Schädigung weggedacht, der Kläger das Lagergeld hätte bezahlen müssen, geht daraus hervor, daß er laut Thatbestand erst später die Auslieferung der Ware verlangt hatte.

Der Kläger erleidet dadurch um so weniger Schaden, als ihm ja der Marktpreis des Tages der verlangten Auslieferung zugesprochen wird. Bis zu diesem aber würde er sich nur durch Aufopferung von Lagergeld die Ware haben erhalten können. Nach der reichsgerichtlichen Entscheidung erlangte der Kläger also durch das Verhalten des Beklagten den gleichen Vorteil, als wenn die Ware ihm in der Zwischenzeit unentgeltlich aufbewahrt wäre, was im Widerspruch zu den Grundsätzen des Schadensersatzes zu seiner Bereicherung führen muß.

In Anerkennung der bisher allgemein aufgestellten Grundsätze enthält das deutsche Handelsgesetzbuch positive Bestimmungen über die Anrechnung ersparter Auslagen auf den Schadensersatzanspruch:

a) § 430 (alte Fassung: Art. 396):

„Muß auf Grund des Frachtvertrags von dem Frachtführer für gänzlichen oder teilweisen Verlust des Gutes Ersatz geleistet werden, so ist der gemeine Handelswert und in dessen Ermangelung der gemeine Wert zu ersetzen, welchen Gut derselben Art und Beschaffenheit am Orte der Ablieferung in dem Zeitpunkt hat, in welchem die Ablieferung zu bewirken war; hiervon kommt in Abzug, was infolge des Verlustes an

Zöllen und sonstigen Kosten, sowie an Fracht erspart ist.

Im Falle der Beschädigung ist der Unterschied zwischen dem Verkaufswert des Gutes im beschädigten Zustand und dem gemeinen Handelswert oder dem gemeinen Wert zu ersetzen, welchen das Gut ohne die Beschädigung am Orte und zur Zeit der Ablieferung gehabt haben würde; hiervon kommt in Abzug, was infolge der Beschädigung an Zöllen und sonstigen Kosten erspart ist.

Ist der Schaden durch Vorsatz oder grobe Fahrlässigkeit des Frachtführers herbeigeführt, so kann Ersatz des vollen Schadens gefordert werden."

Entsprechende Sätze finden sich in Bezug auf das Seefrachtgeschäft in den §§ 611 und 613 (alte Fassung: Art. 612 und 614).

Der Einwand, daß in § 430 der Abzug der Unkosten sich dadurch rechtfertige, daß nicht das volle Interesse, sondern der Sachwert zu ersetzen sei, wäre offenbar verfehlt. Für den Fall des Interesseersatzes ergiebt sich die Anrechnung schon aus allgemeinen Grundsätzen; bestimmt aber das Gesetz, daß an Stelle des Interesses der reine Sachwert zu ersetzen sei, so könnte man — freilich mangels einer gegenteiligen Sonderbestimmung kaum zutreffend — vielleicht argumentieren, daß dann wenigstens stets der volle Sachwert ohne jeden Abzug in Betracht komme. Solcher Auslegung soll der gesperrt gedruckte Satz entgegentreten.

Unnötig scheint es mir, in diesem Zusammenhang diejenigen Entscheidungen aus Seuffert heranzuziehen (einzelne Angaben bei Eichhoff S. 322), welche es mit der Anrechnung anderweiter Ersparnisse auf kontraktliche Leistungsansprüche zu thun haben. Einer entsprechenden Verwendung für mein Thema steht übrigens bei den meisten derselben nichts im Wege.[1])

[1]) Wenn vom O.L.G. Hamburg in der Entscheidung vom 24. IX. 1898 und vom C.S. II des Reichsgerichts in der jene bestätigenden vom 20. V. 1899 (Hanseatische Gerichtszeitung, Hauptbl. 1898 Nr. 120, 126; 1899 Nr. 96, s. auch das. Nr. 6 und 13) ausgesprochen wurde, daß auf die vom Versicherer bei Beschädigung der nach dem Ausland zu transportierenden Waren zu zahlende Versicherungssumme nicht der vom Versicherten auf Grund der entstandenen Entwertung erzielte Zollnachlaß anzunehmen sei, so geschah das, wie beide Gerichtshöfe betonen, nicht wegen grundsätzlicher Ablehnung der Anrechnung, sondern deshalb, weil in casu nur der Abladewert und nicht auch das sonstige, insbesondere Verzollungs-Interesse versichert war.

2. Infolge des schädigenden Ereignisses wird der Eintritt einer andernfalls entstehenden Verbindlichkeit des Beschädigten verhindert.

Hierhin kann man einen Teil der unter 1. besprochenen Beispiele rechnen, insofern die ersparten Auslagen, wie im Hamburger Petroleumfall, gerade in zu übernehmenden Verbindlichkeiten bestanden haben würden.

Ein anderes Beispiel ist folgendes: Mein Hund ist im Begriff, einen an der Ladenthür des Wildhändlers hängenden Hasen oder Fasanen zu stehlen. Der Kaufmann tötet das Tier und zwar, da der durch die Tötung angerichtete Schaden außer Verhältnis zu der abgewendeten Gefahr steht, trotz § 228 widerrechtlich.

Er kann aber auf seine Schadensersatzpflicht zweifellos den Wert des Hasen in Abzug bringen — denn ohne sein die Ersatzpflicht begründendes Verhalten würde der Hund den Hasen nach Lage der Dinge vermutlich weggenommen und dadurch mich als seinen „Halter" nach § 833 ersatzpflichtig gemacht haben. Im Nichteintritt dieser Ersatzpflicht liegt das anzurechnende lucrum.

Erst durch die hiermit anerkannte Aufrechnungsmöglichkeit bekommt die Bestimmung des § 228 ihren rechten Sinn. Ohne sie wäre die Lage des im Notstand die gefahrdrohende fremde Sache Beschädigenden allzu extrem verschieden, je nachdem der durch die Beschädigung angerichtetete Schaden im Verhältnis zu der Gefahr steht oder nicht: ersterenfalls brauchte der Thäter nichts, letzterenfalls alles zu ersetzen! Erst die Aufrechnungsmöglichkeit, die zwar nicht in allen, aber in den praktisch wichtigsten Fällen in Betracht kommen wird, bringt die Fälle in wünschenswerter Weise einander näher, indem das deducendum immer größer wird, je näher der Thatbestand den in § 228 für eine Rechtmäßigkeit der Notstandshandlung aufgestellten Erfordernissen rückt.

Ferner würde folgender Fall in diesen Zusammenhang gehören: Jemand hindert einen andern widerrechtlich an Ausführung der bestimmt ausgesprochenen, nachweisbaren Absicht, ein Testament zu errichten, in dem der Testator einen Dritten zum Erben einsetzen, aber mit einem Vermächtnis zu Gunsten eines Vierten belasten wollte. Soweit der Hindernde dadurch dem Dritten ersatzpflichtig wird — etwa nach B.G.B. § 826 — kann er sicherlich die Anrechnung des Betrages verlangen, den der Ersatzberechtigte bei Errichtung des Testamentes (und Erwerb der Erbschaft) dem Vierten schuldig geworden wäre; nicht minder auch den Betrag der Erbschaftssteuer.

4. Das schädigende Ereignis hat sonstige Nachteile hintangehalten, die den Beschädigten betroffen haben würden.

Beispiel: Jemand tötet durch einen Schuß meine wertvolle Angora-Katze, die gerade im Begriff ist, meinen Kanarienvogel zu ergreifen.

Zu erwähnen ist noch folgender, vom Reichsgericht C.S. IV am 24. April 1893 (Bolze XVI Nr. 166, 124) beurteilter Fall:

Ein Gerichtsvollzieher hatte einen Schrank gepfändet, nachher aber versehentlich einen anderen Schrank desselben Schuldners abgeholt und verkauft. Auf Ersatz belangt, wendet er compensatio lucri ein, da durch sein Verhalten dem Schuldner der erstgepfändete, wertvollere Schrank erhalten worden sei.

Hier sind, soweit ich nach dem von Bolze lückenhaft mitgeteilten Thatbestand annehmen muß, alle Voraussetzungen der Vorteilsanrechnung gegeben, und mit Unrecht hat das R.G. demungeachtet eine solche verworfen, weil „die nicht beabsichtigte Erhaltung des Schrankes mit dem Verfahren des Beklagten in keinem ursächlichen Zusammenhang stehe." Aber die Verwechslung der Schränke hat doch die andernfalls „nach den getroffenen Veranstaltungen (B.G.B. § 252) mit Wahrscheinlichkeit zu erwartende" Veräußerung des gepfändeten Stückes hintangehalten! Die Behauptung des R.G. berührt demgegenüber einigermaßen peinlich.

Zu dem Gesagten ist aber folgendes zu bemerken: damit eine echte compensatio lucri stattfinde, darf der durch das in Frage stehende Ereignis herbeigeführte nicht gerade mit demjenigen Schaden, dessen Herbeiführung durch ein anderes Ereignis jenes zugleich ausschloß, identisch sein. Ist dies der Fall, so kann man von einer Aufrechnung um deswillen nicht reden, weil identische Größen einer besonderen Anfrechnung weder fähig, noch bedürftig sind. Der Schadensersatzanspruch tritt vielmehr alsdann von vornherein nicht ein, indem es an der Kausalität oder, wenn man das bemängeln sollte, zum mindesten an einem zu ersetzenden Interesse fehlt: denn das schädigende Ereignis weggedacht, würde das Vermögen des Betroffenen um nichts größer sein, als es sich unter dem Einfluß desselben gestellt hat.

In diesen Zusammenhang gehört eine berühmte Pandektenstelle, die l. 10 § 1 D. de lege Rhodia de iactu XIV, 2, Labeo libro primo pithanon a Paulo epitomatorum:

„Si ea condicione navem conduxisti, ut ea merces tuae portarentur easque merces nulla nauta necessitate coactus in navem deteriorem, cum id sciret te fieri nolle, transtulit et merces tuae cum ea nave perierunt, in qua novissime vectae sunt, habes ex conducto locato cum priore nauta actionem. Paulus: immo contra, si modo ea navigatione utraque navis periit, cum id sine dolo et culpa nautarum factum esset. idem iuris erit, si prior nauta publice retentus navigare cum tuis mercibus prohibitus fuerit. idem iuris erit, cum ea condicione a te conduxisset, ut certam poenam tibi praestaret, nisi ante constitutum diem merces tuas eo loci exposuisset, in quem devehendas eas merces locasset, nec per eum staret, quo minus remissa sibi ea poena spectaret. idem iuris in eodem genere cogitationis observabimus, si probatum fuerit nautam morbo impeditum navigare non potuisse. idem dicemus, si navis eius vitium fecerit sine dolo malo et culpa eius."

Ob hierin eine compensatio lucri zu finden sei, ist bestritten. v. Vangerow III § 571 Anm. 1 hat die Frage bejaht, während ich in meinem Aufsatz S. 16 und Eichhoff S. 316 sie verneinend beantworten. Auch heute muß ich an dieser Entscheidung festhalten.

Allerdings ist der Schaden durch den Untergang des Schiffes, auf das die Waren kontraktswidrig übergeführt sind, entstanden; insofern kann die Vertragsverletzung als seine mittelbare Ursache angesehen werden. Aber indem auch das andere, zur Beförderung vertragsmäßig bestimmte, Schiff auf der gemeinsam angetretenen Fahrt („ea navigatione") zu Grunde gegangen ist, stellt sich heraus, daß gerade der Schaden, dessen Ersatz in Frage steht, auch ohne die Vertragsverletzung eingetreten sein würde. Es fehlt also von vornherein an einer zu ersetzenden Vermögensdifferenz, und damit an der Unterlage einer besonderen Vorteilsanrechnung. [1])

Nur dann würde ein „Interesse" nachweisbar und zu ersetzen sein, wenn das vertragsmäßige Fahrzeug „culpa nautarum" Schiff-

[1]) S. hierzu auch Eichhoff, S. 43, Haß in Iherings Jahrb. Bd. 37 S. 409—10. Die Behauptung des letzteren, daß es im Fall unserer Stelle an der Kausalität nicht fehle und die Haftung nur aus besonderen Erwägungen abgelehnt werde, scheint mir mit Eichhoff unhaltbar.

bruch erlitten hat. Denn alsdann würde der Befrachter einen Ersatzanspruch gegen den Schiffer erworben haben. Um den Betrag dieses Anspruches also hat in solchem Fall das vertragswidrige Verhalten desselben den Befrachter geschädigt; also ist insoweit seine Haftung begründet.

Damit übrigens die Entstehung des Ersatzanspruches wegen des ohne das schädigende Ereignis anderweit eingetretenen Schadens verhindert werde, muß für diese ausgeschlossene anderweite Schadenszufügung zur Zeit des eingetretenen Schadens bereits der Grund, mindestens im Sinne der causa remota, gelegt sein. Denn ist ein Schadensersatzanspruch einmal entstanden, so kann er natürlich nicht nachträglich durch den Nachweis beseitigt werden, daß derselbe Schaden andernfalls durch ein späteres Ereignis doch entstanden sein würde. Dieses war von vornherein ungeeignet, die Ursache eines bereits eingetretenen Erfolges zu werden.

Das spricht aus die l. 7 § 4 D. quod viaut clam XLIII, 24, Ulpianus libro septuagesimo primo ad edictum:

> „Est et alia exceptio, de qua Celsus dubitat, an sit obicienda: ut puta si incendii arcendi causa vicini aedes intercidi et quod vi aut clam mecum agatur aut damni iniuria. Gallus enim dubitat, an excipi oporteret: quod incendii defendendi causa factum non sit? Servius autem ait, si id magistratus fecisset, dandam esse, privato non esse idem concedendum: si tamen quid vi aut clam factum sit neque ignis usque eo pervenisset, simpli litem aestimandam: si pervenisset, absolvi eum oportere. idem ait esse, si damni iniuria actum foret, quoniam nullam iniuriam aut damnum dare videtur aeque perituris aedibus. quod si nullo incendio id feceris, deinde postea incendium ortum fuerit, non idem erit dicendum, quia non ex post facto, sed ex praesenti statu damnum factum sit nec ne, aestimari oportere Labeo ait.“

Es kommt also nach der mitgeteilten Ansicht des Labeo darauf an, ob der den Schaden Stiftende mit seinem Thun in eine bereits begonnene Kausalreihe, die andernfalls den Schaden ihrerseits herbeigeführt hätte, hemmend eingreift — dann soll er nicht haften, weil er den „aeque perituris aedibus“ schließlich kein damnum zugefügt habe; oder ob das anderweite zur causa damni geeignete Ereignis — das incendium — erst nach dem rechtswidrigen Einreißen des Hauses eintrat. Hier ist „ex praesenti statu“ ein damnum entstanden, das der Schädiger zu ersetzen hat.

Allerdings ist diese Argumentation nicht von allen römischen Juristen gebilligt worden. Derselbe Ulpian, der uns das Labeonische Citat überliefert, teilt in l. 49 § 1 D. ad legem Aquiliam IX, 2 — wie es scheint zustimmend, jedenfalls ohne erkennbaren Widerspruch — eine Ansicht des Celsus mit, worin die Haftung dessen, der incendii arcendi gratia vicinas aedes intercidit — sei es wegen mangelnder Widerrechtlichkeit, sei es, wahrscheinlicher, wegen des löblichen Motives — schlechthin, auch wenn die Flammen das zerstörte Haus nicht erreicht haben würden, geleugnet wird:

„iusto enim metu ductus, ne ad se ignis perveniret, vicinas aedes intercidit: et sive pervenit ignis sive ante extinctus est, existimat legis Aquiliae actionem cessare.“

Welcher Ansicht man auch immer den Vorzug gebe — Pernice, Sachbeschädigungen S. 39—40 redet mit guten Gründen der letztgenannten Meinung als der jüngeren und juristisch richtigeren das Wort —: jedenfalls ist ein gewisser Widerspruch zwischen den Stellen unverkennbar; die l. 7 stellt im Gegensatz zu l. 49 auf die mangelnde Kausalität und nicht, wie Eichhoff S. 30 behauptet, die mangelnde Widerrechtlichkeit ab. S. auch Titze, die Notstandsrechte, 1897, S. 54.

Während die l. 49 von der l. 7 mehr in der Begründung, als im Ergebnis abweicht, ja über dasselbe noch hinausgeht, scheint eine andere Stelle, gleichfalls von Ulpian, dem Celsus entnommen, einen völlig entgegengesetzten Standpunkt einzunehmen; es ist die l. 11 § 3 D. ad legem Aquiliam IX, 2 Ulpianus libro octavo decimo ad edictum:

„Celsus scribit, si alius mortifero vulnere percusserit, alius postea exanimaverit, priorem quidem non teneri quasi occiderit, sed quasi vulneraverit, quia ex alio vulnere periit, posteriorem teneri, quia occidit. quod et Marcello videtur et est probabilius.“

Denn der posterior soll wegen Tötung des Sklaven haften, obwohl der prior ihn bereits mortifere verwundet hatte. Der posterior kann sich also nicht damit entschuldigen, daß sein Thun in eine anderweite, ohne dasselbe gleichfalls den Tod herbeiführende, Kausalreihe hindernd eingegriffen habe.

Indes finden sich zwischen der l. 11 und den beiden früher

citierten Stellen genügende thatsächliche Verschiedenheiten, um den Gegensatz der Entscheidungen zu rechtfertigen oder doch abzuschwächen.

a) Wer Waren auf ein anderes Schiff als das vereinbarte auflädt, der unterwirft sie zwar der einen, entzieht sie aber damit zugleich der anderen Transportgefahr, wirkt also der anderweit begonnenen Kausalreihe, die, wie der Ausgang der Sache darthut, andernfalls den Schaden herbeigeführt hätte, geradezu entgegen.

Dagegen im Fall der l. 11 hemmt der Töter des Sklaven die begonnene Kausalreihe nicht nur nicht, sondern hilft geradezu entscheidend zur Beschleunigung des durch sie in Aussicht stehenden Erfolges. Er hat viel weniger diesem entgegen-, als vielmehr dazu mitgewirkt.

Ferner setzt der Schiffer nur die mittelbare Ursache für den nachher eintretenden Untergang der Waren, während der Töter des Sklaven den schädigenden Erfolg unmittelbar herbeiführt.

b) Vielleicht noch entscheidender ist folgender Gesichtspunkt, der den Fall der l. 11 auch von dem der l. 7 cit. abhebt: der Töter des Sklaven hat dolos ein fremdes Rechtsgut beschädigt, verdient also keine sonderlich milde Beurteilung.

Dagegen ist der Schiffer im Falle der l. 10 offenbar nur in culpa, wahrscheinlich nur in culpa levis. Der Zerstörer des Gebäudes in l. 7 cit. hat dasselbe zwar absichtlich niedergerissen; aber indem er das nach dem Thatbestand „incendii arcendi causa" that, hat ihm dabei das Bewußtsein rechtlicher oder sittlicher Pflichtwidrigkeit sicherlich ferngelegen; der Vorwurf der „Arglist" oder „Böswilligkeit", wie sie zum „dolus malus" gehört, kann ihm keinenfalls gemacht werden. Hat doch gerade Celsus laut l. 49 die Nichthaftung aus derartigen Gesichtspunkten zu verteidigen versucht. Hätte der Thäter in minder löblicher Absicht gehandelt, etwa den Brand benutzt, um stehlend oder plündernd in ein Haus einzudringen, so würde man ihn sicherlich nicht um deswillen von der Haftung für befreit erklärt haben, weil der entstandene Brand nachher auch das geplünderte Haus mit allem Inventar vernichtete.[1])

Die l. 7 stellt also insofern einen Ausnahmefall dar, und wir müssen auf Grund der l. 11 von Paulus die allgemeine Regel verfechten: Wer an Stelle einer anderweit begründeten causa remota des Schadens vorsätzlich eine causa proxima setzt, der kann sich der

---

[1]) Ähnlich Haß a. a. O. S. 411.

Haftung nicht um deswillen entziehen, weil die c. remota auch ohnedies den Schaden vermutlich herbeigeführt haben würde.

In diesem Zusammenhang ist noch wegen der Ähnlichkeit des Falles mit l. 10 cit. D. XIV, 2 auf die interessante Entscheidung des Reichsgerichts, Bd. XXVIII Nr. 36 S. 159 fg., hinzuweisen. Der Kläger hatte mit dem Agenten des Beklagten einen Vertrag über Versendung einer Quantität Zucker nach Valparaiso geschlossen. Die Versendung sollte mit dem Dampfer „Adamant“ ausgeführt werden, und der Kläger hatte das Gut auf diesem Schiffe versichert. Der Zucker wurde indes vertragswidrig mit dem Schiffe „Potsdam“ versendet und kam mit diesem zwar im übrigen wohlbehalten, aber in feuchtem Zustande im Bestimmungshafen an, während das Schiff „Adamant“ mit der gesamten Ladung zu Grunde ging.

Der Kläger erhob nunmehr eine Klage auf Ersatz des Schadens, der ihm infolge der vertragswidrigen Verladung um deswillen erwachsen sei, weil er danach die, ihm bei Untergang der Ware mit dem „Adamant“ gebührende, Versicherungssumme nicht beanspruchen könne. Eventuell beanspruchte er den Unterschied zwischen dem Verkaufspreise der Ware in gutem Zustande und demjenigen in der entstandenen schlechten Beschaffenheit.

Im Gegensatz zur zweiten Instanz erklärt das R.G. den prinzipalen Klagantrag für ungerechtfertigt, da ihm „die Grundsätze über Vertragserfüllung und die über Schadensersatz wegen Nichterfüllung“ entgegenständen. Erstere, weil der Kläger nach dem Vertragsinhalt keinen Anspruch gegen den Verfrachter darauf erlange, „daß dieser mit dem bedungenen Schiffe den Eintritt der Bedingung (für den dem Kläger gegen den Versicherer bedingt zustehenden Anspruch) herbeiführe.“ Letztere, weil der Schadensersatz

> „in der Herstellung derjenigen Vermögenslage besteht, in welcher der Befrachter sich befinden würde, wenn die Ware mit dem vereinbarten Schiffe befördert worden und angekommen wäre. Als Vermögen des Befrachters darf aber der Anspruch auf die Versicherungssumme um deswillen nicht gerechnet werden, weil er ein bedingter ist, und der Befrachter nach dem vorstehend ausgeführten nicht auch einen Anspruch gegen den Verfrachter auf Herbeiführung der Bedingung hatte. Als Vermögen kommt daher allein das Frachtgut in Betracht, dieses ist aber unbestritten mit dem „Potsdam“ in Valparaiso eingetroffen. Es wurde

daher — von einer etwaigen Beschädigung oder Preisminderung abgesehen — das Vermögen des Klägers nicht vermindert."

Man wird dieser Entscheidung zustimmen; die Begründung freilich konnte Eichhoff (S. 86 No. 86) nicht mit Unrecht tadeln. Insbesondere geht der Satz des R.G. „die Versicherung der Ladung des Klägers komme dabei rechtlich nicht in Betracht" viel zu weit.

Vielmehr ist folgendes entscheidend: Indem der Beklagte die Beförderung des Zuckers übernahm, entsprach es seiner Pflicht, alles zu thun, um einen Verlust desselben zu verhindern, unbekümmert darum, daß er dadurch die Bedingung für den Anspruch des Klägers auf die Versicherungssumme zum Ausfall brachte. Diese stellte rechtlich nur ein Surrogat des ursprünglichen Gutes dar, und der Kläger kann sich unmöglich als geschädigt bezeichnen, weil nicht an Stelle des ursprünglichen Gutes das Surrogat in sein Vermögen getreten ist. Der Beklagte hat, wennschon unter Anwendung eines vertragswidrigen und ihn daher im Fall des Mißlingens ersatzpflichtig machenden Mittels, das ihm nach dem Vertrage obliegende Ergebnis herbeigeführt. Mehr als die Erfüllung des Vertragszweckes aber kann der Kläger unmöglich von ihm verlangen.

Wegen der Entwertung des Zuckers freilich kann — das nimmt offenbar auch das R.G. an — der Beklagte in Anspruch genommen werden, und zwar selbst dann, wenn sie nicht auf einem von ihm zu vertretenden Verschulden beruht. Allerdings entschied unsere obige l. 10 § 1 cit. sogar bei völligem Verluste der Ware auf dem vertragswidrigen Schiff umgekehrt. Aber der reichsgerichtliche Fall lag deshalb anders, weil die Ware auf dem „Adamant" versichert war. Während im römischen Fall das Vermögen des Klägers gleichmäßig beeinträchtigt wurde, auf welchem der verlorenen Schiffe auch immer sich die Ware befand, ist es in dem reichsgerichtlichen durch die vertragswidrige Verladung um den Betrag geschmälert, um den der Zucker infolge des Naßwerdens entwertet ist. Denn bei vertragsmäßiger Versendung hätte der Kläger wegen der genommenen Versicherung kein Risiko gehabt, vielmehr an Stelle der allerdings dann dem Untergange geweihten Ware die Versicherungssumme erlangt. Folglich mußte die Ware auf dem „Potsdam" auf Gefahr des vertragswidrigen Beklagten reisen.

Kapitel V.
Die Formen der Vorteilsausgleichung.

§ 26. a) Allgemeines; die Frage der Vorteilsausgleichung bei der Naturalherstellung.

Die bisherige Lehre hat die Vorteile, die dem Beschädigten aus dem schädigenden Ereignisse zugeflossen sind, so gut wie ausnahmslos nur als bei der Berechnung des Interesses in Rücksicht zu ziehende Anrechnungsposten aufgefaßt. Schon der für unsern Fall allgemein übliche Name „compensatio lucri cum damno" ist ein Beweis dafür. Und da die Quellen nur an eine Anrechnung der Vorteile denken, die in der Judikatur entschiedenen Fälle meist so geartet waren, daß die Anrechnung die geeignete Form der zu vollziehenden Vorteilsausgleichung bildete, so war zum Aufwerfen der Frage, ob sie auch die einzig mögliche Form der letzteren darstelle, kaum Anlaß gegeben.

Es kommt aber, und zwar entscheidend, noch ein anderes hinzu: die allgemein herrschende abstrakte Schadensauffassung. Ihr ist ja, wie wir sahen (oben § 2), der Schaden nur ein rechnerischer Begriff, mit dem Interesse identisch. Somit verfährt sie durchaus folgerecht, wenn sie in dem Schaden überall, „auch wenn er rechnerisch durch Subtraktion eines Vorteils von einem Nachteil eruiert wird," [1]) eine „unzerstörbare Einheit" sieht. Ein einheitliches Endergebnis wird aber offenbar nur dadurch herbeigeführt, daß der Vorteil angerechnet, nicht dadurch, daß er etwa real herausgegeben, oder daß der Anspruch darauf an den Ersatzpflichtigen abgetreten wird.

Das mußte die herrschende Lehre notwendig zu einer unüberwindlichen Schwierigkeit in einem Fall führen, dessen Möglichkeit durch das Ersatzprinzip des deutschen B.G.B. der allgemeinen Aufmerksamkeit näher gerückt ist: dann nämlich, wenn der Nachteil in Form der Wiederherstellung des früheren Zustandes zu ersetzen ist. Wie der Fall der Naturalherstellung sich für die abstrakte Schadensauffassung schon im allgemeinen als recht unbequem erwiesen hat, so vorzüglich dann, wenn das die Ersatzpflicht begründende Ereignis neben dem Schaden dem Betroffenen auch Vorteile brachte. Jene Theorie konnte nicht wohl anders, als für einen solchen Fall

---

[1]) Worte Eichhoffs, S. 129.

die Möglichkeit der Naturalherstellung überhaupt anzweifeln. Wenigstens thut das mit vollem Bewußtsein der einzige ihrer Vertreter, der sich ausführlicher[1]) darüber äußert, Eichhoff. Er sagt S. 129, in freilich nicht sehr klaren Worten:

„Nicht auf Aufwiegung der einzelnen Schadensfaktoren richtet sich der Schadensersatz, sondern auf Ersatz eben des „Schadens," in dem Nachteil und Vorteil ununterscheidbar aufgegangen sind. Mag daher auch die Aufwiegung des einzelnen Nachteils durch Wiederherstellung möglich sein, der Ersatz des Schadens ist durch die Herstellung nicht möglich. Folglich muß es, wie in allen anderen Fällen der Unmöglichkeit der Naturalrestitution, zur Geldentschädigung kommen."

Seltsamer Weise fügt er dann freilich einschränkend hinzu:

„Mit der entwickelten Anschauung würde übrigens die Verurteilung des Verpflichteten zur Wiederherstellung gegen Herausgabe des Vorteils nicht im Widerspruch stehen, sofern der konkrete Fall zu dieser Weise der Vorteilsberücksichtigung besonders angethan ist."

Vom Standpunkt der in dieser Arbeit verteidigten konkreten Schadensberechnung schwinden alle solche Schwierigkeiten. Das schädigende Ereignis hat eben zwei Einwirkungskomplexe im Gefolge gehabt, einen dem Betroffenen schädlichen, einen ihm nützlichen. Sollte der erstere so beschaffen sein, daß er durch Herstellung des ohne das schädigende Ereignis vorhandenen Zustandes wieder beseitigt wird, so kann dem gegenüber aus dem Vorhandensein des zweiten Einwirkungskomplexes kein begründetes Bedenken hergeleitet werden. Hat mir jemand schuldhaft ein Loch in eine Glasscheibe gestoßen, so ist das offenbar in der Regel der Fälle ein durch Naturalherstellung zu beseitigender Schaden — soll man nur um deswillen mit Eichhoff diese für unmöglich erklären, weil der unbeschädigt gebliebene Teil der Scheibe noch einen gewissen Wert besitzen wird und als lucrum in Ansatz zu bringen ist? Das würde dahin führen, daß man die Frage nach der Möglichkeit oder Unmöglichkeit der Naturalherstellung von dem offenbar ganz zufälligen Umstande abhängig macht, ob die Überreste der zerstörten Sache überhaupt keinen, oder einen vielleicht ganz winzigen wirtschaftlichen Wert besitzen. Von ein paar Pfennigen

---

[1]) S. außerdem die kurzen, im Ergebnis zutreffenden Bemerkungen Walsmanns, S. 36—8.

könnte die ganze Gestaltung des Ersatzanspruches abhängen — eine wenig anmutende Konsequenz!

Richtig ist allerdings, daß es zu einer Anrechnung auf den gar nicht in Geld zu leistenden Ersatz nicht kommen kann. Aber die Vorteilsanrechnung ist doch kein positives Institut, sondern nur eine der Verwirklichungsformen des höheren Gedankens, daß der dem Geschädigten durch das schädigende Ereignis erworbene Vorteil bei der Schadensersatzleistung zu Gunsten des Ersatzpflichtigen in Rücksicht zu ziehen sei. Daß diese Berücksichtigung in den sicherlich meisten Fällen auf dem glatten und bequemen Wege der Anrechnung zu erzielen war, liegt an der jeweiligen Situation: ist der Schaden in Geld auszugleichen, und andererseits ein in Geld bestehender oder abschätzbarer Vorteil ihm gegenüber in Rücksicht zu ziehen, so bedarf es nicht der Hin- und Hergabe der hüben und drüben zu leistenden Beträge — die Absetzung der einen, als lucrum dem Ersatzpflichtigen zu Gute zu schreibenden, von den andern, von ihm zu leistenden, thut auf einfachere Weise dieselben Dienste.

Wo eine solche Anrechnung nicht möglich ist, wird die Rechtsordnung durch nichts gehindert, auf anderem Wege dasselbe Ziel herbeizuführen. Besteht das „lucrum" in einem dem Beschädigten erworbenen Anspruch gegen einen Dritten, so kann jenem zwar nicht zugemutet werden, sich den „Wert" dieses Anspruches einfach anrechnen zu lassen — dafür kann er ihn aber dem Ersatzpflichtigen abtreten.

Wird das „lucrum" nicht durch einen Anspruch, sondern durch einen real erlangten Vorteil dargestellt, so kann das entsprechende Ergebnis zwar weder durch Anrechnung, noch durch Abtretung erzielt werden. Aber dafür eröffnet sich als möglich ein dritter Weg, der zu dem genau entsprechenden Ergebnis führt: Der Ersatzberechtigte muß den erlangten Vorteil dem Pflichtigen herausgeben; solange er sich dessen weigert, kann der letztere nach § 273 die ihm obliegende Naturalherstellung hintanhalten.

Mit diesen Erwägungen ist freilich noch nicht bewiesen, daß dem geltenden Recht neben der Vorteilsanrechnung auch die beiden anderen Arten der Vorteilsausgleichung wirklich angehören. Aber es muß von vornherein als höchst wahrscheinlich bezeichnet werden.

Aus dem römischen Recht läßt sich ebensowenig wie aus den modernen Gesetzbüchern, insbesondere dem deutschen, ein Moment dagegen gewinnen; innere Gründe erheischen zur Vermeidung bedenklicher Ergebnisse, wie wir bereits sahen, gebieterisch die Anerkennung. Es soll aber zum Überfluß in den folgenden Paragraphen ein weiterer Beweis dafür angetreten werden.

---

§ 27. b) **Vorteilsanrechnung.**

Daß sich in den häufigsten Fällen die Vorteilsausgleichung mittels Anrechnung des in Geld geschätzten Vorteils auf den zu ersetzenden Schadensbetrag vollzieht, bedarf hier nicht mehr der Darlegung. Unsere ganze Arbeit ist von diesem Normalfalle nicht nur ausgegangen, sondern hat ihn auch in der Einzeldarstellung als den typischen und durch Belege aus den römischen Quellen wie aus der modernen Rechtsprechung am besten zu illustrierenden überall zu Grunde gelegt.

Auch über den rechtlichen Vorgang bei der „compensatio lucri cum damno", ihr Verhältnis zur eigentlichen Aufrechnung, ist das Nötige bereits oben (in den §§ 4 und 8) gesagt worden. Um so kürzer können wir uns an dieser Stelle fassen.

Nur darüber bedarf es noch näherer Untersuchung, unter welchen Voraussetzungen sich die Vorteilsausgleichung in dieser ihrer bequemsten und nächstliegenden Form vollziehen könne.

Der Schaden und der Vorteil sind an sich ganz getrennte Dinge; als konkrete Größe in dem früher festgestellten Sinn kann jener dadurch um keinen Deut verringert werden, daß neben ihm ein Vorteil entstanden ist.

Damit scheiden die Fälle des Schadensersatzes durch Naturalherstellung aus dem Gebiete der Vorteils*anrechnung* aus (s. § 26). Denn alsdann steht gar kein, um den Wert des lucrum zu kürzender, Geldanspruch in Frage — die Herstellung kann nur *ganz* oder *gar nicht* geschehen, nicht aber in einer um den Betrag des anzurechnenden Vorteils gekürzten Weise. Nur dann könnte es dabei zu einer *Anrechnung* kommen, wenn die Wiederherstellung des früheren Zustandes darin besteht, daß der Ersatzpflichtige dem Berechtigten an Stelle der beschädigten oder verlorenen vertretbaren Sachen neue Exemplare derselben Gattung verschafft, und wenn zugleich auch das anzurechnende „lucrum" im Gewinn von Stücken dieser Gattung besteht: eine bestenfalls außerordentlich seltene Eventualität!

Davon abgesehen findet die compensatio lucri also höchstens dann statt, wenn sich der *Schadensersatz* durch Ersatz des Interesses in *Geld* vollzieht.

Aber auch dann keineswegs immer! Allerdings ist nicht zu erfordern, daß auch das „anzurechnende“ lucrum von vornherein gerade in Geld bestehe; eine Gleichartigkeit von damnum und lucrum in dem Sinne, wie sie bei den Leistungsgegenständen der durch wahre Aufrechnung zu tilgenden Forderungen nötig ist, kann nicht verlangt werden. Denn das lucrum ist nicht Gegenstand einer Leistung, die der Ersatzberechtigte dem Ersatzpflichtigen zu machen hätte, vielmehr rechtmäßiger Bestandteil seines Vermögens; und den berechtigten Interessen des Gegners leistet er vollauf Genüge, wenn er sich den Wert des lucrum abziehen läßt. Das ergeben, wenn es noch eines Beweises bedürfte, die in dem vorigen Kapitel mitgeteilten Quellenstellen und Entscheidungen; sie verpflichten den Ersatzberechtigten nie dazu, den erlangten Vorteil an dem Ersatzpflichtigten real herauszugeben, sondern nur, sich einen entsprechenden Betrag auf das ihm zu ersetzende Interesse in Ansatz bringen zu lassen.

Aber was keine Pflicht des Ersatzberechtigten ist, kann darum sehr wohl ein Recht darstellen. Muß er den erlangten Vorteil unter allen Umständen unter Anrechnung auf seinen Anspruch behalten, oder kann er durch Überlassung desselben an den Gegner der Anrechnungspflicht entgehen?

Nur dann freilich kann diese Frage aufgeworfen werden,

a) wenn das lucrum nicht seinerseits in Geld besteht;

b) wenn es einer Überlassung an den Gegner, sei es durch reale Herausgabe, sei es durch Anspruchsabtretung, fähig ist.

Denn ersterenfalls würde das Angebot des erlangten Geldquantums an den Ersatzpflichtigen, das die Anrechnung ausschließen soll, eine lächerliche und sinnlose Komödie darstellen, zu deren Veranstaltung, wenn sie ein sonderbarer Kauz ernstlich begehren sollte, die Rechtsordnung ihren Arm vernünftiger Weise nicht bieten darf.[1])

Letzterenfalls aber — man denke an den Fall, daß das lucrum im Freiwerden von einer Verbindlichkeit, in der Ersparung von Aufwendungen besteht —, ist der Ersatzberechtigte eben nicht in der Lage, durch Zuführung des erlangten Wertes in das Vermögen des Gegners die ihm an sich obliegende Anrechnungspflicht auszuschließen.

---

[1]) Das Verlangen verstieße schon gegen den Satz: dolo facit, qui petit quod statim redditurus est, sowie gegen § 242 B.G.B.

§ 28. c) Die Herausgabe des Vorteils an den Ersatzpflichtigen: α) beim Schadensersatz durch Naturalherstellung.

Wir haben bereits gesehen, daß in dem hier genannten Fall die Herausgabe des erlangten Vorteils — resp. die Abtretung des Anspruches darauf, s. unten § 31 — in der Regel das einzige Mittel bildet, um ein sinngemäßes Ergebnis zu erzielen. Wer sie ablehnt, der muß sich für einen von zwei Auswegen entscheiden: entweder mit Eichhoff die Naturalherstellung in Fällen dieser Art zu verwerfen, um zu der bei ihr undenkbaren Anrechnung gelangen zu können, oder den Ersatzberechtigten von jedweder Vorteilsausgleichungspflicht zu entbinden; beides gleich wenig anmutende Alternativen!

Es bleibt also nur die hier vertretene dritte Möglichkeit: der Ersatzberechtigte muß den erlangten Vorteil dem zur Wiederherstellung des früheren Zustandes Verpflichteten herausgeben. Daß sie zutreffe, dafür kann man außer den bisher vorgebrachten allgemeinen Erwägungen auch einen direkten Beweis erbringen: der § 249 B.G.B. legt dem Ersatzpflichtigen auf, den Zustand herzustellen, „der bestehen würde, wenn der zum Ersatze verpflichtende Umstand nicht eingetreten wäre". Zu solcher Herstellung würde aber auch, wie Kipp (bei Windscheid II zu § 258 No. 6) treffend bemerkt, die „Entziehung des Gewinnes gehören". Der Ersatzberechtigte kann nicht die eine Seite der eingetretenen, teils ungünstigen, teils günstigen Zustandsänderung herausheben und ihre Beseitigung verlangen — das wäre eine offenbare, gegen Treue und Glauben verstoßende plus petitio —, sondern nur eine Beseitigung des Zustandes in seiner Totalität, einschließlich der eingetretenen Vorteile.

Noch eine andere Erwägung kommt hinzu: Nach § 251 Abs. 2 kann der Ersatzberechtigte den Gläubiger in Geld entschädigen, wenn die Naturalherstellung nur mit unverhältnismäßigen Aufwendungen möglich ist. Da nun beim Geldersatz das dem Geschädigten erwachsene lucrum zweifellos in Ansatz zu bringen sein würde, so würde das Verlangen des Gläubigers nach Naturalherstellung den Schuldner in Ermangelung der hier verteidigten Herausgabepflicht zu einer „unverhältnismäßigen Aufwendung" nötigen — er könnte somit die verlangte Naturalherstellung einfach ablehnen. Will der Gläubiger eine solche, so muß er sich also schon um deswillen zum Angebot der Herausgabe der Vorteile bequemen.

Der Hergang bei dieser Herausgabe bestimmt sich nach der Eigenart des jeweiligen Vorteils: eine erlangte Sache ist in der Regel in specie, eine Geldsumme in genere zu erstatten. Hat der Ersatzberechtige Aufwendungen erspart, ist er von einer Last, die auf seinem Vermögen ruht, frei geworden, so wird er den in Geld zu schätzenden Wertbetrag ersetzen müssen. Im allgemeinen dürfte sich der Umfang der Herausgabepflicht nach den Regeln der ungerechtfertigten Bereicherung, also nach § 818, bestimmen.

Der Herausgabeanspruch ist eben so wenig, wie der unten zu besprechende Abtretungsanspruch, von vornherein selbständig klagbar. Erst wenn der Geschädigte Schadensersatz verlangt, kann der Ersatzpflichtige excipiendo seinerseits seinen Gegenanspruch geltend machen. Nun aber unbeschränkt; von einer Begrenzung durch den Betrag seiner Erstattungspflicht, wie bei der eigentlichen compensatio lucri, kann hier keine Rede sein, schon weil es sich um heterogene Dinge handelt. Es stand dem Ersatzberechtigten nach § 249 Satz 2 für die Regel der Fälle frei, vom Schuldner statt der Naturalherstellung einen entsprechenden Geldbetrag zu verlangen, auf den das lucrum dann compensando in Anrechnung gebracht worden wäre; verzichtet er darauf und erheischt vom Schuldner die Herstellung des früheren Zustandes, so kann er unmöglich von dem an den Gegner herauszugebenden lucrum um deswillen einen Abzug machen, weil es „wertvoller" sei, als der Betrag des durch Naturalherstellung zu deckenden Schadens.

Hat der Ersatzpflichtige die Einrede nicht erhoben, so wird man ihm nach Analogie des in Teil II zu Sagenden die nachträgliche Geltendmachung seines Anspruches auf Herausgabe des lucrum wohl nicht versagen dürfen.

Übrigens kann, wie zum Schluß noch zu bemerken ist, der Fall auch so liegen, daß mit Herstellung des früheren Zustandes das lucrum von selbst wieder verschwindet, z. B. ein Mieter hat eigenmächtig ein Rosenbeet kassiert und dafür Spargel angepflanzt; er muß jenes wieder herstellen. Hier bleibt für irgendwelche Berücksichtigung des verschwindenden Vorteils kein Raum; höchstens könnte der Ersatzpflichtige unter solchen Umständen die Naturalherstellung, als ihn unverhältnismäßig belastend, nach § 251² B.G.B. ablehnen.

---

§ 29. β) Die Verwandlung von „Alt“ in „Neu“ bei der Naturalherstellung.

Bevor ich weitergehe, scheint es mir ratsam, noch einer beim Schadensersatz durch Wiederherstellung des früheren Zustandes naheliegenden Möglichkeit zu gedenken, die vielleicht nicht geradezu zum Thema gehört, aber doch wegen ihrer nahen Beziehung zu dem hier Vorgetragenen auch in diesem Zusammenhang unsere Aufmerksamkeit verdienen dürfte.

Der Ersatzpflichtige muß gemäß § 249 B.G.B. den Zustand herstellen, der bestehen würde, wenn der zum Ersatze verpflichtende Umstand nicht eingetreten wäre. Daß das vielfach, ja in den meisten Fällen, nicht möglich ist, bedarf als allgemein bekannt hier keiner besonderen Darlegung. Alsdann kommt es zum Geldersatz, § 251[1]:

> „Soweit die Herstellung nicht möglich oder zur Entschädigung des Gläubigers nicht genügend ist, hat der Ersatzpflichtige den Gläubiger in Geld zu entschädigen.“

So also, wenn die Herstellung in ihrem Ergebnis hinter dem früheren Wert zurückbleiben würde. Denkbar ist aber ebensogut der umgekehrte Fall, daß sie einen dem früheren Zustande gegenüber erhöhten Wert des betroffenen Gegenstandes bewirken würde: Jemand beschädigt den schon etwas defekten Einband meines Buches; die Naturalherstellung würde mir ein tadelloses Exemplar verschaffen. Oder: Der Mieter verdirbt den schon einigermaßen verwohnten Fußboden oder die Tapeten; die Herstellung verschafft dem Vermieter einen völlig neu eingerichteten Raum. Endlich — falls man mit der m. E. zutreffenden Ansicht auch die Anschaffung eines anderen Exemplars an Stelle der beschädigten vertretbaren Sache zur Naturalherstellung rechnet: ich bekomme statt meines alten Hutes, Buches, Regenschirmes vom Beschädiger einen neuen derselben Art.

Eine solche Verwandlung von „Alt in Neu“ würde offenbar dahin führen, daß die Naturalherstellung dem Vermögen des Beschädigten auf Kosten des Beschädigers ein Plus zuführt, das er ohne das schädigende Ereignis nicht erlangt haben würde.

Auch bei der Schadensersatzleistung in Geld ist ein ähnliches Ergebnis möglich, wenn nämlich das zu ersetzende Geldquantum gerade in den Reparaturkosten besteht, und durch die Reparatur wiederum eine das Vermögen des Beschädigten vorteilhaft beeinflussende Umwandlung von Alt in Neu eingetreten ist bezw. eintreten wird.

Eine solche Eventualität ist z. B. für das Gebiet des Handelsrechtes denkbar, indem, „wenn Teile eines Schiffes beschädigt sind, der Aufwand, welcher erforderlich ist, um die Beschädigung zu beseitigen, also der Betrag der Reparaturkosten, den nächsten und wesentlichen Bestandteil des dem Eigner zugefügten Schadens bildet“, so Entsch. des R.O.H.G. vom 24. V. 1878, Bd. XXIII Nr. 116 S. 355; aber sehr leicht auch für das Gebiet des neuen bürgerlichen Rechts. Denn soweit die Naturalherstellung möglich und ausreichend ist, muß der Schuldner sie entweder selbst vornehmen — dann ergiebt sich die hier festgestellte Möglichkeit ohne weiteres —, oder er hat nach Wahl des Ersatzberechtigten diesem „statt der Herstellung den dazu erforderlichen Geldbetrag“ zu leisten. Da also letzterenfalls der Herstellungsaufwand, nicht das Interesse als solches, den Maßstab der Ersatzpflicht bildet, so kann der Ersatzpflichtige nicht ohne weiteres um deswillen den zu leistenden Betrag mindern, weil die Reparatur dem Beschädigten ein Plus gegenüber dem früheren Zustand verschaffe.

Es fragt sich aber, ob man bei dem hiernach eintretenden Ergebnis stehen bleiben soll? Erfreulich wäre das gewiß nicht, weil das Ziel des Schadensersatzes damit in einer die Interessen des Ersatzpflichtigen ungerecht belastenden Weise überschritten würde.

Aus diesem Grunde hat bereits das Reichsoberhandelsgericht in der eben citierten Entscheidung anerkannt, daß von dem Betrage der Reparaturkosten, den der Ersatzpflichtige dem Geschädigten zu erstatten hat, eine „in der Differenz des Wertes der ersetzten Sachteile zur Zeit der Beschädigung gegen den Wert der neuen nach vollendeter Reparatur“ bestehende Summe in Abzug gebracht werden müsse. Denn insoweit sei der dem Beschädigten erwachsene Schaden „durch jene Wertdifferenz von Alt und Neu“ ausgeglichen.

Man muß dieser Entscheidung auch für das neue Recht beipflichten:

a) Wollte der Ersatzberechtigte den gesamten Betrag der Reparaturkosten einfordern, so würde er mehr beanspruchen, als den zur Herstellung des ohne das schädigende Ereignis vorhandenen Zustandes erforderlichen Betrag. Denn durch die Reparatur stellt er nicht nur diesen Zustand her, sondern er erlangt ein Mehr — eine neue bezw. renovierte Sache an Stelle der früheren alten. Er muß also den Betrag der Differenz von Neu und Alt absetzen.

Allerdings hat das Vorhandensein einer solchen, als eine besondere rechtsmindernde Thatsache, der Beklagte zu behaupten und nötigenfalls zu beweisen; an sich und zunächst wird der dem Kläger erwachsene und ihm zu ersetzende Schaden durch den Betrag der Reparaturkosten bestimmt.

b) Ist der Schaden durch Naturalherstellung zu ersetzen, so muß, da hier eine Anrechnung nicht stattfinden kann, der Kläger dem Beklagten einen der Wertdifferenz von Neu und Alt entsprechenden Betrag erstatten. Das ist trotz Fehlens einer besonderen Bestimmung im B.G.B. mit Sicherheit zu behaupten. Denn unmöglich kann es geduldet werden, daß der Ersatzberechtigte durch Wahl der Naturalherstellung als Schadensersatzform sich auf Kosten des Gegners in einer über den Zweck des Schadensersatzes hinausgehenden Weise bereichert. Das würde zwar nicht gegen § 812 verstoßen — denn soweit wir auf Grund des Wortlautes von § 249 dem Kläger auch in Fällen der hier besprochenen Art das Recht auf ungeschmälerte Naturalherstellung zu geben hätten, läge für seine Bereicherung in der dazu nötigenden Vorschrift der „rechtliche Grund" ja vor. Aber eine solche Buchstabenauslegung würde dem Sinn des § 249 nimmermehr gerecht; sie wäre wiederum ein grober Verstoß gegen das laut § 242 das gesamte Obligationenrecht beherrschende Leitprinzip von Treu und Glauben. Äußerstenfalls könnte sich der Beklagte auch durch Berufung auf § 251 Abs. 2 dagegen schützen. Denn da er bei einer Ersatzleistung in Geld nur das Interesse des Klägers zu ersetzen hätte, bei dessen Festsetzung der Wertunterschied von Neu und Alt selbstverständlich berücksichtigt wird, so würde die vom Kläger dafür geforderte Naturalherstellung nach der hier bekämpften Auslegung den Beklagten weit schlechter stellen, als jene, also „nur mit unverhältnismäßigen Aufwendungen möglich sein".

Zuzugeben ist, daß die Abschätzung der nach a) anzurechnenden, nach b) dem Beklagten herauszugebenden Wertdifferenz von Neu und Alt im Einzelfall rechnerische Schwierigkeiten bereiten kann. Aber solch praktisches Bedenken darf gegen das aufgestellte Prinzip um so weniger ausgespielt werden, als ähnliche Schwierigkeiten in den allermeisten Schadensersatzfällen wiederkehren und, zumal mit Hilfe des in § 287 C.P.O. aufgestellten Beweisgrundsatzes, keineswegs unüberwindlich sind.

Um sie zu erleichtern, hat auf Grund eines eingebürgerten Brauches das Handelsgesetzbuch für einzelne wichtigere Gebiete des Schadensersatzes Sondervorschriften aufgestellt, laut deren vom Betrage der Reparaturkosten eine bestimmte, der durchschnittlichen Wertdifferenz von Neu und Alt entsprechende Quote ein für allemal in Abzug zu bringen ist. So bei der großen Haverei nach §§ 709—10.

§ 710: „Der nach Maßgabe des § 709 ermittelte volle Betrag der Ausbesserungskosten bestimmt die zu leistende Vergütung, wenn das Schiff zur Zeit der Beschädigung noch nicht ein volles Jahr zu Wasser war.

Dasselbe gilt von der Vergütung für einzelne Teile des Schiffes, namentlich für die Metallhaut, sowie für einzelne Teile des Zubehörs, wenn solche Teile noch nicht ein volles Jahr in Gebrauch waren.

In den übrigen Fällen wird von dem vollen Betrage wegen des Unterschieds zwischen Alt und Neu ein Dritteil, bei den Ankerketten ein Sechsteil, bei den Ankern jedoch nichts abgezogen.

Von dem vollen Betrage kommen ferner in Abzug der volle Erlös oder Wert der noch vorhandenen alten Stücke, welche durch neue ersetzt oder zu ersetzen sind.

Findet ein solcher Abzug und zugleich der Abzug wegen des Unterschieds zwischen Alt und Neu statt, so ist zuerst diese letztere und sodann von dem verbleibenden Betrage der andere Abzug zu machen."

Nach denselben Grundsätzen soll laut § 872 bei der Seeversicherung der im Fall eines teilweisen Schadens am Schiff auszumittelnde Schadensbetrag berechnet werden.

Die hier aufgestellten positiven Sätze sind natürlich einer entsprechenden Anwendung auf andere Fälle des Schadensersatzes nicht ohne weiteres fähig. Aber insofern wird man in ihnen einen Ausfluß allgemeiner Prinzipien finden dürfen, als sie die Notwendigkeit einer Anrechnung überhaupt aussprechen.

---

§ 30. γ) Abwendung der Anrechnung durch Herausgabe der Vorteile?

Minder zweifellos ist die Bejahung der in § 28 aufgeworfenen und an die Spitze des vorliegenden Paragraphen gestellten Frage. Verneint man sie, so kommt man immerhin zu keinem direkt unerträglichen Ergebnis; wir haben es im Grunde nur mit Fragen einer mehr oder minder großen Zweckmäßigkeit zu thun.

Auch muß von einem direkten Nachweis aus dem positiven Recht abgesehen werden, da dasselbe weder nach der einen noch nach der anderen Richtung unmittelbar verwertbares Material bietet.

Trotzdem glaube ich einen vollauf ausreichenden Beweis für das angegebene Recht des Ersatzberechtigten vorbringen zu können. Allerdings nur indirekt. Ich werde darzuthun versuchen, und zwar zur Vermeidung eines störenden Risses in der Darstellung in Form eines besonderen Anhanges (s. unten §§ 45—48), daß der Eigentümer eines bloß beschädigten Gegenstandes vom Beschädiger unter gewissen Voraussetzungen vollen Schadensersatz gegen Überlassung des Gegenstandes verlangen kann. Dies sowohl nach römischem wie nach modernem Recht.

Ist dem aber so, so präjudiziert das der Entscheidung unserer Frage ohne weiteres. Was von dem beschädigten ursprünglichen Gegenstand, das muß auch von dem lucrum gelten, das der Ersatzberechtigte infolge des schädigenden Ereignisses erlangt hat.

Das gilt sogar a fortiori: Kann mir nicht einmal unter allen Umständen zugemutet werden, die identisch gebliebene, nur entwertete Sache unter Anrechnung ihres jetzigen Wertes zu behalten, so noch viel weniger, mir das vielleicht objektiv wertvolle, aber für mich persönlich nur wenig verwendbare lucrum in Ansatz bringen zu lassen. Es ist vielmehr der Satz aufzustellen, daß der Ersatzberechtigte unter Umständen berechtigt ist, der compensatio lucri durch Angebot der Herausgabe des lucrum zu entgehen.

Zweifeln kann man höchstens, welche Voraussetzungen dafür im einzelnen aufgestellt werden müssen. Daß in gewissen Fällen die Befugnis von selbst entfällt, ist schon in § 28 am Schluß dargelegt.

Allein davon abgesehen, würde ich dem Ersatzberechtigten unterschiedslos das Recht auf vollen Ersatz unter Preisgabe des lucrum gewähren, d. h., sofern dieses überhaupt einen selbständigen und zur Herausgabe geeigneten Vermögensbestandteil darstellt. Ist dies freilich nicht der Fall — so, wenn dasselbe nur in der Werterhöhung einer andern Sache, in der Ersparung einer Ausgabe, in der Befreiung von einer Verbindlichkeit besteht —, so kann von einer Befugnis der hier in Frage stehenden Art von vornherein nicht die Rede sein.

Übrigens aber würde die Versagung unserer Befugnis den Ersatzberechtigten, dem mit der Schädigung zugleich ein lucrum erwachsen ist, im Endergebnis geradezu schlechter stellen, als wenn er ein solches nicht erlangt hätte. Denn letzterenfalls hätte er Anwartschaft auf Ersatz in dem denkbar kurrentesten Wertträger — in Geld, während er sich nach der hier verworfenen Annahme mit einem vielleicht schwer verwertbaren und bei objektiv erheblichem Wert für ihn wenig brauchbaren Gut begnügen müßte. Das würde nicht nur dem Sinn des Gesetzes, sondern im Grunde selbst dem Wortlaut des § 251 zuwider sein.

Einer etwaigen chikanösen Ausübung unserer Befugnis könnte der Ersatzpflichtige leicht unter Berufung auf das Verbot des § 226, sowie auf § 242, entgegentreten.

---

§ 31. d) **Abtretung der dem Beschädigten gegen Dritte erwachsenen Ansprüche.**

Die Abtretung der Ansprüche ist als dritte Form der Vorteilsausgleichung den bisher besprochenen — der eigentlichen compensatio lucri und der realen Herausgabe der lucra — an die Seite zu stellen.

Ihr Anwendungsgebiet ergiebt sich aus dem Vorgetragenen: a) in den Fällen, wo es danach zur eigentlichen Anrechnung nicht kommen kann, beim Schadensersatz durch Naturalherstellung, hat der Ersatzberechtigte, wie den real erlangten Vorteil herauszugeben, so den nur in einer Forderung bestehenden abzutreten.

b) Soweit der Ersatzberechtigte zur Vermeidung der Anrechnung die Herausgabe der erlangten Vorteile begehren kann (s. oben § 30), muß ihm folgerecht auch die Abtretung der in obligatione bestehenden zu demselben Zwecke gestattet sein.

Ja, man wird ihm hier über die Voraussetzungen des § 30 hinaus stets ein solches Recht zubilligen müssen. Denn unmöglich darf man ihm das von jeder Forderung, mag sie zur Zeit auch ein „nomen optimum“ sein oder scheinen, unzertrennliche Risiko aufbürden. Niemand kann ihm zumuten, wider Willen den früheren, durch die Schädigung beeinträchtigten Vermögensbestand gegen einen solchen eintauschen zu müssen, in dem vielleicht weitausschauende und in der Realisierung, wenn nicht mit Schlimmerem, so doch mindestens mit schwer vermeidlichen Unbequemlichkeiten und Weitläufigkeiten verbundene Forderungen eine Rolle spielen. Das würde mit nichten als völliger Ausgleich des Interesses erachtet werden können.

Neben solchen Erwägungen spricht für das hier dem Ersatzberechtigten zugesprochene Wahlrecht auch eine positive Bestimmung, die des mit dem bisherigen Rechtszustande harmonierenden § 255 B.G.B., auf den sich der zweite Teil dieser Arbeit beziehen wird. Finden doch darin sogar manche einen direkten Anwendungsfall der Vorteilsausgleichung! Aber auch wer nicht soweit geht und zwischen den auf Grund des beschädigten Rechtsgutes erworbenen Ansprüchen — den Surrogaten — und den wahren, selbständigen lucra unterscheidet (s. dazu oben §§ 1, 3 und unten § 38), wird auf alle Fälle zugeben müssen, daß in § 255 eine der Vorteilsausgleichung nahe verwandte Bildung zu erblicken ist. Übt also die Existenz der Surrogatansprüche gegen Dritte auf den Schadensersatzanspruch keine weitere Einwirkung aus, als daß sie den Ersatzberechtigten zur Abtretung derselben an den Ersatzpflichtigen nötigt, so kann auch das in einem anderweiten Anspruch bestehende lucrum offenbar nicht energischer wirken. Geht es doch in der Richtung auf eine Beseitigung des eingetretenen Schadens nicht weiter, sondern minder weit, als die nach § 255 abzutretenden Surrogatansprüche!

So scheint denn auch in unserer Frage fast allgemeine Übereinstimmung der Ansichten zu herrschen. Die Abtretung der das „lucrum“ bildenden Ansprüche gegen Dritte spielt im Leben, im Gegensatz zu der Herausgabe der real erlangten lucra, eine bedeutende Rolle und ist uns in der bisherigen Darstellung — s. namentlich § 15 — des öfteren entgegengetreten. Ja, man muß annehmen, daß sie überall da, wo das lucrum in einem Anspruch besteht, an realer Bedeutung der eigentlichen Vorteilsanrechnung weit überlegen sei.

Allerdings wird es dem Ersatzberechtigten in der Regel unbenommen bleiben, der Abtretungspflicht durch eine freiwillige Anrechnung eines dem als „lucrum“ erlangten Forderungsrechte entsprechenden Quantums zuvorzukommen. Das Interesse des Gegners wird dadurch in keiner Weise beeinträchtigt, und auf Überführung von Rechtsgütern des Ersatzberechtigten in sein Vermögen hat er keinen Anspruch; nur eine Bereicherung desselben auf seine Kosten kann er durch Berufung auf die Vorteilsausgleichung ausschließen.

Allein in den zwar ausnahmsweise, aber doch im modernen Sozialrecht nicht ganz selten vorkommenden Fällen ist das anders, wo der Anspruch des Beschädigten ipso iure auf den Versicherer oder sonstigen Ersatzpflichtigen übergeht (s. oben §§ 15—16). Soweit ein solcher Übergang erfolgt ist, kann er natürlich durch eine Minderforderung des Beschädigten nicht wiederaufgehoben werden; aber auch seinen demnächstigen Eintritt wird dieser dadurch, daß er von vornherein um so viel weniger als Ersatz verlangt, als der Anspruch beträgt, mangels Einwilligung des Beklagten schwerlich hindern können.

Kapitel VI.

Anrechnung von Vorteilen, die der Beschädigte zwar nicht gezogen hat, aber hätte ziehen können.

§ 32.

1. Das hier zu behandelnde Problem ist in der Litteratur bisher so gut wie gar nicht berührt worden. Auch die römischen Quellen bieten uns darüber keine, und die moderne Judikatur im ganzen nur geringe Anhaltspunkte. Immerhin lassen sich einzelne Entscheidungen verwerten.

a) Erkenntnis des O.A.G. Darmstadt vom 12. Mai 1855, Seuffert IX Nr. 273:

Ein Pächter hatte dem Verpächter versprochen, bei Pachtablauf im Winterfelde 40 Morgen mit Korn, 20 mit Weizen unentgeltlich besamt zurückzuliefern. Wegen nicht gehöriger Erfüllung dieser Pflicht wurde er auf Schadensersatz belangt. Sein Einwand, der zu wenig besamte Flächengehalt sei dem Kläger im Sommerfelde zu Gute gekommen, da dieser ihn mit Sommerfrucht bestellt habe oder doch habe bestellen können, wurde verworfen, da der Kläger nicht „durch positives Handeln zum Zwecke der teilweisen Abwendung eines Schadens von dem Beklagten (!) thätig zu sein gebraucht habe".

b) Erkenntnis des O.A.G. Jena vom 31. Dezember 1857, Seuffert XVII Nr. 139.

Jemand war auf Lebenszeit in einer Gemeinde zum Schultheißen gewählt, schied jedoch auf Grund der inzwischen erlassenen neuen Gemeindeordnung nach einigen Jahren aus dieser Stellung aus, wobei ihm die Gemeinde als „Entschädigung" das bisherige Gehalt zusicherte.

Der Kläger ließ sich darauf an einem anderen Orte als Anwalt nieder. Nach einigen Jahren wurde er von der beklagten Gemeinde auf sechs Jahre zum besoldeten Bürgermeister gewählt, lehnte aber die Wahl ab. Die Gemeinde wollte nunmehr das ihm angebotene Bürgermeistergehalt auf die Dauer der Wahlperiode von der zu zahlenden Entschädigung in Abzug bringen.

Diese Vorteilsanrechnung ward höchstrichterlich verworfen, weil die Gemeinde dem Kläger nicht habe zumuten können, die an einem andern Orte inzwischen erworbene Stellung und Einnahmequelle — die angebotene Bürgermeisterstelle war nach Bedeutung und Gehalt nur als Nebenamt anzusehen — aufzugeben. Er würde also durch Annahme der, ihm noch dazu nur auf sechs Jahre gesicherten, Bürgermeisterstelle „einer unsicheren und prekären Lage preisgegeben sein“.

c) Dagegen behandelt ein Teil der oben § 24 unter Nr. 3 mitgeteilten Erkenntnisse die Vorteile, welche der Ersatzberechtigte durch Gebrauch des gekauften, in causa redhibitionis befindlichen Gegenstandes hätte machen können, den wirklich erzielten gleich. So in den Entscheidungen bei Seuffert XXVI Nr. 118, XXXII Nr. 121 (Entsch. des R.O.H.G. vom 9. Juni 1875), XLIX Nr. 244 und LII Nr. 229. Namentlich das R.O.H.G. in Entsch. Bd. III Nr. 20 und bei Seuffert a. a. O. stellt mit Entschiedenheit diejenigen Nutzungen gleich, „welche der Käufer wirklich gezogen“, und diejenigen, „welche er zu ziehen schuldhaft unterlassen hat.“ Nicht in Widerspruch damit steht die Entscheidung des O.A.G. Jena bei Seuffert XXXII Nr. 311, nach der sich der Verkäufer, dem der Käufer die Kaufsache „ohne allen Rechtsgrund“ zurückgebracht hat, und der nunmehr Ersatz der Fütterungskosten verlangt, nur den wirklich gezogenen Gebrauchsvorteil darauf muß anrechnen lassen, und nicht genötigt werden kann, die Sache im Interesse des Käufers wider seinen Willen zu benutzen. Denn da der Kauf durch den Annahmeverzug bezw. die einseitige Zurückgabe der Sache an den Verkäufer nicht aufgehoben wird, bleibt dieser noch immer zur Leistung der Sache verpflichtet, und man kann ihm nicht zumuten, durch Ingebrauchnahme der Sache die Möglichkeit jederzeitiger Herausgabe an den Käufer zu gefährden.

d) Die früher mitgeteilte Entscheidung des R.O.H.G. Bd. XXII Nr. 42 führt bez. des Deckungskaufes aus:

> „Es würde dem Kläger, solange er die Grundsätze von Treu und Glauben nicht verletzt, der Vorwurf, daß er billiger hätte kaufen können, vom Beklagten nur dann gemacht werden, wenn er aus grobem Versehen eine Gelegenheit, billiger zu kaufen, welche kein verständiger Mann unbeachtet gelassen haben würde, versäumt hätte.“

e) Mit Eichhoff (S. 240) läßt sich auch das Erkenntnis des O.L.G. Frankfurt vom 29. IX. 1891, Seuffert XLVIII Nr. 88 S. 140 fg., hier verwerten, indem dort ausgeführt wird, daß sich der Mieter eines Schanklokals auf seinen gegen den vertragsbrüchigen Vermieter angestrengten Ersatzanspruch für die während der fraglichen Zeit „mögliche und billigerweise zuzumutende anderweite

Erwerbsthätigkeit und deren Ertrag" einen angemessenen Betrag müsse in Ansatz bringen lassen.

f) Endlich hat das Reichsgericht (C.S. V vom 23. November 1898) Entsch. Bd. XLII Nr. 99 S. 398 ausgeführt:

Allerdings müsse bei Beurteilung des Minderwertes der Restparzelle auch die etwa durch die Enteignung geschaffene neue Verwertungsmöglichkeit beachtet werden, und man dürfe dabei dem Expropriaten auch zur Herstellung derselben gewisse positive Maßnahmen billigerweise zumuten.

Aber das sei nicht soweit zu erstrecken, daß man ihm etwa, wie es in dem fraglichen Fall zur Herstellung einer zweckentsprechenden Benutzung unerläßlich sein würde, die Errichtung nicht nur eines neuen Schuppens und Kontorgebäudes, sondern auch eines neuen Wohnhauses zumute.

> „Soweit darf man die Verpflichtung des Expropriaten zu Neubauten nicht ausdehnen; überschreiten letztere, wie das hier der Fall ist, die Grenze, die man billerweise ziehen muß, so muß auch anerkannt werden, daß das nach der Enteignung verbliebene Restgrundstück nach seiner bisherigen Bestimmung nicht mehr zweckmäßig benutzt werden kann."

Sonach neigt die Praxis unverkennbar dahin, wenigstens in gewissen extremen Fällen den wirklich erzielten die bei Anwendung der dem Beschädigten obliegenden Sorgfalt von ihm zu erzielenden Vorteile gleichzustellen.

Und das mit Fug und Recht! Kann es dem Geschädigten nach der herrschenden und zweifellos richtigen Lehre zugemutet werden, im Interesse der Abwendung oder Abminderung des Schadens gewisse positive Abwehrmaßregeln zu treffen, so muß das, wie Eichhoff S. 224 zutreffend bemerkt, folgerecht auch „von den zur Herbeiführung eines nachteilaufwiegenden Vorteils erforderlichen Maßnahmen gelten.[1]) Wenn man es für gerechtfertigt hält, daß die schädigende Thatsache den Geschädigten dort zu einem Handeln, zu einer Thätigkeit verpflichtet, weshalb nicht auch hier?"

---

[1]) S. die Entscheidung des O.L.G. Rostock vom 19. Juni 1889, Seuffert XLVII Nr. 184:

> „Den Maßstab für den Grad der von dem geschädigten Teil aufzuwendenden Diligenz bildet die das kontraktliche Verhältnis beherrschende

Es ist nicht meine Aufgabe, das gesamte sich hier eröffnende, meist nicht sehr passend mit dem Namen der „compensatio culpae“ bezeichnete Problem zu behandeln; das würd· allein ein ganzes Buch erheischen. Nur das muß behauptet werden, daß die allgemeine Lösung desselben auch für mein Thema verwertbar ist. Sind wir einmal zu dem Ergebnis gelangt, daß die das Schuld-, also auch das Schadensersatzrecht überall beherrschende bona fides vom Betroffenen erfordert, seinerseits wie zur Abwendung, so auch, wenn diese nicht vollauf möglich, wenigstens zur Verringerung des Schadens gewisse Schritte zu ergreifen, so sind ihm auch im entsprechenden Umfang Maßnahmen zur Erlangung und Vergrößerung des durch das schädigende Ereignis zugänglich gewordenen Vorteils zuzumuten. Ist die dem Geschädigten zu ersetzende Größe d (damnum) minus l (lucrum), so kommt es auf eins heraus, ob er den Minuendus d durch sein Benehmen schuldhaft vergrößert, oder den Subtrhendus l. verringert — das eine wie das andere würde die Ersatzpflicht des Schädigers in ungebührlicher Weise steigern, ein Ergebnis, zu dem die Rechtsordnung im Interesse von Treu und Glauben ihre Zustimmung nicht erteilen kann.

2. Das Gesagte gilt auch für das neue bürgerliche Recht. Eine die Frage unmittelbar entscheidende Bestimmung dürfen wir freilich nicht in einem Gesetzbuche erwarten, das dem Problem der Vorteilsanrechnung überhaupt keine besondere Regel widmet. Aber mit Fug wird man den § 254[1] auch hier anrufen können:

> „Hat bei der Entstehung des Schadens ein Verschulden des Beschädigten mitgewirkt, so hängt die Verpflichtung zum Ersatze sowie der Umfang des zu leistenden Ersatzes von den Umständen, insbesondere davon ab, inwieweit der Schaden von dem einen oder dem anderen Teile verursacht ist.“

---

bona fides, auf Grund deren der kontraktbrüchige Teil zwar nicht beanspruchen kann, daß sein Mitkontrahent alle im Bereich der Möglichkeit liegenden Anstrengungen und Aufwendungen mache, um den von dem Ersteren verursachten Schaden abzuwenden, welche aber doch den geschädigten Teil verpflichtet, seinerseits alles zu vermeiden, wodurch der Umfang des dem Gegner zur Last fallenden Schadens unnötig gesteigert wird, sowie zur Vermeidung des drohenden Schadens diejenigen Maßnahmen zu treffen, welche in gleicher Lage jeder verständige Mensch zur Abwehr jenes Schadens ergreifen würde.“

Zustimmend zu dieser Formel Eichhoff S. 224.

Schon der Wortlaut ergiebt, daß diese Bestimmung — deren teilweise schwierige Interpretation übrigens nur im Wege einer besonderen Untersuchung befriedigend unternommen werden kann — sich nicht nur auf das „Ob“, sondern auf das „Wiehoch“ des entstandenen Schadens bezieht. Dann muß man sie aber auch folgerecht auf den Fall eines vom Beschädigten schuldhaft hintertriebenen oder verringerten lucrum erstrecken; man gäbe ihm sonst gegen Sinn und Wortlaut der Satzung einen Freibrief dahin, den Umfang des ihm vom Gegner zu leistenden Betrages gegenüber einer normalen Gestaltung der Verhältnisse zu vergrößern.

Natürlich genügt nicht jedes den Vorteil hintanhaltende Benehmen des Ersatzberechtigten. Es kommt auch hier „auf die Umstände“ an, insbesondere auf das Größenverhältnis des beiderseitigen Verschuldens einerseits; auf die überwiegende Kausalität andererseits. Bedurfte es zur Erzielung des Vorteils noch fernliegender, kostspieliger oder in ihrem Ergebnis zweifelhafter Maßnahmen des Beschädigten, so wird ihre Unterlassung seinen Ersatzansprüchen in der Regel nicht entgegenstehen — das betont mit Recht die Entscheidung des O.L.G. Hamburg vom 1. XI. 1888, Hans. Ger.Z. 1889 Nr. 12 — während er sich andererseits solche Vorteile wohl immer muß anrechnen lassen, die er versäumt hat, obwohl er sie sozusagen mit den Händen hätte greifen können. So würde man in der That dem Werkmeister im Fall von § 642 zumuten können, sich in orts- und berufsüblicher Weise nach anderen Aufträgen für die freigewordene Zeit umzusehen.

In mehreren Fällen soll nach dem B.G.B. allerdings dem erworbenen Verdienst nur der zu erwerben böswillig unterlassene gleichgestellt werden (§§ 324, 615, 649). Aber wir sahen bereits in § 7, daß es sich dort nicht um Schadensersatz-, sondern um vertragsmäßige Leistungsansprüche handelte, bei denen eine beschränktere Anrechnungspflicht in der Natur der Dinge begründet ist. Im § 642, wo das Gesetz einen wahren Ersatzanspruch angenommen hat, ist demgegenüber beachtenswerter Weise nicht nur der wirkliche sondern auch der möglich gewesene Verdienst (was er „erwerben kann“) für anrechnungspflichtig erklärt.

Kapitel VII.

Prozessuales.

§ 33.

Über die prozessuale Behandlung der compensatio lucri cum damno herrscht, soweit man sich überhaupt mit der Frage beschäftigt, in der Litteratur und Judikatur im großen und ganzen Einklang der Meinungen.

a) Insbesondere wird überall anerkannt, daß das Nichtvorhandensein eines anrechenbaren Vorteils keinesfalls zu den vom Kläger zu behauptenden und zu beweisenden rechtsbegründenden Thatsachen gehöre. Allerdings war, wie das Erkenntnis des R.O.H.G. Bd. XXII Nr. 42 ergiebt, in den unteren Instanzen eine solche Auffassung bisweilen vertreten; in dem dort entschiedenen Fall nahm der Berufungsrichter an, der Kläger müsse zur Begründung seines Entschädigungsanspruches eine vollständige Berechnung aufstellen, aus der sich unter Gegenüberstellung der infolge des Verhaltens des Beklagten entstandenen schädigenden und nützlichen Einwirkungen auf sein Vermögen die schließliche, vom Beklagten zu erstattende, Differenz ergäbe.

Aber solche Anschauung ist von den höchsten Gerichtshöfen ständig zurückgewiesen worden. Mit Recht führt das R.O.H.G. a. a. O. aus, daß eine Pflicht zur Rechnungslegung dem Schadensersatzberechtigten dem Schädiger gegenüber nicht ohne weiteres obliege; es sei vielmehr Sache des die compensatio lucri cum damno geltend machenden Beklagten, eine „substantiierte Exception" zu erheben. Das sei zwar nicht „die Einrede einer eigentlichen Kompensation, d. h. die Aufrechnung einer Gegenforderung"; „es ist vielmehr die Anfechtung der Schadensberechnung des Klägers als materiell unvollständig und lückenhaft."

Denselben Standpunkt nimmt eine zweite Entscheidung des R.O.H.G. vom 27. IV. 1875, Bd. XXII Nr. 48, ein. Es heißt hier:

> „Der Einwand, der Klage mangle als Entschädigungsklage die nötige Substantiierung, erscheint grundlos; denn die Beschädigung ist durch die Thatsache, daß die Vertragsaufhebung dem Kläger den bedungenen Gehalt entzog, genügend begründet, und der Einwurf, der Schaden sei dadurch beseitigt, daß der Kläger sich anderweiten Erwerb verschafft habe, war von der Verklagten gleich einer Einrede zu substantiieren und zu erweisen."

Ebenso sagt eine dritte Entscheidung des Reichsoberhandelsgerichts vom 8. November 1878, Seuffert XXXIV Nr. 245:

> „Wenn es auch richtig ist, daß der durch Nichterfüllung eines Vertrages dem anderen Kontrahenten erwachsende Schaden durch eine Vergleichung des demselben hierdurch zugefügten Nachteils mit dem aus demselben Grunde erwachsenden Vorteil zu ermitteln ist, so genügt doch zur Begründung der Entschädigungsklage die Nachweisung des dem Entschädigungsberechtigten zugefügten Nachteils, und es ist Sache der Einrede des Entschädigungspflichtigen, darzulegen, daß dem ersteren außer dem Nachteil auch ein damit zu kompensierender Vorteil aus der Nichterfüllung des Vertrages von seiten des letzteren erwachsen ist."

Ähnlich ist der Standpunkt des Preußischen Obertribunals, Erkenntn. vom 3. April 1873 bei Striethorst Bd. 89 S. 22. Ist der zu Handlungen Bestellte grundlos entlassen (Landrecht I, 11 §§ 877/8), so kann er als Ersatz grundsätzlich das volle Honorar fordern, und es ist Sache des Beklagten, eine Verminderung des Schadens durch vom Kläger gemachte Ersparnisse und anderweiten Gewinn darzulegen und zu erweisen.

Auch das Reichsgericht stellt sich, unter Verwertung der angeführten Erkenntnisse des R.O.H.G., auf denselben Standpunkt, C.S. III vom 22. November 1879, Seuffert XXXV Nr. 256. Bei einer Klage auf Bezahlung für eine übertragene, aber vom Beklagten verhinderte Dienstleistung läßt es dahingestellt, ob darin ein Erfüllungs- oder ein Ersatzanspruch zu finden sei; nehme man letzteres an, so stelle sich die Berücksichtigung des anderweiten Erwerbs als eine Anwendung des Grundsatzes dar, daß, wenn Schaden und Vorteil durch einen und denselben Umstand verursacht sind, als Schaden nur das zu ersetzen ist, was nach Abzug des Vorteils übrig bleibt; in einem solchen Fall aber genügt . . . zur Begründung der Entschädigungsklage die Darlegung des Schadens, welchen Kläger erlitten hat, wogegen

> „es Sache des Beklagten ist, darzulegen, daß und in welchem Betrage Kläger einen von seinem Schaden in Abzug zu bringenden Gewinn gemacht habe."

Ebenso A.G.R. Dresden vom 29. März 1878 bei Seuffert XXXVI Nr. 28.

Zweifellos haben diese im wesentlichen übereinstimmenden Entscheidungen das Richtige getroffen.

Wenn auch der Ersatzanspruch sich wegen des das Interesse mindernden lucrum ohne weiteres um soviel ermäßigt, und wenn auch im allgemeinen der Beschädigte den Betrag seines Gesamtschadens zu erweisen hat, so gestaltet sich doch prozessualisch die Berufung auf das konkurrierende lucrum in der Regel als ein Einwand des Schädigers, für den er beweispflichtig ist. Denn wenn der Kläger die Momente behauptet und erwiesen hat, aus denen sich für ihn ein Schaden bestimmter Höhe ergiebt, so hat er das Seine gethan; soll durch daneben auftretende andere Momente demgegenüber ein lucrum erzielt sein und dadurch der Ersatzanspruch des Klägers gemindert werden, so hat die Geltendmachung dieser selbständigen Thatsachen vom Beklagten auszugehen.

b) Damit ist natürlich nicht gesagt, daß wir es bei der Berufung auf compensatio lucri mit einer wahren Einrede (exceptio) in dem vom B.G.B. endgültig festgelegten engeren Sinne des Wortes zu thun haben. Wenn schon die Berufung auf eine wahre Aufrechnung, bei der doch wenigstens anfänglich zwei verschiedene Forderungen einander gegenüberstanden und erst durch die Aufrechnungserklärung zur Tilgung gebracht sind, derzeit keine wahre Einrede im engeren Sinne mehr darstellt, so kann bei der compensatio lucri cum damno davon erst recht keine Rede sein. Der Beschädiger hat auf Erstattung der durch sein Thun dem Betroffenen uno actu zugefügten Vorteile niemals einen selbständigen Anspruch gehabt; nur als Subtrahendus zur Verringerung des von ihm dem Gegner zu leistenden Ersatzes kommen diese Vorteile in Frage. [1])

Es bleibt somit nur noch zweifelhaft, ob man es bei der „Einwendung", als welche sich das Begehren nach Vorteilsanrechnung im Sprachgebrauch des neuen Rechts darstellt, mit einer rechtshindernden oder einer rechtsvernichtenden Thatsache zu thun hat. Ich habe mich in meinem Aufsatz S. 31 für das letztere entschieden und nur um deswillen, weil das lucrum den Ersatzanspruch in der Regel nicht ganz beseitigt, statt „rechtsvernichtend" den Ausdruck „rechtsmindernd" eingesetzt. Dagegen spricht Eichhoff S. 122 fg., 153 von einer rechtshindernden Thatsache.

Seine Auffassung kann aber zum mindesten nicht unterschiedslos als zutreffend erachtet werden. Wir sahen schon oben, daß es für die Kausalität im Sinne des Schadensersatzrechtes nicht erfordert

---

[1]) Anders freilich Walsmann S. 50/3.

werde, weder daß der zu erstattende Schaden, noch daß der anzurechnende Vorteil unmittelbar durch das als Ursache zu prädicierende Ereignis herbeigeführt sei. Soweit aber nur eine mittelbare Verursachung vorliegt, kann auf der einen Seite der Schaden und damit die Schadensersatzpflicht schon eingetreten sein, während andererseits der Vorteil und damit die auf ihn sich stützende Einwendung gegen den Ersatzanspruch noch nicht zur Existenz gelangt ist. Es geht unmöglich an, den Ersatzanspruch um deswillen noch nicht für bestehend, oder etwa als noch in der Schwebe befindlich zu bezeichnen, weil möglicherweise aus dem die Verantwortlichkeit begründenden Ereignis nachträglich auch ein Vorteil entstehen kann. Tritt dieser somit später als der Nachteil ein, so findet er einen Schadensersatzanspruch bereits vor, kann also seine Entstehung nicht verhindern bezw. verkümmern, sondern nur auf den vorhandenen mindernd einwirken.

Anders in den Fällen, wo entweder damnum und lucrum gleichzeitig eintraten (z. B. beim unberechtigten Fällen eines fremden Baumes), oder gar das lucrum — etwa als unmittelbare Folge des verantwortlich machenden Ereignisses — der Entstehung des dadurch nur mittelbar hervorgerufenen damnum zeitlich vorausging. Hier kommt ein Ersatzanspruch von vornherein nur in Höhe der Differenz zwischen damnum und lucrum zur Entstehung.

c) Das bisher Gesagte bezog sich nur auf den normalen Fall der eigentlichen Vorteilsanrechnung. Eine Ausgleichung der lucra im Wege der Herausgabe oder Anspruchsabtretung dagegen kann sich naturgemäß nie innerhalb des dadurch zu mindernden klägerischen Anspruches vollziehen, sondern immer erst auf Initiative des Beklagten. Die prozessuale Verwirklichung dieser Gerechtsame vollzieht sich normalerweise in Form des Zurückbehaltungsrechtes nach § 273, also einer wahren Einrede. Von einer Geltendmachung von Amtswegen kann hier, im Gegensatz zur eigentlichen „Vorteilsanrechnung“, keine Rede sein.

---

§ 34. Nachträgliche Entstehung des Vorteils.

Die zuletzt angestellten Erwägungen wiesen auf die Möglichkeit hin, daß der anzurechnende Vorteil erst später als der Nachteil sich aus der die gemeinschaftliche mittelbare oder unmittelbare Ursache beider bildenden Thatsache entwickelt hat. Das macht keine sonderliche Schwierigkeit, wenn der Schaden noch nicht ersetzt ist. Wie aber, wenn der Beschädiger, etwa in Unkenntnis der dem Verletzten noch bevorstehenden Vorteile, bereits einen vollen Schadensersatz ohne Abzug geleistet hat? Oder wenn die Schadensersatzpflicht ohne Rücksicht auf den — noch nicht eingetretenen — Vorteil schon rechtskräftig festgestellt ward?

1. Der ersterwähnte Fall regelt sich einfach. Hatte der Ersatzpflichtige in Unkenntnis des eingetretenen, seine Pflicht um den entsprechenden Betrag mindernden Vorteils gezahlt, so war diese Zahlung offenbar insoweit indebite geschehen, was den Ersatzpflichtigen nach Maßgabe der allgemeinen Bestimmungen, also insbesondere unter Voraussetzung seiner Unkenntnis von dem Anrechnungsposten, zur condictio indebiti berechtigt.

War der Vorteil zur Zeit der Zahlung aber noch nicht entstanden, so lag damals ein wahres debitum vor, sodaß eine cond. indebiti nicht in Frage stehen kann. Tritt aber der anzurechnende Vorteil nachträglich ein, so fällt die causa (c. solvendi) der geschehenen Leistung fürderhin fort; diese erscheint somit ex post facto als sine causa vollzogen und kann nach bekannten Grundsätzen mit einer cond. ob causam finitam zurückgefordert werden. [1])

Sollte dieses aus allgemeinen Gründen zu gewinnende Ergebnis noch einer quellenmäßigen Begründung bedürfen, so bietet uns eine solche die bekannte l. 2 D. de cond. sine causa XII, 7, Ulpianus libro trigensimo secundo ad edictum:

> „Si fullo vestimenta lavanda conduxerit, deinde amissis eis domino pretium ex locato conventus praestiterit posteaque dominus invenerit vestimenta, qua actione debeat consequi pretium quod dedit? et ait Cassius eum non solum ex conducto agere, verum condicere domino posse: ego puto ex conducto omnimodo eum habere actionem: an autem et condicere possit, quaesitum est, quia non indebitum dedit; nisi forte quasi sine causa datum sic putamus condici posse: etenim vestimentis inventis quasi sine causa datum videtur.“ [2])

---

[1]) Nicht mit der cond. indebiti, wie Eichhoff S. 131 annimmt; denn solange noch kein Vorteil eingetreten war, konnte von einem indebitum nicht die Rede sein.

[2]) Auch die l. 2 § 7 D. de lege Rhodia XIV, 2 dürfte in gleichem Sinne verwendbar sein, wenn dort auch nicht von einer condictio, sondern nur von der — in l. 2 cit. gleichfalls an erster Stelle erwähnten — Vertragsklage als Mittel zur Rückerlangung die Rede ist.

Eine gewisse Differenz zwischen der Stelle und unserem Falle liegt darin, daß dort das damnum infolge Wiederfindens der Kleider nachträglich direkt aufgehoben ward, während wir es mit der nachträglichen Entstehung eines auf dasselbe anzurechnenden lucrum zu thun haben. Aber dieser Unterschied kann offenbar, als nur äußerlich und formell, auf die zu treffende Entscheidung nicht den geringsten Einfluß ausüben.

Das Gesagte gilt auch für das neue deutsche Reichsrecht. Denn wie die condictio sine causa, ist auch deren bisher als cond. ob causam finitam bezeichneter Sonderfall dort ausdrücklich anerkannt worden; heißt es doch in § 812:

> „Diese Verpflichtung (d. h. zur Herausgabe des Erlangten) besteht auch dann, wenn der rechtliche Grund später wegfällt.“

Da sich das nach Satz 1 auch, ja ganz besonders, auf den Fall bezieht, wenn die Erlangung speziell durch die Leistung des Kondizenten vermittelt ist, so kann die Statthaftigkeit der Bereicherungsklage in unserem Fall keinerlei Bedenken unterliegen. Das läßt sich auch aus § 820 Abs. 1 entnehmen:

> „War mit der Leistung ein Erfolg bezweckt, dessen Eintritt nach dem Inhalte des Rechtsgeschäfts als ungewiß angesehen wurde, so ist der Empfänger, falls der Erfolg nicht eintritt, zur Herausgabe so verpflichtet, wie wenn der Anspruch auf Herausgabe zur Zeit des Empfanges rechtshängig geworden wäre. Das Gleiche gilt, wenn die Leistung aus einem Rechtsgrunde, dessen Wegfall nach dem Inhalte des Rechtsgeschäfts als möglich angesehen wurde, erfolgt ist und der Rechtsgrund wegfällt.“

Daraus ergiebt sich für unseren Fall, daß selbst eine in Erwartung des künftigen Eintrittes eines anzurechnenden Vorteils gemachte Leistung die Rückforderung nicht ausschließt; ja, trat der Rechtsgrund als ein möglicherweise wegfallender bei der Leistung hervor, oder wurde dabei, was dasselbe ist, das lucrum als ein möglicherweise eintretendes in Rücksicht gezogen, so verschärft sich sogar die dem Empfänger bei Eintritt des fraglichen Umstandes obliegende Rückerstattungspflicht.

Natürlich kann die Leistung auch geradezu unter einem entsprechenden Vorbehalt gemacht werden.

2. Zur Beantwortung der zweiten Frage bietet uns die Civilprozeßordnung in § 323 der neuen Fassung in Anlehnung an die

frühere Bestimmung des Reichshaftpflichtgesetzes vom 7. VI. 1871, § 7 Abs. 2, wenigstens für den Fall einen sicheren Anhalt, wenn der Schadensersatz nach dem Urteil in Rentenform zu zahlen ist, d. h. für den nach §§ 843/4 beim Schadensersatz wegen Körperverletzung und Tötung normalen Fall:

> „Tritt im Falle der Verurteilung zu künftig fällig werdenden wiederkehrenden Leistungen eine wesentliche Änderung derjenigen Verhältnisse ein, welche für die Verurteilung zur Entrichtung der Leistungen, für die Bestimmung der Höhe der Leistungen oder der Dauer ihrer Entrichtung maßgebend waren, so ist jeder Teil berechtigt, im Wege der Klage eine entsprechende Abänderung des Urteils zu verlangen.
>
> Die Klage ist nur insoweit zulässig, als die Gründe, auf welche sie gestützt wird, erst nach dem Schlusse der mündlichen Verhandlung, in der eine Erweiterung des Klagantrags oder die Geltendmachung von Einwendungen spätestens hätte erfolgen müssen, entstanden sind und durch Einspruch nicht mehr geltend gemacht werden können.
>
> Die Abänderung des Urteils darf nur für die Zeit nach Erhebung der Klage erfolgen."

Daß man in der nachträglichen Entstehung eines das Interesse des Geschädigten mindernden Vorteils, der auf das die Verantwortlichkeit des Ersatzpflichtigen begründende Ereignis als seine mittelbare Ursache zurückzuführen ist, eine wesentliche Änderung der für die Höhe der jenem zugebilligten Rente maßgebenden Verhältnisse zu erblicken hat oder doch je nach Lage des Falles erblicken kann, bedarf keiner weiteren Erörterung. Lag auch die Ursache der Vorteile weiter zurück als das zu ändernde Urteil, so erlangte sie ihre Eigenschaft als Ursache derselben, und damit ihre Bedeutung für die Abänderung des zu leistenden Ersatzes, doch erst durch den dem Urteil nachfolgenden wirklichen Eintritt der Folgen.

Eben so wenig wäre ein näheres Eingehen auf die Umwandlungsklage im allgemeinen an dieser Stelle notwendig oder auch nur angebracht.

Zweifelhafter liegt die Sache, wenn das Urteil dem Ersatzpflichtigen eine einmalige Kapitalleistung auferlegt hatte, und späterhin der Vorteil eintritt.

Daß die Römer auch hier auf Grund der geänderten Verhältnisse eine wiederholte gerichtliche Untersuchung zuließen, ergiebt die citierte l. 2 D. XII, 7. Denn auch, wenn der fullo auf Grund einer Verurteilung den Ersatz geleistet hat („si ex locato conventus praestiterit", was nicht nur auf die erhobene Klage, sondern auf ein vorausgegangenes Urteil hinweist), soll er „inventis vestimentis" das Geleistete zurückfordern können.

Das ist durchaus folgerecht, da andererseits der Beschädigte wegen einer die Höhe des Schadens nachträglich vergrößernden Änderung der Verhältnisse von neuem zu klagen berechtigt ist, ll. 46—47. D. ad legem Aquiliam IX, 2 (l. 46: „si vulnerato servo lege Aquilia actum sit, postea mortuo ex eo vulnere agi lege Aquilia nihilo minus potest").

Auch für das heutige Recht muß man dasselbe Ergebnis verteidigen. Aus dem Wesen der Rechtskraft kann man keinerlei Bedenken herleiten. Freilich aus denselben Thatsachen, die schon bei der früheren Entscheidung zu Grunde gelegt worden sind oder doch werden konnten, darf weder der damalige Kläger eine Nachforderung,[1]) noch der Beklagte eine Zurückforderung herleiten — sie sind in ihrer Verwendbarkeit für beide Teile durch die rechtskräftige Entscheidung aufgebraucht. Anders aber, wenn neue Thatsachen hinzugetreten sind, mögen sie auch ihrerseits sich wieder als Folgen bereits früher vorhandener darstellen. Stirbt der verwundete Sklave nach dem früheren, seinem Herrn wegen der Verwundung einen Ersatz zusprechenden Urteil, so muß dem Herrn eine Nachforderung wegen des hinzugekommenen weiteren Schadens unbedingt gestattet werden.

Denn war auch die frühere Verletzung des Sklaven (mittelbare) Ursache des Todes, so konnte sie doch nicht eher als solche erachtet und verwertet werden, als bis der Eintritt der Folge erwies, daß sie eine solche weittragende Bedeutung hatte. Der Richter im früheren Prozeß konnte also auf sie in ihrer erst jetzt entstandenen oder doch erkennbar gewordenen Bedeutung noch gar keine Rücksicht nehmen. Wollte man trotzdem dem Beschädigten eine neuerliche Geltendmachung seiner erst jetzt entstandenen Ansprüche verwehren, so bedeutete das nicht mehr und nicht minder als eine brutale Rechtsverweigerung.

Hat aber somit jedes einen Schadensersatz zusprechende Urteil

---

[1]) Anders nur dann, wenn er im früheren Prozeß nachweislich nur einen Teil des erwachsenen Gesamtschadens geltend gemacht hatte. „Denn der Kläger war durch keine Gesetzesvorschrift genötigt, seinen gesamten Schaden gleichzeitig in demselben Prozesse einzufordern", Worte des Reichsgerichts in der Entscheidung vom 7. Oktober 1895, Seuffert Bd. LII Nr. 4 S. 6.

zu Gunsten des Klägers einen „provisorischen Charakter", so muß billigerweise dasselbe auch zu Gunsten des Beklagten gelten. Andernfalls würde ihn der Beschädigte, der möglichst schnell nach Entstehung des Schadens seine Ansprüche erhebt, um sein gutes Recht der Vorteilsanrechnung bringen können, falls die Vorteile sich erst zufällig nach dem ergehenden Urteil aus dem verantwortlich machenden Umstande ergeben. Das kann eine vernünftige Rechtsordnung unmöglich beabsichtigt haben, und wir müssen solche Annahme, zu der uns keine gesetzliche Bestimmung nötigt, durchaus verwerfen. Auch bedarf es dabei keines — allerdings vorkommenden und als zweckmäßig zu empfehlenden (s. Erkenntnis des O.L.G. Braunschweig bei Seuffert XLVI Nr. 256 S. 403) — besonderen Vorbehaltes im Urteile; schon deshalb nicht, weil sich die künftige Entstehung der Vorteile nicht immer bereits als möglich und naheliegend erkennen läßt.[1])

[1]) Übereinstimmend die ausführlichen Erörterungen von Eichhoff S. 133 fg. Das hier berührte wichtige Problem verdient eine ausgiebigere Darstellung, als sie an dieser Stelle, wenn nicht die Abhandlung ungebührlich anschwellen soll, möglich ist.

Zweiter Teil.

Die Abtretungspflicht der Ansprüche aus § 255 B.G.B.

Kapitel I.

Römisches Recht.

§ 35. a) Allgemeines.

Auf Grund der unten einzeln aufzuführenden Pandektenstellen wird in der gemeinrechtlichen Litteratur — s. z. B. v. Vangerow III § 574 Anm. 4 Nr. 4 — der Satz aufgestellt:

„Wer jemandem zum Schadensersatze wegen abhanden gekommener oder beschädigter Sachen verpflichtet ist, kann die Abtretung der diese Sache betreffenden Klagen verlangen."

Fr. Mommsen in seiner Schrift: „Erörterungen über die Regel: commodum eius esse debet, cuius periculum est", 1859, S. 59 fg. erkennt diesen Satz, als einen Anwendungsfall der in der Überschrift seines Buches genannten Regel, gleichfalls an; er warnt aber vor dem nach der Regel commodum eius esse debet u. s. w. naheliegenden Mißverständnis, als ob „der Schuldner, der in Ansehung des Delikts die Gefahr trägt, die Cession dieser (d. h. der dem Gläubiger als Eigentümer zustehenden) Klagen von dem Gläubiger verlangen könne." Das sei um deswillen unrichtig, weil nichts den Gläubiger nötige, die Entschädigung vom Schuldner einzufordern. Es stehe ihm völlig frei, dies zu unterlassen und statt dessen gegen den Dritten zu klagen.

Nur insofern finde die Regel im erwähnten Falle „vollständige Anerkennung",

„als der Gläubiger, wenn er seinen Entschädigungsanspruch gegen den Schuldner geltend macht, dann auch genötigt ist, ihm die Klagen zu cedieren."

Unter den hierher gehörigen Stellen wird man nach dem Vorgang von A. Schmid[2]) zwischen den auf dingliche und den auf per-

[2]) A. Schmid, Die Grundlehren der Cession, Teil I, 1866, S. 259 fg.

sönliche Klagen gerichteten scheiden müssen. Freilich zählen auch die ersteren in die Lehre vom Schadensersatz. Denn an Abtretung einer Klage gegen Dritte in Ansehung der Sache seitens des Vindikanten an den Beklagten ist offenbar normalerweise nur dann zu denken, wenn sich die Sache in der Hand eines Dritten befindet. Soweit alsdann die Vindikation gegen den Beklagten durchgreift, handelt es sich dabei in Wahrheit — die Voraussetzungen sind hier nicht zu erörtern — um einen Schadensersatzanspruch, der nur in der äußeren Gestalt der Vindikation geltend gemacht wird.

§ 36. b) Bei dinglichen Klagen.

1. In l. 21 D. de rei vindic. VI, 1 läßt Paulus denjenigen, der einen in seinem gutgläubigen Besitz befindlichen fremden Sklaven entwischen läßt, unter der Voraussetzung haften, daß der Sklave „talis fuerit, ut et custodiri debuerit". War er „integrae opinionis" und daher nicht bewachungspflichtig, so trifft den Besitzer deswegen keine Verantwortlichkeit.

„si vero custodiendus fuit, etiam ipsius nomine damnari debebit, ut tamen, si usu eum non cepit, actor ei actionibus suis cedat."

2. In l. 63 D. t. c. VI, 1 führt Papinian aus:

„Si culpa, non fraude quis possessionem amiserit, quoniam pati debet aestimationem, audiendus erit a iudice, si desideret, ut adversarius actione sua cedat: cum tamen praetor auxilium quandoque laturus sit quolibet alio possidente, nulla captione adficietur. ipso quoque, qui litis aestimationem perceperit, possidente debet adiuvari: nec facile audiendus erit ille, si velit postea pecuniam quam ex sententia iudicis periculo iudicati recepit, restituere."

Also auch hier wird der schuldhaft den Besitz der fremden Sache Verlierende für zur Zahlung der litis aestimatio, d. h. zum Schadensersatz, verpflichtet erklärt. Aber er soll Anspruch auf Abtretung der dem Kläger gegen Dritte in Ansehung der Sache zustehenden Klagen haben.

Jedoch knüpft Papinian diese Abtretungspflicht deutlich an die Voraussetzung, daß der Beklagte den Besitz „non fraude" verloren hat; der „dolo desiens possidere", so folgt a contrario aus der Stelle, kann die Abtretung nicht fordern.

Andererseits geht Papinian zu Gunsten des nicht dolosen Besitzverlierers weiter. Denn man wird mit Schmid (a. a. O. S. 10, 261) die Worte von „cum tamen“ an so verstehen müssen, daß der Jurist ihm „auch ohne Cession, als ob cediert wäre, prätorische Hilfe gegen den dritten Besitzer durch eine, nötigenfalls extra ordinem zu verhandelnde, utilis in rem actio verheißt“. Dieses Rechtsmittel soll sich nach dem zweiten Satz sogar gegen den wieder in den Besitz der Sache gelangten Eigentümer selbst richten, und sogar durch das Angebot einer Rückerstattung der Litisästimationssumme soll sich der Eigentümer nicht befreien können (nec facile audiendus erit). Das begründet Papinian damit, daß der iudicatus ja auch mit seiner Ersatzleistung die Gefahr des Ergebnisses der Angelegenheit getragen habe.

3. l. 69 D. t. c., Paulus libro tertio decimo ad Sabinum:

„Is qui dolo fecit quo minus possideret hoc quoque nomine punitur, quod actor cavere ei non debet actiones, quas eius rei nomine habeat, se ei praestaturum.“

Aus dieser Stelle erfahren wir einmal, in Bestätigung des aus l. 63 cit. Entnommenen, daß der, qui dolo desiit possidere, auf die Abtretung der Klagen keinen Anspruch hat.

Zum andern redet Paulus nicht von einer eigentlichen, gegenwärtigen Klagenabtretung, sondern nur von einer vom Kläger auf demnächstige Abtretung zu stellenden Kaution. Was es damit für eine Bewandtnis habe, ist unschwer einzusehen. Nicht nur kommen als mögliche Objekte der Abtretung eine Reihe verschiedener Klagen in Betracht, von denen zur Zeit des Prozesses zwischen dem Eigentümer und Besitzverlierer noch nicht immer feststeht, welche dem letzteren zur Erlangung der Sache gerade nötig ist (Schmid a. a. O.), sondern häufig ist noch nicht sicher, ob überhaupt eine Klage und gegen wen sie begründet sein wird. Ja, vielleicht kommt eine Klage erst im weiteren Verlauf der Angelegenheit zur Entstehung. — der dem Besitzer entlaufene Sklave treibt sich etwa noch wochenlang herum und gelangt dann erst in den Besitz eines Dritten. Eine noch gar nicht vorhandene oder in ihrer passiven Zuständigkeit noch nicht feststehende Eigentumsklage ist natürlich nicht wohl abtretbar; es wäre aber andererseits unbillig, den Beklagten darum für alle Zeiten um den mit der Litisästimationssumme erkauften Vorteil zu bringen. Somit dient hier die vom Kläger zu bestellende cautio als Surrogat der noch nicht möglichen Abtretung der Klage.

4. An vierter Stelle ist mit Schmid die l. 70 D. h. t., Pomponius libro vicensimo nono ad Sabinum, zu erwähnen:

„Nec quasi Publicianam quidem actionem ei dandam placuit, ne in potestate cuiusque sit per rapinam ab invito domino rem iusto pretio comparare."

Offenbar hat sich das Fragment im ursprünglichen Zusammenhang auf den dolo desiens possidere bezogen; ihm soll nicht die „quasi Publiciana" zustehen. Mit dieser ist sicher nicht die zu cedierende Klage des Klägers gemeint, denn daß sich Pomponius nicht einen bloß publizianisch Berechtigten als Kläger vorgestellt hat, geht aus den vom „dominus" redenden Schlußworten hervor; auch würde auf solchen Fall die Bezeichnung „quasi Publiciana" noch immer nicht passen. Es bleibt also nichts übrig, als mit Schmid den Basilikenscholien folgend in der quasi Publiciana das Rechtsmittel zu erblicken, das nach l. 63 cit. dem Vindikationsbeklagten auch ohne stattgehabte Klagabtretung auf Grund seiner Litisästimationszahlung gegen den dritten Besitzer der Sache gegeben wird. Dieser Ausdruck ist dafür auch durchaus passend: denn Eigentum kann der Beamte jenem nicht verschaffen, also auch keine Vindikation.[1])

Einer direkten Zuständigkeit der Publiciana andererseits steht das Bedenken entgegen, daß diese sich nach dem Edikt nur auf Kauf (qui bona fide emit) und Tradition, jedenfalls nur auf rechtsgeschäftlichen Erwerb, bezog, an dem es hier fehlt. Da aber andererseits die Zahlung der Litisästimationssumme mit dem Kaufe verglichen wird, liegt es um so näher, das in unserem Fall zu gewährende Rechtsmittel mit dem Namen einer quasi Publiciana zu bezeichnen.

Späterhin hat man anscheinend den Unterschied des Rechtsmittels gegenüber der echten Publiciana nicht mehr streng festgehalten; Ulpian, der überhaupt mit Vorliebe die litis aestimatio mit dem Kauf ver-

[1]) Dagegen kann auch nicht l. 46 D. h. t. angeführt werden: denn, wie l. 47 das. einschränkend bemerkt, geht nur dann durch die Zahlung der litis aestimatio das Eigentum über, „si res praesens sit", was hier, wo sich die Sache bei einem dritten Herausgabepflichtigen befindet, nicht zutrifft. In solchen Fällen kann der Kläger seine Vindikation cedieren oder Kaution stellen (so auch l. 47 cit.); kommt es dazu nicht, so bleibt nur unser Rechtsmittel, die qu. P., übrig.

gleicht (s. auch l. 3 D. pro emtore XLI, 4), sagt in l. 7 § 1 D. de Publiciana VI, 2 geradezu:

„Si lis fuerit aestimata, similis est venditioni: et ait Julianus libro vicensimo secundo digestorum, si optulit reus aestimationem litis, Publicianam competere."

Daß schon Julian in diesem Fall eine gewöhnliche Publiciana angenommen habe, ist mir trotz Ulpians Citat äußerst zweifelhaft.

Um auf unsere l. 70 zurückzukommen, so ist darin von einem Anspruch auf Klagabtretung keine Rede. Man wird aber a fortiori annehmen dürfen, daß Pomponius, wenn er dem Vindikationsbeklagten sogar ohne vollzogene Abtretung eine Klage gegen den dritten Besitzer gewährt, ihm erst recht das minder radikale beneficium cedendarum actionum nicht vorenthalten haben kann. Und daß er auch dieses nur für die Fälle einer nicht dolosen Besitzaufgabe anerkannt haben wird, dürfen wir nach Analogie der in l. 70 cit. enthaltenen Beschränkung wohl mit Bestimmtheit annehmen.

Ähnliche Grundsätze, wie wir sie bisher hinsichtlich der Eigentumsklage kennen lernten, gelten für die anderen dinglichen Klagen, insbesondere die actio hypothecaria und die hereditatis petitio, s. dazu Schmid S. 263/5. Ein näheres Eingehen darauf scheint mir an dieser Stelle unnötig.

---

§ 37. c) Bei persönlichen Klagen.

Wichtiger sind für mein Thema die persönlichen Klagen. Auf sie beziehen sich folgende Stellen:

1. Die meistgenannte ist die l. 12 D. de re iudicata XLII, 1, Marcellus libro quarto Digestorum:

„In depositi vel commodati iudicio, quamquam dolo adversarii res absit, condemnato succurri solet, ut ei actionibus suis dominus cedat."

Haftet der Kommodatar oder Depositar auf Schadensersatz wegen Verlustes der ihm anvertrauten Sachen, so kann er vom Eigentümer verlangen, daß dieser ihm seine Ansprüche abtrete. Dies offenbar in Form einer exceptio, und zwar nicht nur der ursprünglichen Klage, sondern auch noch der actio iudicati gegenüber. Das ergiebt deutlich unsere Stelle — sie steht nicht nur im Titel „de re iudicata", sondern weist ausdrücklich auf einen dem condemnatus zu gewährenden Schutz hin.

Während die l. 12 im allgemeinen mit dem oben betreffs der dinglichen Klagen Festgestellten im Einklang steht, erhebt sich doch ein Bedenken: Das Recht auf cessio actionis wird dem Vindikationsbeklagten, qui dolo desiit possidere, mehrfach mit Entschiedenheit abgesprochen, dagegen dem mit der Kontraktsklage belangten Schuldner selbst dann zugebilligt, wenn dolo eius res absit.

Über den Grund dieser vielbemerkten [1]) Verschiedenheit ausführlich zu handeln, ist hier nicht der Ort. Sicher haben wir es nicht mit einer Meinungsverschiedenheit der Juristen zu thun, sondern mit einer in der Natur der Vindikation einer-, der persönlichen Klagen andererseits beruhenden sachlichen Verschiedenheit, wie eine solche auch in einem anderen Punkte alsbald zu Tage treten wird. Das Recht der litis aestimatio und ficta possessio weist eben Eigentümlichkeiten auf, die sich auf andere Klagen nicht ohne weiteres übertragen lassen. Die Haftung des fictus possessor bei der Eigentumsklage ist als Sonderrecht eingeführt, weil ohnedies der Eigentümer durch arglistiges Benehmen leicht gefährdet würde; sie wird nach den Quellen geradezu als eine Strafe bezeichnet, l. 69 cit.: „punitur". Hier besondere Milde walten zu lassen, wäre wenig angebracht. Dagegen der persönliche Schuldner bleibt von vornherein trotz seiner „dolosen Besitzentäußerung der Kontraktsklage nichtsdestoweniger unterworfen" Schmid a. a. O. S. 265; bei seiner Haftung ist nicht der Gedanke einer besonders auferlegten Strafe, sondern einer sich aus allgemeinen Gesichtspunkten ergebenden, darum aber auch nach Maßgabe solcher beschränkten Interessehaftung bestimmend. Hat nun der Beklagte dem Kläger das gesamte Interesse geleistet, so ist dieser nicht mehr an dem verlorenen Gegenstand interessiert; würde er ihn vom dritten Besitzer noch herausverlangen können, so hätte er dem Endergebnis nach auf Kosten des Gegenkontrahenten einen Gewinn gemacht. Das würde den Erfolg einer mit der Natur des bonae fidei negotium unverträglichen Privatstrafe haben.

Indem das Aushilfsmittel der cessio actionis eine solche hintanhält, gewinnt der in l. 12 ausgesprochene Satz seine allgemeine Bedeutung auch im Rahmen meines Themas; ihm ist mit der Zulassung der compensatio lucri cum damno wie mit derjenigen der condictio ob causam finitam der l. 2 D. XII, 7 (oben § 34) das Ziel gemeinsam, eine Belastung des Schadensersatzpflichtigen über das

[1]) S. Schmid a. a. O., Wetzell, Vindikationsprozeß S. 224 fg. und dort Citierte.

durch des Klägers wirkliches Interesse erforderte Maß hinaus zu verhindern. Und wie im Fall der comp. lucri keine Ausnahme zu Ungunsten des dolosen Schädigers nachweislich ist, so soll auch das ben. cedendarum actionum nach unserer l. 12 selbst ihm zu Gute kommen.

2. l. 25 § 8 D. locati XIX, 2 Gaius libro decimo ad edictum provinciale:

> „Si fullo aut sarcinator vestimenta perdiderit eoque nomine domino satisfecerit, necesse est domino vindicationem eorum et condictionem cedere."

Diese Stelle ergiebt für unsere Zwecke dreierlei:

a) Auch wenn der nachlässige Schuldner zum Schadensersatz verurteilt ist und bereits geleistet hat, ist ihm der Gläubiger zur Abtretung seiner Klagen verpflichtet. Das Recht auf die cessio kann also nicht nur im Wege der Einrede, sondern auch mittels Klage geltend gemacht werden, falls die Einrede nicht vorgeschützt worden war.

Welche Klage dem Schuldner dazu diene, sagt Gaius in l. 25 cit. nicht; es ist aber zweifellos, daß er an die Kontraktsklagen, also im vorliegenden Fall die actio conducti, gedacht hat. Das erfahren wir, falls es noch eines Beweises bedürfte, aus der l. 2 D. XII, 7, oben S. 251. Denn sie erklärt es für zweifellos („omnimodo"), daß der fullo den dem Eigentümer geleisteten Schadensersatz, nachdem die verlorenen Kleider wiedergefunden sind, mit der Kontraktsklage zurückfordern kann. Dient aber diese zur Rückerlangung des Geleisteten, so wird sie zum Zwecke der nachträglich begehrten cessio actionis nicht minder tauglich sein.

b) Das Fragment beweist ferner, daß die Abtretungspflicht nicht auf die Eigentumsklage beschränkt ist, sondern auch die dem Herrn gegen einem Dritten zustehende „condictio" also eine persönliche Klage, umfaßt. Daß damit freilich nicht jedwede condictio, sondern nur die cond. furtiva gemeint sei, ergiebt sich daraus, daß der Cedent noch als „dominus" und als Träger einer neben der condictio abzutretenden „vindicatio" bezeichnet wird.

c) Endlich dürfte aus der l. 25, wiederum in Verbindung mit l. 2 D. XII, 7, mit Bestimmtheit zu entnehmen sein, daß von einer cessio legis der dem Gläubiger zustehenden Klagen an den Schadensersatz leistenden Schuldner den römischen Quellen nichts bekannt ist. Denn da der fullo einerseits Ersatz geleistet hat, andererseits gegen den dominus erst einen Anspruch auf Abtretung der genannten Klagen erheben muß, so können diese unmöglich auf ihn mit der Ersatzleistung übergegangen sein.

Noch deutlicher beweist das die l. 2 cit. Wäre die Eigentumsklage des „dominus“ auf den fullo übergegangen, so könnte man dem letzteren unmöglich einen Anspruch auf Rückerlangung des als Ersatz geleisteten Geldes zubilligen, ohne das Interesse des dominus gröblich und unnütz zu beeinträchtigen. Der fullo würde dann ja gemäß dem in l. 63 D. VI, 1 Gesagten im Streit über die fraglichen Gegenstände dem Eigentümer gegenüber siegreich sein — wie könnte man ihm daneben noch eine Rückforderung des gezahlten Geldes zubilligen?

3. l. 60 § 2 D. t. c. XIX, 2, Labeo posteriorum libro quinto a Iavoleno epitomatorum:

„Vestimenta tua fullo perdidit et habes unde petas nec repetere vis: agis nihilo minus ex locato cum fullone, sed iudicem aestimaturum, an possis adversus furem magis agere et ab eo tuas res consequi fullonis videlicet sumptibus: sed si hoc tibi impossibile esse perspexerit, tunc fullonem quidem tibi condemuabit, tuas autem actiones te ei praestare compellet.“

Diese Stelle wiederholt am Schluß den uns bereits geläufigen Satz, daß der auf Schadensersatz belangte Schuldner — es handelt sich wiederum um die actio locati gegen den Walker — vom Kläger Abtretung der diesem gegen einen Dritten zustehenden Klagen verlangen kann. Und zwar, wie nach l. 25 § 8 cit., nicht allein der Eigentums-, sondern einer deliktischen Klage, der condictio furtiva.

Besonderes Interesse beansprucht die Stelle um deswillen, weil darin von dem Verhältnis der beiden dem dominus zustehenden Ansprüche, der Kontraktsklage gegen den einen und der Deliktsklage gegen den andern Schuldner, die Rede ist. An sich steht die Zuständigkeit einer solchen Deliktsklage der sofortigen Geltendmachung des kontraktlichen Ersatzanspruches nicht entgegen. Das soll aber daran seine Grenze haben, wenn dem Kläger die Anstellung der Deliktsklage bequemer, näherliegend ist: „si possit adversus furem magis agere.“ In solchem Fall soll der Richter den Kontraktsschuldner nicht auf Schadensersatz verurteilen, sondern nur auf die Kosten der Rechtsverfolgung gegen den Dieb. In welcher Weise dann die Verurteilung zur Hauptsache abgewendet wurde, ist nicht gesagt; an eine Abweisung von Amtswegen ist, von andern Zweifeln abgesehen, schon deshalb nicht zu denken, weil dem Beklagten die Kosten des gegen den Dieb zu führenden Prozesses schwerlich ohne seine Mitwirkung auferlegt werden können. Andererseits steht von einer der Klagformel eingefügten exceptio nichts in der Stelle. Bedenkt man aber, daß bei einem bonae fidei iudicium, wie es hier vorliegt, „exceptio doli ipso iure inest"; daß ferner die Sachlage unter der angegebenen Voraussetzung in der That eine solche war, bei der die Klage streng genommen zustand, ihre Durchführung aber eine Unbilligkeit gegen den Beklagten enthalten hätte, so kann es keinem Zweifel unterliegen, daß l. 60 eine exceptio doli als Mittel zur Abwendung der Verurteilung unterstellt.

Wann ist aber anzunehmen, daß der Kläger gegen den Dieb „magis agere potest?" Offenbar muß dieser von Person bekannt, am Ort oder doch in der Nähe anwesend sein und die Sache noch haben. Ist dem so, so scheint er um deswillen der richtigere Beklagte, weil das Interesse des Klägers vollkommener durch Wiedererlangung der Sache realisiert wird, als durch einen immerhin nur ein Surrogat darstellenden Geldersatz, wie er ihn vom Kontraktsschuldner, der die Sache verloren hat, normaler Weise nur erlangen würde. Dagegen vom besitzenden Dieb kann er „suas res consequi," ein von Labeo besonders hervorgehobener Gesichtspunkt.[1])

4. l. 54 (53) § 3 D. de furtis XLVII, 2, Paulus libro trigensimo nono ad edictum:

> „Qui alienis negotiis gerendis se optulit, actionem furti non habet, licet culpa eius res perierit: sed actione negotiorum gestorum ita damnandus est, si dominus actione ei cedat. eadem sunt in eo, qui pro tutore negotia gerit, vel in eo tutore, qui diligentiam praestare debeat, veluti qui ex pluribus tutoribus testamento datis oblata satisdatione solus administrationem suscepit."

Der wegen Verlustes einer Sache auf Schadensersatz belangte negotiorum gestor oder tutor braucht zu leisten nur gegen

---

[1]) S. auch l. 7 D. commod. XIII, 6, wo Celsus dem einen von zwei für den Diebstahl der Sache haftenden Kommodataren das Recht giebt, den Kläger zunächst auf den anderen, der den Dieb mit der actio furti belangt hat und daraus „lucrum sensit", zu verweisen, falls er verspricht, dem Kläger für den etwaigen Ausfall zu haften. Letzteres ergeben die Worte, „et paratus sit periculo suo conveniri alterum" — nicht convenire, wie es sinnloser Weise in einer Handschrift heißt.

Cession der dem Kläger gegen den Dieb zustehenden actio furti, also einer deliktischen, sogar pönalen Klage.

5. l. 13 pr. D. commodati XIII, 6, Pomponius libro undecimo ad Sabinum:

„Is qui commodatum accepit si non apparentis rei nomine commodati condemnetur, cavendum ei est, ut repertam dominus ei praestet.“

Muß der Kommodatar für den Verlust der geliehenen Sache aufkommen, so kann er nach dieser Stelle nicht, wie nach l. 12 D. 42, 1, eine Abtretung der Eigentumsklagen verlangen, sondern nur eine Kaution auf Herausgabe der wiedergefundenen Sache. Der Grund der Verschiedenheit scheint mir nicht zweifelhaft: die Sache ist hier nicht gestohlen, sondern verloren; eine Klage des Herrn gegen einen Dritten ist nicht oder doch nicht sofort und notwendig vorhanden. Also kann der Beklagte auch keine Abtretung der Klage verlangen. Andererseits wäre es unbillig, wollte man ihn in solchem Falle nicht, soweit möglich, ebensogut stellen, wie beim Diebstahl der ihm anvertrauten Sache. Darum wird dasselbe Mittel angewendet, wie oben (§ 37) in der unter 3 besprochenen Stelle: er braucht den Schadensersatz nur gegen Kaution auf Rückerstattung der Sache, sobald der Kläger sie wiedergefunden haben sollte, zu leisten.

Wie aber, wenn die Sache nicht vom Kommodanten, sondern vom Kommodatar wieder gefunden wird? Alsdann bedarf es weder eine cessio noch einer cautio; der Kommodatar wird vielmehr sofort Eigentümer. Das ist mit Schmid a. a. O. aus l. 5 § 1 D. h. t. XIII, 6 zu folgern:

„si quis hac actione egerit et oblatam litis aestimationem susceperit, rem offerentis facit.“

Allerdings nimmt hier Ulpian den Mund zu voll. Daß nicht unter allen Umständen die Zahlung der Litisästimationssumme den Beklagten zum Eigentümer machen kann, ergiebt sich aus der einfachen Erwägung, daß sie doch höchstens — wie ja auch Ulpian selbst nach den früher angeführten Stellen annimmt — unter dem Gesichtspunkt des Kaufes zur Vermittlung des Eigentumsüberganges dient. Wie aber der Kauf nicht ohnes weiteres, sondern erst in Verbindung mit der darauf erfolgenden Tradition das Eigentum übergehen macht, so kann auch die Zahlung der Litisästimation diesen Erfolg nur haben, wenn der Zahler den Besitz der fraglichen Sache entweder schon hat oder später erlangt. Da der bisherige Eigentümer seinen

Aufgabewillen durch vorbehaltlose — und zu einer andern ist er nicht berechtigt — Annahme der Litisästimationssumme implicite ausgesprochen hat, so sind in dem Moment, wo der Zahlende das corpus possessionis erlangt, die Voraussetzungen einer zum Eigentumsübergang ausreichenden traditio (brevi manu) erfüllt.

Daß die l. 5 nicht mehr besage, ergiebt sich auch aus der Analogie von l. 47 cit. D. VI, 1 (s. oben S. 259 No. 1), nach der auch die Zahlung des Vindikationsbeklagten ihn bei einer res absens erst dann zum Eigentümer macht, „cum posessionem rei nactus sit ex voluntate actoris.“ Nur so kommt die l. 5 auch in Einklang mit den andern bisher besprochenen Stellen: denn ließe der vom Beklagten geleistete Ersatz auf ihn das Eigentum stets und sofort übergehen, so hätte eine besondere cessio actionis nicht den mindesten Sinn mehr.

Schmid S. 266 nimmt allerdings auf Grund unserer l. 13 pr. an, daß der Kommodatar, Mieter u. s. w. auf Grund geleisteter litis aestimatio auch ohne Cession eine Publiciana actio gegen den dritten Besitzer der Sache erlange. Aber seine Gründe sind nicht stichhaltig. Die Basilikenscholie scheint mir für die Entscheidung solcher Frage eine höchst gebrechliche Stütze, und was der Verfasser sonst anführt, ist unschlüssig und in sich widerspruchsvoll, wird auch durch das bereits zu Nr. 2 Gesagte widerlegt. Gerade die von Schmid angeführte l. 17 § 5 D. h. t. XIII, 6 ferner spricht entscheidend gegen ihn:

> „Rem commodatam perdidi et pro ea pretium dedi, deinde res in potestate tua venit: Labeo ait contrario iudicio aut rem mihi praestare te debere aut quod a me accepisti reddere.“

Denn hätte durch die Zahlung der Litisästimation der Kommodatar ipso iure ein actio utilis in rem erlangt, so wäre nicht die Anstrengung der persönlichen Vertragsklage, sondern diejenige dieser Publicianischen Klage für ihn der geeignete Weg gewesen, um die Sache vom Kommodanten zurückzuerlangen. Und wenn auch vielleicht zuzugeben wäre, daß er daneben nach Wahl die Vertragsklage zu solchem Zwecke habe verwenden können, so ließe sich dabei doch nur an eine Vertragsklage auf unbedingte Rückgabe der Sache denken. L. 17 § 5 aber giebt ihm eine Klage auf Rückgabe der Sache oder auf Rückerstattung der dem Kommodanten geleisteten Ersatzsumme, und zwar, wie Schmid selbst zutreffend hervorhebt, in der Weise, daß der Beklagte bei dieser alternativen Verpflichtung das Wahlrecht hat (aut rem praestare debere aut quod accepisti reddere). Besteht aber für den Kommodatar auf Herausgabe der Sache, für die er die Litisästimation gezahlt hat, nur ein alternativer Anspruch mit Wahlrecht des Gegners, so ist daneben die Annahme eines direkt auf Herausgabe der Sache gerichteten dinglichen Anspruches unhaltbar, weil jene quellenmäßige Entscheidung geradezu verfälschend.

6. Ein cessio actionis kann auch der auf Schadensersatz belangte Verführer eines Sklaven verlangen, l. 14 § 9 D. XI, 3, verba: „quod si non habeat, pretium quidem simili modo accipere, cedere autem sollicitatori periculo eius de dominio servi actionibus.“ Die Stelle wird im übrigen im Anhang erörtert werden, als für die darin behandelte Frage besonders wichtig.

7. l. 27 § 5 D. mand. XVII, 1; Gaius libro nono ad edictum provinciale:

> „si mandatu meo Titio credideris et mecum mandati egeris, non aliter condemnari debeo, quam si actiones tuas, quas adversus Titium habes, mihi praestiteris. sed si cum Titio egeris, ego quidem non liberabor, sed in id dumtaxat tibi obligatus ero, quod a Titio servare non potueris.“

Die unmittelbare Verwendbarkeit dieser Stelle für uns hängt davon ab, ob man der actio mand. contraria im Fall des Kreditmandats die Funktion einer Regreß- oder einer Schadensersatzklage zuschreibt. Letztere Annahme scheint mir mit v. Tuhr (actio de in rem verso S. 36 No. 36) das Meiste für sich zu haben. Somit zeigt uns die l. 27 cit., daß der für das Risiko eines zwischen zwei Personen bestehenden Vertragsverhältnisses Verantwortliche nur gegen Abtretung der dem Gläubiger gegen den Schuldner zustehenden Vertragsansprüche Ersatz zu leisten hat. Hat der Gläubiger den Dritten zuerst belangt, so wird der Verantwortliche dadurch in Höhe des von jenem beigetriebenen Betrages frei.

8. Mit Unrecht bringt v. Vangerow a. a. O. in diesen Zusammenhang die l. 3 § 1 D. de tributoria actione XIV, 4. Denn wenn es hier heißt:

> „quamvis Pomponius libro octavo epistularum, si solvendo tutor sit, ex dolo eius pupillum teneri scripsit: et sane hactenus tenebitur, ut actionem, quam contra tutorem habeat, praestet,“

so bezieht sich das natürlich nicht auf einen mittels exceptio geltend zu machenden Gegenanspruch des Beklagten auf Abtretung einer anderweiten Klage des Klägers, sondern auf einen Klaganspruch, der auf Abtretung einer dem Beklagten (dem Mündel) gegen einen Dritten (den Vormund) zustehenden Klage gerichtet ist.

9. Dagegen kann man allerdings mit v. Vangerow noch anführen die l. 6 § 4 D. nautae caupones IV, 9, Paulus libro vicensimo secundo ad edictum:

„Possumus autem furti vel damni iniuriae actione uti cum nautis, ut certi hominis factum arguamus: sed una contenti esse debebimus, et si cum exercitore egerimus, praestare ei debemus actiones nostras, quamvis ex conducto actio adversus eos competat exercitori. sed si absolutus sit exercitor hac actione, deinde agatur cum nauta. exceptio dabitur, ne saepius de eiusdem hominis admisso quaeratur, et contra, si de admisso unius hominis actum sit, deinde in factum actione agatur, exceptio dabitur."

Hat nachweislich einer der Schifferknechte den Diebstahl oder die Sachbeschädigung am Frachtgut verübt, so thut die Zuständigkeit der Deliktsklage gegen ihn der Haftung des exercitor aus dem receptum keinen Eintrag. Wird dieser jedoch mit der actio de recepto auf Schadensersatz belangt, so kann er Cession der gegen den Schifferknecht[1]) zuständigen Klage verlangen, trotzdem ihm bereits auf Grund des Dienstvertrages eine actio ex conducto gegen jenen zustehen würde.

10. l. 95 § 10 i. f. D. de solutionibus XLVI, 3, Papinianus libro vicencimo octavo quaestionum:

„nam cum tutor pupillo tenetur ob id, quod debitorem eius non convenit, neque iudicio cum altero accepto liberatur alter nec, si damnatus tutor solverit, ea res proderit debitori: quia etiam dici solet tutelae contraria actione agendum, ut ei pupillus adversus debitores actionibus cedat."

Durch die Schadensersatzleistung des in der Eintreibung der Mündelforderungen nachlässigen Vormunds wird der Schuldner nicht befreit; vielmehr kann der Vormund, auch noch nachträglich mittels der actio tutelae contraria, Cession der dem Mündel gegen ihn zustehenden Ansprüche begehren.

---

[1]) Mit „nauta" ist hier im Gegensatz zum exercitor ein Schifferknecht oder Matrose gemeint; anders als nach dem Edikt selbst, in dem laut l. 1 § 2 h. t. das Wort „nauta" gerade den „exercitor" bezeichnet. S. auch Goldschmidt, Zeitschr. f. Handelsr. III S. 60 No. 1 (Verm. Schriften II S. 402 No. 1).

11. In wenigstens mittelbarem Zusammenhang mit der uns hier beschäftigenden Frage steht endlich die l. 22 §§ 1—2 C. de furtis VI, 2. Justinian behandelt darin den Fall, daß eine verliehene Sache beim Kommodatar gestohlen worden ist. Alsdann soll nach § 1[d], im teilweisen Gegensatz zum älteren Recht, der Eigentümer die Wahl haben, entweder gegen den Empfänger die actio commodati oder gegen den Dieb die actio furti anzustrengen; „et alterutra earum electa dominum non posse ex poenitentia ad alteram venire.“ Habe er den Dieb belangt, so befreie das den Kommodatar, habe er aber den letzteren in Anspruch genommen, so könne er, wenn er das in Kenntnis des Diebstahls gethan, fürderhin nicht mehr die actio furti gegen den Dieb anstellen. Diese stehe vielmehr jetzt dem Kommodatar zu. Anders, wenn er in Unkenntnis oder in Zweifel über den Diebstahl geklagt hat; § 2 cit.:

> „Sin autem nescius et dubitans rem non esse apud eum commodati actionem instituit, postea autem re comperta voluit remittere quidem commodati actionem, ad furti autem pervenire, tunc licentia ei concedatur et adversus furem venire, nullo obstaculo ei opponendo, quoniam incertus constitutus movit adversus eum qui rem utendam accepit commodati actionem, (nisi domino ab eo satisfactum est: tunc etenim omnimodo furem a domino quidem furti actione liberari, suppositum autem esse ei, qui pro re sibi commodata domino satisfecit), cum manifestissimum est, etiam si ab initio dominus actionem instituit commodati ignarus rei subreptae, postea autem hoc ei cognito adversus furem transivit, omnimodo liberari eum qui rem commodatam suscepit, quemcumque causae exitum dominus adversus furem habuerit: eadem definitione obtinente, sive in partem sive in solidum solvendo sit is qui rem commodatam accepit.“

Man möchte aus dieser Stelle auf eine cessio legis der anfänglich dem Kommodanten zustehenden Klage an den Kommodatar zu schließen geneigt sein, zumal wegen des Ausdruckes suppositum esse ei, qui pro domino satisfecit. Wäre diese Annahme unanfechtbar, so könnte das unseren bisherigen Ergebnissen gegenüber Bedenken wachrufen, indem wir bisher unter Ablehnung einer gesetzlichen Cession dem auf Schadensersatz belangten Kontraktsschuldner nur einen Anspruch auf Klagabtretung gewährten. Wollten wir uns nicht mit dem immerhin mißlichen Auskunftsmittel begnügen, in der l. 22 einen analoger Ausdehnung unfähigen Sondersatz zu sehen, so bliebe nur die Annahme, daß die Justinianeische Bestimmung eine von den Pandektenjuristen noch nicht erreichte höhere Entwickelungsstufe bezeichne, während die bisherigen Stellen daneben nur als irrtümlich stehen gelassene historische Anomalieen erachtet werden könnten.

Aber schwerlich sind wir genötigt, bei der Annahme einer cessio legis stehen zu bleiben. Man muß beachten, daß die zu „cedierende" Klage gerade die actio furti ist, eine Klage, die im Gegensatz zur condictio furtiva nicht nur dem Eigentümer, sondern jedwedem bestohlenen Interessenten zusteht. Das betont ja gerade mit aller wünschenswerten Deutlichkeit das principium unserer Konstitution selbst:

„manifestissimi quidem iuris furto perpetrato ei competere furti actionem, cuius interest, ne furtum committatur."

Zu diesen Interessenten aber gehört wegen seiner Verantwortlichkeit für custodia auch der Kommodatar. Ihm gebührt also die actio furti. Dies aber nur unter einer Bedingung: da es nicht sicher ist, ob er vom Eigentümer zum Schadensersatz herangezogen werden wird, so kann sich auch seine Interessenteneigenschaft erst dann entscheiden, wenn der Eigentümer die ihm zustehende Klagemöglichkeit ausgeübt hat. Hat er den Kommodatar in Anspruch genommen, und hat dieser vollends Ersatz geleistet, so muß er auch die Diebstahlsklage haben, nicht weil sie vom Herrn auf ihn übergegangen ist, sondern weil er jetzt unwiderruflich als Interessent und damit als zur Klage aktiv legitimiert erwiesen ist.

Es bleibt somit dabei, daß der mit einer persönlichen Klage Ersatzpflichtige niemals auf dem Wege der cessio legis die Klagen des Ersatzberechtigten erhält, sondern nur einen Anspruch auf ihre Abtretung hat. Allerhöchstens könnte man ihm, nach Art des oben in § 37 für die dinglichen Klagen Festgestellten, eine actio quasi Publiciana gegen den dritten Besitzer gewähren. Von einer gesetzlichen Abtretung der Klagen wäre die Annahme eines solchen Rechtsmittels natürlich durchaus verschieden — sie ließe daneben das Eigentum und die Eigentumsansprüche des Schadensersatzberechtigten vollständig unberührt, und nur das würde in Frage gestellt, ob er dem publizianisch Berechtigten gegenüber unter Berufung auf sein Eigentum durchdringen könne.

Andererseits würde eine solche publizianische Klage den Interessen des Ersatzpflichtigen keineswegs immer genügen. Sie kann höchstens als Surrogat der ihm abzutretenden dinglichen, nicht aber auch der persönlichen, insbesondere der Deliktsklagen des Ersatzberechtigten, gelten, während der Anspruch auf Klagabtretung sich nach den mitgeteilten Stellen auf diese mitbezieht. Sonach ist die selbständige actio quasi Publiciana, ihre Nachweisbarkeit angenommen, wennschon nicht zugegeben, bestenfalls als Aushilfsmittel, keinenfalls aber als Ausdruck einer die cessio necessaria überflüssig machenden neueren Entwickelung, anzusehen.

Ich habe an dieser Stelle nunmehr[1]) noch auf das Verhältnis der beiden dem Ersatzberechtigten gegen verschiedene Personen zustehenden Ansprüche zu einander einzugehen.

a) Steht dem Ersatzberechtigten neben der Kontraktsklage die dingliche Klage gegen einen Drittbesitzer seiner Sache zu, und hat er sie durchgeführt, so erlischt der Ersatzanspruch gegen den Kontraktsschuldner, es sei denn wegen der dem Eigentümer durch den vorübergehenden, von jenem verschuldeten, Verlust der Sache entstehenden Schaden an Früchten und Nutzungen, sowie wegen etwaiger vom Drittbesitzer nicht zu ersetzender Beschädigungen der Substanz.

Dagegen übt natürlich auf die Zuständigkeit der dinglichen Klage die Durchführung des persönlichen Ersatzanspruches keinen Einfluß aus; sie kann, sei es in der Hand des Eigentümers, sei es in der Hand des Ersatzpflichtigen als Cessionars, noch immer geltend gemacht werden.

b) Steht dem Kläger neben der Kontraktsklage eine Deliktsklage gegen den dritten Entwender oder Beschädiger zu, so wird durch die erfolgreiche Durchführung der letzteren auch der Kontraktsschuldner befreit. Denn er haftete ja nur wegen des durch seine Nachlässigkeit in Erfüllung der übernommenen Vertragspflichten verletzten Interesses des Klägers; diese Interessenverletzung aber ist durch die Rückgabe der Sache bezw. die Schadensersatzleistung des dritten Delinquenten beseitigt, der Zweck der Haftung und damit die Haftung selbst sind folgeweise erloschen.

Das wird zum Überfluß besonders ausgesprochen in der l. 22 § 1e C. VI, 2: „sed si quidem furem elegerit, illum qui rem utendam accepit penitus liberari."

---

[1]) Nur in Parenthese sei noch verwiesen auf l. 81 (80) § 7 D. XLVII, 2, nach der auch der (mittels actio negotiorum gestorum contraria) Regreßpflichtige, wie nach den bisherigen Stellen der Schadensersatzpflichtige, nur gegen Abtretung der dem Berechtigten gegen Dritte erwachsenden Ansprüche (in casu der cond. furtiva) zu leisten hat.

Dagegen übt der vom Kontraktsschuldner geleistete Schadensersatz keinen Einfluß aus auf die Verpflichtung des Deliktsschuldners. Nicht nur kann jener die Klage gegen diesen Zug um Zug gegen die ihm obliegende Leistung auf sich übergeführt verlangen, sondern es erlischt auch nicht der nicht abgetretene Anspruch gegen den Deliktsschuldner. Denn wäre er erloschen, so könnte der Kontraktsschuldner nicht, wie es ihm die l. 25 § 8 cit. zubilligt, noch nachträglich die Abtretung dieses Anspruches vom Ersatzberechtigten begehren.

Nur bei der actio furti ist das nach l. 22 §§ 1—2 C. cit. um deswillen anders, weil sie nicht dem Eigentümer des gestohlenen Gutes als solchem, sondern dem Interessenten zusteht; hat aber der Eigentümer vom Kontraktsschuldner den Ersatz eingetrieben, so ist nun nicht er, sondern dieser fortan als alleiniger Interessent anzusehen.

Bringt man die beiderseitigen Verpflichtungen des Kontraktsschuldners und des Delinquenten unter die Begriffskategorie der (unechten) Solidarität, wozu man, da sie beide auf Ersatz desselben Interesses gerichtet sind, Anlaß hat, so darf man dabei die nicht unerhebliche Verschiedenheit der beiderseitigen Verpflichtungen nicht außer Acht lassen. Sie zeigt sich außer dem eben Angeführten insbesondere darin, daß unter Umständen (s. oben Nr. 3, l. 60 § 2 D. 19, 2) der Kontraktsschuldner bisweilen die vorgängige Inanspruchnahme des Deliktsschuldners fordern kann, also eine Art von beneficium excussionis genießt.

Eine solche Verschiedenheit der Haftungen hat ihren guten Grund! Genügt auch die Nachlässigkeit des Kontraktsschuldners, der einen ihm anvertrauten Gegenstand abhanden kommen läßt, um seine Ersatzpflicht zu begründen, so tritt diese doch für die vorurteilslose Betrachtung in die zweite Reihe, sobald sich die Wegnahme oder Zerstörung der Sache als mittels rechtswidriger Handlung eines Dritten geschehen ergiebt. Der Kontraktsschuldner tritt gegen den Delinquenten nicht nur hinsichtlich der Verschuldung zurück, sondern auch hinsichtlich der Kausalität, indem er nur noch als der mittelbare Verursacher des Schadens angesehen werden kann. Grund genug, um seine — allerdings grundsätzlich bestehen bleibende — Haftung sozusagen in die zweite Reihe herab zu drücken. Indem er zwar auch noch zahlen muß, aber dafür den Anspruch gegen den Delinqenten abgetreten erhält, ist sein Verhältnis zum Beschädigten materiell genau so, als wenn er dessen Anspruch gegen jenen auf seine Gefahr und Kosten geltend zu machen habe — insofern kann man ihn als Garanten bezeichnen.

Eine solche entschieden intensive Verpflichtung der beiden Solidarschuldner ist bekanntlich nichts Unerhörtes oder nur Ungewöhnliches. Sie findet sich, in im Einzelnen verschieden ausgestalteter Weise, nicht nur beim Bürgen gegenüber dem Hauptschuldner (s. l. 5 D. XLVI, 1: nam ubi aliqua differentia obligationum potest constitui alteram per alteram peremi: cum vero duae eiusdem sint potestatis, non potest repperiri, cur altera potius quam altera consumeretur"), sondern auch in manchen andern Fällen, z. B. wenn durch überwiegende Schuld des tutor gerens ein Schaden entstanden ist, und neben ihm die andern Vormünder verantwortlich gemacht werden, l. 3 § 2 D. de admin. et peric. XXVI, 7.

c) Aus dem zu b) Gesagten folgt, daß eine verschiedene Behandlung der beiden Ersatzpflichtigen nicht überall Platz greifen kann. Sind sie beide Kontrakts- oder umgekehrt beide Deliktsschuldner, so wird sich eine überwiegende Verantwortlichkeit des einen oder andern in der Regel nicht begründen lassen. Alsdann kommen die in diesem Paragraphen aufgestellten Regeln nicht zur Anwendung — innere Gründe stehen ihr entgegen, und quellenmäßige Belege fehlen bezeichnender Weise. Insbesondere ist nicht anzunehmen, daß der eine beklagte Deliktsschuldner stets eine Abtretung der dem Kläger gegen den andern zustehenden Ansprüche begehren könne, zumal ein solches beneficium cedendarum actionum für Korreal- und Solidarschuldner im römischen Recht bekanntlich auch sonst nicht allgemein anerkannt ist.

Fassen wir zum Schluß das in diesem Paragraphen Gefundene nochmals kurz zusammen!

α) Wer wegen des Verlustes oder der Beschädigung einer fremden Sache zum Schadensersatze verpflichtet ist, kann, vom Kläger auf Ersatz belangt, eine Abtretung der diesem in Bezug auf die Sache zustehenden dinglichen Ansprüche verlangen; nicht minder eine solche der persönlichen, insbesondere der Delikts-Ansprüche, falls sie gegen einen für den Schaden vorwiegend verantwortlichen Dritten gerichtet sind.

β) Er kann sogar eine vorherige Ausklagung dieses vorwiegend verantwortlichen Dritten dann begehren, wenn der Kläger gegen diesen „magis agere potest".

γ) Steht dem Kläger derzeit noch kein Anspruch gegen einen Dritten hinsichtlich der Sache zu, so kann der beklagte Ersatzpflichtige von ihm Kaution fordern für Rückgabe der Sache nach ihrer demnächstigen Wiedererlangung.

δ) Auch ohne Kautionsleistung muß der Ersatzberechtigte nach

Wiedererlangung der Sache dem Ersatzleistenden entweder ex contractu die Sache heraus- oder nach dem Gesichtspunkt der causa finita die empfangene Ersatzsumme zurückgeben. Aus l. 17 § 5 D. XIII, 6 in Verbindung mit l. 2 D. XII, 7 (s. auch l. 2 § 7 D. XIV, 2) ist zu entnehmen, daß die Wahl zwischen beiden Leistungen dem Ersatzberechtigten (und jetzigen Beklagten) zustehe, sodaß er sich sowohl auf die erhobene condictio hin durch Herausgabe der Sache, als auf die erhobene actio ex contractu hin durch Rückgabe der empfangenen Ersatzsumme befreien kann.

ε) Eine cessio legis der dem Ersatzberechtigten zustehenden Klagen auf den zahlenden Ersatzpflichtigen findet nicht statt. Eine actio quasi Publiciana auf die Sache wird dem auf die vindicatio hin die Litisästimationssumme zahlenden — nicht dolosen — Beklagten gewährt; bei dem mit einer persönlichen Klage in Anspruch Genommenen ist sie nicht nachweisbar.

Kapitel II.

Deutsches Reichsrecht.

§ 38. Das Prinzip; Verhältnis der Abtretungspflicht zur compensatio lucri cum damno.

In § 255 des B.G.B. wird bestimmt:

> „Wer für den Verlust einer Sache oder eines Rechtes Schadensersatz zu leisten hat, ist zum Ersatze nur gegen Abtretung der Ansprüche verpflichtet, die dem Ersatzberechtigten auf Grund des Eigentums an der Sache oder auf Grund des Rechtes gegen Dritte zustehen."

Man war sich bei der Beratung des Gesetzbuches von vornherein klar, daß darin eine der im vorigen Kapitel geschilderten römischen Abtretungspflicht entsprechende Bestimmung Aufnahme finden müsse. Mit Recht führen die Motive II S. 24 aus,

> „daß der Kläger, falls er neben dem erhaltenen Schadensersatze auch seine Ansprüche gegen Dritte behielte, durch die Leistung des ohne Rücksicht auf die eventuelle Möglichkeit der Realisierung dieser Ansprüche festgestellten Schadensersatzes dann, wenn er jene Ansprüche verfolgte und mit ihnen entgegen der erwähnten Voraussetzung durchdringen würde, zuviel erhielte."

Andererseits könne man vom Kläger nicht verlangen, daß er zunächst die „vielleicht unsicheren und weitaussehenden Ansprüche gegen den Dritten verfolge und erst im Falle der Erfolglosigkeit den Ausfall im Wege des Schadensersatzanspruches gegen den ihm zunächst zur Herausgabe oder Restitution Verpflichteten geltend mache."

Zur Verwirklichung der danach „erheischten Fürsorge" boten sich zwei Wege: entweder man gab dem Ersatzpflichtigen nach dem römischen Vorbild einen Anspruch auf Abtretung der Ansprüche; oder man ließ die letzteren mit der vollzogenen Ersatzleistung ohne weiteres, kraft gesetzlicher Cession, auf den Zahlenden übergehen.

Der erste Entwurf wählte diesen letzteren Weg als angeblich einfacher, billiger und für den Schadensersatzpflichtigen sicherer; er bestimmte danach in § 223:

> „Wird infolge der Entziehung oder der Vorenthaltung einer Sache oder eines Rechtes Schadensersatz für den Verlust der Sache oder des Rechtes selbst von dem Ersatzpflichtigen geleistet, so gehen auf den letzteren mit der Ersatzleistung die Ansprüche über, welche dem Entschädigten auf Grund des Eigentums oder des sonstigen Rechtes gegen Dritte zustehen."

Die zweite Kommission (s. Protokolle Bd. I S. 301) beschloß dagegen von dieser Regelung abzugehen, und zwar aus Zweckmäßigkeitsgründen. „Die Abtretung setze die Thatsache, den Zeitpunkt und den Umfang des Überganges der Ansprüche außer Zweifel und biete insbesondere für das Verhältnis zu Dritten den großen Vorteil, daß diese nur zu prüfen brauchen, ob und inwieweit Schadensersatz geleistet worden sei." Danach erhielt die Bestimmung ihre derzeitige Form.

Bevor wir auf die Dogmatik des § 255 im Einzelnen eingehen, empfiehlt sich eine Untersuchung seines Verhältnisses zu der in Teil 1 behandelten Vorteilsausgleichung. Es ist gelegentlich behauptet worden (so von Schollmeyer, Kommentar zu § 252 Nr. 6), daß in § 255 eine Anwendung der compensatio lucri cum damno zu finden sei. Aber dabei verkennt man den wesentlichen Unterschied beider Fälle.

Der Grundgedanke unserer Abtretungspflicht ist freilich dem bei der Vorteilsanrechnung obwaltenden sehr nahe verwandt. Hier wie dort soll vermieden werden, daß der Ersatzberechtigte vom Pflichtigen dem Erfolge nach mehr bekommt, als um was sein Vermögen durch das Verhalten des Gegners gemindert worden ist.

Aber im übrigen zeigen sich wichtige Verschiedenheiten, sowohl grundsätzlicher wie praktischer Natur.

Darauf zwar darf kein entscheidendes Gewicht gelegt werden, daß sich die Vorteilsanrechnung innerhalb eines einzigen, dadurch lediglich in seiner Höhe abgeminderten Anspruches vollziehe, während § 255 dem Ersatzpflichtigen einen selbständigen, im Wege einer Einrede im engeren Sinn, unter Umständen auch einer Klage, geltend zu machenden Gegenanspruch gewährt.

Diese Verschiedenheit ist schließlich nur eine äußerlich-technische, und sie trifft überhaupt nicht überall zu. Auch die Vorteilsausgleichung vollzieht sich ja mit nichten immer in der Form der Anrechnung; auch bei ihr kommt eine Abtretung der das lucrum darstellenden Ansprüche an den Ersatzpflichtigen vor.

Dies einmal, wenn der Schaden durch Naturalherstellung zu ersetzen ist, zum andern, wenn der Ersatzberechtigte die Abtretung wählt, um der ihn sonst treffenden Anrechnungspflicht zu entgehen, s. oben Teil I Kap. V. Überall also, wo das lucrum in einem Anspruche besteht — und nur solche Fälle lassen sich mit dem des § 255 vergleichen —, ist die Abtretung desselben zum mindesten eine mögliche, wenn schon nicht die einzige, Form der Vorteilsausgleichung.

Damit wird aber der Gegensatz zwischen den Fällen des ersten und zweiten Teiles meiner Arbeit nicht beseitigt; um ihn zu ergründen, müssen wir nur anders, und zwar tiefer, einsetzen: was nach § 255 der Ersatzberechtigte dem Pflichtigen überlassen (abtreten) muß, ist kein „lucrum“ in dem früher festgestellten Sinne.

Das ist zunächst klar in den nach dem Wortlaut des § 255 nächstliegenden Fällen, daß die abzutretenden Ansprüche auf Realisierung des Rechtes an der Sache gehen, wegen deren „Verlustes“ der Ersatzpflichtige haftet. Nehmen wir als Beispiel den Eigentumsanspruch. Er ist dem Eigentum gegenüber nichts Selbständiges, sondern ein bloßer Ausfluß desselben, auf Herstellung des dem Eigentum entsprechenden Zustandes gerichtet. In solchem Mittel zur Sicherung oder Zurückverschaffung des alten ein neues selbständiges Rechtsgut zu erblicken, wäre eine verkünstelte, ja direkt verfehlte Auffassung.

Aber auch von Ersatzansprüchen — die Anwendbarkeit des § 255 auf sie kann einstweilen nur unterstellt und erst später bewiesen werden — muß dasselbe gelten. Schon am Schluß von § 3 habe ich gegenüber Eichhoff darzulegen versucht, daß weder der erlangte

Ersatz, noch der Anspruch auf ihn dem beschädigten Rechtsgut gegenüber die Selbständigkeit besitzen, die uns berechtigen könnte, in ihnen ein durch die Schädigung entstandenes „lucrum“ zu sehen. Sie stellen nur ein in Eigenart und Umfang durch das beschädigte Rechtsgut bestimmtes Surrogat desselben dar.

Die Verschiedenheit der Ersatzansprüche gegen Dritte von den „lucra“ tritt mit besonderer Deutlichkeit im Moment ihrer Erfüllung hervor. Wären jene selbst „lucra“, so müßte auch das auf sie hin Geleistete den Charakter eines lucrum haben, also einen besonderen Anrechnungsposten auf den davon abgesehen bestehen bleibenden Anspruch bilden. Es bedarf aber als allbekannt keines Beweises, daß immer da, wo zwei Personen auf Ersatz desselben Schadens haften, eine sogenannte (unechte) Solidarität vorliegt, bei der die Leistung des einen die Pflicht des andern nicht auf dem verkünstelten Umwege einer besonderen Anrechnung, sondern auf dem geraden und einfachen Wege der Zahlung befreit. Denn der Zweck beider Ersatzansprüche ist derselbe: Wiederverschaffung des verlorenen Rechtsgutes oder, wenn das nicht möglich, Beseitigung des Interesses durch eine entsprechende Geldleistung. Mit dem erreichten Zweck aber muß auch das lediglich zu dessen Erreichung geschaffene Forderungsrecht sein Ende finden.

Somit ist eine „Anrechnung“ des auf das Surrogat hin Erhaltenen ausgeschlossen, weil durch vollkommenere Mittel überholt und verdrängt. Aber auch eine solche des bloßen Surrogatanspruches selbst kommt nicht in Frage. Während das „lucrum“ zunächst einen Anrechnungsposten selbst dann bildete, wenn es in einer Forderung bestand, und der Gläubiger in solchem Fall nur kraft einer anzunehmenden facultas alternativa die Abtretung wählen konnte, hat das Gesetz bei den Ansprüchen gegen Dritte im § 255 von vornherein nur den Weg der Abtretung gewählt. Und zwar, wie theoretisch, so auch praktisch mit gutem Grunde!

Ist doch der materielle Wert der Ersatzansprüche in zweifacher Weise unsicher — einmal, weil noch nicht feststeht, in welchem Zustande der Eigentümer die Sache zurückerhalten wird; zweitens, weil die Erreichbarkeit und Zahlungsfähigkeit des dritten Verpflichteten in gar vielen Fällen bedenklich sein werden. Wollte man bei der Anrechnung auf diese Bedenken kein Gewicht legen, so würde man das Interesse des Beschädigten hintansetzen; wollte man ihretwegen den in Ansatz zu bringenden Betrag entsprechend kürzen, so würde das eine äußerst schwierige Berechnung erfordern und leicht, je nach dem schließlichen Ausgang der Sache, bald dem einen, bald dem andern Teile zu nahe treten. Die einzig vernünftige Lösung besteht in der Abtretung der Ansprüche — indem er die Sache abhanden kommen oder verletzen läßt, hat der Aufsichtspflichtige das Vermögen des Eigentümers nicht um den vollen Betrag der Sache, aber um die mit der Verfolgung des haftenden Dritten verbundenen Umständlichkeiten und Gefahren verringert; es entspricht der ausgleichenden Gerechtigkeit, daß er dem Beschädigten um nicht mehr und nicht minder ersatzpflichtig werde, als worum er ihn geschädigt hat — und das wird durch die volle Schadloshaltung gegen Abtretung der Ansprüche im Sinne von § 255 mit fast mathematischer Genauigkeit erreicht. Je rascher und sicherer die abzutretenden Ansprüche zum Ziele führen, desto geringer ist der Nachteil, den Verlust oder Beschädigung der Sache dem Endergebnis nach mit sich gebracht haben; desto geringer aber auch die Belastung des Ersatzpflichtigen, der für das Geleistete dann ein um so vollständigeres Äquivalent erhält. Er muß das durch sein vertretbares Verhalten geschaffene Risiko auf eigene Rechnung übernehmen.

Indem der Realisierungswert der abgetretenen Ansprüche sich erst aus deren Geltendmachung ergiebt, bekommt der Ersatzpflichtige gemäß § 255 im Endergebnis zugleich genau das, was auch für den Beschädigten der abzutretende Anspruch wert war.

Mit dem Gesagten ist erwiesen, warum der Gesetzgeber im Fall des § 255 zur Abtretungspflicht statt zur Anrechnung im Sinne des ersten Teils der Arbeit hat kommen müssen. Einmal anerkannt, weist jene aber noch andere Unterschiede gegenüber dieser auf.

Die bei der comp. lucri erforderliche Identität des die Verantwortlichkeit begründenden und des den Vorteil herbeiführenden Ereignisses ist nach Wortlaut und Sinn des § 255 kaum immer zu erfordern. Sicherlich kann z. B. der Versicherer gegenüber dem Versicherten den Abtretungsanspruch aus § 255 geltend machen, obwohl der Entstehungsgrund seiner Leistungspflicht — der Versicherungsvertrag — mit dem den Anspruch gegen den Dritten begründenden Umstand — etwa Diebstahl, Sachbeschädigung, nachlässige Ausführung eines Transportes — keineswegs identisch ist. Ebensowenig ist von der zur comp. lucri erforderten Identität die Rede, wenn der Verwahrer eines Hundes ihn schuldhaft fortlaufen ließ, und das Tier späterhin einem Dritten zuläuft. Auch nicht dann, wenn er sich den Hund stehlen läßt und nichts zur Wiedererlangung des Tieres thut, oder dann, wenn der mit der Entdeckung oder Ergreifung des Diebes Betraute die Vollziehung seiner Aufgabe durch Nachlässigkeit verhindert. Grund der Haftung ist hier das allgemeine nachlässige Verhalten, insbesondere auch nach dem Diebstahl; Grund des dem Eigentümer gegen den Dritten erwachsenden Anspruches dagegen der Diebstahl selbst.

Die Richtigkeit dieser Auffassung ergiebt sich unmittelbar aus dem Wortlaut: nicht nur die Ansprüche muß der Eigentümer dem Ersatzpflichtigen abtreten, die ihm auf Grund des Verlustes der Sache, sondern diejenigen, die ihm auf Grund — dies Wort hier im Sinne der causa remota gebraucht — des Eigentums daran gegen einen Dritten erwachsen sind. Eine Beschränkung im Sinne der in Teil I für die compensatio lucri aufgestellten in den § 255 hineinzutragen, wäre demgegenüber unstatthaft. Das hat auch seinen guten Sinn: die Einheit der Kausalität, wie sie zur Anrechenbarkeit des im übrigen mit dem Schaden in keinerlei innerem Zusammenhang stehenden Vorteils nach Teil I erfordert war, wird hier genügend ersetzt durch die Einheit des Rechtsgutes, auf das sich beide Ansprüche beziehen.

Allerdings wird eine gewisse Beziehung zwischen dem Verluste der Sache und der Haftung des Dritten auch hier erfordert werden müssen, s. darüber das Nähere unten S. 294 fg..

Fraglich ist, ob der Ersatzberechtigte der Abtretungspflicht aus § 255 dadurch entgehen kann, daß er sich seinerseits zur Anrechnung der Ansprüche bereit erklärt und nur auf die Differenz klagt? Sehr praktisch wird die Frage wohl nicht werden. Denn natürlich steht sich der Ersatzberechtigte bei der Abtretung der Ansprüche besser, als wenn er sich die Anrechnung von deren Wert gefallen lassen muß. Will er aber aus irgend einem Grunde die Ansprüche gegen den dritten Verpflichteten selbst erheben, so ist daneben für eine Inanspruchnahme des im Sinne von § 255 Ersatzpflichtigen in der Regel weder Bedürfnis noch Raum. Denn in solchem Fall muß sich der Kläger sicherlich, um eine Überschwerung des Ersatzpflichtigen zu vermeiden, den ganzen Nominalbetrag seines Anspruches gegen den Dritten in Ansatz bringen lassen ohne Rücksicht auf die Bonität.

Immerhin sind Fälle denkbar, wo der Anspruch gegen den im Sinne von § 255 Ersatzpflichtigen weiter geht, als der Anspruch gegen den Dritten — letzterer ist etwa ein gewöhnlicher Eigentumsanspruch gegen einen gutgläubigen Beklagten, während ersterer auf das volle Interesse gerichtet ist. Z. B. X. hat meinen ihm zur Aufbewahrung übergebenen Hund aus Unachtsamkeit entwischen lassen; das Tier kommt später in halbverhungertem und stark entwertetem Zustande zu Y., der nunmehr meiner Vindikation ausgesetzt wird. Offenbar ist diese Klage nicht geeignet, mein ganzes Interesse zu realisieren: sie verschafft mir nur ein minderwertig gewordenes Tier zurück und ist sogar wahrscheinlich wegen der dem Besitzer zu ersetzenden Verwendungen nur mit erheblichen Kosten durchführbar.

Will ich nun einerseits vom Ersatzpflichtigen Ersatz meines Interesses verlangen, andererseits das Eigentum an dem mir werten Tiere erhalten, so kann ich jenen offenbar dann auf das Restinteresse belangen, nachdem ich die Vindikation wegen des Hundes durchgeführt habe. Aber auch schon vorher wird nichts im Wege stehen, auf Schadensersatz unter Anrechnung des in der vorhandenen Vindikation für mich liegenden Vermögenswertes zu klagen.[1]) Allerdings dürfte die Abschätzung dieses Wertes sehr schwierig sein, und der angegebene Weg aus diesen und andern Gründen nur selten gewählt werden — aber ihn dem Ersatzberechtigten grundsätzlich zu verschließen, dazu liegt kein zureichender Grund vor. Thäte man es, so würde man den Eigentümer, der nicht auf Schadensersatz ganz verzichten will, unter Umständen wider Willen zur Aufgabe seines Eigentums zu Gunsten des Ersatzpflichtigen zwingen. Auch der Wortlaut des § 255 spricht, richtig verstanden, nicht dagegen. Denn er besagt nur, daß der Ersatzberechtigte seine Ersatzansprüche wegen des ganzen Interesses nur gegen Abtretung der ihm gegen Dritte auf Grund des Eigentums zustehenden Ansprüche durchsetzen kann. Daß aber der Kläger dieser Einrede von vornherein dadurch die Spitze abbrechen könne, daß er unter freiwilliger Absetzung eines dem Werte jener Ansprüche entsprechenden Betrages klagt, ist mit § 255 nicht unverträglich. Denn an diesen — seltenen — Fall hat das Gesetz offenbar gar nicht gedacht; er fällt nicht unter den dort unterstellten Thatbestand.

---

§ 39. Einzeldarstellung: a) Anwendungsgebiet.

Die Voraussetzung der Anwendbarkeit des § 255 ist zuvörderst, daß es sich um einen Schadensersatzanspruch wegen Verlustes einer

---

[1]) So auch Schollmeyer Nr. 2c.

Sache — oder eines Rechtes, s. über diesen zweiten Fall, von dem vorläufig hier abgesehen wird, unten § 44 — handelt. Und zwar um einen auf Geld gerichteten Ersatzanspruch. Denn soweit der Ersatz nach § 249 durch Naturalherstellung zu leisten ist, also durch Rückverschaffung der verlorenen Sache an den Gläubiger, kann dieser unmöglich gehalten sein, seine Ansprüche auf die zurückzuerlangende Sache wiederum dem Schuldner abzutreten. So richtig Schollmeyer Nr. 1. Übrigens werden in solchen Fällen Ansprüche gegen Dritte nicht sonderlich oft vorhanden sein.

a) Nur bei Schadensersatzansprüchen ist die Bestimmung anwendbar. Eine weitere Spezialisierung enthält das Gesetz nicht; man muß den Ausdruck also im weitesten Sinne verstehen. Es zählen dahin:

α) vertragsmäßige Schadensersatzansprüche, mag der Haftende wegen eigener schuldhaften Verletzung einer ihm obliegenden Pflicht haften, oder für das Verschulden Dritter (§ 278), oder auch auf Grund übernommener Garantie oder gesetzlicher Sonderbestimmung — einen sehr wichtigen Anwendungsfall der Ersatzpflicht wegen Verlustes bietet die Haftung des Gastwirtes aus § 701 — verantwortlich sein.

β) Ansprüche aus unerlaubten Handlungen.

γ) Schadensersatzansprüche aus vertragsähnlichen Thatbeständen, z. B. Geschäftsführung ohne Auftrag; sowie aus der ungerechtfertigten Bereicherung nach §§ 818 Abs. 4, 819, 820.

δ) Auch der Eigentumsanspruch kann zu einer unter § 255 fallenden Schadensersatzpflicht führen, so nach §§ 989, 990, 992.

ε) Zweifelhaft ist, ob auch der Versicherer als jemand anzusehen sei, der im Sinne von § 255 für den Verlust einer Sache Schadensersatz zu leisten hat. In der bisherigen Litteratur ist die Frage ungeachtet ihrer großen praktischen Wichtigkeit nur selten behandelt. Im Einklang mit dem in meinem Kommentar zu § 255 Nr. 2 Gesagten und mit Scherer, Kommentar dazu, muß ich die Frage entschieden bejahen. Hat der Versicherer — etwa bei der Einbruchs-, der See-, aber auch bei der Feuerversicherung — die Verpflichtung übernommen, mir für den Fall des Verlustes bezw. der Brandbeschädigung den Wert der Sache bis zu einem bestimmten Maximalbetrage zu zahlen, so ist nicht einzusehen, warum darin nicht eine Verpflichtung zum Schadensersatz liegen solle. Daß sie durch Vertrag übernommen ist, schadet natürlich nichts; daß der Ersatz nur bis zu einer bestimmten

Maximalsumme zu leisten ist, kann um so weniger etwas ausmachen, als sicherlich in den meisten Fällen der entstandene Schaden den Höchstbetrag nicht erreichen wird. Andererseits ist die Unzulässigkeit der Über- und Doppelversicherung nicht anders zu erklären, als aus dem Gedanken, daß in der Versicherungssumme das Interesse zu ersetzen, und mit dieser Zweckbestimmung die Ausbedingung eines über den wirklichen Schaden hinausgehenden Betrages unvereinbar sei.

Auch die Möglichkeiten, daß die verlorenen Gegenstände nur zu einem Teil des Wertes versichert seien, oder daß der gesamte Wert der versicherten Gegenstände, etwa infolge von Neuanschaffungen oder Wertsteigerungen, über den Gesamtbetrag der Versicherungssumme hinausgegangen ist, kann dagegen nicht geltend gemacht werden. Denn dann liegt der Fall ebenso, wie wenn sonst jemand nur zur teilweisen Ersatzleistung verpflichtet ist.

Übrigens besitzt die ganze Frage praktisch um deswillen nicht solche Wichtigkeit, als sie grundsätzlich haben würde, weil in der großen Mehrzahl der Versicherungsverträge dem Versicherten eine Abtretungspflicht der Ansprüche gegen Dritte auferlegt ist, und für zahlreiche Fälle, namentlich im Seeversicherungsrecht, laut der bereits oben § 14 angeführten Nachweise sogar ein gesetzlicher Übergang dieser Ansprüche auf den Versicherer stattfindet.

Auf den Grund der Ersatzpflicht kommt im Sinne von § 255 überall nichts an; insbesondere kann der Umstand, daß dem Ersatzpflichtigen eine vorsätzliche Handlung zur Last fällt, ihm sein Recht auf Abtretung der Ansprüche nicht nehmen. Das war schon in Rom laut l. 12 D. XLII, 1 anerkannt und muß für das neue Recht bei dem Fehlen einer besonderen Ausnahme nicht minder gelten. Insbesondere dann, wenn es sich um Abtretung rein dinglicher Ansprüche handelt; steht freilich diejenige anderweiter Ersatzansprüche in Frage, dann wird die Anwendbarkeit des § 255 durch andere, unten zu erörternde Gesichtspunkte möglicherweise gefährdet — stehen dann doch die Ansprüche gegen die beiden zum Schadensersatz Verpflichteten vielfach im Verhältnis der (unechten) Solidarität.

b) Die Abtretungspflicht des § 255 tritt ein, wenn für den Verlust einer Sache Ersatz zu leisten ist. Dahin gehören folgende Fälle:

α) Die Sache ist überhaupt zu Grunde gegangen, etwa durch Brand, Schiffsunglück oder ähnliche Zufälle. Auch der Fall einer mutwilligen, fahrlässigen oder zufälligen Zerstörung der Sache gehört hierhin. Wie steht es aber bei der bloßen Beschädigung? Von einem Verlust der Sache kann man alsdann immer noch sprechen, soweit die Sache durch die Beschädigung nach der Auffassung des Verkehrs ihre frühere Individualität verloren hat, z. B. ein Tier ist getötet, ein kostbares Silbergerät eingeschmolzen. Zweifelhaft wird dagegen die Frage dann, wenn die Sache unter Wahrung ihres wesentlichen Charakters beschädigt worden ist. Der Wortlaut des § 255 bezieht sich auf diesen Fall nicht. Dies könnte indes einer entsprechenden Anwendung des Satzes darauf nicht unbedingt entgegenstehen, da er nicht eine Sonderbestimmung, sondern die Anwendung eines allgemeinen Prinzips bedeutet.

Aber aus einem andern Grunde dürfte im Fall der Beschädigung einer Sache die Anwendbarkeit des § 255 Bedenken unterliegen. Entweder ist die beschädigte Sache zugleich dem Eigentümer entzogen; dann liegt der gleich zu besprechende Verlustfall vor. Oder sie ist in seinem Besitz geblieben — dann ist wegen des verbliebenen Gegenstandes selbst keine Abtretungspflicht im Sinne von § 255 in Frage, sondern das vom Ersatzpflichtigen zu ersetzende Interesse ist von vornherein um den der Sache noch innewohnenden Wert geringer. Die gegen Dritte etwa bestehenden Entschädigungsansprüche wären allerdings an sich ein geeignetes Objekt der Abtretung — aber da sie meist zu dem Anspruch gegen den Ersatzpflichtigen im Verhältnis der Solidarität stehen werden, treten insoweit deren besondere Regeln ein, s. unten.

β) Die Sache ist nur im engeren Sinne „verloren", d. h. nicht physisch zu Grunde gegangen, aber dem Besitz des Berechtigten entzogen. Dem steht es im Sinne von § 255 gleich, wenn sie dem zur Herausgabe der Sache an den Eigentümer — etwa auf Grund eines zwischen ihnen bestehenden Schuldverhältnisses, wie Miete, Leihe — Verpflichteten in der Weise entzogen wurde, daß bei ihm ein Unvermögen zur Erfüllung seiner Herausgabepflicht eingetreten ist. Ja, dieser letztere Fall ist der regelmäßige, wenn auch keineswegs der einzige, wie es nach den Ausführungen einzelner Kommentatoren scheinen möchte. Denn für den Verlust der bei mir gestohlenen Sache ist doch auch mein Dienstpersonal, Portier u. s. w. verantwortlich, obwohl sich die Sachen in meinem Besitze befanden und nicht erst von ihnen mir hätten herausgegeben werden müssen.

Damit in solchen Verlustfällen der § 255 zur Anwendung kommt, wird natürlich vorausgesetzt, daß der Beklagte auf Ersatz des vollen

Wertes der Sache trotz des fortbestehenden Eigentums überhaupt hafte. Daß seine volle Haftung durch diesen Umstand nicht beeinträchtigt werde, bestimmt § 255 nicht direkt. Er ordnet nur hypothetisch an, was bei Vorhandensein einer solchen Haftung Rechtens sein solle; wann sie aber eintrete, sagt er nicht. Insoweit sind die Bedenken Schollmeyers (Nr. 3c) begründet. Auch aus § 280 in Verbindung mit § 275 [2] ist nur zu entnehmen, daß der Schuldner wegen eines das Leistungsunvermögen herbeiführenden schuldhaften Verlierens der Sache überhaupt ersatzpflichtig sei, nicht aber auch, daß er deswegen das volle Interesse, wie für den Sachuntergang, zu ersetzen habe. Trotzdem ist dies anzunehmen, einmal weil es dem bisherigen Recht entspricht (so Schollmeyer a. a. O.); dann aber auch, weil es in § 255 zwar nicht bestimmt, aber offenbar vorausgesetzt wird. Denn der Ausdruck „Verlust" paßt gerade auf diesen Fall subjektiver Unmöglichkeit der Leistung nach dem Sprachgebrauch am besten; hätte eine volle Ersatzpflicht nach der Ansicht des Gesetzgebers nur bei Untergang der Sache stattfinden sollen, so würde § 255 vernünftiger Weise auch haben lauten müssen: „wer für den Untergang ...". Verfügt er aber statt dessen: „wer für den Verlust ...", so kann man unmöglich eine Auslegung annehmen, wonach die Bestimmung gerade für diesen Fall inhaltslos sein würde. Auch in solchem Verlustfall im engeren Sinne haftet also der Ersatzpflichtige für das volle Eigentumsinteresse; § 255 sorgt dafür, daß ihn das nicht überschwere.

Aber diese Geltendmachung des vollen Interesses ist nach dem im vorigen Paragraphen Gesagten nur ein Recht, keine Pflicht des Klägers; er kann auch auf das bloße „Verlustinteresse" — d. h. mit Berücksichtigung des ihm verbliebenen Eigentums — klagen und sich dadurch der Abtretungspflicht entziehen.

Dagegen gehört nicht der Fall unter § 255, daß jemand zur Leistung einer Sache an einen noch nicht dinglich Berechtigten verpflichtet ist, und die Sache in einer von ihm zu vertretenden Weise abhanden kommt. Denn zwar wird alsdann für den Verlust der Sache gehaftet; da aber die Ansprüche gegen dritte Besitzer oder sonst Verantwortliche nicht dem Gläubiger, sondern dem Schuldner selbst zustehen, kann ersterer auch nicht zu ihrer Abtretung an letzteren gehalten sein. Vielmehr muß umgekehrt der Schuldner, unbeschadet etwaiger weiterer Verantwortlichkeit, gemäß § 281 dem Gläubiger solche Ansprüche gegen Dritte abtreten.

γ) Ist zu den Fällen eines „Verlustes“ der geschuldeten Sache auch der zu rechnen, daß der Schuldner zu ihrer Herausgabe rechtskräftig verurteilt ist und die ihm alsdann vom Gläubiger nach § 283 bestimmte angemessene Frist hat verstreichen lassen? Nunmehr ist ja „der Anspruch auf Erfüllung ausgeschlossen“; es tritt eine, wie ich sie in meinem Kommentar genannt habe, fingierte Unmöglichkeit der Erfüllung ein. Der Schuldner wird also im Verhältnis zum Gläubiger behandelt, gleich als ob er die Sache nicht mehr hätte, und muß Schadensersatz leisten, als wenn sie verloren wäre.

Aus diesem Grunde wird von manchen Schriftstellern, namentlich von Planck Nr. 1 und Schollmeyer Nr. 2a zu § 255, dem nach § 283 Schadensersatzpflichtigen das Recht aus § 255 zugebilligt.

So richtig das theoretisch ist, so darf man doch nicht vergessen, daß die praktische Bedeutung dieses Falles nur äußerst gering sein kann. Denn in den weitaus meisten Fällen der „fingierten Unmöglichkeit“ nach § 283 handelt es sich offenbar um dem Schuldner gehörende und dem Gläubiger erst zu verschaffende Sachen; hier entfällt nach dem zu β) am Schluß Gesagten die Anwendbarkeit des § 255 von vornherein.

Aber auch davon abgesehen ist zu beachten, daß, wenn die Unmöglichkeit voraussetzungsgemäß nur eine „fingierte“ sein soll, die Sache sich meist beim Schuldner selbst befindet; für der Abtretung unterliegende Ansprüche des Gläubigers gegen Dritte ist dabei insoweit kein Raum.

Damit will ich freilich das Vorhandensein solcher nicht für unmöglich erklären. Sie wären etwa dann denkbar, wenn der Schuldner die Sache bei einem Dritten verpfändet, zur Aufbewahrung oder Leihe gegeben hat. Aber auch überall da, wo der Dritte die Sache anders, als auf Grund eines Vertragsverhältnisses mit dem Ersatzpflichtigen, unter Umständen erlangt hat, die dem letzteren die alsbaldige Wiedererlangung nicht unmöglich machen. In allen solchen Fällen wird man dem nach Maßgabe von § 283 ersatzpflichtigen Schuldner das Recht des § 255 auf Abtretung der Ansprüche nicht versagen dürfen.

---

§ 40. b) **Welche Ansprüche sind abzutreten?**

§ 255 bezeichnet als Gegenstand der Abtretungspflicht die Ansprüche, die dem Ersatzberechtigten auf Grund des Eigentums an der Sache zustehen.

a) Selbstverständlich gehören die Eigentumsansprüche dahin, vornämlich die Vindikation; ferner der Abholungsanspruch aus § 1005. Die **actio negatoria** (§ 1004) wird kaum in Betracht kommen; denn da zum Thatbestand des § 255 der Verlust der Sache gehört, läßt sich kaum denken, daß in solchem Fall dem Eigentümer zugleich gegen einen Dritten diese Klage zustehe.

Zweifelhaft ist die Abtretungspflicht des Anspruches aus älterem Besitz nach § 1007. Als einen Anspruch aus dem Eigentum kann man ihn nicht bezeichnen. Trotzdem wird einer entsprechenden Anwendung des § 255 auf den Fall, daß der Ersatzberechtigte gegen Dritte einen derartigen Anspruch besitzt, schwerlich etwas im Wege stehen. Soweit jemand, ohne nachweislich Eigentümer einer Sache zu sein, wegen ihres Verlustes einen Schadensersatzanspruch auf Ersatz des vollen Interesses gegen einen anderen hat — inwieweit das der Fall sein kann, steht hier nicht zur Erörterung — soweit wird auch eine Abtretung des genannten Anspruches zur Vermeidung unbilliger Beschwerung des Beklagten verlangt werden könnte.

b) Auch soweit die Ansprüche aus dem Eigentum auf Schadensersatz gerichtet sind (§§ 989 fg.), unterliegen sie der Abtretungspflicht. Das ergiebt sich nicht nur aus dem äußeren Umstand, daß das Gesetzbuch Ansprüche dieser Art unter dem Titel „Anspruch aus dem Eigentum behandelt, sondern vor allem daraus, daß diese — an sich freilich obligatorischen — Bestandteile vom reinen Eigentumsanspruch praktisch nicht wohl getrennt werden können. Wie seltsam wäre das Ergebnis, wenn zwar der Ersatzpflichtige auf Grund der Abtretung nach § 255 gegen den dritten Besitzer auf Herausgabe der Sache klagen könnte; wenn aber wegen der, etwa nach dem Prozeßbeginn eingetretenen, vom Beklagten zu vertretenden Beschädigung der Sache dem ursprünglich Ersatzberechtigten die Klage noch zustände!

c) Aber weiter: es muß behauptet werden, daß die Abtretungspflicht sich auch auf rein persönliche Ersatzansprüche, insbesondere auf solche aus unerlaubten Handlungen erstrecke, die dem ersatzberechtigten Eigentümer gegen Dritte in Bezug auf die Sache zustehen. So mit Recht Dernburg, Bürgerliches Recht II § 34 Nr. II b, Schollmeyer Nr. 3 und Kipp bei Windscheid II hinter § 258 Nr. 7. Anders freilich Stammler, Die Einrede aus dem Recht eines Dritten, 1900, S. 61.

Denn weder Wortlaut noch Sinn des § 255 fordern die Beschränkung auf die sogen. dinglichen Ansprüche; nur von Ansprüchen auf Grund des Eigentums ist die Rede. Indem nun aber nach § 823 die schuldhafte widerrechtliche Verletzung des Eigentums einen deliktischen Schadensersatzanspruch erzeugt, muß man auch diesen zu den auf Grund des Eigentums zustehenden Ansprüchen rechnen. Wollte man das deswegen leugnen, weil nicht das Eigentum, sondern erst dessen Verletzung den Anspruch aus § 823 erzeugt habe, so würde dies Argument sich auch gegen die Anwendbarkeit des § 255 auf die dinglichen Eigentumsansprüche richten — denn auch sie erfordern eine, wenigstens objektive, Verletzung des Eigentums, als welche schon in der Besitzerlangung an einer Sache durch einen Unberechtigten zu finden ist. Das Eigentum ist überall nur causa remota der Ansprüche; nur in diesem Sinn hat § 255, wenn er nicht ganz inhaltslos sein wollte, von „auf Grund" des Eigentums zustehenden Ansprüchen reden können.

Eine gegenteilige Auslegung würde auch zu höchst sonderbaren Ergebnissen führen. Sehr oft stehen dingliche und obligatorische Ansprüche dem Eigentümer gegen denselben Beklagten konkurrierend zu — etwa gegen den Dieb, der die gestohlene Sache noch besitzt. Welchen Widersinn würde es bedeuten, wenn der Eigentümer dem, etwa wegen mangelhafter Bewachung der gestohlenen Sache, auf Ersatz in Anspruch Genommenen den Eigentumsanspruch gegen den Dieb abtreten müßte, sich aber den Anspruch aus § 823 gegen denselben vorbehalten könnte! Es würde dann vom Zufall abhängen, wer die Sache schließlich bekäme — nicht nur von der größeren Energie in der Rechtsverfolgung, sondern selbst von der Entschließung des Diebes, der vielleicht noch die Stirn haben würde, vom einen Beteiligten unter der Drohung, die Sache sonst dem andern herauszugeben, eine Abfindungssumme zu erpressen!

Auch das bewährte Vorbild des römischen Rechtes spricht für das hier verteidigte Ergebnis; auch dort bezog sich die Abtretungspflicht in gleicher Weise auf Eigentums- wie auf Deliktsklagen.

Aber natürlich müssen es gerade Deliktsklagen wegen Verletzung des Eigentums, genauer des Eigentums an der Sache sein, wegen deren Verlustes der die Abtretung Begehrende in Anspruch genommen wird.

Ferner solche Klagen, welche dem Eigentümer entweder durch den vom Abtretungsberechtigten zu vertretenden Verlust der Sache oder doch im Verlaufe der dadurch geschaffenen Situation gegen Dritte erwachsen sind, z. B. der Anspruch gegen den Dieb, der die Sache bei dem mit ihrer Aufbewahrung Betrauten gestohlen hat; gegen den ungetreuen Finder der vom letzteren verlorenen Sache. War die Sache zuerst beschädigt, hernach in Aufbewahrung gegeben und in Verlust geraten, so kann der auf Ersatz belangte Aufsichtspflichtige selbstverständlich nicht Abtretung des, noch nicht durchgeführten, Anspruches gegen den früheren Beschädiger verlangen.

d) Nicht dagegen unterliegen der Abtretung nach § 255 solche Ansprüche, die dem Ersatzberechtigten auf Grund einer besonderen obligatorischen Beziehung Dritten gegenüber zustehen, also z. B. Ansprüche gegen eine Versicherungsgesellschaft aus dem Versicherungsvertrage. Das Gegenteil ist zwar von Weyl (Vorträge I S. 328) allen Ernstes behauptet worden, aber ohne den Schatten eines Beweises. Der Vertragsanspruch gegen den Versicherer kann doch unmöglich als ein Anspruch bezeichnet werden, der dem Versicherten auf Grund seines Eigentums an der Sache zusteht; mit ebensoviel, oder besser ebensowenig, Recht könnte man den Anspruch des Verkäufers oder Vermieters einen „Anspruch auf Grund des Eigentums" nennen!

Auch innere Gründe sprechen gegen eine solche Auslegung. Man mag darüber verschiedener Ansicht sein, ob es wohlgethan ist, dem Versicherer ein Anrecht auf Abtretung der Ansprüche des Versicherten gegen den dritten Schädiger zu geben; wie es aber Weyl als Gebot der Billigkeit bezeichnen kann, daß dem Beschädiger — etwa einem Einbrecher! — das Recht auf Abtretung der Ansprüche des Versicherten gegen den Versicherer gewährt werde, dafür fehlt mir jedwedes Verständnis. [1])

Aus dem Gesagten ergab sich die Möglichkeit, daß von zwei auf Ersatz desselben Schadens Verpflichteten der eine, zuerst belangte, das Recht auf Abtretung der Ansprüche des Klägers gegen den anderen haben könne. Dieser Satz giebt aber, wenn schrankenlos durchgeführt,

[1]) Anders liegt die Sache, wenn von zwei Versicherern einer in Anspruch genommen wird; hier hätte eine Klagabtretung gute innere Gründe für sich, und es ist Stammler (Einrede aus f. Recht eines Dritten S. 64) Recht zu geben, daß „alles auf die Zulassung eines solchen Ausgleichungsanspruchs hindrängt", wie er dem englisch-amerikanischen Recht schon angehört. Aber auf § 255 kann man ihn derzeit nicht stützen.

zu erheblichen Bedenken und Schwierigkeiten Anlaß, auf die in der Litteratur bisher kaum hingewiesen ist. Bei ihnen ist im folgenden zu verweilen.

a) An sich steht das Recht auf Klageabtretung auch dem wegen Vorsatz Verantwortlichen zu, nicht nur wenn er (vorsätzlich) eine Vertragspflicht verletzt, sondern selbst wenn er aus einer so begangenen unerlaubten Handlung haftet. Könnte er unter allen Umständen die Abtretung der Ansprüche des Verletzten gegen einen etwaigen dritten Schadensersatzpflichtigen begehren, so müßte das an sich auch dann gelten, wenn dieser Dritte den Schaden mit ihm gemeinsam, durch eine und dieselbe unerlaubte Handlung, angerichtet hätte.

Ziehen wir aber diese Folgerung, so kommen wir in unlösliche Konflikte mit den Bestimmungen des B.G.B über Schadensersatz aus unerlaubten Handlungen. Denn es heißt in § 840:

„Sind für den aus einer unerlaubten Handlung entstehenden Schaden Mehrere neben einander verantwortlich, so haften sie, vorbehaltlich der Vorschrift des § 835 Abs. 3, als Gesamtschuldner.

Ist neben demjenigen, welcher nach den §§ 831, 832 zum Ersatze des von einem Anderen verursachten Schadens verpflichtet ist, auch der Andere für den Schaden verantwortlich, so ist in ihrem Verhältnisse zu einander der Andere allein, im Falle des § 829 der Aufsichtspflichtige allein verpflichtet.

Ist neben demjenigen, welcher nach den §§ 833 bis 838 zum Ersatze des Schadens verpflichtet ist, ein Dritter für den Schaden verantwortlich, so ist in ihrem Verhältnisse zu einander der Dritte allein verpflichtet."

Die in Absatz 1 enthaltene Voraussetzung bezieht sich laut § 830 [1]) insbesondere auch auf den Fall, daß zwei Personen durch ein gemeinschaftlich begangenes Delikt einen Schaden angerichtet haben. Alsdann muß es, wie sich aus dem Fehlen einer Sonderbestimmung, sowie a contrario aus § 840 Abs. 2 und 3 ergiebt, für das innere Verhältnis der Gesamtschuldner bei der allgemeinen Regel des § 426 sein Bewenden behalten:

---

[1]) „Haben Mehrere durch eine gemeinschaftlich begangene unerlaubte Handlung einen Schaden verursacht, so ist jeder für den Schaden verantwortlich. Das Gleiche gilt, wenn sich nicht ermitteln läßt, wer von mehreren Betheiligten den Schaden durch seine Handlung verursacht hat.

Anstifter und Gehilfen stehen Mitthätern gleich."

„Die Gesamtschuldner sind im Verhältnisse zu einander zu gleichen Anteilen verpflichtet, soweit nicht ein Anderes bestimmt ist. Kann von einem Gesamtschuldner der auf ihn entfallende Beitrag nicht erlangt werden, so ist der Ausfall von den übrigen zur Ausgleichung verpflichteten Schuldnern zu tragen.

Soweit ein Gesamtschuldner den Gläubiger befriedigt und von den übrigen Schuldnern Ausgleichung verlangen kann, geht die Forderung des Gläubigers gegen die übrigen Schuldner auf ihn über. Der Übergang kann nicht zum Nachteile des Gläubigers geltend gemacht werden.“

Das Ergebnis, wie wir es durch Anwendung des § 255 auf den Fall mehrerer Teilnehmer an einer unerlaubten Handlung gewinnen würden, bleibt hinter dem nach §§ 830, 840 und 426 eintretenden teils zurück, teils geht es darüber hinaus. Ersteres, weil § 255 noch eine besondere Klagenabtretung erfordert, während nach § 426 der Anspruch von Rechtswegen übergeht; letzteres, weil mit Hilfe des Anspruches auf Klageabtretung der Erstbeklagte sich einen Regreß auf das Ganze gegen den zweiten Schuldner verschaffen könnte, statt daß er nach § 426 einen solchen nur auf die Hälfte hat.

Sind danach beide Regelungen mit einander unverträglich, so fragt es sich, welche der andern weichen müsse. Die Antwort kann nur zu Ungunsten des § 255 ausfallen. Böte doch sonst die Berufung auf ihn dem Erstbeklagten ein bequemes Mittel, um sich von der nach der Absicht des Gesetzes ihn intern treffenden anteilsmäßigen Ersatzpflicht zu befreien. Die Sätze über die deliktische Verantwortlichkeit mehrerer Mitthäter würden dadurch in ihrer Anwendbarkeit gefährdet, zu Gunsten einer höchst sinnwidrigen Regelung. Das kann das Gesetz unmöglich gewollt haben.

Wir können dies Ergebnis auch gewinnen auf Grund der Erwägung, daß sich die citierten Bestimmungen über die Haftung mehrerer Delinquenten als *besondere Regeln* darstellen, hinter der die allgemeine Bestimmung des § 255, insoweit sie reichen, zurücktreten muß.

Das gilt aber nicht nur für den zunächst ins Auge gefaßten Fall einer *gemeinsam begangenen* unerlaubten Handlung, sondern für *alle Fälle*, wo im Sinne des § 840 Mehrere für den aus einer solchen entstehenden Schaden verantwortlich sind. Wollte der aus eigenem Delikt in Anspruch genommene Angestellte nach § 255 Abtretung des dem Kläger aus § 831 gegen den Geschäftsherrn zustehenden Anspruches begehren, so würde ihm das, als mit dem in § 840 Abs. 2 für das beiderseitige interne Haftungsverhältnis Angeordnete in schroffem Widerspruch stehend, verweigert werden müssen.

Wann aber haften Mehrere „für den aus einer unerlaubten Haftung entstehenden Schaden?"

Eine wörtliche Auslegung könnte zu dem Ergebnis kommen, daß dem überall so sei, wo neben einem Delinquenten ein anderer, etwa aus übernommener Garantie oder wegen Verletzung einer vertragsmäßigen Aufsichts- oder Verwahrungspflicht, für den von jenem herbeigeführten Schaden verantwortlich sei. In allen solchen Fällen müßte bei dieser weiten Auslegung der § 255 unanwendbar bleiben.

Aber ich glaube, man wird zu einer engeren Auslegung jener Worte schreiten müssen. Der wegen Verletzung seiner Vertragspflicht Verantwortliche haftet in Wahrheit, wenn er durch seine Unachtsamkeit die Begehung eines Deliktes ermöglicht, nicht sowohl für den aus dem Delikt unmittelbar, als vielmehr für den aus seiner eigenen Unachtsamkeit mittelbar entstandenen Schaden; nicht ex delicto, sondern ex contractu. Das zeigt sich praktisch z. B. in der Dauer der Verjährung: seine Verpflichtung ist der gewöhnlichen, nicht der in § 852 für die Deliktsansprüche festgesetzten dreijährigen unterworfen. Für seine Haftung ist es ganz gleichgültig, ob die causa proxima des eintretenden Schadens eine unerlaubte Handlung bildete oder nicht; der Aufsichtspflichtige ist in gleicher Weise verantwortlich, mag das zu bewachende Tier infolge seiner Nachlässigkeit gestohlen werden oder fortlaufen.

Die Haftung des seine Pflicht verletzenden Vertragsschuldners neben dem Thäter ist danach in ihrer juristischen Grundlage eine ganz andere, als diejenige des Geschäftsherrn, des Aufsichtspflichtigen, des Halters eines Tieres: diese haften für die fremde That als solche, nicht für die Verletzung einer ihnen dem Beschädigten gegenüber schon vorher obliegenden Pflicht. — § 840 bezieht sich also nur auf die Fälle der deliktischen Haftung, mögen sie auf den Bestimmungen des B.G.B. über unerlaubte Handlungen oder auf besonderen Spezialgesetzen beruhen.

b) Damit sind aber die Schwierigkeiten noch nicht gehoben. Wenn für denselben Schaden der Eine wegen unerlaubter Handlung, der Andere wegen Vernachlässigung seiner Vertragspflicht verantwortlich ist, so unterliegt es zwar keinem Bedenken, dem zuerst belangten Vertragsschuldner den Anspruch auf Abtretung der Klage gegen den Deliktsschuldner zu geben. Nicht nur die großen römischen Juristen haben das anstandslos gethan, sondern auch unser Rechtsgefühl gestattet, ja verlangt es ganz entschieden. Denn so gröblich die Pflichtverletzung eines solchen Schuldners war — er hat doch immerhin nur die Möglichkeit oder entfernte Ursache des eintretenden Schadens gesetzt, nicht diesen durch rechtswidriges Verhalten unmittelbar hervorgerufen.

Um so bedenklicher, das beweisen bereits die letzten Erwägungen, würde es sein, dem zuerst belangten Delinquenten die Wohlthat des § 255 zu gewähren. Der Dieb und Räuber sollten sich die Klage des Gläubigers gegen den fahrlässigen Bewahrer des gestohlenen oder geraubten Gutes abtreten lassen und damit die volle civilrechtliche Verantwortlichkeit dem Endergebnis nach — denn die Ausgleichung nach § 426 steht hier nicht in Frage — auf einen im Vergleich zu ihnen viel weniger Schuldigen abwälzen können? Ich halte ein derartiges Ergebnis für schlechthin unannehmbar.

Zum Glück bietet uns schon der Wortlaut einen Ausweg. § 255 legt dem Kläger die Abtretungspflicht nur bezüglich der ihm auf Grund des Eigentums zustehenden Ansprüche auf. Während nun der Anspruch gegen den Dieb als ein solcher aufzufassen ist, da er wegen „Verletzung des Eigentums" im Sinne von § 823 haftet, steht es mit der Haftung des Aufsichtspflichtigen anders. Sie beruht auf Verletzung nicht des Eigentums, sondern der übernommenen Vertragspflicht — würde sie doch auch begründet sein, wenn der die Sache in Verwahr gebende Gläubiger nicht ihr Eigentümer, sondern nur sonst daran interessiert wäre! Also ist der Anspruch gegen den Aufsichtspflichtigen kein geeigneter Gegenstand der Abtretungspflicht aus § 255.

c) Es bleibt noch ein weiterer bedenklicher Punkt. Haften zwei Personen auf Ersatz desselben Schadens, die eine aus unerlaubter Handlung, der andere aus Verletzung übernommener Vertragspflichten, so ist offenbar der Zweck ihrer beiderseitigen Verpflichtung derselbe, und sie scheinen zu einander im Verhältnis der Solidarität selbst dann zu stehen, wenn die Voraussetzungen des § 840 (s. oben Litt. a) nicht vorliegen.

Damit würde die Anwendbarkeit des § 255 auf die Abtretung von Schadensersatzansprüchen gegen Dritte wiederum in ihrer Totalität in Frage gestellt. Denn die Zahlung des einen Gesamtschuldners befreit bekanntlich alle; eine abzutretende Klage gegen die anderen wäre also gar nicht mehr vorhanden, sondern höchstens ein Regreßanspruch des Zahlenden gegen sie im Sinne von § 426.

Dagegen ist nun aber zu bemerken, daß, wie ich schon an anderer Stelle (oben § 15 S. 123 fg.) hervorhob, nicht überall da, wo die Verpflichtungen mehrerer Personen den gleichen Zweck verfolgen, ein Gesamtschuldverhältnis im Sinne des B.G.B. vorliegt. Dazu wird vielmehr eine Einheit des Entstehungsgrundes gefordert werden müssen, wie sie z. B. bei einem gemeinsam eingegangenen Vertrage, aber auch bei einem die gemeinsame Haftung im Sinne von § 840 begründenden Delikt vorliegt. Hier aber fehlt es an solcher Einheit des Entstehungsgrundes durchaus. Für eine verhältnismäßige Ausgleichung der mehreren Verpflichteten ist kein Raum, weil die sie anordnende Bestimmung des § 426 ein irgendwie geartetes „Verhältnis der Gesamtschuldner“ zu einander voraussetzt, der in unserem Fall eben nicht vorliegt. Also kann der ersatzleistende Delinquent auch nicht auf Grund von § 426 anteilsmäßigen Regreß gegen den Vertragsschuldner nehmen.

Liegt aber auch nur eine unechte Solidarität vor, so sind damit noch nicht alle Bedenken erledigt. Denn auch bei ihr tilgt die Leistung des einen Schuldners wegen der Identität des Zweckes in der Regel die Verpflichtungen aller. Es möchte also scheinen, als ob sowohl durch die Leistung des Delinquenten der ersatzpflichtige Kontraktsschuldner, wie umgekehrt durch dessen Leistung der Delinquent befreit würde. Damit wäre das zu b) als unannehmbar behauptete Ergebnis wieder aufgetaucht, nur für einen anderen Fall: dort wäre der Delinquent der Folgen seines Thuns ledig geworden, wenn zuerst er selbst, hier, wenn zuerst der Vertragsschuldner belangt wurde.

Wiederum kann uns demgegenüber das bewährte Vorbild des römischen Rechts schätzbares Material geben. Wir haben ja oben (S. 270 fg.) auf Grund der l. 22 C. VI, 2 festgestellt, daß in Rom in einem derartigen Fall zwar die Leistung des Delikts- den Vertragsschuldner befreite, nicht aber auch umgekehrt diejenige des Vertrags- den Deliktsschuldner. Jener konnte vielmehr auch nachträglich die Cession der dem Gläubiger gegen diesen zustehenden Ansprüche fordern. Dasselbe ist m. E. für das neue Recht anzunehmen:

α) Daß die Leistung des Deliktsschuldners den Vertragsschuldner befreie, läßt sich leicht nachweisen. Denn mag der von jenem geleistete Ersatz in Wiederherstellung des früheren Zustandes, mag er in Geldleistung bestanden haben: jedenfalls ist der

Schaden, den das vertragswidrige Verhalten des Vertragsschuldners für den Gläubiger zunächst herbeigeführt hatte, wieder ausgeglichen. Mit Erledigung des Zweckes aber — darauf beruht ja die gesamtzerstörende Kraft der Zahlung und der ihr gleichstehenden Akte beim Gesamtschuldverhältnis wie bei der unechten Solidarität — fällt nach hier nicht näher nachzuweisenden bekannten Rechtsgrundsätzen die der Realisierung desselben als Mittel dienende Obligation selber fort. So auch Kipp zu Windscheid hinter § 258 Nr. 7; Stammler, Einrede aus d. Recht eines Dritten, 1900 S. 59.

Dieses Ergebnis gewinnt man auch direkt aus unserem § 255. Denn belangt der Gläubiger zuerst den Vertragsschuldner, so kann derselbe Abtretung des dann noch vorhandenen Anspruches gegen den Deliktsschuldner verlangen. Belangt er aber den letzteren zuerst, so wird dieser befreit, und ein abtretbarer Anspruch ist nicht mehr vorfindlich. Die gegenteilige Ansicht würde somit dem Gläubiger ein bequemes Mittel gewähren, um dem Kontraktsschuldner die ihm nach § 255 zugedachte Rechtswohlthat zu entziehen und sich selbst doppelten Ersatz zu verschaffen. Das kann das Gesetz unmöglich gewollt haben. Der Schluß von der Abtretungspflicht des § 255 auf eine befreiende Wirkung einer vorgängigen Zahlung des Schuldners der abzutretenden Forderung ist vielmehr unabweisbar.

Solche Wirkung unter den Gesichtspunkt der compensatio lucri zu bringen, ist wiederum weder notwendig noch angebracht; indem die Zahlung hier als solche wirkt, beürfen wir nicht erst des Umweges über die kompliziertere Rechtsfigur.

β) Anders steht es mit der Leistung des Vertragsschuldners. Sie erfüllt zwar das subjektive Interesse des Gläubigers. Aber damit der hauptsächliche Anstifter des Schadens, der Delinquent, auch zum endgültigen Träger des zu leistenden Ersatzes werde, hat die Rechtsordnung allen Anlaß, in Ermangelung eines anderen Mittels den Anspruch des befriedigten Gläubigers gegen den Delinquenten zu verwerten, um das Regreßinteresse des zahlenden Vertragsschuldners zu befriedigen. Das römische Recht hat diesen Weg in der That gewählt. Aber auch nach dem neuen B.G.B. gilt dasselbe.

Indem es in Fällen dieser Art dem Beklagten ein Anrecht auf Abtretung der dem Gläubiger gegen den Drittschuldner zustehenden Ansprüche gewährt, schließt es notwendig die befreiende Kraft der Zahlung aus und bekundet deutlich, daß die Ziele, denen diese Ansprüche dienen sollen, noch nicht als erledigt zu erachten sind. **Remanet propter regressum obligatio**, könnte man in Variation einer bekannten römischen Formel sagen.

d) Das hier Ausgeführte trifft auch für das Verhältnis des (Schadens-) Versicherers zum dritten Ersatzpflichtigen zu. Auch sie sind, wie ich oben §. 15 dargelegt habe, unechte Solidarschuldner. Weder das Bestehen der Versicherungsforderung, noch die darauf erfolgte Zahlung befreit, so wurde festgestellt, den dritten Schädiger.

Umgekehrt ergab sich (oben § 38), daß dem Versicherer das **beneficium cedendarum actionum** gegen den dritten Schädiger zusteht. Daraus ist wiederum, wenn es des weiteren Beweises überhaupt bedürfen sollte, auf eine Befreiung des Versicherers in Höhe des vom Dritten geleisteten Schadensersatzes zu schließen.

Auf die Lebens- und sonstige Summenversicherung ist das alles mangels besonderer Abrede nicht anwendbar, schon weil sie nicht unter § 255 fällt; s. auch das oben S. 125 Gesagte. Hier steht an sich nichts im Wege, daß der Versicherte nebeneinander vom Versicherten die Versicherungssumme und vom Schädiger den Ersatz eintreibt; von einer befreienden Wirkung der Ersatzleistung ist ebensowenig, wie von einem Abtretungsanspruch die Rede. Der Wortlaut des § 255 bezieht sich auf diesen Fall nicht, und für eine analoge Anwendung fehlt es an zureichenden Gründen.

e) Endlich noch ein Punkt! Indem der unmittelbare Verursacher des Schadens, wie im römischen, so auch im bürgerlichen Recht gewissermaßen als **principalis debitor** angesehen wird, entsteht die der Frage, ob nicht, wie dort nach der l. 60 § 2 D. 19, 2, so auch hier der für den Verlust der Sache Verantwortliche unter gewissen Voraussetzungen die vorgängige Belangung des eigentlichen Schadensstifters verlangen könne? Eine Spezialvorschrift ist dem Gesetze fremd. Doch dürften Fälle denkbar sein, wo der Schuldner unter Berufung auf Treu und Glauben (§ 242) an den Gläubiger ein derartiges Ansinnen stellen kann. Es ist etwa beim Verwahrer oder Entleiher eine Sache gestohlen; der Dieb ist ermittelt und leicht zu belangen, auch die gestohlene Sache noch unversehrt. Da in solchem Fall nach § 249 der dem Gläubiger zu leistende Ersatz nur in der Wiederverschaffung der Sache besteht — die Leistung des erforderlichen Geldbetrages kann er, weil die Sache voraussetzungsgemäß nicht „beschädigt“ ist, nicht begehren — so kann der Gläubiger eher und leichter zu dem Seinen kommen, wenn er den Dieb belangt, als wenn er den zur Zeit zur Wiederverschaffung unvermögenden Vertragsschuldner in Anspruch nimmt. Wählt er demungeachtet den letzteren Weg, so wird man darin leicht eine Chikane erblicken dürfen, die den Beklagten zu einer „Einrede der Vorausklage" berechtigen würde.

An solche — zugegeben seltenen — Fälle mag vielleicht Schollmeyer (Nr. 2b) denken, wenn er die Sache nur dann im Sinne des § 255 verloren sein läßt, wenn sie „dem Herausgabepflichtigen gestohlen wurde und der Dieb nicht zu ermitteln ist."

Allerdings ist mit dem Reichsgericht (Entsch. vom 24. II. 1883, Bd. IX Nr. 79) zu betonen, daß das Nichtvorhandensein eines anderen gleich aussichtsreichen Rechtsbehelfes keineswegs zum Klagegrund gehört. Es kann im unterstellten Fall vielmehr höchstens eine auf §§ 226 und 242 begründete besondere, vom Beklagten aufzustellende und zu beweisende, singuläre Einrede anerkannt werden.

---

§ 41. c) Inhalt des Abtretungsanspruches.

1. Der Anspruch aus § 255 richtet sich auf Abtretung der Klagen — welcher, das ist im Vorhergehenden bereits erörtert worden. Ein unmittelbarer gesetzlicher Übergang derselben findet nach dem Gesetze nicht statt.

2. Der Anspruch auf Abtretung ist im Sinne von § 255 durch Einrede geltend zu machen. Solange er nicht erfüllt ist, steht dem Schuldner bezüglich der ihm obliegenden Ersatzleistung ein Zurückbehaltungsrecht zu. Denn die Voraussetzung des § 273 — ein fälliger Anspruch des Schuldners gegen den Gläubiger aus demselben rechtlichen Verhältnis, auf dem seine Verpflichtung beruht —, ist offenbar gegeben.

3. Zweifelhaft ist die Frage, ob der Ersatzpflichtige, der ohne Geltendmachung seiner Gerechtsame aus § 255 geleistet hat, vom Gläubiger nachträglich im Klagewege Abtretung von dessen Ansprüchen verlangen könne.

Von den meisten Schriftstellern wird die Frage bejaht, so in den Kommentaren von Planck (Nr. 1 Abs. 3) und Staudinger-Mayring (Nr. 4) sowie von mir selbst (Nr. 3). Auch nach Dernburg (Bürg. Recht II § 34 Nr. IId) steht dem Ersatzleistenden „zweifelsohne" ein solches Recht zu.

Den gegenteiligen Standpunkt vertritt nur Schollmeyer

(Nr. 4), und zwar wegen der Fassung des § 255. Es handle sich nur um einen Anwendungsfall des Zurückbehaltungsrechtes, und ein Recht, auf Abtretung der Ansprüche unter Erbietung zur Schadensersatzleistung zu klagen, sei dem Ersatzpflichtigen nicht gegeben.

Diese Begründung ist nicht überzeugend. Daraus, daß der Ersatzberechtigte nicht auf Abtretung seiner Ansprüche gegen Empfang der Ersatzleistung verklagt werden kann, folgt nichts für unsere Frage — ein solches Klagrecht war dem Ersatzpflichtigen, wie wir sahen, auch in Rom fremd, und doch gewährte man dort demselben, wenn er Ersatz geleistet hatte, noch nachträglich einen Anspruch auf Abtretung der dem Ersatzberechtigten gegen Dritte zustehenden Klagen. Diese Verschiedenheit ist auch innerlich begründet: denn ein Klagerecht des Ersatzpflichtigen im ersterwähnten Sinne würde dem Ersatzberechtigten die Freiheit der Wahl nehmen, gegen wen von den beiden seinen Ansprüchen Unterworfenen er vorgehen wolle; giebt man dagegen dem Ersatzpflichtigen auf Grund geleisteter Zahlung das Recht auf Abtretung, so kann das der bereits ausgeübten Wahlfreiheit des Ersatzberechtigten keinen Eintrag thun.

Ferner sprechen gute innere Gründe für das von der herrschenden Meinung angenommene Klagrecht. Der Zweck des § 255 ist offenbar, eine Bereicherung des Ersatzberechtigten zu vermeiden, die darin läge, daß er einerseits sein volles Interesse von dem Ersatzpflichtigen voll ersetzt erlangt, andererseits das in den Ansprüchen gegen Drittverpflichtete liegende commodum behält. Darum entspricht, wie Planck zutreffend bemerkt, die Zubilligung eines Anspruches der hier besprochenen Art sicherlich der Absicht des § 255.

Die gegenteilige Lehre würde dem Endergebnis nach meist zu einer nutz- und zwecklosen Bereicherung des dritten Verpflichteten führen. Denn da der Ersatzberechtigte nach Zurückerlangung der verlorenen Sache dem Rückforderungsanspruch des Ersatzleistenden unterliegt (s. unten), so würde er sich schwerlich um die ihm nur Lasten und Umständlichkeiten bringende Zurückerlangung noch sonderlich bemühen, die Sache vielmehr gern in der Hand des dritten Besitzers lassen.

Auch daß in § 255 nur ein bloßes Zurückbehaltungsrecht enthalten sei, spricht nicht gegen, sondern eher für die hier vertretene Meinung. Denn da ein solches keine peremtorische Einrede gegen den Schadensersatzanspruch begründet, kann der seine Verwendung irrtümlich unterlassende Beklagte nach § 813 nicht mit der condictio indebiti die Leistung zurückfordern.

Um so eher müssen wir ihm auf andere Weise zu Hilfe kommen.

Als formelle Handhabe dürfte dazu die Erwägung dienlich sein, daß der im Sinne des § 255 Ersatzpflichtige zwar nicht in allen, aber in den meisten Fällen ein Vertragsschuldner ist. Insoweit läßt sich ein Anspruch der hier in Frage stehenden Art schon aus dem alle Vertragsverhältnisse beherrschenden Prinzip von Treu und Glauben entnehmen. Der bereits von den Römern aufgestellte Satz „nihil ex mandato apud eum, qui suscepit, remanere oportet“, läßt sich, besonders im Sinne des modernen Rechts, dahin erweitern, daß ein Vertragsverhältnis nicht zur Bereicherung des einen Kontrahenten auf Kosten des Anderen in einer dem Vertragszwecke widerstreitenden Weise führen soll.

4. Es wäre denkbar, daß ein Anspruch gegen Dritte dem Ersatzberechtigten zur Zeit der Inanspruchnahme des Verpflichteten noch nicht zusteht, aber später zur Entstehung gelangt — z. B. dieser ließ ein fremdes Tier entlaufen, später kommt dasselbe in den Besitz eines Dritten —, oder daß die Person des Drittschuldners den Beteiligten erst nachträglich bekannt wird.

Solche Möglichkeiten zeigen auf der einen Seite mit größter Deutlichkeit, wie notwendig die zu 3. verteidigte Klage auf nachträgliche Abtretung der Ansprüche in manchen Fällen ist. Andererseits wird dabei der Ersatzpflichtige, soweit er das maius — die Abtretung gegenwärtiger Ansprüche gegen Dritte — mangels deren Vorhandenseins nicht begehren kann, wenigstens vom Ersatzberechtigten ein Versprechen des Inhalts begehren können, ihm die in Zukunft in Bezug auf die Sache entstehenden Ansprüche demnächst abzutreten.

Soweit übrigens einer antizipierten Abtretung künftig entstehender Ansprüche nichts im Wege stehen sollte — eine in ihrer Totalität an dieser Stelle nicht aufzurollende schwierige Frage —, kommt daneben natürlich auch in unserem Falle eine solche in Betracht.

5. Die letzte hier zu erörternde Frage ist die nach dem Einfluß einer späteren Zurückerlangung der verlorenen Sache durch den vom Schadensersatzpflichtigen befriedigten Berechtigten.

Sie kann zunächst vorkommen, obwohl die Ansprüche nach § 255 dem Ersatzpflichtigen abgetreten sind — welche Wirkung sie dann hat, ist erst im nächsten Paragraphen zu erörtern. Überhaupt liegt dieser Fall verhältnismäßig fern: denn sind dem Ersatzpflichtigen einmal die Ansprüche auf die Sache abgetreten, so wird auch er sie sich meist zu verschaffen imstande sein, leichter als der Ersatzberechtigte.

Ich denke vielmehr an die Fälle, wo es aus irgend einem Grunde zur Abtretung der Ansprüche nicht gekommen war. Alsdann gewähren die Meisten — so Schollmeyer Nr. 4, Staudinger-Mayring Nr. 4 Abs. 2, mein Kommentar Nr. 3 Abs. 2, hypothetisch auch Planck Nr. 1 Abs. 3 — dem Ersatzpflichtigen ein Rückforderungsrecht auf die gezahlte Schadensersatzsumme, wobei Schollmeyer den Gesichtspunkt der cond. causa data causa non secuta heranzieht.

An sich ist dem zweifellos beizutreten, wenn auch anstatt des Schollmeyerschen Gesichtspunktes besser nach dem Vorgang der l. 2 D. XII, 7 derjenige der causa finita heranzuziehen wäre. Denn nachdem der Ersatzberechtigte die Sache zurückerhalten hat, steht fest, daß der vom Ersatzpflichtigen zu vertretende Verlust das Interesse des andern in Wahrheit nicht verletzt hat — damit ist der Rechtsgrund für die vollzogene Leistung nachträglich aufgehoben, und nach § 812 Abs. 1 S. 2 der Weg für eine Rückforderungsklage eröffnet.

Aber ausnahmslos trifft das Gesagte nicht zu. Es ist leicht denkbar, daß der Ersatzberechtigte für die nachträglich zurückerlangte Sache keine entsprechende Verwendung hat — sie ist etwa in der Hand des dritten Besitzers oder ohne menschliches Zuthun verschlechtert; der Eigentümer hat inzwischen seinen Bedarf an Dingen dieser Art anderweit gedeckt, oder jene ist einfach infolge veränderter Verhältnisse im Tausch- oder Gebrauchswert, ohne beschädigt zu sein, gesunken. Alsdann kann man dem Ersatzberechtigten unmöglich zumuten, die Sache zu behalten und den empfangenen Ersatz zurückzugeben. Man wird vielmehr, wiederum nach römischem Vorbild — s. l. 17 § 5 D. XIII, 6 — dem Ersatzberechtigten ein Wahlrecht geben zwischen Herausgabe der Sache und Zurückgabe des empfangenen Ersatzes: entweder überhaupt — so anscheinend Dernburg a. a. O. Nr. 2 g —, oder doch mindestens für den Fall, daß sein Interesse durch die Rückerlangung der Sache nicht oder nicht vollständig befriedigt worden ist.

---

§ 42. d) Wirkungen.

1. Durch die vollzogene Abtretung wird der zahlende Ersatzpflichtige Gläubiger der abgetretenen Ansprüche. Die Einzelheiten dieser obligatorischen Wirkungen des Aktes bestimmen sich nach den Vorschriften des B.G.B. §§ 398 fg. und bedürfen hier keiner näheren Darstellung.

Zu erwähnen ist nur, daß, wenn die Abtretung vor Zahlung der Ersatzsumme erfolgt ist, ihre Wirkungen um deswillen nicht aufgeschoben werden.

2. Schwierigkeiten bereitet die Frage, welchen Einfluß die Abtretung der Ansprüche auf das dingliche Recht des Ersatzberechtigten ausübe. Sie kann nicht praktisch werden, wenn nur die Abtretung obligatorischer Ersatzansprüche in Frage steht; denn soweit der abzutretende Anspruch nicht auf Herausgabe einer dem Gläubiger gehörigen Sache, sondern nur auf eine erst zu machende Leistung geht, wird durch die Abtretung auch kein dingliches Recht des Cessionars begründet.

Ebenso wenig ist das bei Ansprüchen auf Herausgabe von Immobilien der Fall; da deren Eigentum nur durch Auflassung und Eintragung im Grundbuch übergehen kann, übt die Abtretung der auf sie bezüglichen Ansprüche auf die Eigentumsverhältnisse keinen Einfluß.

Anders möglicherweise, soweit den Gegenstand der Abtretung ein auf eine bewegliche Sache gerichteter Eingentumsanspruch bildet. Denn durch Abtretung eines solchen kann, wenn ein Dritter im Besitze der Sache ist, nach § 931 B.G.B. die Übergabe ersetzt, d. h. ihr Eigentum auf den Cessionar übertragen werden.

Einen solchen Eigentumsübergang als Folge der Abtretung aus § 255 nehmen in der That die Meisten an, so Planck a. a. O. Nr. 1 a. E., Dernburg a. a. O. Nr. IIc, Cosack § 91 Nr. 9, Kipp zu Windscheid a. a. O. Nr. 7. Den gegenteiligen Standpunkt vertritt auch in dieser Frage Schollmeyer Nr. 3, weil die Abtretung des Eigentumsanspruches den Cessionar nicht als solche zum Eigentümer mache, sondern nur dann, wenn beide Beteiligte über den Übergang des Eigentums einig seien.

Der Schollmeyerschen Ansicht wird man grundsätzlich beipflichten müssen. Daß die Abtretung der Eigentumsansprüche dem Cessionar stets das Eigentum verschaffe, läßt sich unmöglich behaupten — wenn bei der Übergabe dazu noch ein animus transferendi et accipiendi dominii nötig ist, so muß es bei ihrem bloßen Surrogat, als welche sich die Abtretung der Eigentumsklage nach Wortlaut und Sinn des § 931 darstellt, sich ebenso verhalten. Unmöglich darf man ihr eine stärkere Wirkung als der Übergabe zuschreiben. Nun kann natürlich bei der nach § 255 erfolgten Abtretung eine solche Einigung der Beteiligten obwalten — aber das ist weder notwendig, noch selbst im Zweifel zu unterstellen. Nur dann könnte man es annehmen, wenn sich aus dem § 255 eine Pflicht ergäbe, den Ersatzleistenden geradezu für den Ersatzberechtigten zum Eigentümer zu machen. Aber eine solche Verpflichtung ist dort nicht ausgesprochen, sollte auch nach den Motiven S. 25 geflissentlich nicht ausgesprochen werden.

Freilich sind die Motive nicht entscheidend, und man müßte ihnen zuwider eine solche Übereignungspflicht trotz des Schweigens des Gesetzes dann annehmen, wenn sie zur Erreichung des in § 255 verfolgten Zweckes notwendig wäre. Aber eine solche Notwendigkeit oder Zweckmäßigkeit besteht in Wahrheit nicht; ja, die von den Gegnern unterstellte Übereignungspflicht könnte leicht zu bedenklichen Ergebnissen führen.

Man denke etwa an den Fall, daß das Vorhandensein oder die Unversehrtheit der Sache, oder wenigstens die Person des derzeitigen Besitzers, zweifelhaft oder unbekannt sind — nach der herrschenden Meinung müßte hier der Eigentümer entweder mit der Geltendmachung seiner Ersatzansprüche bis zur Aufklärung der Sachlage noch warten, oder dem Ersatzpflichtigen das Eigentum der Sache bedingungslos überlassen, selbst für den Fall, daß sie sich nachher als unversehrt herausstellen sollte.[1]) Ich glaube, daß dabei leicht die Interessen beider Beteiligten zu kurz kämen. Mindestens ist die Zweckmäßigkeit der Übereignungspflicht nicht so zweifellos, wie sie es sein müßte, um sie ohne unmittelbaren Ausspruch des Gesetzes annehmen zu dürfen.

Fehlt es aber an einer Übereignungspflicht, dann ist nicht abzusehen, warum der Cedent auch ohne sie stets einen Übereignungswillen gehabt haben soll.

Das hier verteidigte Ergebnis bietet keine Bedenken. Hat der Ersatzpflichtige in Ausübung des ihm abgetretenen Anspruches die Sache erlangt, so ist sie hinfort für den Eigentümer keine „verlorene"

---

[1]) Man denke an den von Lenel (Praktikum d. bürg. Rechts, 1901, S. 61, Nr. 252) angegebenen Fall:

„In Immermanns Münchhausen wird dem Hofschulzen aus Rachsucht das von ihm hochgehaltene angebliche Schwert Karls des Großen entwendet und beiseite gebracht."

Die Frage, ob der Entwender, auf Ersatz belangt, Abtretung der Eigentumsansprüche verlangen könne, ist natürlich zu verneinen. Anders aber, wenn durch Nachlässigkeit eines Dienstboten die Entwendung möglich wurde, und der Dienstbote auf Ersatz belangt wird.

Auf diesen mit der Anspruchsabtretung das ihm vielleicht höchlich gleichgültige Kaiserschwert zu Eigen übergehen zu lassen, wäre eine für beide Beteiligte gleich unerfreuliche Lösung.

mehr; sofern jener bereit und in der Lage ist, sie dem Eigentümer zurückzuerstatten, kann er, ähnlich wie wenn dieser sie auf andere Weise zurückerhalten hätte, die geleistete Ersatzsumme nunmehr von ihm nach dem Gesichtspunkte der causa finita (§ 812) zurückfordern.

Aber wie schon am Schluß des § 41 festgestellt wurde: der Eigentümer vermag, mindestens wenn ihm durch die Rückerlangung der Sache eine volle Befriedigung seiner Interessen nicht mehr verschafft werden würde, sich der Rückerstattungspflicht der Ersatzsumme zu entziehen. Das geschieht hier einfach im Wege der traditio brevi manu, indem er sich zur Übereignung der Sache an den Gegner im Sinne von § 929 Satz 2 bereit erklärt.

---

§ 43. e) Teilweise Ersatzleistung.

Der Fall, daß jemand zum teilweisen Ersatz eines Schadens verpflichtet ist, wird im allgemeinen nicht häufig sein. Am ehesten kommt eine teilweise Ersatzpflicht in den versicherungsrechtlichen Fällen vor, wenn nur ein Teil des Interesses, oder das Gesammtinteresse nur bis zu einem den wahren Schaden nicht erreichenden Betrage, versichert ist. Denkbar ist sie ferner, von dem seltenen Fall einer teilweise übernommenen Garantie abgesehen, insbesondere dann, wenn der Schaden durch konkurrierendes Verschulden des Beschädigten zwar nicht entstanden, aber doch vergrößert ist, und deshalb der „Umfang" des zu leistenden Ersatzes gemäß § 254 herabgemindert wird.

Eine bloß teilweise Ersatzleistung kann sich ferner daraus ergeben, daß der Ersatzberechtigte aus Rücksicht auf den Pflichtigen sich mit einer solchen vorläufig oder endgültig begnügt; daß er sich mit Abschlagszahlungen einverstanden erklärt; endlich daß die Zwangsvollstreckung in das Vermögen des Ersatzpflichtigen nur zu einer teilweisen Befriedigung geführt hat.

Wie steht es in solchen Fällen mit der Abtretungspflicht aus § 255? Natürlich kann der Ersatzberechtigte auch alsdann seine Ansprüche gegen Dritte an den Pflichtigen in toto abtreten, und die Dritten erwerben daraus gegen die Klage des letzteren keinerlei Einwände, da der Grund der Abtretung sie nichts angeht.

Aber verpflichtet ist der Ersatzberechtigte zu einer Vollabtretung in solchen Fällen natürlich nicht. Ob wenigstens zu einer Abtretung des der erhaltenen Ersatzquote entsprechenden Teiles der

Ansprüche, mag fraglich erscheinen. Die Protokolle I S. 301 unten bezeichnen es als selbsterständlich, daß die Ansprüche „nur soweit" — also doch immerhin soweit! —, als Ersatz geleistet wurde, abzutreten seien; so auch mein Kommentar Nr. 5, Staudinger-Mayring Nr. 5. Dagegen lehrt Planck Nr. 1, der Ersatzberechtigte brauche nur gegen vollen Ersatz seine Ansprüche abzutreten; ebenso, noch entschiedener, Schollmeyer Nr. 4 a. E., falls nicht „vertragsmäßige Einigung" vorliege.

Meines Erachtens ist zu scheiden: war der Ersatzpflichtige entweder von vornherein oder kraft nachträglicher Vereinbarung mit dem Beschädigten nur teilweise zur Ersatzleistung verpflichtet, dann wird ihm ein Recht auf teilweise Abtretung der Ansprüche wenigstens dann nicht versagt werden können, wenn diese nach allgemeinen Grundsätzen überhaupt teilbar sind.[1]) Denn es liegt kein Grund vor, den seiner Pflicht in vollem Umfang nachkommenden, beschränkt Ersatzpflichtigen der Wohlthat zu berauben, die das Gesetz dem voll Pflichtigen gewährt. Stellt der § 255 doch keine singuläre Bestimmung dar, sondern einen Ausfluß des allgemeinen Rechtsprinzips, daß der Beschädigte nicht über den Betrag seines wahren Interesses hinaus seine Ersatzansprüche soll geltend machen können.

Sind aber die Ansprüche ihrer Eigenart nach nicht teilweise abtretbar, so wird der Ersatzberechtigte den Verpflichteten zum Mitgläubiger im Sinne von § 432 aufzunehmen gehalten sein.

Anders, wenn der Ersatzpflichtige die ihm obliegende volle Entschädigungspflicht, sei es absichtlich, sei es aus Mangel an Mitteln, nur teilweise erfüllt. Die Voraussetzung der Abtretungspflicht des § 255 ist hier weder wörtlich erfüllt, noch liegt zu einer entsprechenden Anwendung des Paragraphen zu Gunsten einer ihre Pflicht nicht voll erfüllenden Person irgend ein innerer Anlaß vor.

---

§ 44. f) Verlust von Rechten.

Die Rechtswohlthat des § 255 wird sowohl dem zu teil, der für den Verlust einer Sache, wie dem, der für den Verlust eines Rechtes ersatzpflichtig ist. Man kann darunter Verschiedenes verstehen.

a) Vorzugsweise ist wohl an die Fälle gedacht, daß nicht sowohl

[1]) Dies ist namentlich dann nicht der Fall, wenn die Leistung, auf welche die Forderung geht, unteilbar ist.

das Recht selbst, als vielmehr die Sache, an der es bestand, verloren gegangen ist; das Wort „verloren" natürlich wiederum in dem oben § 39 festgestellten Sinne verstanden. Obwohl der Ausdruck „Verlust eines Rechtes" für solche Fälle im Grunde ungenau ist, muß doch die Bestimmung zweifellos auf sie Anwendung finden. Die Litteratur hat das denn auch ausnahmslos anerkannt.

Dabei kommen etwa in Betracht: der Nießbraucher, Pfandgläubiger, die durch das Abhandenkommen der ihrem Rechte unterworfenen Sachen geschädigt sind. Wie der Eigentümer seine vindicatio, so würden sie dem Ersatzpflichtigen ihre actio confessoria bezw. pigneraticia abzutreten haben; daneben im früher festgestellten Umfang auch die obligatorischen Ersatzansprüche gegen Dritte.

Ob der Besitz ein Recht sei, ist bekanntlich auch nach dem neuen Recht streitig. Wer die Frage bejaht, für den kann die Anwendbarkeit des § 255 auf den Ersatzanspruch des Besitzers keinem Zweifel unterliegen. Aber auch die Leugner des Rechtscharakters stellen den Besitz gemeinhin gerade im Sinne des Schadensersatzes den Rechten gleich, indem sie seine Verletzung nach § 823 unter Ersatzpflicht stellen, s. z. B. meinen Kommentar zu § 823 Nr. 3d und die dort Citierten. Zum mindesten wird man den wegen Besitzverlustes auf Schadensersatz Berechtigten im Wege der Analogie den Bestimmungen des § 255 unterwerfen dürfen.

b) Damit sind wir noch nicht am Ende. Ein Verlust eines Rechtes ist auch, und nach dem Wortlaut erst recht, da anzunehmen, wo das Recht selbst, nicht die ihm unterworfene Sache, wirtschaftlich wertlos geworden oder gar untergegangen ist. Das kann auch bei persönlichen, nicht minder bei Urheberrechten eintreten. Den § 255 mit Schollmeyer Nr. 2b nur auf den Verlust dinglicher Rechte zu beziehen, dazu liegt kein Anlaß vor.

Es würden etwa die Fälle hierher zu zählen sein, wenn mein Anwalt oder Vermögensverwalter mit der ihnen obliegenden klageweisen Geltendmachung meiner Forderung so lange zögern, bis der Anspruch verjährt, oder der Schuldner zahlungsunfähig geworden ist; s. die oben § 37 Nr. 10 abgedruckte Stelle, l. 95 § 10 D. XLVI, 3. Oder wenn ein Agent dem von ihm vertretenen Hause, statt solventer Käufer, zahlungsunfähige verschafft hat, s. Entsch. des R.O.H.G. XIV Nr. 124 S. 400, Dernburg a. a. O. Nr. 2f, Planck Nr. 2 a. E.

Indes ist ein wichtiger Unterschied, den die beiden letzterwähnten Schriftsteller nicht genügend würdigen, in Betracht zu ziehen: in den eben angeführten Fällen von Verlusten eines Rechtes steht nicht sowohl die Abtretung eines dem Ersatzberechtigten auf Grund des verlorenen Rechtes zustehenden Anspruches gegen einen Dritten in Frage, als vielmehr die Abtretung des „verlorenen" — besser: entwerteten Rechtes selbst. So verwandt das mit unserer Abtretungspflicht sein mag, so ist es doch damit offenbar nicht identisch — es handelt sich dabei vielmehr um einen der im Anhang zu behandelnden Fälle.

Anhang.

Der Anspruch des Gläubigers auf vollen Schadensersatz gegen Herausgabe der bloß entwerteten Gegenstände.

§ 45. a) Allgemeines.

Besteht der Schadensersatz, von der Naturalherstellung abgesehen, im Ersatz des Interesses, so muß im Falle einer nicht zur völligen Zerstörung führenden Beschädigung einer Sache dem Betroffenen zunächst ein der eingetretenen Entwertung entsprechender Betrag als Ersatz erstattet werden. Gilt eine Sache, die früher 100 wert war, infolge des fraglichen Ereignisses nur noch 20, so ist eine an den Betroffenen zu machende Geldleistung von 80 das normale Mittel, um die in seinem Vermögen entstandene Differenz auszugleichen.

Aber diese anscheinend so einwandfreie Berechnung führt nicht immer zum Ziele. Eine in der geschilderten Weise vollzogene Interessenausgleichung würde vielfach nur virtuell sein; sie führte dazu, daß ein dem Betroffenen bisher als einheitlicher zustehender Gegenstand hinfort in zwei verschiedene Werte zerrissen würde, mit denen er in ihrer Zersplitterung nicht Rechtes anzufangen wüßte. Sie zwänge ihm ein Reststück auf, für das er möglicherweise keine oder doch nur eine sehr untergeordnete Verwendung hat, während es objektiv einen vielleicht ganz respektabeln Geldwert darstellt und daher bei der Interesseberechnung als gewichtiger Subtrahendus in Ansatz gebracht werden müßte.

Offenbar käme dabei das berechtigte Interesse des Ersatzberechtigten zu kurz. Wollte man ihm aber dadurch helfen, daß man von der ihm zu leistenden Summe nichts oder nur einen seinem bescheidenen subjektiven Interesse am verbleibenden Sachwert entsprechenden Betrag in Abzug brächte, so würde das andererseits leicht den kaum minder schutzwürdigen Interessen des Gegners zu nahe treten und schließlich zu einer innerlich ungerechtfertigten Bereichernng des Ersatzberechtigten führen — steht ihm doch eine nutzbringende Veräußerung des für ihn unbrauchbaren, aber objektiv nicht wertlosen Gegenstandes jederzeit offen!

Da die beiden geschilderten Lösungen somit unannehmbar sind, so bleibt nur die Möglichkeit einer dritten: der Beschädigte kann unter gewissen Voraussetzungen den vollen Wert der beschädigten Sache — nebst dem etwaigen sonstigen Interesse — beanspruchen, muß dafür aber die Sache selbst dem Ersatzpflichtigen überlassen. Und diesen Weg haben in der That die tonangebenden Rechtsordnungen überall beschritten. Voran, wie zunächst darzulegen ist, das römische Recht.

---

§ 46. b) Insbesondere nach römischem Recht.

Das Material, das uns die Quellen für die aufgestellte Behauptung und ihre nähere Abgrenzung bieten, ist nicht sonderlich groß, aber ausreichend.

1. An erster Stelle kommt in Betracht die l. 14 §§ 8/9 D. de servo corrupto XI, 3, Paulus libro decimo nono ad edictum:

> „Aestimatio autem habetur in hac actione, quanti servus vilior factus sit, quod officio iudicis expedietur: § 9. Interdum tamen et inutilis sit, ut non expediat talem servum habere. utrum ergo et pretium cogitur dare sollicitator et servum dominus lucrifacit, an vero cogi debet dominus restituere servum et pretium servi accipere? et verius est electionem domino dari, sive servum detinere cupit et damnum, quanti deterior servus factus est, in duplum accipere, vel servo restituto, si copiam huius rei habeat, pretium consequi, quod si non habeat, pretium quidem simili modo accipere, cedere autem sollicitatori periculo eius de dominio servi actionibus. quod tamen de restitutione hominis dicitur, tunc locum habet, cum homine vivo agitur. quid autem si manumisso eo agatur? non facile apud iudicem audietur dicendo ideo se manumisisse, quoniam habere noluerat domi, ut et pretium habeat et libertum."

Ist ein Sklave moralisch verdorben worden, so kann der Eigentümer den Verführer auf den vollen Wert in Anspruch nehmen, wenn er am Behalten eines so verdorbenen Individuums keine Interesse hat („ut non expediat talem servum habere"). Aber mit Entschiedenheit hebt Paulus hervor, wie mißlich es sei, wenn der Verführer den vollen Wert zahlen müsse, der Eigentümer aber den Sklaven dennoch behalten und sich dadurch bereichern („lucri facere") dürfe.

Er giebt daher dem Herrn ein Wahlrecht:

a) Wünscht er den Sklaven zu behalten, so kann er das thun, ist aber dann in seinem Ersatzanspruch auf die Wertdifferenz (quanti deterior servus factus est), resp. wegen des pönalen Charakters der a. de servo corrupto ihren doppelten Betrag, beschränkt.

b) Will er den vollen Wert ersetzt verlangen, so hat er den Sklaven dem Gegner herauszugeben; hat er ihn aber nicht in Besitz, so muß er diesem die darauf bezüglichen Klagen abtreten.

2. l. 14 § 2 D. de cond. furt. XIII, 1. Julianus libro vicensimo secundo digestorum:

„Bove subrepto et occiso condictio et bovis et corii et carnis domino competit, scilicet si et corium et caro contrectata fuerunt: cornua quoque condicentur. sed si dominus condictione bovis pretium consecutus fuerit et postea aliquid eorum, de quibus supra dictum est, condicet, omnimodo exceptione summovetur. contra si corium condixerit et pretium eius consecutus bovem condicet, offerente fure pretium bovis detracto pretio corii doli mali exceptione summovebitur. § 3. Idem iuris est uvis subreptis: nam et mustum et vinacia iure condici possunt."

Hat der Bestohlene den bos furtivus selbst kondiziert, so kann er die beim Diebe vorhandenen Überreste nicht daneben beanspruchen; es steht vielmehr einem solchen Verlangen eine exceptio (doli) entgegen.

Allerdings ist ihm gestattet, den anderen Weg zu wählen und die Überreste zu kondizieren — verlangt er aber dann hinterher noch den Ochsen selbst heraus, so kann ihm der Beklagte wiederum, unter Angebot des Wertes des Tieres abzüglich desjenigen der schon empfangenen Überreste, eine exceptio doli entgegen halten.

3. Weiterhin lassen sich mehrere der bereits oben, im zweiten Teil, besprochenen Stellen auch für unsere Frage verwerten. So besonders die ll. 5 § 1,13 pr. und 17 § 5 D. XIII, 6, oben S. 265—66. Sie besprechen zwar nicht die Voraussetzungen, unter denen der Kläger wegen bloßer Beschädigung seiner Sache deren vollen Wert in Anspruch nehmen kann. Deutlich aber geht aus ihnen hervor, daß, wenn der Ersatzpflichtige den Vollwert einer noch existierenden Sache zu ersetzen

hat, er dann auch diese Sache erhalten soll. Muß ihm der Geschädigte wegen Herausgabe der verlorenen Kaution leisten, so folgt daraus **a fortiori**, daß er ihm die vorhandene herausgeben, die bereits beim Ersatzpflichtigen befindliche belassen muß. Ja, die oben besprochene Abtretungspflicht der Ansprüche ist gewissermaßen nur ein Surrogat der Herausgabepflicht: denn sie will nur in Zukunft dasselbe Ergebnis herstellen, das, wenn die Sache zur Hand ist, einfacher und vollkommener durch ihre Herausgabe an den Ersatzpflichtigen bereits jetzt hergestellt werden kann.[1])

Durch die Herausgabe oder Belassung der beschädigten Sache seitens des Eigentümers erwirbt der Schadensersatzpflichtige an ihr Eigentum; das ergiebt sich aus analoger Verwendung der oben S. 259 mitgeteilten Stellen, die mit der Leistung der **litis aestimatio** einen Eigentumsübergang an der **res praesens** verbunden sein lassen.

4. Dagegen sind nicht verwendbar die bekannten Sätze (l. 3 § 1 D. XIII, 6; l. 1 § 16 D. XVI, 3), wonach die **res commodata** bezw. **deposita**, wenn sie verschlechtert zurückgegeben ist, „**proprie**“ oder „**quasi**“ als „**non reddita**“ erscheint. Daß man daraus nicht schließen kann, der Gläubiger brauche die verschlechterte Sache nicht wiederzunehmen und könne Ersatz wegen des Ganzen verlangen, ergiebt der beschränkende Zusatz in l. 3 cit.: „**nisi quid interest praestetur**“ — der Kommodatar befreit sich also in der Regel durch Angebot des Restes einschließlich der durch die Beschädigung entstandenen Wertdifferenz. Eine andere Annahme würde auch — man denke an unbedeutende Schäden — in dieser Allgemeinheit über Maß und Ziel hinausgehen.

Somit ergeben die römischen Quellen einen vollständigen Beweis wenigstens dafür, daß der Ersatzberechtigte, wenn er für eine noch existierende — nur entwertete oder zeitweilig abhanden gekommene — Sache vollen Ersatz bekommt, dieselbe dem Ersatzleistenden herausgeben muß. Wann dieser aber zu einer solchen vollen Ersatzleistung verpflichtet sei, darüber finden sich nur verhältnismäßig dürftige Sätze.

[1]) Ein Analogon bietet auch die bekannte Bestimmung der l. 43 § 6 D. XXI, 1 über die **actio quanti minoris**. Mit ihr kann der Kläger den ganzen Preis zurückfordern, „**si adeo nullius sit pretii, ut ne expediat quidem tale mancipium domini habere.**“ Aber das **officium iudicis** verschafft ihm nur „**reddito mancipio**“ den Preis zurück.

Zweifellos ist dem so, wenn die Sache durch Schuld des Betreffenden abhanden gekommen, ferner auch, wenn sie so entwertet ist, daß dem Herrn „non expediat, rem habere“.

Eine bestimmtere Entscheidung ist in den Quellen nicht zu finden. Sie erscheint auch weder notwendig noch selbst nur möglich. Muß man sich doch gerade im Schadensersatzrecht hüten, der ungeheuren Mannigfaltigkeit der Einzelfälle durch eine sich leicht als zu eng erweisende schematische Formel Gewalt anzuthun. Die Rechtsordnung kann nicht mehr, als den Satz aufstellen, daß der Berechtigte dann wegen einer Beschädigung seiner Sache vollen Werterſatz gegen Überlassung des Überrestes verlangen kann, wenn eine volle Naturalherstellung nach Lage des Falles nicht zu erzielen ist und er am Behalten des beschädigten Stückes kein Interesse hat. Wann dem im Einzelfall so ist, das kann als bloße That-, nicht Rechtsfrage nicht allgemein beantwortet werden.

In dieser, vielleicht leidigen, aber unvermeidlichen Unbestimmtheit wird der aufgestellte Satz auch in der Judikatur fast überall anerkannt. So besonders vom Deutschen Reichsgericht in der trefflichen Entscheidung des C.S. I vom 28. Oktober 1896, Entsch. Bd. XXXVIII Nr. 7 (= Seuffert Bd. 52 Nr. 253). Ein Spediteur hatte die Versendung von Gütern an ihre Käufer schuldhaft solange verzögert, daß die Käufer die Annahme ablehnten und vom Vertrage zurücktraten. Der Verkäufer verlangte deshalb von ihm Schadensersatz durch Zahlung der Fakturapreise unter Erbieten zur Überlassung der Güter. Während die erste Instanz den Anspruch abwies, „weil der Ersatz des Schadens in dieser Gestalt nicht gefordert werden könne,“ gaben die zweite und dritte dem Antrage statt, letztere mit folgender Begründung:

„Ein allgemeiner Rechtssatz dahin, daß der Spediteur und Frachtführer in allen Fällen die Folgen seines Verzuges in der Ausführung des Auftrages, sobald die Güter von dem Adressaten nicht abgenommen sind, durch Übernahme des Gutes und Zahlung des Fakturapreises zu tragen hat, soll nicht aufgestellt werden. Aber konkret kann die grundsätzliche Folge der Schadensersatzpflicht, die Verpflichtung zur Wiederherstellung des Zustandes, wie er ohne den schadenbringenden Verzug sein würde, zu der Form des Schadensersatzes führen, die der Berufungsrichter ausgesprochen hat.

Nach der festgestellten Sachlage würde der Kläger bei

ordnungsmäßigem Verhalten des Beklagten den Kaufpreis der Güter haben. Die Güter sind vom Auslande importiert; der Kläger hat Zoll und die Spesen aufgewendet. Von einem Rücktransport der Güter kann nicht die Rede sein. Dieselben haben im Winter monatelang gelagert, und es besteht die Gefahr, daß sie verdorben und wertlos geworden sind oder stark gelitten haben. Der Beklagte hat sie in Händen und ist nicht bereit gewesen, sein Verschulden durch Bereitstellung der Güter zum Verkaufe wieder gut zu machen. Bei solcher Sachlage ist dem Kläger nicht anzusinnen, sich selbst zum Ersatze seines Schadens dadurch zu verhelfen, daß er die Güter vom Beklagten herausfordert, sie im Inlande anderweit zu verkaufen versucht und dann die Differenz von dem Beklagten einfordert. Voller Schadensersatz wird vielmehr dem Kläger nur durch die Verurteilung des Beklagten zur Zahlung der Fakturabeträge geleistet."

Sieht man nicht sowohl auf das Ergebnis, als auf die Gründe, so nimmt denselben Standpunkt ein das Obertribunal zu Stuttgart im Urteil vom 16. April 1851 bei Seuffert Bd. IV Nr. 139. Freilich lehnt es die dem Beklagten zugemutete Übernahme der durch seine Schuld beschädigten Ware für den Fakturabetrag in dem zu entscheidenden Einzelfall ab, aber nur, „weil der Fall nicht vorlag, daß das versendete Gut durch die Beschädigung unverkäuflich oder sonst unbrauchbar geworden wäre, vielmehr nur ein kleiner Teil durch Nässe beschädigt, der übrige Inhalt der Kiste aber unversehrt geblieben war." Erschien aber nur „daher der Beklagte in seinem Recht, wenn er das erwähnte Ansinnen des Klägers zurückwies", so hätte offenbar bei einer anderen Lagerung des Falles die entgegengesetzte Entscheidung nach diesem Gedankengange Platz greifen müssen.

Einen grundsätzlich gegenteiligen Standpunkt nimmt eine Entscheidung des obersten Landesgerichts f. Bayern vom 6. April 1895, Seuffert Bd. LI Nr. 13 S. 18, ein. Aber die Gründe sind nichtsweniger als durchschlagend:

„Dieser allein der Beklagten gesetzlich obliegenden Verpflichtung — nämlich zur Ausgleichung der durch ihr vertretbares Verhalten der Klägerin verursachten Vermögensverminderung — entspricht es nicht, wenn ihr aufgelegt wird, das beschädigte Werk gegen Leistung eines dafür bestimmten Kaufpreises zu erwerben. Mit Recht bemerkt der Vertreter der Revision, daß solchergestalt den Beteiligten der Zwang zum Abschluß eines als Kauf sich darstellenden Vertrages aufgelegt werden würde, wofür kein gesetzlicher Grund besteht. Dabei ist nicht außer acht zu lassen, daß in diesem Fall der immerhin problematische Verkauf des Werkes zur Thatsache werden würde, worin unter Umständen eine Verbesserung der Vermögenslage der Klägerin geschaffen werden könnte, zu welcher es nach den Grundsätzen über Schadensersatz nicht kommen soll. Es würde aber auch in dieser Weise eine richtige Ausgleichung des Unterschiedes in der Vermögenslage der Klägerin vor und nach dem schädigenden Ereignisse nicht bewirkt werden; denn Eigentümerin des Werks war sie vor und nach diesem Ereignis, darin war also keine Differenz auszugleichen; wohl aber hatte sie vorher ein wertvolles, nachher ein minderwertiges Eigentum. Dieser Wertsunterschied muß allein ausgeglichen werden."

Solche Gründe erscheinen mir formalistisch und scholastisch. Daß die Klägerin durch Erlangung des vollen Wertes des Kunstwerkes, um dessen Beschädigung sich der Fall dreht, einen Vorteil erlangen würde, ist unter Umständen, wenn nämlich die entsprechende Verwertung ohne die Beschädigung „mit Wahrscheinlichkeit erwartet werden konnte", nach den allgemeinen Grundsätzen über die Einbeziehung des **lucrum cessans** in den Schadensersatz nur recht und billig; lagen aber die Umstände anders, so bekam die Klägerin auch nach den hier vertretenen Grundsätzen natürlich nicht ohne weiteres den angesetzten Kaufpreis, sondern nur den wahren Wert des Werkes ersetzt. Der Klägerin aber mit dem Gerichtshofe zuzumuten, das entwertete und darum vielleicht auf ewig zur Rolle eines Ladenhüters verurteilte Kunstwerk zu behalten und nur die Wertdifferenz einzuklagen, heißt ihr den gebührenden Interessenersatz gröblich verkümmern. Der Abschluß eines Kaufes wird der Beklagten diesseits gar nicht zugemutet, da von einem Äquivalenzverhältnisse dessen, was sie leisten muß und was sie bekommt, **a priori** gar nicht die Rede sein kann.

Die hier verteidigte Lehre ist auch von der gemeinrechtlichen Litteratur, soweit sie sich überhaupt mit unserer Frage beschäftigt, meist anerkannt worden. So besonders in kurzen, aber treffenden Worten von Degenkolb[1]). Er sagt: „Die abgenutzte (beschädigte) Sache und dazu addierter Ersatz des Minderwertes stellen den

[1]) civ. Archiv Bd. 76 S. 69—72.

„früheren Zustand“ in keiner Weise wieder her; nicht in natura, nicht in Form des Ersatzes. Das Ganze ist ein Flickwerk.“

Ebenso Eichhoff[1]) für alle Fälle, wo der Abzug des Wertes der Residua oder der „durch die schädigende Manipulation entstandenen neuen Sache eine Unbilligkeit für den Geschädigten involvieren würde.“

---

§ 47. c) Neuere Gesetzgebungen.

1. Die meisten modernen Gesetze enthalten sich einer ausdrücklichen Bestimmung über unsere Frage, was zur Folge hat, daß die in der gemeinrechtlichen Praxis vorfindliche Unsicherheit sich auch in ihren Geltungsgebieten wiederholt.

Das gilt insbesondere von Österreich. Hier hat mangelnde Klarheit über den erörterten Punkt eine Entscheidung des Obersten Gerichtshofes hervorgerufen,[2]) die unser Rechtsgefühl wenig befriedigt und daher von Degenkolb mit vollem Recht als „fragwürdig“ und wenig zutreffend bezeichnet wird. Es handelte sich um folgenden Fall:

A. verwechselt den Überzieher des X. mit dem seinigen, nutzt ihn ab und erbietet sich sodann zur Rückgabe in natura. A. lehnt die Rücknahme ab und verlangt Ersatz des vollen Wertes zur Zeit der Verwechselung.

Im Gegensatz zur zweiten Instanz billigte die dritte dem Kläger nur Ersatz des Minderwertes unter Rückempfang des Überziehers zu, weil das Gesetz nirgends der Willkür des Beschädigten überlasse, die Rücknahme der beschädigten Sache abzulehnen — eine kraß positivistische Entscheidung, gegen welche sich die am Schluß von § 46 mitgeteilten Worte Degenkolbs wenden.

2. Eine besondere, sehr weitgehende Bestimmung enthält das Preußische Allgemeine Landrecht I, 6, § 91:

> „Ist jedoch der Schade an einer beweglichen Sache zugefügt worden, so hat der Beschädigte die Wahl, ob er mit dieser Vergütung (nämlich der Verminderung des Wertes, § 90) sich begnügen, oder von dem Beschädiger den ganzen nach § 89 ausgemittelten vormaligen Wert, gegen Überlassung der Sache, fordern wolle“.

---

[1]) a. a. O. S. 164—166.

[2]) Bei Glaser, Unger und Walther Bd. II Nr. 668 S. 182.

Daß diese Bestimmung auch für Handelssachen gelte und durch das H.G.B. nicht berührt sei, hat das Reichsoberhandelsgericht in Bd. XVI Nr. 14 S. 42 seiner Entscheidungen mit vollem Recht ausgesprochen. Andererseits ist von jeher zweifelhaft gewesen, ob sie nur auf den Schadensersatz aus unerlaubten Handlungen, von denen Titel VI redet, beschränkt, oder auch auf vertragliche Verhältnisse anzuwenden sei. Die Entscheidung des R.O.H.G. Bd. XVI Nr. 98 S. 386 fg. bezeichnet eine solche Anwendung als „sehr bedenklich", läßt die Frage aber dahingestellt, weil jedenfalls für das zu beurteilende besondere Verhältnis — Werkvertrag — „das Prinzip des § 91 durch den § 947 Allg. Ldr. I, 11 ausgeschlossen sei."

3. Eine umfassendere Anerkennung hat der hier verteidigte Grundsatz, wonach der Betroffene im Fall einer bloßen Entwertung seiner Sache unter Umständen vollen Werterſatz gegen Herausgabe des verbliebenen Restes fordern kann, im Enteignungsrecht erfahren. Eine vollständige Aufzählung der vorhandenen Bestimmungen dieser Art, sowie eine Erörterung der mannigfachen sich daran knüpfenden Fragen liegt nicht im Plane; ich verweise auf die Spezialdarstellungen, etwa Meyer S. 282 fg., v. Rohland S. 91 fg., Schelcher S. 436 fg.

Von besonderem Interesse ist für uns der Satz des Preußischen Enteignungsgesetzes vom 11. VI. 1874, § 9:

> „Wird nur ein Teil von einem Grundstück in Anspruch genommen, so kann der Eigentümer verlangen, daß der Unternehmer das Ganze gegen Entschädigung übernimmt, wenn das Grundstück durch die Abtretung so zerstückelt werden würde, daß das Restgrundstück nach seiner bisherigen Bestimmung nicht mehr zweckmäßig benutzt werden kann.
>
> Trifft die geminderte Benutzbarkeit nur bestimmte Teile des Restgrundstücks, so beschränkt sich die Pflicht zur Mitübernahme auf diese Teile.
>
> Bei Gebäuden, welche teilweise in Anspruch genommen werden, umfaßt die Pflicht jedenfalls das gesamte Gebäude.
>
> Bei den Vorschriften dieses Paragraphen ist unter der Bezeichnung Grundstück jeder in Zusammenhang stehende Grundbesitz des nämlichen Eigentümers begriffen."

S. dazu die ausführlichen Entscheidungen des Reichsgerichts vom 6. V. 1893, Bd. XXXI Nr. 61 S. 273 fg.; vom 23. XI. 1898,

Entsch. Bd. XLII Nr. 99 S. 399, und besonders vom 3. IV. 1897, Bd. XXXIX Nr. 70 S. 273 fg.

Andere Bestimmungen dieser Art s. bei Meyer a. a. O., ferner Hamburgisches Expropriationsgesetz vom 5. V. 1886 bezw. 27. IX. 1899, § 5.

Zweifel herrschen bei den Schriftstellern über Enteignungsrecht, ob eine solche „Ausdehnung der Enteignung" auf Antrag des Expropriierten auch schon aus allgemeinen Rechtsgrundsätzen, ohne gesetzliche Sonderbestimmung, abzuleiten sei. Meyer bejaht die Frage für die Fälle, „wo es sich um Entäußerung einer Sache handelt, die im juristischen Sinne nicht als teilbar erscheint, also namentlich bei Gebäuden."

Nach v. Rohland zieht bei einem Einzelgebäude „die Beanspruchung eines auch nur unbedeutenden Teiles die Enteignung des Ganzen nach sich". Bei Gebäudekomplexen werde eine Pflicht zur Übernahme des Ganzen dann ausgesprochen werden müssen, „wenn die übrigbleibenden Teile in der bisherigen Weise gar nicht mehr oder nicht ohne bedeutende materielle Schädigung benutzt werden können"; insbesondere wenn der bisherige Gewerbebetrieb durch die Enteignung unmöglich gemacht oder sehr erschwert wird.

Bei unbebauten Grundstücken endlich sei es am richtigsten, „die Entscheidung im konkreten Fall dem Ermessen der Enteignungsbehörde anheimzugeben und nur als leitende Gesichtspunkte aufzustellen, das Ausdehnungsrecht sollte nur dann stattfinden, wenn die übrigbleibenden Teile für den Gebrauch, den sie bisher im Vermögen des Enteigneten hatten, ungeeignet werden."

Dagegen steht Schelcher in seinem sonst verdienstlichen Enteignungsrecht auf dem extrem positivistischen und unhaltbaren Standpunkt, daß das Recht auf Ausdehnung der Enteignung nur „ein dem Enteigneten aus Zweckmäßigkeitsgründen verliehenes gesetzliches Recht ist, welches nur insoweit besteht, als es vom Gesetze ausdrücklich statuiert ist", S. 438.

---

§ 48. d) Der Standpunkt des Bürgerlichen Gesetzbuches.

Eine Sonderbestimmung des Inhalts, wonach der Ersatzberechtigte im Falle einer bloßen Beschädigung seiner Sache Ersatz des vollen Interesses gegen Angebot des beschädigten Stückes verlangen kann, ist dem Gesetzbuche fremd. Trotzdem darf man an dem Vorhandensein einer solchen Befugnis für gewisse Fälle nicht zweifeln.

a) Daß sich der Beschädigte nicht mit „Flickwerk“ zu begnügen braucht, ergiebt sich ohne weiteres aus § 251. Er kann danach die Naturalherstellung nicht nur ablehnen, wenn sie unmöglich, sondern auch, wenn sie zu seiner Entschädigung nicht genügend ist. Alsdann muß der Ersatzpflichtige ihn „in Geld entschädigen.“ Eine solche Formel läßt für den an die Spitze gestellten Satz Raum. Bereits in § 45 wurde dargethan, daß das Interesse des Gläubigers nicht immer voll realisiert werde, wenn er statt des früheren einheitlichen, vollwertigen Vermögensstückes jetzt eine minderwerte Sache und daneben ein Geldquantum hat. Diese beiden getrennten Vermögensstücke stellen in ihrer Addition keineswegs notwendig denselben wirtschaftlichen Gesamteffekt, dieselbe Brauchbarkeit dar, wie das unbeschädigte Stück vordem allein. Ich bin nicht voll „entschädigt“, am wenigsten, wie es doch § 251 verlangt, in Geld, wenn ich mir den objektiven Wert eines Sachrestes anrechnen lassen muß, der in seinem jetzigen Zustand für mich nach meinen Gepflogenheiten, meiner sozialen Stellung — man denke an einen Rock, den der nachher entdeckte Dieb inzwischen getragen hat! — oder auch als traurig stimmendes Zeugnis von verschwundener Pracht vielleicht nicht die mindeste Verwendbarkeit mehr hat.

Schwierig bleibt nur die Abgrenzung des im Prinzip festgestellten Satzes. Wenigstens für gewisse Fälle, wenn der Ersatzpflichtige dafür haftet, daß er eine dem Gläubiger gehörige Sache nicht pflichtmäßig unversehrt zurückgeben kann, werden wir dafür positive Bestimmungen heranziehen können — es sind der § 280² und, für den Fall eines gegenseitigen Vertrages, § 325¹ S. 2.

> § 280²: „Im Falle theilweiser Unmöglichkeit kann der Gläubiger unter Ablehnung des noch möglichen Theiles der Leistung Schadensersatz wegen Nichterfüllung der ganzen Verbindlichkeit verlangen, wenn die theilweise Erfüllung für ihn kein Interesse hat. Die für das vertragsmäßige Rücktrittsrecht geltenden Vorschriften der §§ 346 bis 356 finden entsprechende Anwendung.“

> § 325: „Wird die aus einem gegenseitigen Vertrage dem einen Theile obliegende Leistung in Folge eines Umstandes, den er zu vertreten hat, unmöglich, so kann der andere Theil Schadensersatz wegen Nichterfüllung verlangen oder von dem Vertrage zurücktreten. Bei theilweiser Unmöglichkeit ist er, wenn die theilweise Erfüllung des Vertrages für ihn kein Interesse

hat, berechtigt, Schadensersatz wegen Nichterfüllung der ganzen Verbindlichkeit nach Maßgabe des § 280 Abs. 2 zu verlangen oder von dem ganzen Vertrage zurückzutreten. Statt des Anspruchs auf Schadensersatz und des Rücktrittsrechts kann er auch die für den Fall des § 323 bestimmten Rechte geltend machen."

Eine Auslegung dieser Sätze liegt hier um so weniger in meiner Absicht, als darüber in letzter Zeit bereits wertvolle Untersuchungen von anderer Seite — von Kisch und Titze [1]) — veranstaltet sind. Jedenfalls ergiebt sich daraus, daß der Gläubiger dann die Annahme einer ihm geschuldeten Sache ablehnen kann, wenn sich dieselbe nicht in unversehrtem Zustande befindet, und er an der sich als „teilweise Erfüllung" darstellenden Herausgabe der beschädigten Sache kein Interesse hat. Der Gegner wird dann als ein überhaupt seine Pflicht nicht Erfüllender behandelt, muß also insbesondere den vollen Wert der herauszugebenden Sache erstatten.

Ich glaube, man wird die hier gebrauchte Formel über den Bereich der §§ 280 und 325 hinaus anwenden dürfen. Der Betroffene kann danach die Beschädigung seiner Sache als eine totale Zerstörung behandeln, wenn das Behalten oder Zurückerhalten des Restes für ihn „kein Interesse" hat.

b) Macht er aber von dieser Befugnis Gebrauch, dann muß er dem Gegner das Reststück herausgeben oder, wenn derselbe es schon in Händen hat, belassen — oder nach § 929 S. 2 übereignen. Denn das Gegenteil würde eine grundlose und gegen Treu und Glauben verstoßende Bereicherung des Ersatzberechtigten bedeuten.

Auch folgt eine derartige Verpflichtung, wie Dernburg (bürg. Recht II § 34 a. E.) richtig bemerkt, aus der Analogie des § 255. Denn hätte der Ersatzberechtigte die beschädigte Sache nicht in der Hand, so müßte er den Anspruch darauf und damit das Mittel zu ihrer Rückerlangung dem Ersatzpflichtigen abtreten — unmöglich kann das Gesetz ihm den Gegenstand belassen wollen, wenn er ihn zufällig noch oder wieder in Händen hat. Ersatz des vollen Interesses und Überführung alles dessen in das Vermögen des Ersatzpflichtigen, was der Ersatzberechtigte noch von dem Objekte der Schädigung oder anstatt desselben hat, sind von einander unzertrennlich.

c) Kann nicht umgekehrt der Ersatzpflichtige, auf Ersatz des Minderwertes der beschädigten Sache belangt, gegen Angebot des

[1]) Kisch in der oben S. 35 No. 1; Titze in der S. 52 No. 1 genannten Schrift.

vollen Werterſatzes ihre Überlaſſung begehren? Man wird die Frage im allgemeinen verneinen müſſen. Denn unmöglich darf der Beſchädigte gezwungen werden, ſich von der Sache, die er trotz ihrer Entwertung behalten möchte, wider ſeinen Willen zu trennen. Die legitimen Intereſſen des Erſatzpflichtigen kommen dadurch nicht zu kurz denn natürlich muß ſich der Erſatzberechtigte, der die beſchädigte Sache behalten will und auf Erſatz der Entwertung klagt, den vollen Wert des verbleibenden Reſtes anrechnen laſſen; hat er an ihm ſubjektiv kein Intereſſe, ſo mag er nach dem oben Geſagten auf Erſatz des vollen Sachwertes (und ſonſtigen Intereſſes) unter Angebot der Herausgabe des Reſtes klagen!

Zu einer anderen Entſcheidung wird man m. E. ſelbſt dann nicht gelangen, wenn das Reſiduum für den Beſchädiger einen über den objektiven weit hinausgehenden ſubjektiven Wert hat, z. B. er würde den Überzieher oder Schirm, der als „Flickſtück“ für Dritte nahezu wertlos iſt, nach ſeinen Gepflogenheiten noch lange verwenden können. Will der Gläubiger das Stück dennoch behalten, ſo braucht er ſich auf ſeinen Erſatzanſpruch nur den Betrag des objektiven Wertes in Anrechnung bringen zu laſſen, und iſt nicht verpflichtet, jenes dem Schuldner gegen Angebot vollen Werterſatzes zu überlaſſen.

Was die Konſtruktion anlangt, ſo handelt es ſich hier nicht um eine Alternativobligation, ſondern um eine **facultas alternativa** des Gläubigers, der an Stelle des durch den Minderwert des geſchädigten Objektes entſtandenen Teilintereſſes das Totalintereſſe gegen Herausgabe des Reſiduums begehren kann. Dieſes Wahlrecht geht nicht ſchon durch Erklärung, ſondern erſt durch Empfang der einen oder andern Leiſtung unter (ſ. über dieſe Frage Titze S. 156, 195 No. 1).

Verzeichnis besprochener Quellenstellen.

a) Römisches Recht.

Institutionen.

Digesten.

Druck von Herrosé & Ziemsen, Wittenberg.

FSC
www.fsc.org
MIX
Papier | Fördert
gute Waldnutzung
FSC® C083411

Kolibri 360 GmbH
Ferdinand-Jühlke-Straße 7
99095 Erfurt, Deutschland
produktsicherheit@kolibri360.de